KALIFORNIEN & SÜDWESTEN USA

Eine Übersichtskarte mit den eingezeichneten Reiseregionen finden Sie in der vorderen Umschlagklappe.

TOP 10

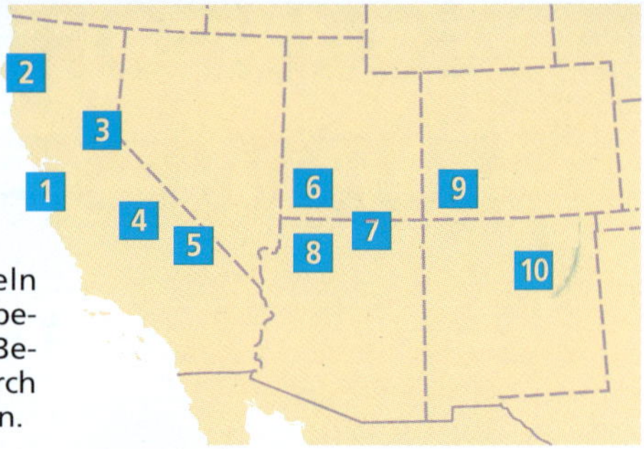

1 San Francisco, CA
S. 26–39

Die Sehnsuchtsstadt auf 43 Hügeln zwischen Bay und Pazifik ist für ihr beschwingtes Lebensgefühl berühmt. Besucher können einen Spaziergang durch viele Kulturen der Welt unternehmen.

2 Redwood National and State Parks, CA
S. 55, 60

Zwischen der San Francisco Bay und der Grenze zum nördlichen Oregon wachsen die gigantischen Küstensequoias in den Himmel.

3 Lake Tahoe, CA/NV
S. 140 f.

Die Gipfel der Sierra Nevada rahmen den saphirblauen Hochgebirgssee auf der Grenze von Kalifornien und Nevada ein. Sein Wasser ist so rein, dass Fische keine Nahrung finden.

4 Yosemite National Park, CA
S. 147 ff.

Gewaltige Wasserfälle stürzen ins Tal des Merced River, dazwischen erheben sich Bergriesen wie der El Capitan oder der Half Dome, an den Westhängen wachsen Mammut-Sequoias.

5 Death Valley National Park, CA/NV
S. 155 f.

Im Sommer wird die extreme Wüste regelmäßig mehr als 40 Grad Celsius heiß, und doch gibt es Tiere und Pflanzen, die in diesem Klima überleben. In der Oase von Furnace Creek kann man in klimatisierten Räumen übernachten und sogar Golf spielen.

6 Bryce Canyon National Park, UT
S. 179 ff.

Wie in einem riesigen natürlichen Amphitheater bieten sich Tausende gelber und roter, in mehreren Millionen Jahren erodierter Felszinnen dem Betrachter dar.

7 Monument Valley, UT/AZ
S. 188, 206 f.

Die roten Tafelberge auf Navajo-Land spielten in unzähligen Western eine Hauptrolle. Eine unbefestigte Piste umkurvt die spektakulären Sandsteinmonolithen.

8 Grand Canyon National Park, AZ
S. 198 ff.

Die gewaltige Schlucht fasziniert durch ihre Ausmaße und die Farbenpracht ihrer Felsen. In 1500 Metern Tiefe lässt sich der Colorado River erkennen, auf dem meist Schlauchboote mit Urlaubern wie kleine Spielzeuge tanzen.

9 Mesa Verde National Park, CO
S. 258 ff.

In die überhängenden Wände der Schluchten einer Gebirgstafel haben indianische Siedler der Anasazi-Kultur vor mehr als 1000 Jahren verschachtelte Pueblo-Häuser aus Lehm gebaut.

10 Santa Fe, NM
S. 264 ff.

Die Mischung von indianischer, spanischer und nordamerikanischer Kultur macht die 400 Jahre alte Stadt so reizvoll. Im restaurierten Stadtkern kann man zwischen Adobe-Bauten und spanischen Missionskirchen spazieren und im Angebot der vielen Kunstgalerien stöbern.

Horst Schmidt-Brümmer

bearbeitet und aktualisiert von Axel Pinck

KALIFORNIEN & SÜDWESTEN USA

VISTA POINT

KALIFORNIEN UND DER SÜDWESTEN

REISEN MIT SIEBENMEILENSTIEFELN

Kein Landstrich Nordamerikas hat sich in den Köpfen so bilderreich eingenistet wie der amerikanische Südwesten, Kalifornien eingeschlossen. Und was die Fantasie anregte, weckte zumeist auch die Neugier, den Bildern nachzureisen, um sie auf die Probe zu stellen. Stimmten sie, oder waren sie nur schöne Kulissen für prahlerische Reiseberichte?

Die Antworten fielen und fallen sehr unterschiedlich aus. Aber wie auch immer: Es hat wohl selten Reisende durch die Wüsten, Gebirge und Gewässer des südlichen Westens gegeben, die nicht von den grandiosen Naturlandschaften beeindruckt gewesen wären. Die traumhafte Pazifikküste, die urtümlichen Canyons und Steinkathedralen des Colorado Plateau, der weite offene Horizont und die betörenden Lichtspiele des Himmels tagsüber und nachts – das allein schon ist eine Reise wert.

Der Highway One säumt die wilde Küstenlandschaft von Big Sur

Erst auf den zweiten Blick mag diese überwältigende Szenerie ihre Schattenseiten zeigen: eben das »Wilde« im »Westen«, seine elementaren Naturkräfte, seine gnadenlose Sonne, seine Menschenfeindlichkeit. Kakteen in kargem Geröll, so fotogen sie sich geben, sind nun mal kein Kurpark oder Stadtwald; Wassermangel, Hitze, Moskitos und Klapperschlangen lassen sich durch keinen Vers von Eichendorff romantisch verklären.

Widersprüche lauern auch anderswo. So wurden einige dieser unberührten Weiten des Westens per Gesetz zu Nationalparks erklärt, um sie vor ihrer Vernichtung durch Raubbau oder sonstiger »Erschließung« zu schützen. Das war nicht einfach. Früher wurden die wirtschaftlichen Interessen der Holz-, Erz-, Gas- oder Ölfirmen sogar noch rabiater vertreten als heute. Dennoch: Jede Reise durch den Südwestteil des Kontinents führt durch Kämpferzonen geschützter und bedrohter Natur. Die Stichworte heißen: Austrocknung des Mono Lake, Wasserorgien in Las Vegas, Uran in Utah, Ölförderung an der Pazifikküste. Ja, auch der Tourismus gerät ins Zwielicht, wenn der Massenandrang die löbliche Naturschutzabsicht ins Ge-

genteil verkehrt. Während sich zur Hauptsaison die Leute im Yosemite-Nationalpark oder am Grand Canyon häufig »auf den Füßen stehen«, gewinnen abgelegenere Gebiete wie die Wildlife Refuges und Wilderness Areas an Bedeutung, die genauso schön, aber weniger überlaufen sind.

Der Yosemite National Park gehört zu den beliebtesten Nationalparks der USA

Wie das »Wilde« zehrt stets auch das »Gezähmte« von den Traditionen des Westens, denn trotz harter Steinpanoramen und garstiger Salzwüsten gab es hier Oasen der Entspannung und des Wohllebens, die schon die Indianer schätzten, als sie sich an den zahlreichen heißen Quellen labten. Heute kann es ihnen jeder in den üppigen Badelandschaften, den Pools, Spas und Fit- und Wellnesscenters der Resorts gleichtun oder die Rituale der kalifornischen Körperkultur mitmachen. Diese bedient sich der Trainingsmaschinen in Venice Beach und der Surfbretter von Malibu ebenso wie der Mountainbikes und Kajaks in Moab (Utah), dem neuen Zentrum der Outdoor-Sportindustrie, die auch mit schwerem Gerät fürs Wochenende ausrüstet. Paradoxerweise erinnert dieser Freizeittrend ebenso an das Cowboy-Ideal von der Unabhängigkeit wie an die NASA-Astronauten, die *cosmic cowboys*: glänzende Ritter im Cockpit statt im Sattel.

Wind und Wetter haben den Sandstein im Arches National Park geformt

Faszination mit Widersprüchen

Doch weder Canyonwände noch Chilischoten oder Lasso werfende *vaqueros* machen allein und für sich den Südwesten aus. Sein innerer Zusammenhalt lebt von den Mythen – angefangen bei den frühesten Reiseberichten über Buffalo Bill und andere Schausteller bis hin zum *urban cowboy*, der in den Designerläden zur Kopie angeboten wird – von schmauchenden Friedenspfeifen bis zur »Marlboro Light«, von Karl May bis Peter Fonda, der auch schon mal Touristen auf Easy-Rider-Spuren betreute. Kurz, hinter jeder Felsnase oder Flusskrümmung, jedem Tumbleweed-Busch und jeder schwingenden Saloon-Tür lauern die alten Akteure, die bösen wie die guten. Der Wilde Westen, Ausgabe Süd: ein Patchwork bunter Legenden. Zuerst überwogen solche von verborgenen Schätzen, Geistern, Liebhabern und Frauen, die unversehens und verführerisch in der Einöde auftauchten. Danach folgten die Geschichten von den *gunmen* und *lawmen*: Durch die Glorifizierung der Schießerei ging die Romantik des Old West in dessen Eroberung und gewaltsame Annexion über.

Sequoias sind die mächtigsten Bäume der Welt und können mehr als 100 Meter hoch werden

Die Geschichte des inneramerikanischen Tourismus belegt, dass die Mythenfülle schon früh reisemagnetische Wirkung hatte. Eisenbahngesellschaften und Zitrusfarmen lockten neue Siedler und Besucher an. Weinende Indianerbabys auf kolorierten Postkarten animierten zum Ruinen-Tourismus der Pueblos und der indianischen Felsbauten. Reiche Ostküstler leisteten sich Ranchurlaube und Jagdtrips mit indianischen Scouts.

Tourismusfördernd erwiesen sich auch literarische Produkte viktorianischer Fantasie im Osten der USA und in Europa, die in Hymnen die freie Liebe im freien Leben in der Wildnis feierten – reichlich unbegründet und auch vom Timing daneben, denn die Open Range war längst eingezäunt oder hatte respektablen Kleinstädten Platz gemacht.

Zu den frühen Kolporteuren des Westens gehörte übrigens der bereits von Theodor Fontane rezensierte, aber erst vor einigen Jahren wieder entdeckte Balduin Möllhausen. Der gebürtige Bonner und seines Zeichens Fallensteller, Hobby-Ethnologe, Topograph, Erzähler und Aquarellzeichner reiste um die Mitte des vorigen Jahrhunderts im Kundschaftertross der Eisenbahngesellschaft United States Pacific Railroad Expedition & Surveys durch den Südwesten und skizzierte unterwegs vor allem Landschaften und Indianerporträts.

Was Literatur, Aquarellkunst und Druckgrafik vorbereiteten, Wildwest-Shows und Cowboyheftchen popularisierten fand dann schließlich in Hollywood sein Imprint auf Zelluloid. Seit Anfang des Jahrhunderts machten unzählige Westernfilme und TV-Serien Colt und Tomahawk, *sagebrush* und *chaparral* zum festen Inventar der schönen Westernwelt.

Doch genau diese mythischen Grundlagen werden in jüngster Zeit stärker denn je angezweifelt. So scheint es zum Beispiel mit der Devise »jeder sei stets seines Glückes Schmied« und dem Mythos vom hartgesottenen Einzelgänger *(rugged individualist)* à la John Wayne ebenso wenig weit her gewesen zu sein wie mit der Vorstellung vom ganz und gar unabhängigen *frontiersman*. Vieles spricht dafür, dass die angeblich allein auf sich gestellten Siedler meistens gejammert und bei der Bundesregierung um Unterstützung gebettelt haben. Von der Mutterbrust staatlicher

Subventionen zu leben *(nursing on the government's nipple)* war ihnen eigentlich das Liebste, wenn es um Flussbegradigungen, den Bau von Eisenbahnen, Forts (der Indianerüberfälle wegen) oder Staudämmen (für die Bewässerung) ging.

Auch die Rolle der Pionierfrauen sieht man langsam anders. Seit eh und je figurierten in der Machowelt der Cowboys Frauen meist nur als Kontrapunkte: entweder heroisch stilisiert als *pioneer mothers* der Trecks oder eben schlampig angezogen, unfrisiert und stets zu haben. Kein Wort dagegen von den starken Naturen der Cowgirls oder jenen berufserfahrenen Frauen (Journalistinnen, Geschäftsfrauen), die in großer Zahl allein in den Westen kamen, um dort als Ärztinnen, Anwältinnen, ja selbst im Bürgerkrieg »ihren Mann« zu stehen. Sie entsprachen in keiner Weise dem Typ, mit dem gut Kirschen essen war. Im Gegenteil. Sie repräsentierten, was man die *frontier femininity* nannte, eine couragierte Weiblichkeit, der es in erster Linie darum ging, das gemeinsame Überleben zu sichern.

Frühes Tonfilm-Plakat von 1932

Ethnische Vielfalt auch bei Westernhelden

Von Ausnahmen abgesehen bevölkern meist nur Anglos das Pantheon der Western-Heroen: Sheriffs, Trapper, Siedlungsführer und jede Menge Kavallerieoffiziere. Eine unter dem Motto »Legends of the West« erschienene Briefmarkenserie bestätigt diese ethnisch völlig unausgewogene Ausrichtung. Zwar sind unter den 20 ausgewählten Ikonen drei Indianer (American Indians) und zwei Schwarze (African Americans) abgebildet, aber kein einziger Hispanic. Prompt protestierten die Mexicanos. Mindestens drei der ihren hätten unter den führenden Köpfen auf den 29-Cent-Marken auftauchen müssen: Pio Pico, der letzte mexikanische Gouverneur von Alta California, Joaquin Murrieta, der während der Gold-Rush-Ära mexikanische Arbeiter gegen rassistische Yankees in Schutz nahm und sich den Beinamen eines kalifornischen Robin Hood erwarb, und der mexikanische General Mariano Guadalupe Vallejo, der die russischen Siedlungsabsichten in Nordkalifornien stoppte und sich später für die Staatsgründung einsetzte.

Ein Kopfgeld von 29 Cents eint diese Ikonen des Wilden Westens zu einer Briefmarkenserie

»Es gab eine Menge bedeutender Californios, Mexicanos, Texanos und spanischer Legenden, die im Westen heimisch waren, bevor die Yankees kamen«, schrieb der mexikanische Autor José Antonio Burciaga (1940–96) in der »Los Angeles Times«. Schließlich habe der gesamte Südwesten einmal Mexiko gehört und auch nach 1848 hätten die Mexikaner das Land nicht verlassen, sondern hätten sich vermehrt und Englisch gelernt: »Wir haben nie die Grenze überquert, sie hat uns überquert.«

Das Problem der illegalen Einwanderer am Tortilla-Vorhang hat sich in letzter Zeit weiter verschärft und in Kalifornien zu einer regelrechten Anti-Einwanderungshysterie geführt. Die nordamerikanische Freihandelsorganisation NAFTA, von der

Lasso-Akrobaten auf dem Cinco de Mayo Festival im Wine Country

man sich unter anderem eine Ausdünnung des Immigrantenstroms versprach, hat diese Erwartung bisher nicht erfüllt. Der schwache Peso verzögert die Lösung der Grenzkonflikte. Seit 1999 bilden in Kalifornien die Minderheiten die Mehrheit – Majority-Minority-State – dasselbe passiert im Südwesten.

Wie den »Großkopferten« erging es den Sagen vom einfachen Cowboy. Auch hier sind neue Fakten zutage gefördert worden, unter anderem der Sachverhalt, dass unter den ersten Cowboys nicht nur Schwarze, Araber, Basken, Tataren und Kosaken waren, sondern auch viele Juden. Immerhin: Im Jahr 1545 war ein Viertel der spanischen Bevölkerung von Mexico City jüdisch und noch rund hundert Jahre später, 1650, gab es mehr als ein Dutzend Synagogen in der Stadt. Verfolgt von der spanischen Inquisition kamen die jüdischen Konquistadoren zunächst mit Cortez nach Mexiko, was zwar nicht verhinderte, dass man selbst dort einige von ihnen aufspürte und verbrannte, aber den meisten gelang es, sich als Vieh- und Pferdezüchter niederzulassen, gewissermaßen im stillen Versteck der Ranch, im Exil. Man tolerierte sie, denn auf der Suche nach den sagenhaften Schätzen war Fleisch ein begehrtes Nahrungsmittel.

Später, als die Inquisition von Spanien nach Mexiko vordrang, zogen die jüdischen Pioniere der Viehzucht in den heutigen amerikanischen Südwesten und brachten dabei außer Lasso und Westernsattel auch die andalusischen Vorfahren der heutigen *quarter horses* mit. Dennoch, ihre enge Verbundenheit mit der Gründungsgeschichte des Westens konnte nicht verhindern, dass sie fast völlig in Vergessenheit gerieten.

Nur einem wandernden Juden aus Bayern erging es besser: Levi Strauss, der, nachdem er seines Kolonialwarenladens in San Francisco überdrüssig geworden war, den Cowboys die richtigen Hosen verpasste. Er selbst mied das Wort »Jeans« und warb lieber mit dem kämpferischen Slogan »Pants That Won the West«. Tatsächlich stiegen die Jeans zum Outfit des Westerners schlechthin auf, zum Symbol seiner vorgeblichen Unabhängig- und Furchtlosigkeit, lange bevor sie Marlon Brando und James Dean im Film popularisierten.

Murals dekorieren viele Wände im Mission District von San Francisco

Ähnlich trüb ist auch die Erinnerung an die Chinesen. Keiner der rund 13 000 »Kulis«, die die westliche Hälfte des eisernen Trails der transkontinentalen Eisenbahn bauten, erschien jemals auf den Jubelfotos von 1869, als die Strecke vollendet wurde. Und genauso ruhmlos blieb ihre Arbeit in der aufstrebenden kalifornischen Weinindustrie. Sie wurden stets belächelt, verachtet und verfolgt.

Noch heute ist die ethnische Komposition in Kalifornien und dem Südwesten voller Kontraste. Keineswegs sind die Beziehungen zwischen den Bevölkerungsgruppen so pittoresk, wie es Fiestas, Folklore und andere ethnische Festivals suggerieren. Schon gar nicht in den

Im Chinatown von San Francisco leben rund 80 000 Menschen

großen Städten. Das gilt für den traditionellen Mix aus Indianern, Hispaniern und Anglos ebenso wie für die Schwarzen-Ghettos und die südostasiatischen Enklaven der Westküste zwischen Oakland und Koreatown in L. A.

Indianisches Erbe reloaded

Einzelne ländliche Regionen dagegen verzeichnen bemerkenswert friedlichere Formen des Zusammenlebens, der Südosten Arizonas etwa, der Süden von Colorado oder das nördliche New Mexico. Andernorts führen wirtschaftliche Fragen zu neuen Spannungen – wie beim Kampf der Indianer um die Nutzung der Energiequellen in ihren Reservaten, um Kohle, Erdgas, Öl und Uran. Am auffälligsten tritt das bei den Navajo-Indianern zutage, die als Navajo Nation in der sogenannten Four Corners Region (Utah, Colorado, New Mexico und Arizona) als Halbnomaden auf einer Fläche leben, die größer ist als Belgien. Sie befürchten, dass die von der Bundesregierung garantierten Verträge, die sie gegen auswärtige Erschließungsfirmen absichern, gekündigt werden könnten.

Andererseits wirken einzelne Stämme und Pueblos bei der Erschließung von Bodenschätzen, der Vermarktung von Erholungsgebieten oder beim Thema »Glücksspiel« durchaus findig. In den Reservaten am oberen Rio Grande oder in denen der Agua-Caliente-Indianer in Palm Springs nutzen Indianer seit einigen Jahren ihre Chance, am Spielfieber des weißen Mannes kräftig mitzuverdienen. Schließlich ist auf ihrem Grund und Boden alles erlaubt, was nicht gegen Bundesgesetze *(federal law)* verstößt. Den Kasinobetrieb verbieten aber lediglich die Staatsgesetze *(state law)* – Nevada, New Jersey und Mississippi ausgenommen.

Beim Pow Wow wird das indianische Erbe gepflegt

Früher und Heute unterhalten im Südwesten auch sonst verschlungene Beziehungen bzw. mehr oder weniger offenkundige Parallelen. Selbst beim Thema Lifestyle. Hier hat natürlich Kalifornien die Nase vorn. Trotz Erdbeben und Erdrutsch geschüttelter und sozial unruhiger Zeitläufe, die zunehmend auch überzeugte Kalifornier nervös machen, erweist sich Los Angeles immer noch als Garküche der Lebensstile und Moden, als ein Experimentierfeld der Gurus, Gags und Gimmicks.

Das Ausgeflippte, das vordergründig in denkbar scharfem Kontrast zum kargen und geradlinigen Siedler-Image steht, hat dennoch seine Voraussetzungen in der traditionell westwärts orientierten Suche nach Freiheit – auch von den Bindungen, Rücksichten und Konventionen des Ostens.

Kontrast und Verwandtschaft gleichermaßen durchwirken selbst die religiös-spirituellen Obertöne in den Weiten des Westens. Der spanische Katholizismus der alten Dorfkirchen und Missionen verträgt sich mit indianischen Riten in den unterirdischen Kivas der Pueblos, während das Arbeitsethos der Mormonen in Utah meilenweit von Okkultismus und New-Age-Schwingungen in Santa Fe oder Sedona entfernt ist.

Der Hang zur Freiheit (und sei es auch nur zu der von den kalten Wintern des Nordostens) sorgt auch für die Allgegenwart der Senioren im sonnigen Südwesten. Süd-Arizona und Südkalifornien genießen den Ruf von Pensionistenparadiesen. Viele nutzen sie auf Dauer, viele davon auf Zeit: wie die *snowbirds* aus dem kalten Norden. Angesichts der unzähligen RVs *(recreational vehicles)* und Camper auf den Superhighways drängt sich das Bild der alten Prärieschoner und Planwagen auf, die auf den Trails nach Westen zogen.

Markante Architektur

Auch baugeschichtlich bietet der Südwesten überraschende Reprisen. Die Entwicklung reicht von den Höhlen-, Klippen- und Pueblo-Bauten der Anasazi (Mesa Verde, Montezuma,Chaco Canyon oder die noch bewohnten Indianerdörfer am oberen Rio Grande und in Acoma) über die Missionskirchen, die die spanischen Konquistadoren in Kalifornien, am Rio Grande und Green River errichten ließen, über die falschen Fassaden der Anglos in den frühen *railroad towns* und *mining camps* – der verstorbenen (z. B. Bodie) oder wieder belebten (Bisbee, Madrid) – bis zu den post- und hypermodernen Konstruktionen in den Metropolen Los Angeles, Phoenix, San Francisco, San Diego, Tucson und den spektakulären Fantasy-Hotels in Las Vegas.

Pueblos-Siedlung der Anasazi unter den Felsenvorsprüngen von Mesa Verde (Colorado)

Bodie, einst Goldgräbersiedlung, heute Geisterstadt in Kalifornien

Manchmal aber verstecken sich die Überraschungen in Kleinigkeiten, die plötzlich mehr enthüllen, als man meint. Irgendwo liegen da unscheinbare Steine als Geröll am Berghang, die aber unter einer bestimmten Lichteinwirkung alte indianische Felszeichnungen erkennen lassen. Und zuweilen tut sich ein richtiges kleines Museum zwischen Felsbrocken auf, die ansonsten belanglos herumliegen.

Bei vielen Ruinen im Lande passiert manchmal Ähnliches. Vom fahrenden Auto übersieht man sie häufig, so sehr sind ihre Farben und Umrisse mit der Umgebung identisch. Selbst die meisten bewohnten Häuser (*hogans*, Adobe-Bauten) unterscheiden sich kaum von der Erde, auf der sie stehen und die zugleich der Stoff ist, aus dem sie gebaut sind. Wo das eine aufhört und das andere beginnt, ist oft schwer auszumachen, erst recht bei den Tieren. Gut getarnt sind sie alle.

Das reizt zum Entziffern, zum Abenteuer des Entdeckens. Aus kleinen Anzeichen die richtigen Schlüsse zu ziehen und sie sinnvoll einzuordnen, das ist eine Kunst, die man unterwegs lernen kann, eine Fähigkeit, die an die Indianer erinnert und die sie hier von jeher praktizieren.

Ein Angloamerikaner erzählte von seinem Erlebnis mit einer befreundeten Indianerfamilie, die sehr abgelegen wohnte. Einmal im Jahr pflegte er sie zu besuchen. Doch obwohl er immer zu anderen Zeiten und stets unangemeldet auftauchte, war zu seiner Überraschung doch jedes Mal alles für ihn vorbereitet. »Wir wussten, dass du kommst« oder »Wir haben schon auf dich gewartet«, hieß es. Ganz eindeutig handelte es sich hier um einen Fall von Hellseherei, also um etwas typisch Indianisches, dachte er und war jahrelang fasziniert davon. Schließlich fasste er sich ein Herz und fragte, woher sie denn eigentlich immer von seinem Kommen wüssten. Das Lachen und die schlichte Antwort verwirrten ihn sehr: Seine meilenweite Anfahrt über die staubige Straße hinterlasse einen weithin sichtbaren bräunlichen Schweif gegen den klaren Himmel und gäbe Zeit genug, sich auf den Besuch vorzubereiten.

Indian Graffiti: Felszeichnungen im Owens Valley

Dem Kleinen, Unscheinbaren und Belanglosen Beachtung schenken: Das führt zum sanften Gesetz des Milden Westens. Der hat es in sich – noch im Rauch, in den Steinen, im Staub.

CHRONIK

DATEN ZUR GESCHICHTE

von Siegfried Birle und Horst Schmidt-Brümmer

1652: Kalifornien als Insel

1510
In Sevilla erscheint der Roman »Las Sergas de Esplandián« des spanischen Schriftstellers Garci Rodríguez de Montalvo, der von einer Insel »nahe dem irdischen Paradies« berichtet, die von der Königin Califia regiert werde. Danach erhält »California« seinen Namen. Der Roman beeinflusste Hernán Cortés und andere Entdecker bei der Erforschung der Westküste Amerikas.

1528–36
Nach seinem Schiffbruch im Golf von Mexiko irrt Núñez Cabeza de Vaca zu Fuß durch den Südwesten des Kontinents, bis er sich nach Mexiko durchschlägt. Seine Berichte von »vielerlei Hinweisen auf Gold« locken die Spanier nach Norden.

1539
Der Franziskanermönch Marcos de Niza folgt Cabezas Kunde und dringt von Mexiko her den Rio Grande aufwärts vor. Er kehrt mit fabelhaften Geschichten von den »Sieben Goldenen Städten von Cíbola« zurück.

1540–42
Francisco Vásquez de Coronado führt eine Expedition ins Gebiet der Pueblo-Indianer, um die »Goldenen Städte« zu suchen. Ein Offizier Coronados entdeckt bei einem Abstecher – als erster Weißer – den Grand Canyon.

1542
Auf der Suche nach der Nordwestpassage berührt der spanische Seefahrer Juan Rodríguez Cabrillo die Küste Kaliforniens. Er landet als erster Europäer bei San Diego und begründet damit den Anspruch Spaniens auf Kalifornien.

1579
Der britische Seeheld Sir Francis Drake umsegelt die Welt und geht in Kalifornien, das er als »Nova Albion« für Königin Elisabeth I. von England in Besitz nimmt, an Land. Eine erst 1936 gefundene, umstrittene »alte« Messingtafel weist auf das heutige San Francisco als Landeplatz hin.

1598
Don Juan de Oñate zieht mit Siedlern, Soldaten und Missionaren den »Rio Bravo del Norte« hinauf. Die Kolonisten bringen Saatgetreide, Rinder und Schafe, Ackergeräte und die Insignien des Christentums mit. Die Spanier nennen ihre erste Kolonie im Südwesten Nuevo México (heute New Mexico); viel später folgen

Arizona (ab 1691) und Kalifornien (ab 1769). Verbunden ist die Kolonie mit dem mexikanischen Herzland, dem Vizekönigtum Nueva España, durch einen Königsweg (Camino Real).

1610
Die Spanier gründen ihre Villa Real de la Santa Fé de San Francisco als Verwaltungszentrum für Nuevo México. Santa Fe ist damit der älteste Regierungssitz und die älteste Provinzhauptstadt der USA. Um 1630 zählt Santa Fe 1000 Einwohner – 250 Spanier, 700 Indios und 50 »Übrige«. Die Kolonie am Rio Grande wird durch Karawanen aus Chihuahua mit Manufakturwaren versorgt; sie selber produziert Häute, Wolle und Salz. Santa Fe wird Umschlagplatz für den Handel zwischen den Plains- und Pueblo-Indianern.

1680
Die Pueblo-Stämme rebellieren gegen die spanische Kolonialmacht, töten über 400 Siedler und Missionare und vertreiben die Übrigen. Dies ist der einzige siegreiche Indianeraufstand in der Geschichte Nordamerikas.

1691
Jesuitenpater Eusebio Kino beginnt mit der Missionierung Arizonas.

1692
Diego de Vargas erobert die Pueblos am Rio Grande zurück. Nach einer weiteren Revolte 1698 erhalten die Pueblos eine gewisse Selbstständigkeit.

1769
Spanische Franziskaner unter Junípero Serra, dem »Apostel von Kalifornien«, gründen bei San Diego die erste Mission in Alta California. Bis 1823 entstehen zwischen San Diego und Sonoma im Norden 20 weitere Missionen, dazu vier Forts und drei Siedlungen – San José (1777), Los Angeles (1781) und Santa Cruz (1797).

1776
Über dem Golden Gate gründen die Spanier das Presidio San Francisco de Asís, doch erst 1835 entsteht bei der Mission Dolores

Der Apostel Junípero Serra

Die Mönche legen ihre Missionen bevorzugt bei indianischen Siedlungen (Rancherias) an, um die Bewohner zu bekehren und sie in Handwerk, Viehhaltung und Ackerbau zu lehren. Außerdem unterweisen die Padres ihre Zöglinge im bewässerten Anbau heimischer und importierter Früchte (Trauben, Oliven, Zitrus, Feigen) und Gemüse und schaffen so Keimzellen für die heutigen Spezialkulturen Kaliforniens. Die Missionen finden sich im Abstand von Tagesreisen aufgereiht an der Fernstraße des Camino Real.

Transportprobleme im Wilden Westen: Beispiel aus »Frank Leslie's Illustrirter Zeitung«, New York

die Siedlung Yerba Buena, aus der dann im Goldrausch von 1849 San Francisco erwachsen wird.

1781
Eine Gruppe von 44 Siedlern gründet Los Angeles als spanischen Pueblo. Richtig aufwärts geht es erst hundert Jahre später, als die Santa Fe Railroad 1885 Los Angeles über Albuquerque mit Chicago verbindet.

1803
Die USA unter Präsident Thomas Jefferson kaufen das Louisiana Territory zwischen dem Mississippi River und den Rocky Mountains für 15 Millionen Dollar von Napoleon; dadurch verdoppelt sich das Territorium der USA.

1812
Die Russen gründen an der Küste Kaliforniens nördlich von San Francisco Fort Ross als Vorposten der Russisch-Amerikanischen Pelzkompanie. Von hier aus sollen Seeotter gejagt werden. Als die Seeotter ausgerottet sind, verkaufen die Russen das Fort 1841 an den Großgrundbesitzer Johann August Sutter.

1819
Die Außenminister der USA und Spaniens verhandeln die Grenze zwischen den USA und den spanischen Kolonien in Nordamerika. Diese Grenze umreißt den Nordsaum des spanischen Einflusses in Nordamerika und definiert den Südwesten der heutigen USA als Kulturregion, in der sich indianische, spanische und angloamerikanische Einflüsse überschneiden.

1821
Mexiko löst sich von Spanien, doch kann die schwache neue Zentralregierung das weite Land kaum verwalten. Angloamerikanische Pelzjäger, Händler und Militärs stoßen daher in dieses Vakuum vor. Die mexikanische Regierung säkularisiert die Missionen und vergibt deren Land als Grants oder Ranchos an Privatleute, um Besiedlung und Erschließung zu fördern.

William Becknell wird zum Pionier des Santa Fe Trail zwischen Independence, Missouri, und Santa Fe. Auf voll bepackten Fracht-

Wandmalerei im Capitol von Salt Lake City: Mormonenpioniere bauen das erste Haus in Utah (1847)

wagen *(prarie schooner)* schaffen amerikanische Händler knappe Industriewaren, vor allem Haushaltsartikel und Stoffe, zu den 30000 Siedlern am Rio Grande und nach Chihuahua. Sie kehren mit gewebten Teppichen und Decken sowie robusten Hochland-Eseln – und oft fünffachem Gewinn in Silberdollars und Goldbarren – aus New Mexico zurück.

1839
Der Schweizer Einwanderer Johann August Sutter wird mexikanischer Staatsbürger und erhält einen 20000 Hektar großen Land Grant am Zusammenfluss von American und Sacramento River. Hier gründet er seine private Kolonie Neu-Helvetien. Auf seinem Land wird 1848 die Hauptstadt von Kalifornien – Sacramento – vermessen.

1846
Eine von George Donner geführte Gruppe von Auswanderern nach Kalifornien scheitert dramatisch am frühen Wintereinbruch in der Sierra Nevada. Von den 87 Teilnehmern der Donner Party überleben 47, zum Teil durch Kannibalismus.

1846–48
Nachdem die USA 1845 Texas annektiert haben, bricht der Mexikanisch-Amerikanische Krieg aus. Der Siegeszug der amerikanischen Truppen führt diese durch dünn besiedeltes und schwach verteidigtes Gebiet bis nach Mexico City. Im Vertrag von Guadalupe Hidalgo diktieren die USA ihren Frieden: Mexiko muss gegen eine Entschädigungssumme den gesamten Südwesten zwischen Texas und Kalifornien abtreten.

1847
Nachdem die Mormonen oder Heiligen der Letzten Tage in New York, Missouri und Illinois verfolgt wurden, wandern sie unter Führung von Brigham Young in das unbesiedelte Utah-Territorium aus.

Am Great Salt Lake gründen sie ihren Gottesstaat Deseret und legen ihre Hauptstadt Salt Lake City an. In diesem ariden und winterkalten Teil des Great Basin sichern sie sich durch künstliche Bewässerung Überleben und wirtschaftlichen Erfolg. In den nächsten Jahren gründen sie neue Siedlungen im ganzen Südwesten. Mit den Indianern gehen sie nachbarschaftlich um. Doch kann

Utah erst Staat der Union werden (1896), nachdem die Polygamie offiziell abgeschafft worden ist (1890).

Kalifornisches Siegel

1848
James Marshall, Vorarbeiter des Großgrundbesitzers Sutter, entdeckt im American River Gold. Ein Jahr später beginnt der Goldrausch der *Forty-Niners*, durch den sich die Bevölkerung Kaliforniens in nur sechs Monaten verdoppelt und die San Franciscos auf 25000 anwächst.

1850
Kalifornien wird 31. Staat der USA.

1853
Mit dem Gadsden Purchase arrondieren die USA ihren Besitz im Südwesten, indem sie für zehn Millionen Dollar den Süden Arizonas und New Mexicos von Mexiko dazukaufen.

1858
Die Butterfield Stage, auch Southern Overland Mail genannt, versieht einen halbwöchentlichen Post- und Passagierdienst zwischen Missouri und San Francisco (über Fort Smith, Arkansas; El Paso; Tucson). Nach Ausbruch des Bürgerkriegs 1861 wird die Strecke auf die zentrale Route über Salt Lake City verlegt; diese wird auch vom Pony Express (1860/61) bedient. Mit Fertigstellung der ersten transkontinentalen Eisenbahn 1869 wird der Dienst eingestellt.

1859
Gold- und Silberfunde im Comstock Lode in Nevada – eine der reichsten Lagerstätten, die je entdeckt wurden – lösen einen Bergbauboom aus, der bis 1879 andauert. Mark Twain beschreibt u.a. das Leben in Virginia City in seinem Roman »Roughing It« (1872). Die Millionäre der »Big Bonanza« von 1873 bauen in San Francisco prächtige Villen.

1864
Nachdem der Nordstaaten-General Carleton nach fünf Monaten Kampf die Mescalero-Apachen in New Mexico »befriedet« hat (1862), verfolgen seine Truppen nun gnadenlos die Navajo, ver-

brennen ihre Obstgärten und Felder und töten ihre Tiere. Die Navajo fliehen von Felsversteck zu Felsversteck, bis sie von 375 Soldaten unter Kit Carson im Canyon de Chelly, ihrem letzten Zufluchtsort, gestellt werden. Rund 8000 Navajo gehen auf den Langen Marsch nach Fort Sumner im Osten New Mexicos; viele kommen dabei um. 1868 dürfen sie in ihre Heimat auf dem Colorado Plateau zurückkehren, wo sie sich seitdem behaupten. Nevada wird 36. Staat der USA.

Chinesische Kulis beim Eisenbahnbau

1869
Nach einem Wettlauf der Eisenbahngesellschaften Union und Central Pacific wird bei Promontory in Utah der letzte Nagel ins Gleis der ersten transkontinentalen Eisenbahn geschlagen. Im Westen bauen die Magnaten Stanford, Huntington, Hopkins und Crocker mit Hilfe Tausender »importierter« chinesischer Kulis, staatlicher Gelder und Landschenkungen. Viele der Chinesen bleiben im Land und legen den Grundstock für San Franciscos Chinatown.

1876
Colorado wird 38. Staat der USA.

1878
John Wesley Powell unterbreitet dem Kongress seinen »Report on the Lands of the Arid Regions of the United States«. Damit beginnt die Debatte über Sinn und Zweck von Staudammprojekten im Westen, die 1902 in den Reclamation Act mündet, der die künstliche Bewässerung reguliert. Zu den spektakulärsten Projekten gehören Boulder/Hoover Dam mit Lake Mead am Colorado (genehmigt 1928), das Central Valley Project in Kalifornien (1935); Glen Canyon Dam mit Lake Powell (1956) am Colorado sowie die Staudämme und -seen am Rio Grande und Salt River. Heute sind die Flüsse des Südwestens fast völlig ausgeschöpft.

1881
Die Southern Pacific, die Texas über El Paso und Tucson mit Kalifornien verbindet, weckt Südkalifornien aus seinem Dornröschenschlaf. Spekulanten werben mit dem milden Klima und lösen einen Landrausch aus, der die Blüte Kaliforniens als Freizeitparadies einleitet.

Mit der Hand am Abzug seines berühmten Colts: Apachenhäuptling Geronimo

1886
Mit 36 Getreuen wird Geronimo, der letzte Anführer der Chiricahua-Apachen, gefangen, nachdem er 20 Jahre lang Siedler im Grenzraum zwischen Arizona und Mexiko terrorisiert hatte und den Truppen der US-Armee immer wieder ins unwirtliche Bergland von Süd-Arizona entkommen war. Damit ist der letzte Indianerkrieg im Südwesten beendet.

1890
Auf Initiative von John Muir, dem Gründer des Sierra Club, und anderer Naturschützer werden die Nationalparks Yosemite und Sequoia in Kalifornien gegründet.

1902
Der Reclamation Act soll nach den Vorstellungen von Präsident Theodore Roosevelt »den Naturschutz, die Landerschließung und

Einsturz: Am 18. April 1906 bebte in San Francisco die Erde

die Bewässerung« fördern. Nach dem Gesetz werden speziell Bewässerungsprojekte in den 16 Staaten des Westens unterstützt und vor allem durch Landverkauf in diesen Staaten finanziert.

1906
Ein katastrophales Erdbeben und ein dreitägiger Feuersturm verwüsten San Francisco. Drei Viertel der Stadt (28 000 Gebäude) werden zerstört, 250 000 Bewohner obdachlos. Die geologische Ursache sind tektonische Spannungen entlang der San-Andreas-Spalte.

1908
In Hollywood formiert sich die Filmindustrie, die der Region wichtige wirtschaftliche Impulse gibt. Los Angeles überholt San Francisco um 1920 als bevölkerungsreichste Stadt Kaliforniens. Bewässerter Plantagenbau und Ölfunde machen Südkalifornien zum bedeutenden Wirtschaftsraum.

1912
New Mexico und Arizona werden 47. und 48. Staat der USA.

1913
Ein Aquädukt versorgt Los Angeles mit Wasser aus dem Owens Valley. In den 1920er Jahren muss der Aquädukt verlängert werden und 1940 reicht er bis Mono Lake. Zwischen Los Angeles und den Ranchern im Owens Valley bricht 1924 ein kleiner Bürgerkrieg aus. Der ständig steigende Wasserbedarf der Städte in Südkalifornien macht weitere Wasserimportprojekte nötig: den Colorado River Aqueduct, der das Wasser des Colorado River ableitet (1941), und den California Aqueduct, der Süßwasser aus dem Mündungsdelta des Sacramento und San Joaquin River heranschafft (1973).

California – riesige Weinfässer und überquellender Früchtekorb: Bleibt der »Golden State« auch weiterhin das Land der Verheißung?

1915
Mit der Panama Pacific Exposition feiert San Francisco nur neun Jahre nach dem großen Erdbeben die Eröffnung des Panamakanals, der die Reise von

New York nach San Francisco um 6000 Meilen verkürzt, und den Wiederaufbau der Stadt nach dem Erdbeben von 1906.

1916
Der National Park Service wird als Bundesbehörde gegründet, nachdem bereits 14 Nationalparks bestehen. Die Parks sind besonders im Südwesten konzentriert und bilden Attraktionen und wichtige Wirtschaftsfaktoren für die Region.

1919
Der Grand Canyon National Park in Arizona wird gegründet.

1921
Am Signal Hill in Los Angeles wird das bis dahin größte Ölfeld erbohrt und macht Südkalifornien zu einem Zentrum der Ölindustrie. In den 1950er Jahren werden weitere Ölfelder vor der Küste erschlossen.

Los Angeles: 1923 wird das Schild zur Immobilienwerbung aufgestellt, 1949 fällt das »LAND« ab

1928
Walt Disney kreiert in Hollywood die Filmfigur Mickey Mouse.

1931
Der Staat Nevada legalisiert das Glücksspiel und an einer Biegung des Colorado River wird mit dem Bau des Boulder-/Hoover-Staudamms begonnen: Dies sind die Startschüsse für den Aufschwung von Las Vegas, Nevada, zum Touristenmagneten – mit heute über 40 Millionen Besuchern pro Jahr.

1933
Eine Reihe von Dürrejahren löst in den Großen Ebenen Staubstürme aus, die bis 1939 andauern. Eine Welle von *Arkies* und *Okies* ergießt sich aus der *Dust Bowl* von Arkansas und Oklahoma nach Westen, besonders nach Kalifornien. Für die großen Farmbetriebe im Central Valley stellen sie billige Arbeitskräfte dar. John Steinbeck beschreibt ihr Schicksal in »Früchte des Zorns« (1939).

1941
Nach der Bombardierung von Pearl Harbor, Hawai'i, wird San Diego Kommandozentrale der Marine für den pazifischen Raum und wichtiger Kriegshafen.

Die Geburt des neuen Las Vegas: das legendäre »Flamingo« von 1946

Freskomalerei (Detail) im Coit Memorial Tower in San Francisco

1942–64
Mit dem Bracero-Programm wirbt die US-Regierung mexikanische Landarbeiter an, um dem kriegsbedingten Arbeitskräftemangel in der Landwirtschaft abzuhelfen. Die meisten dieser Landarbeiter gehen nach Texas und Kalifornien. Viele von ihnen bleiben nach Ablauf des Programms im Land und bilden den Grundstock der Mexican Americans oder Chicanos von heute, die mit mehr als 30 Millionen in den USA die größte Volksgruppe der Hispanics ausmachen.

1945
In New Mexico wird die erste Atombombe gezündet, an der man seit 1942 in den Labors von Los Alamos gearbeitet hat. Bald danach fallen die Bomben auf Hiroshima und Nagasaki.

1947
Kalifornien rückt zum Agrarstaat Nummer eins der USA auf. Klima, Bewässerung, billige Arbeitskräfte und Kühlwaggons ermöglichen den Anbau frischer Produkte für den nationalen Markt.

1955
Disneyland wird in Anaheim bei Los Angeles eröffnet.

1956
Der Kongress schafft die gesetzliche Grundlage für ein Netz von Interstate Highways von 41 000 Meilen Länge. Daraufhin werden im Südwesten die Interstates 80, 15, 40, 10 und 8 gebaut.

1962
Cesar Chavez beginnt die Landarbeiter in Kalifornien zu organisieren. Die von ihm gegründete Gewerkschaft United Farm Workers Union erstarkt im Streik gegen die kalifornischen Traubenfarmer 1965–70.

1965
Der US-Handel mit Asien übertrifft an Volumen erstmals den mit Europa, das ist ein Zeichen für die wachsende Bedeutung des pazifischen Raums und der Westküste der USA.

Cesar Chavez auf der Delano United Farm Workers Rally in Delano (1974)

Die Band »Jefferson Airplane« auf dem KFRC Fantasy Fair and Magic Mountain Music Festival in Marin County im Juni 1967

In den folgenden Jahrzehnten nimmt die Einwanderung von Chinesen, Japanern, Koreanern, Filipinos usw. weiter zu, bis Asiaten in den 1980er Jahren 47 Prozent der Einwanderer stellen – mehr als die Hispanics.

1967
Das Monterey Pop Festival und der Summer of Love in San Francisco bilden Höhepunkte der Hippie-Bewegung. An der Universität von Berkeley formiert sich der Protest gegen den Vietnamkrieg.

1970er Jahre
Das Silicon Valley zwischen Palo Alto und San Jose in Kalifornien entwickelt sich zu einem Weltzentrum der Computer-Industrie.

1981
Mit Sandra Day O'Connor aus Arizona wird die erste Frau Mitglied des Obersten Gerichtshofs der USA.

1983
Sun City West wird in Arizona gegründet – die kleinere Schwester der erfolgreichen Seniorensiedlung Sun City bei Phoenix. Sun City hat heute 48 000, Sun City West 30 000 Einwohner.

1994
Kalifornien billigt mit 59 zu 41 Prozent der Stimmen die »Proposition 187«, nach der staatliche Leistungen für illegale Einwanderer gekürzt und deren Kindern der Besuch staatlicher Schulen verboten wird.

Ein Erdbeben 30 Kilometer nordwestlich von Los Angeles zerstört die Wohnungen und Häuser von 22 000 Menschen.

Fingerspitzengefühl: Chip aus dem Silicon Valley

1996
Eine Serie von Naturkatastrophen sucht Südkalifornien heim: Erdbeben, Buschfeuer und Schlammlawinen. Der O.-J.-Simpson-Prozess entwickelt sich zum Medienspektakel des Jahres.

2001
Am 11. September erleiden die USA den größten Schock ihrer jüngsten Geschichte. Terroristen entführen vier Passagierflugzeuge, zerstören das World Trade Center in New York und beschädigen das Pentagon in Washington, D.C. Über 3000 Menschen sterben.

Mit der Regenbogenflagge für gleichgeschlechtliche Partnerschaften

2004
Arnold Schwarzenegger wird Gouverneur von Kalifornien, sein Parteifreund George W. Bush zum zweiten Mal US-Präsident.

2007
Der 11. September hat auch die Spannungen zwischen den USA und Mexiko verschärft. Ein 700 Meilen langer Grenzzaun soll illegale Einwanderung verhindern.

Im Frühsommer lösen von den Banken vergebene Subprime-Kredite eine Immobilienkrise in den USA aus.

2008
Am 4. November wird ein Demokrat, der 47-jährige Barack Obama, zum ersten schwarzen US-Präsidenten gewählt.

2009
Die Finanzkrise in Kalifornien spitzt sich zu. Im Juli erklärt Gouverneur Arnold Schwarzenegger den Finanznotstand.

2010
Angesichts der finanziellen Notsituation von Kalifornien wird der Demokrat und frühere Gouverneur Jerry Brown erneut ins höchste Amt des Bundesstaates gewählt.

Santa Fe, die Hauptstadt von New Mexico, feiert ihren 400-jährigen Gründungstag.

Arnold Schwarzenegger, 38. Gouverneur von Kalifornien 2003–11

2011
Die demokratische Kongressabgeordnete Gabrielle Giffords aus Arizona wird bei einem Attentat nicht weit von Tucson lebensgefährlich verletzt. Sechs weitere Menschen sterben, darunter der Bundesrichter John McCarthy Roll und ein neunjähriges Mädchen.

Nach zwei Amtszeiten endet Arnold Schwarzeneggers politisches Engagement als Gouverneur von Kalifornien.

2012
Nach dem Wirtschaftscrash, unter dem vor allem Kalifornien und Las Vegas leiden, beginnt sich der Grundstücksmarkt wieder zögerlich zu erholen.

2013
Ende Juni herrschen im Südwesten der USA Temperaturen von bis zu 48 Grad, im Death Valley von bis zu 53 Grad. In Arizona kommen 19 Feuerwehrleute im Einsatz ums Leben.

2014
Zu Beginn des Jahres legalisiert Colorado unter bestimmten Bedingungen den Verkauf von Marihuana.

2014/15
Die anhaltenden Dürren provozieren Großbrände. Amokläufe, wie das San Bernardino Mass Shooting von 2015 befördern die Diskussion um Waffengesetze in Kalifornien und den USA erneut.

Nach nicht endenden Protesten kündigt San Diegos Sea World an, die Orca-Shows einzustellen.

2016
Aus den Präsidentschaftswahlen geht Donald Trump als Sieger hervor. Mit Texas, Arizona, Utah, Montana, Wyoming und Idaho stimmt eine Mehrheit in der Hälfte der Weststaaten für den Kandidaten der Republikaner. In Kalifornien als bevölkerungsreichstem Staat votieren 61,8 Prozent der Wähler für die Demokratin Hillary Clinton.

Sternenbanner und Bärenflagge, Staatssymbole der USA und von Kalifornien

2017
In Kalifornien läuft nach wochenlangen Regenfällen der Oroville-Stausee über. Weil die Notabflüsse beschädigt sind, müssen mehrere Hunderttausend Bewohner der Region vorübergehend evakuiert werden. Die Pegel in den zuletzt bedenklich leeren Stauseen steigen.

Im August 2017 führt Hurrikan Harvey zu sintflutartigen Regenfällen im Großraum Houston. Dutzende Menschen sterben, die Schäden gehen in die Milliarden.

Damit nicht genug: Verheerende Waldbrände fordern mehr als 40 Todesopfer, Tausende fliehen, Hunderte Häuser werden zerstört. Die Weinanbaugebiete Sonoma und Napa Valley im Norden Kaliforniens trifft es im Oktober besonders schlimm; im Dezember wüten die Feuer erneut, diesmal in sechs Regionen Südkaliforniens.

Im Oktober feuert ein Schütze auf Festivalbesucher in Las Vegas und tötet 59 Personen.

Gemäß einer Anordnung Präsident Trumps werden die Naturschutzgebiete Bears Ears und Grand Staircase-Escalante in Utah drastisch verkleinert. Umwelt- und Navajoverbände protestieren.

2018
Seit Januar ist in Kalifornien der Konsum von Cannabis auch als Genussmittel erlaubt.

Demonstranten vor dem Westeingang des Capitols in Sacramento

DIE SCHÖNSTEN REISEREGIONEN KALIFORNIENS UND DES SÜDWESTENS

Region 1
San Francisco
& die Bay Area

SAN FRANCISCO UND DIE BAY AREA

WEST-ÖSTLICHE DIVA

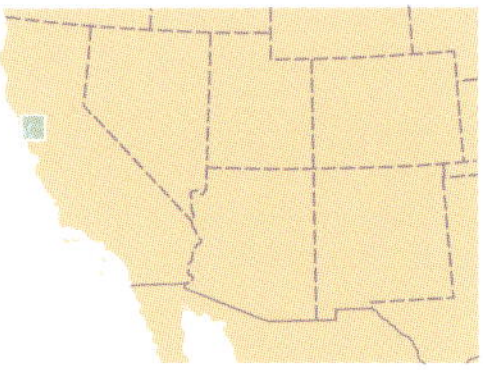

Goldene Brücken bauen und rote Teppiche zur Begrüßung ausrollen – das kann San Francisco wie keine andere amerikanische Stadt. Schon ihr erster Anblick fasziniert: die hügelige Traumlage über den Wassern, die Skyline und die berühmten Brücken. Kein Wunder, dass San Francisco von allen wie ein Lieblingskind verhätschelt wird. Und die Stadt selbst, die sich stolz »The City« nennt, genießt es, *everybody's favorite* zu sein.

Dabei ist sie alles andere als typisch amerikanisch. Die tägliche Gangart wirkt eher europäisch und gleichzeitig wächst der asiatische Einfluss. San Francisco: eine west-östliche Diva mit 43 Hügeln und täglich rund 850 000 Bewunderern, sprich: Einwohnern (Bay Area: 7,6 Mio.).

Entsprechend hoch rangiert die Stadtkultur in den diversen ethnischen Vierteln. Statt der üblichen autogerechten Trennung von Downtown und Suburbia überrascht San Francisco durch die Palette seiner Plätze, Parks und Perspektiven, durch Cafés und Eckkneipen – bunt und jeden Tag neu bevölkert von gestriegelten Yuppies und verknautsch-

San Franciscos markante Skyline, im Hintergrund die Bay Bridge und Treasure Island

ten Flippies, Bankern und Spaßvögeln, Locals und Touristen. Wie sagte Rudyard Kipling? San Francisco habe nur einen Nachteil: »Man kann sich schwer davon trennen.«

1 San Francisco – zu Fuß

San Francisco ist eine der fußgängerfreundlichsten US-Großstädte. Am besten startet man am ❶ **Civic Center** mit der 1915 erbauten City Hall und dem ❷ **Asian Art Museum**, das im restaurierten Gebäude der früheren Public Library einen adäquaten Platz gefunden hat. Es birgt die größte Sammlung asiatischer Kunst außerhalb Asiens. Ein kleines Stück geht es entlang Market Street nach Osten, doch nur bis zur Powell Street. Bei der Endstation der Cable Car stehen eigentlich immer Zuschauer, um das Wenden der altertümlichen Wagen zu beobachten und einen Platz für die Fahrt zu erhaschen. Von hier ist es nicht mehr weit zum ❸ **Union Square**. Der Blick, der über das statuen- und palmenbekrönte Karree schweift, macht sich unweigerlich fest am mächtigen Bau des Sir Francis Drake Hotel. Neben der Eleganz der Schaufenster fällt an der südöstlichen Platzecke der gläserne Eingang zum Kaufhaus Neiman Marcus ins Auge, dem renommierten Department Store, der wie ein Pariser Kaufhaus aussehen möchte.

Weiter geht es durch **Maiden Lane**, die hohle Gasse, die eine Reihe hübscher (und teurer) Läden vorweisen kann. Und auch ein von Frank Lloyd Wright entworfenes Gebäude (Nr. 140). Im Sommer sitzen die Leute an kleinen Tischen an der Straße. Zurück zur Market Street, die quer zum Rastertrend der meisten Straßen vom Schiffsanleger (Ferry Building) schnurstracks auf die Twin Peaks zuführt.

Herz am Union Square

Südlich der Market Street (SoMa) gehört das **4** **San Francisco Museum of Modern Art** (SFMOMA) zu den großen Attraktionen für Kunstinteressierte. Der bisherige Bau des Schweizer Architekten Mario Botta zeigt sich als eine stufig zurückgesetzte Backsteinfassade mit einem zylindrischen Skylight. Hinter ihm erhebt sich der im Mai 2016 eröffnete siebenstöckige Neu- und Anbau, der die Ausstellungsfläche mehr als verdoppelt und exzellente Präsentationsmöglichkeiten für die etwa 4000 Kunstwerke vor allem des

20. Jahrhunderts (u.a. Matisse, Klee, Beckmann, Schwitters, Grosz, Giacometti, Ernst, Kandinsky, Rothko und Diebenkorn) bietet. Gleich um die Ecke in der Mission Street zeigt das 5 **Contemporary Jewish Museum** zeitgenössische Werke jüdischer Künstler auf der Basis einer jahrtausendealten künstlerischen Tradition. Schon der vom Architekten Daniel Libeskind geschaffene Museumsbau, der wie ein aus den Fugen geratenes Gebäude in eine alte Kraftwerksstation eingefügt wurde, ist unbedingt sehenswert.

Über Market Street, die quer zum Rastertrend Richtung Norden führt, gelangt man zur **Crocker Galleria**, einer dreistöckigen Glaspassage in akzeptablen Proportionen und mit eleganten Läden am Ende von Post Street. An Montgomery Street geht es links ab, hin zu den Bürotiesen des **Financial Center**, die jedem Erdbebenrisiko trotzig ins Auge schauen.

SFMOMA –-San Francisco Museum of Modern Art

Montgomery Street, der wichtigste finanzielle Nervenstrang der Westküste, war seinerzeit, als der Goldstaub hierher wehte, die matschigste Meile der Stadt. Doch der Weg vom Gold zum Geld hat für Abhilfe gesorgt. Wo sich früher Kaninchen und Flöhe tummelten, residieren heute alle Finanzinstitutionen von Rang und Namen. Mittags hasten seriös gekleidete Herren in gedeckten Anzügen mit meist zu kurzen Hosen und hochhackige Damen zum Lunch.

Hinter der Kreuzung von California Street befindet sich auf der rechten Straßenseite das 6 **Wells Fargo History Museum**. Hier kann sich jeder durch allerlei Anschauungsmaterial in die Zeit der Postkutschen und des raffgierigen Ol' West versetzen lassen. Den herausragenden Schlusspunkt des Lehrpfads durch die architektonischen Errungenschaften der Finanzwelt setzt die mit weißen Platten aus gemahlenem Quarz verkleidete **Transamerica Pyramid**, das einzige Hochhaus der Welt, das einen Redwoodhain an seiner Seite stehen hat: ein grünes Nadelwäldchen mit Springbrunnen und Sitzbänken.

Themenwechsel: Nach einem Linksabbieger auf Washington Avenue geht es nach 7 **Chinatown**. Statt der festgemauerten Welt der Anglos nun plötzlich nur noch Chinesen! Asien liegt in San Francisco direkt um die Ecke. **Portsmouth Square** war schon während der spanischen Kolonialzeit ein Mittelpunkt. Im Pueblo Yerba Buena, wie San Francisco damals hieß, lag hier die Plaza. Später wurde sie zum beliebten Herzstück von Chinatown, die heute mit ihren rund 100 000 Einwohnern die größte chinesische Gemeinde in den USA ist. Auf der unteren Ebene des Platzes stimmen sich Dutzende Chinesen mit meditativem Tai-Chi auf den Tag ein. Später sitzen dort die Mütter und passen auf die Kinder auf, während sich oben die alten Männer beim chinesischen Schach, *xianggi*, bei Karten- und Mah-Jongg-Spiel die Zeit vertreiben. Vorbei am Pagodenbau der United Commercial Bank (Nr. 743) führt Washington Street weiter zur Lebensader von Chinatown: **Grant Avenue**. Man sieht ihr an, wie fest sie in der Hand der Souvenirindustrie von Taiwan und Hongkong ist – billiger, manchmal aber auch kurioser Klimbim, dazwischen chinesisches Kunsthandwerk.

Waverly ist eine exotische Bilderbuchstraße mit schönen, durch schwungvolle und bemalte Balkone gegliederten Fassaden einst mächtiger Familienresidenzen. Längst hat sich **Stockton Street** zum authentischen Gegenstück von Grant Avenue entwickelt – mit überquellenden Gemüseläden, Lieferwagen, Gewürzstübchen und baumelnden Hähnchen in den Auslagen. Chinatown ist immer noch der am dichtesten besiedelte Stadtteil von San Francisco, wo die Menschen auf engstem Raum wohnen und arbeiten – in Hinterhöfen und engen Gassen, in Miniwerkstätten, Nähstuben, Nudelfabriken und Bäckereien (Snackvorschlag: Eiertörtchen im Nudelnest mit Cremefüllung aus der Golden Gate Bakery in der Grant Street).

Financial District: die Transamerica Pyramid ist Spitze

Nur einen Block entfernt wartet wieder ein anderes Stück San Francisco. Nicht als Stadtviertel, sondern als Transportmittel: die schon 1873 eingeweihte **8 Cable Car**. Die Fahrt mit dem Ratterding bis zum Wasser serviert nicht nur Touristen wechselnde Ausblicke und Perspektiven der faszinierenden Stadt, denn auch bei den San Franciscans selbst ist die unter Denkmalschutz stehende Bahn beliebt.

Unten am **9 Pier 39** mit seinen Restaurants, Karussells und Touristenläden gibt's oft Gedrängel. Verständlich, denn die gegenüberliegende ehemalige Schokoladenfabrik **Ghirardelli Square** ist ein Besuchermagnet – ihre vielen Geschäfte ebenso wie die Kleinkünstler, die das ganze Jahr hindurch das Publikum bei Laune halten. Die gibt es auch an der **10 Fisherman's Wharf** mit diversen Geschäften, Cafés und Restaurants. Einst lag hier Italy Harbor, der Fischereihafen ganz in italienischer Hand. Schritt für Schritt wandelte er sich vom Arbeitsplatz zum Abziehbild für Hafenromantik und Seeabenteuer. Ausnahme: die Seelöwen, die sich bei den Kuttern und Pfahlbauten lümmeln.

Am Embarcadero entlang führt der Weg wieder Richtung Stadt. Draußen in der Bay liegt **Alcatraz**. Auch die ruinösen Reste des ehemals berühmt-berüchtigten, ehemaligen Zuchthauses haben ein Recycling erfahren – für Ausflügler, die das Gruseln lernen wollen. Das **11 Exploratorium**, ein unterhaltsames, interaktives Museum für Wissenschaft, Kunst und menschliche Wahrnehmung, darf man nicht verpassen, vor allem, wenn man mit Kindern oder Jugendlichen unterwegs ist. Die Mischung aus Vergnügungspark

San Franciscos Chinatown ist mit 80 000 Einwohnern die größte chinesische Gemeinde in den USA

Cable Car und Alcatraz: zwei Ikonen der Bay City

Die Seelöwen fühlen sich beim Pier 39 wohl

und Versuchslabor hat seit 2013 ein großartiges neues Zuhause direkt am Ufer der Bay (Pier 15).

Einige Schritte zurück, aber schon in Höhe von Levi's Plaza (Pier 23) geht es aufwärts über die **Filbert Steps**. Für ein paar Minuten glaubt man gar nicht in San Francisco zu sein – so wild begrünt sind die hängenden Gärten, durch eine Treppe gesäumt von Stufen mit den schläfrigen Katzen und hübschen Holzhäuschen, an deren Ende man den ⓬ **Coit Tower** erreicht. Die Kletterpartie wird mit einer erstrangigen Aussicht belohnt: auf die Stadt, die Bucht, die Brücken. Sichtbar wird aber auch die unerbittlich regelmäßige Straßenführung, die die natürliche Topographie der Stadt quasi unter sich begräbt. Auch heute noch gelten die Hänge von Telegraph Hill als begehrte Wohngegend, der Ruhe und der tollen Bay Views wegen.

Zurück und abwärts führt wieder eine kleine Treppe und nach wenigen Minuten rundet sich der Tageslauf am ⓭ **Washington Square Park**, der grünen Piazza von **North Beach**. Dominiert wird er von der **Church of St. Peter and Paul**, die so aussieht, als sei sie aus Marzipan. Ihre Messen werden hintereinander gelesen: in Englisch, Italienisch und Chinesisch. Hier und rund um den Platz bekommt man die sehr europäische Stadtkultur San Franciscos zu spüren. Italiener und Chinesen, zerflauste Beatniks und glatte Yuppies geben sich rund um die Uhr ein Stelldichein. Die kulturelle Melange reicht bis in die Kochtöpfe – wenn sich zum Beispiel in der Minestrone plötzlich Reis findet: So einfach finden China und Italia zusammen.

Trotz moderner Geschäftsmäßigkeit, steigender Mieten und nüchterner vietnamesischer Wäschereien weht noch ein Hauch von altmodischer Boheme durch die Cafés, Bars und Buchläden. Ob im »Trieste«, »Puccini« oder »Vesuvio« – nirgendwo sonst in den USA sieht man so viele Menschen lesend, redend, kritzelnd oder sich einfach der Musik hingebend, sei es Rock, Jazz oder Verdi.

An der Ecke von **Columbus Avenue** und **Broadway** endet allerdings die sanfte Verklärung Hier gibt es noch wenige Überreste von Peep und Porno: eine Spätfolge der einst berüchtigten *barbary coast*, des verwegenen Hafenmilieus aus der Zeit, als das Wasser der Bucht noch bis hierhin reichte und in der Bay Hunderte von Schiffen ankerten. Deren Besatzungen waren auf und davon, um ihr Glück in den Goldminen zu suchen. Aus den verlassenen Schiffen baute man Warenlager oder Unterkünfte, oder sie wurden einfach versenkt, um zusätzliches Bauland am Wasser zu schaffen. Auf diese Art entstand in etwas mehr als hundert Jahren neues Land für San Francisco – ein Wackelpeter aus Schiffsfriedhöfen und Geisterflotten. Daher auch der Name North Beach, zwar schon längst ohne Strand, aber ein Stadtteil mit vielen Kontrasten.

Schräg gegenüber dem Honky-Tonk-Rummel und vereinsamten Porno-Shops liegt ⓮ **City Lights**, *die* Buchhandlung und *der* Mittelpunkt der literarischen Szene seit den Tagen von Jack Kerouac, Allen Ginsberg, Lawrence Ferlinghetti und anderer Beatniks, die in den 1950er Jahren international Furore machten. Wer mag, der kann hier bis Mitternacht im Keller in den neuesten Lyrikbänden stöbern.

Einen längeren Besuch lohnt auch der ⓯ **Golden Gate Park**, der sich von der Pazifikküste mit einer Breite von 600 Metern über fünf Kilometer bis zum legendären »Summer of Love«-Stadtteil Haight-Ashbury erstreckt. In der 710 Ashbury Street haben beispielsweise einst die Grateful Dead gewohnt. Der Park lässt sich auch mit öffentlichen Verkehrsmitteln erreichen. Wer fußmüde ist, kann in der weitläufigen Grünanlage einen kostenlosen Minibus nutzen, der an Wochenenden tagsüber mit vielen Stopps zwischen McLaren Lodge ganz im Osten und Ocean Beach im Westen pendelt.

In dem riesigen Park findet man ganz im Osten den **Aids Grove** zur Erinnerung an die vielen Toten der Immunschwächekrankheit und nicht weit entfernt die **Conservatory of Flowers**, ein riesiges Gewächshaus in viktorianischem Stil. Einen Besuch verdient die naturgeschichtliche Ausstellung der ⑯ **California Academy of Sciences**, nicht nur ein Zentrum der Wissenschaft, sondern gleichzeitig ein faszinierendes Museum für Naturgeschichte mit Planetarium, künstlichem Regenwald und Aquarium.

Vis-à-vis zeigt das ⑰ **de Young Museum** in einem faszinierenden Kupferbau, von dessen Aussichtplattform in der neunten Etage sich ein Panoramablick über den Park bietet, eine großartige Kunstsammlung. Vor allem die amerikanischer Kunst und die Ausstellung von Kostümen und Textilien lohnen einen Besuch. Gleich dahinter, etwas versteckt, gehört ein ⑱ **Japanischer Teegarten** schon seit mehr als hundert Jahren zu den Attraktionen des Golden Gate Park, bereit für eine kontemplative Visite und einen Tee (mit Fortune Cookie). Weiter im Westen, hinter dem Spreckels Lake, grast eine Bisonherde und fast schon am westlichen Ende des Park überrascht eine hierher transplantierte Holländische Windmühle.

SERVICE & TIPPS

i San Francisco Visitor Information Center
900 Market St.
San Francisco, CA 94102
✆ (415) 391-2000
www.sanfrancisco.travel
Im Sommer Mo–Fr 9–17, Sa/So 9–15, im Winter Mo–Fr 9–17, Sa 9–15 Uhr, So geschl.
Infos und Karten. Telefonische Auskünfte auch auf Deutsch:
✆ (415) 391-2004.

Öffentliche Verkehrsmittel
San Francisco lässt sich gut mit öffentlichen Verkehrsmitteln

Conservatory of Flowers – das Tropenhaus im Golden Gate Park

Die Haarnadelkurven der Lombard Street am steilen Russian Hill gehören für amerikanische Besucher zu den ungewöhnlichsten Attraktion der Stadt

erkunden. Es gibt Busse und Straßenbahnen (**MUNI**, $ 2.50, www.sfmta.com), **Golden Gate Transit, Cable Cars** ($ 7, www.sfcablecar.com) und **BART** (Bay Area Rapid Transit, ✆ (415) 989-2278, www.bart.gov).

BART empfiehlt sich, um zumindest einige Attraktionen schnell, bequem und preiswert zu erreichen: Ferry Building, Chinatown, Museum of Modern Art, Union Square, City Hall, Theater District, California Academy of Science, San Francisco Visitor Information Center, Asian Art Museum, Mission Dolores, San Francisco Airport.

Bart verbindet San Francisco auch mit anderen Bay Citys wie Oakland, Fremont, Berkeley oder Richmond.

CityPass
Gewährt verbilligte Eintrittskarten ($ 89 und 9 Tage gültig) für Blue & Gold Fleet Bay Cruise und California Academy of Sciences sowie vergünstigten Eintritt ins Aquarium of the Bay oder Monterey Bay Aquarium und das de Young Museum oder das Exploratorium, einschließlich Benutzung von MUNI und Cable Car an sieben aufeinanderfolgenden Tagen. Verkauf bei allen beteiligten Attraktionen oder online: www.citypass.com.

Blazing Saddles
2715 Hyde Street
San Francisco, CA 94109
✆ (415) 202-8888
www.blazingsaddles.com
Fahrradverleih und Touren in San Francisco und der Bay Area, auch von vier weiteren Stationen in San Francisco.

Gray Line San Francisco Sightseeing
Pier 47 (Fisherman's Wharf)
San Francisco, CA 94133
✆ (415) 353-5310
www.graylineofsanfrancisco.com
Ganz-, Halbtags- und Abendtouren durch San Francisco, ins Wine Country, nach Monterey oder zum Yosemite National Park.

Blue & Gold Fleet
Pier 39
San Francisco, CA 94133
✆ (415) 705-8200
www.blueandgoldfleet.com
Tägl. ab 9 Uhr
Bootstouren in der Bay Area: nach Angel Island, zur Bay und Golden Gate Bridge; Fährdienst nach Sausalito, Tiburon, Vallejo und Oakland.

Red & White Fleet
Pier 43 1/2 (Fisherman's Wharf)
San Francisco, CA 94133
✆ (415) 673-2900

www.redandwhite.com
Ein- und zweistündige Cruisingfahrten zum Golden Gate, mit Sicht auf Sausalito und Tiburon; Dazu Bustouren ins Napa Valley, zu den Redwoodbäumen von Muir Woods, nach Monterey oder zum Yosemite-Nationalpark.

2 Asian Art Museum
200 Larkin St. (Civic Center)
San Francisco, CA 94102
✆ (415) 581-3500
www.asianart.org
Tägl. außer Mo 10–17, im Sommer Do bis 21 Uhr
Eintritt $ 25/20 (13–17 J.), unter 17 J. frei
Größte Sammlung asiatischer Kunst außerhalb Asiens. Museumscafé.

16 California Academy of Sciences
55 Music Concourse Dr. (Golden Gate Park)
San Francisco, CA 94118
✆ (415) 379-8000
www.calacademy.org
Mo–Sa 9.30–17, So 11–17 Uhr
Eintritt $ 39,95/34,95/29,95 (12–17 bzw. 4–11 J.), unter 4 J. frei
Populäres Museum für Naturgeschichte unter einem bepflanzten Dach von einem Hektar Fläche.

Ansprechendes **Academy Café**, tägl. 9.30–17, So ab 10, Do auch 18–22 Uhr, ✆ (415) 876-6128, www.calacademy.org/dining ($).

5 Contemporary Jewish Museum
736 Mission St.
San Francisco, CA 94103
✆ (415) 655-7800
www.thecjm.org
Tägl. außer Mi 11–17, Do bis 20, (im Winter 1. Do im Monat bis 20) Uhr
Eintritt $ 14/12, bis 18 J. frei, Do ab 17 Uhr $ 5
Zeitgenössische jüdische Kunst, Kultur und Geschichte in einem bemerkenswerten Bau von Daniel Libeskind.

17 de Young Museum
50 Hagiwara Tea Garden Dr.
Golden Gate Park
San Francisco, CA 94118
✆ (415) 750-3600
http://deyoung.famsf.org
Tägl. außer Mo 9.30–17.15 Uhr, Eintritt $ 15/12/6, bis 17 J. frei
Das seit 1894 existierende Kunstmuseum hat 2005 einem

Fisherman's Wharf, früher Hafen für Fischkutter, heute auch Touristenattraktion

Pier 39 an der Fisherman's Wharf: Vergnügungszentrum mit Aquarium

Der spektakuläre Bau des de-Young-Kunstmuseums von Herzog & de Meuron im Golden Gate Park wurde 2005 eröffnet

spektakulären Neubau von Herzog & de Meuron bekommen. Albert Bierstadts »Kalifornischer Frühling« und andere Meisterwerke amerikanischer Künstler, von präkolumbischer Kunst bis zum 20. Jh., dazu Kunst und Kunsthandwerk aus Afrika und Ozeanien inklusive Neuseeland und Neuguinea.

❶ Exploratorium
Pier 15 (Embarcadero & Green St.)
San Francisco, CA 94111
✆ (415) 528-4444
www.exploratorium.edu
Tägl. außer Mo 10–17, Do auch 18–22 Uhr (über 18 J.)
Eintritt $ 29,95/24,95/19,95 (4–12 J.), bis 3 J. frei
Interaktives Museum für Wissenschaft, Kunst und menschliche Wahrnehmung, seit 2013 in einem großartigen neuen Zuhause direkt am Ufer der Bay.

❹ San Francisco Museum of Modern Art (SFMOMA)
151 3rd St. (Yerba Buena Gardens), Eingang auch an Howard St.
San Francisco, CA 94103
✆ (415) 357-4000
www.sfmoma.org
Tägl. außer Mi 10–17, Do bis 21 Uhr
Eintritt $ 25/22/19, unter 18 J. frei
Umfangreiche Schenkungen und langfristige Leihgaben haben den Fundus des weltberühmten, 2015 nach Erweiterung wiedereröffneten Museum bedeutend vergrößert. Darunter sind mehrere Dutzend Werke von Pablo Picasso, Jasper Johns, Ed Ruscha, Diane Arbus und Robert Rauschenberg sowie von Sol LeWitt, Gerhard Richter und Andy Warhol. Hinzu kommt eine umfangreiche Fotokollektion.

❻ Wells Fargo History Museum
420 Montgomery St. (Financial District)
San Francisco, CA 94163
✆ (415) 396-2619
Mo–Fr 9–17 Uhr, Eintritt frei
Zu den Exponaten aus der Zeit des Wilden Westens gehören auch eine alte Postkutsche und einige Gold Nuggets.

Alcatraz Island
Golden Gate National Recreation Area
San Francisco, CA 94123
✆ (415) 981-7625 (Tickets), (415) 561-3000, www.nps.gov/alca
Tour $ 37,25/23 (5–11 J.), unter 5 J. frei, Nachtticket $ 44,25
Legendäre Gefängnisinsel, Domizil u.a. für Al Capone. Für Tickets lange Wartezeiten, deshalb telefonische Vorbestellung ein paar Tage vorher

ratsam. Abfahrt vom Pier 33, Fisherman's Wharf. Weitere Info: www.alcatrazcruises.com.

⑫ Coit Tower
1 Telegraph Hill Blvd. (über Lombard St.)
San Francisco, CA 94133
✆ (415) 362-0995
www.sfrecpark.org/destination/telegraph-hill-pioneer-park/coit-tower, tägl. 10–18, Nov.–März bis 17 Uhr
Fahrstuhl $ 9/6/2 (12–17 bzw. 5–11 J.), unter 5 J. frei
Wahrzeichen San Franciscos an der Stelle einer ehemaligen Morsestation – 1933 als Anerkennung der Leistungen der freiwilligen Feuerwehr errichtet. Innen sehenswerte Freskomalereien *(murals)* zur Stadt- und Landesgeschichte.

Ferry Building
One Ferry Building
San Francisco, CA 94111
✆ (415) 983-8030
www.ferrybuildingmarketplace.com, Mo–Fr 10–17, Sa 8–18, So 11–17 Uhr
Fähranleger am Fluchtpunkt von Market Street. Vor dem Bau der Brücken, als der Personenverkehr über die Bay ausschließlich per Schiff erfolgte, strömten einmal 50 000 Menschen durch dieses Eingangstor zur Stadt. Später verfiel das elegante Sandsteingebäude mit seinem markanten Turmbau in spanischer Manier. Inzwischen ist es prächtig restauriert mit schönen Fußbodenmosaiken, Feinkostläden und Restaurants, Boutiquen und einem quirligen Biomarkt, dem **Farmer's Market** (Di und Do 10–14, Sa ab 8 Uhr).

Noch immer pendeln von den Anlegern Fähren nach Oakland, Alameda, Vallejo, Larkspur, Sausalito, Tiburon und Angel Island.

Golden Gate Bridge
US 101/Hwy. 1
Weltberühmte Hängebrücke (Pfeilerhöhe 227 m), 1937 eröffnet. Länge: 2,7 km. Im Jubiläumsjahr 1987 fuhren rund 41 Mio. Autos durchs Goldene Tor. Mautgebühr (in Richtung San Francisco): $ 7.25.

Mission Dolores mit der »neuen« Basilika von 1918

Mission San Francisco de Asis (Mission Dolores)
3321 16th & Dolores Sts. (Mission District)
San Francisco, CA 94114
✆ (415) 621-8203
www.missiondolores.org
Tägl. Mai–Okt. 9–16.30, Nov.–April 9–16 Uhr, Eintritt $ 5/3
Nach der Gründung des spanischen Presidio (1776) wurde südlich davon 1782 die Kirche gebaut; 1791 wurde sie an ihren heutigen Standort transloziert und überlebte seither alle Erdbeben. Bemerkenswert: der Indianerfriedhof.

Der lebhafte Mission District mit vielen viktorianischen Gebäuden und einem hohen Anteil von Latinos ist auch bekannt wegen seiner farbkräftigen Wandgemälde *(murals)*.

⑮ Golden Gate Park
Zwischen Stanyan St. und Great Hwy., Fulton St. und Lincoln Way, N Line Muni Metro, Stationen von Carl & Cole bis Ocean Beach, San Francisco, CA 94117
✆ (415) 831-2700
www.sfrecpark.org

San Franciscos Wahrzeichen: Coit Tower auf dem Telegraph Hill

Rund um die Uhr zugänglich
Besucherzentrum tägl. 9–17, So 12.30–14.30 Uhr geschlossen, Eintritt frei
In dem mehr als 4 km² großen Stadtpark (größer als der Central Park in New York) findet man die naturgeschichtliche Ausstellung der **California Academy of Science**, das viktorianische Gewächshaus der **Conservatory of Flowers**, das de Young Museum mit einer faszinierenden Kunstsammlung, einen **Japanischen Teegarten**, eine Open-Air-Bühne mit Konzerten im Sommerhalbjahr, Sportanlagen und Spielplätze und sogar eine Bisonherde.

Im Park fährt der Golden Gate Park Shuttle.

Golden Gate National Recreation Area
Information Center, Building 201, Fort Mason
San Francisco, CA 94123
✆ (415) 561-4700
www.nps.gov/goga
Rund um die Uhr zugänglich, Information Center Mo–Fr 8.30–16.30 Uhr, Eintritt frei
Fast 300 km² umfasst das von der Nationalparkbehörde verwaltete Areal südlich und nördlich der Golden Gate Bridge und in der Bay dazwischen, dazu gehören auch **Alcatraz, Fort Mason,** das **Presidio** und **Muir Woods**.

Das frühere parkähnliche Militärgelände gleich südlich der Brücke ist seit einigen Jahren entmilitarisiert und der Öffentlichkeit zugänglich. Wander-, Fahrrad- und Reitwege durchziehen das hügelige Gelände. Auch Golfer haben hier ihre Freude, Hang Glidern geben die Westwinde an der südlichen Klippenküste den richtigen Aufwind. Das **Walt Disney Family Museum** (104 Montgomery St., http://waltdisney.org) gewährt seltene Einblicke, auch zur Person und dem Familienmenschen Walt Disney.

Der Japanese Tea Garden im Golden Gate Park ist schon über 100 Jahre alt

18 Japanese Tea Garden
75 Hagiwara Tea Garden Dr.
San Francisco CA 94118
✆ (415) 752-1171
www.japaneseteagardensf.com
Tägl. März–Okt. 9–18, sonst bis 16.45 Uhr
Eintritt $ 9/3 (5–11 J.) unter 5 J. und Mo, Mi, Fr 9–10 Uhr frei
Japanisch gestaltete Anlage mit Teichen, Pflanzen und Skulpturen sowie Teeausschank und -verkauf.

Caffè Trieste
601 Vallejo St. & Grant Ave.
San Francisco, CA 94133
✆ (415) 392-6739
www.caffetrieste.com
Tägl. 6.30-23 Uhr
Erstklassiger Cappuccino, am Samstagnachmittag mit italienischen Opernarien.

Café Flore
2298 Market St.
San Francisco, CA 94114
✆ (415) 621-8579
www.cafeflore.com
Tägl. 10–22, Sa 9–23, So bis 20 Uhr
Im Herzen des Castro District.

Am besten sitzt man draußen, um zu sehen und gesehen zu werden. Nette Weinauswahl, es gibt auch leichte Kleinigkeiten zu essen.

The Slanted Door
1 Ferry Building # 3
(Embarcadero)
San Francisco, CA 94111
✆ (415) 861-8032
www.slanteddoor.com
Tägl. 11–22 Uhr
Offene Küche mit vietnamesischen Gerichten auf hohem Niveau. Chinesischer Tee, europäische Weine. Blick auf die Bay. $$$

Sam's Grill
374 Bush St., San Francisco, CA
✆ (415) 421-0594
www.samsgrillsf.com
Mo–Fr 11–21 Uhr
Traditionsrestaurant, dessen Wurzeln bis 1867 zurückreichen. Den Anfang machten damals Austern, heute gibt es auch Ceviche und fangfrischen Fisch. $$–$$$

Elite Café
2049 Fillmore St.
San Francisco, CA 94115
✆ (415) 346-8400
www.theelitecafe.com
Tägl. ab 17, Sa/So auch 10–17.30 Uhr
Bistromäßig, laut und freundlich. Geschmackvolles mit Südstaateneinschlag *(gumbo, jambalaya)*. $$–$$$

Greens Restaurant
Fort Mason Building A (Marina District), San Francisco
CA 94123
✆ (415) 771-6222
www.greensrestaurant.com
Tägl. 17.30–21, Lunch Di–Fr 11.30–14.30, Brunch Sa/So 10.30–14.30 Uhr
Unbestritten das beste vegetarische Restaurant in der Stadt, geführt von Zen-Buddhisten – hell, luftig und mit tollem Bay-Bridge-Blick. Reservierung unerlässlich. $$–$$$

Sociale
3665 Sacramento St., zwischen Locust & Spruce Sts.
San Francisco, CA 94118
✆ (415) 921-3200
www.sfsociale.com
Mo–Sa 17–22 Uhr
Authentische, italienische Küche. Sehr netter, kleiner Innenhof zum draußen Sitzen im Stadtteil Pacific Heights. $$–$$$

»Painted Ladies«: Die viktorianischen Stadtvillen am Alamo Square haben das große Erdbeben 1905 in San Francisco überlebt

Die empfohlenen Restaurants sind nach folgenden Preiskategorien für ein Hauptgericht (ohne Getränke, Steuer und Trinkgeld) gestaffelt:

$ – bis 20 Dollar
$$ – 20 bis 35 Dollar
$$$ – über 35 Dollar

San Francisco zählt über 18 Millionen Besucher im Jahr

Zuni
1658 Market St. (Nähe Civic Center), San Francisco, CA 94102
✆ (415) 552-2522
www.zunicafe.com
Di–Sa ab 11.30, So ab 11 Uhr, Mo geschl.
Hervorragend zu jeder Tageszeit: Küche, Weine, Ambiente. $$–$$$

Mission Chinese Food
2334 Mission St.
San Francisco CA 94110
✆ (415) 883-2800
www.missionchinesefood.com
Tägl. 17–22.30, Do–Mo auch 11.30–15 Uhr
Aufregendes, aber unprätentiöses chinesische Restaurant im Mission District. Inzwischen gibt es sogar einen Ableger in New York. $$

Nopalito
306 Broderick St., zwischen Oak & Fell Sts., ✆ (415) 437 03 03
www.nopalitosf.com
Tägl. 11.30–22 Uhr
Traditionelle mexikanische Küche, leicht und locker serviert, in Lower Haight. $$

Buena Vista Cafe
2765 Hyde St. (Aquatic Park)
San Francisco, CA 94109
✆ (415) 474-5044
www.thebuenavista.com
Tägl. 9–2, Sa/So ab 8 Uhr
Gestandenes Café rund um den Irish Coffee, in dem von früh bis in die Nacht Trubel herrscht. Kleinigkeiten zum Frühstück, Lunch und frühes Dinner. $–$$

Dol Ho Restaurant
808 Pacific Ave. (Chinatown)
San Francisco, CA 94133
✆ (415) 392-2828
Tägl. 8–15 Uhr, Mi geschl.
Empfehlenswert für Dim Sum. $

Crown Room
950 Mason St. (Fairmont Hotel, 29. Stock)
San Francisco, CA 94108
✆ (415) 772-5000
www.fairmont.de/san-francisco/
Gala-Inszenierung für einen Drink: Von ganz oben zeigt sich San Francisco im imponierenden Lichterglanz von seiner besten Seite. (Unbedingt mit dem Außenaufzug hochfahren!)

Club Fugazi
678 Beach Blanket Babylon Blvd. & Green St.
San Francisco, CA 94133
✆ (415) 421-4222
www.beachblanketbabylon.com
Mi–Fr 20, Sa 18.30 und 21.30, So 14 und 17 Uhr
$ 30–155
Hier läuft seit über 30 Jahren die Show »Beach Blanket Babylon«. Möglichst früh Karten vorbestellen!

DNA Lounge
375 11th St.
San Francisco, CA 94103
✆ (415) 626-1409
www.dnalounge.com
Origineller Musikclub mit guten Livebands. Die angeschlossene Pizzeria macht die Tanznacht perfekt.

The Great American Music Hall
859 O'Farrell St. & Van Ness Ave., San Francisco, CA 94109
✆ (415) 885-0750
www.slimspresents.com
Nachtclub mit Jahrhundertwende-Charme: Rock, R & B, Pop, Punk, Bluegrass etc.

Top of the Mark
999 California St. (Mark Hopkins Hotel, 19. Stock)
San Francisco, CA 94108
✆ (415) 392-3434
www.intercontinentalmark hopkins.com
Tägl. 16.30–23.30, Fr/Sa bis 0.30 Uhr
Gala-Inszenierung für einen Cocktail: Von ganz oben zeigt sich San Francisco im imponierenden Lichterglanz von seiner

besten Seite. Am schönsten ist es in der Dämmerung, wenn langsam die Lichter in der Stadt angehen.

Vesuvio
255 Columbus Ave. (North Beach), San Francisco, CA 94133
✆ (415) 362-3370
www.vesuvio.com
Tägl. 6–2 Uhr
Genießer, *literati*, und andere Schöngeister bevölkern diese traditionsreiche North-Beach-Bar seit den Tagen Eisenhowers und der Beatniks.

Kabuki Springs & Spa
1750 Geary Blvd. (Fillmore St. & Japan Center)
San Francisco, CA 94115
✆ (415) 922-6000
www.kabukisprings.com
Tägl. 10–21.45 Uhr, Frauen So, Mi und Fr, Männer Mo, Do und Sa
Massage $ 70–190, Baden ab $ 30, Vorher reservieren!
Gourmet bathing: Dampfbäder, Sauna und Shiatsu-Massage. Fein dekoriertes Interieur.

Amoeba Music
1855 Haight St.
San Francisco, CA 94117
✆ (415) 831-1200
www.amoeba.com
Tägl. 11–20 Uhr
Gigantischer Musikladen mit CDs, Vinyl, Downloads und Alben aller möglichen Musikrichtungen, dazu Filme als DVDs oder Blue Rays.

City Lights Bookstore
261 Columbus Ave.
San Francisco, CA 94133
✆ (415) 362-8193
Tägl. 10–24 Uhr
www.citylights.com
Legendäre Buchhandlung seit den Beatnik-Tagen.

Ghirardelli Square
900 North Point St. (beim Aquatic Park)
San Francisco, CA 94109
www.ghirardellisq.com
Shopping- und Restaurantkomplex (1962–67) in einer ehemaligen Schokoladenfabrik.

Westfield San Francisco Centre
865 Market & Fifth Sts.
San Francisco, CA 94103
✆ (415) 512-6776
www.westfield.com
Kaufhaus auf neun Ebenen: Boutiquen, namhafte Warenhäuser, Restaurants und Cafés.

In den Straßen von Chinatown in San Francisco

Beliebt in San Francisco: »Patio dining« – Essen im Freien

Sharpsteen Museum
Calistoga
Angwin
Silverado Trail
Bothe-Napa Valley
Bale Grist Mill State Hist. Park
St. Helena
Silverado Museum
Lake Berryessa
Lake Berryessa Recreation Area
Iron Mtn. 2475
Lake Hennessey
0
5
10km
N
Rutherford
Oakville
Napa River
Napa Valley
Atlas Pk. 2884
Rector Reservoir
Silverado Trail
Mayacmas Mtns.
Sonoma Hwy.
Annadel State Park
Yountville
Mt. Veeder 2897
Wooden Valley
Mt. Vaca 3053
Glen Ellen
California
Lake Curry
Monticello Rd.
Agua Caliente
Eldridge
Cotati
Sonoma
Napa
2445
2356
Petaluma Municipal Airport
Mission San Francisco de Solano
Broadway
Petaluma Adobe St. Hist. Park
Elkhorn Peak 1337
Sonoma Sky Park
Vineburg
Sonoma Valley
Lakeville Hwy.
Sonoma Cr.
Sonoma Valley Airport
Napa Co. Airport
Jameson Canyon Rd.
Napa Rd.
Petaluma
Redwood Hwy.
Wildcat Mtn. 686
American Canyon
Olompali St. Hist. Park
Antonio Cr.
Slough
Napa
Mt. Burdell 475
Petaluma R.
Sonoma Raceway
Napa R.
Marin County Airport
San Pablo Bay Nat'l. Wildlife Refuge
Marine World Pkwy.
Six Flags Discovery Kingdom
Novato Cr.
Sonoma Blvd.
Stafford Lake
Black Point
Vallejo
Novato
Vallejo Naval & Historical Museum
Benicia
Ignacio
San Pablo Bay
Nicasio
Carquinez Strait
Crockett
Rodeo
Benicia Capitol St. Hist. Park
Redwood Frwy.
Marinwood
Eastshore Frwy.
Santa Venetia
China Camp State Park
San Pablo Strait
John Muir Pkwy.
Martinez
Lagunitas
Pinole
Hercules
John Muir Nat'l. Hist. Site
Kent Lake
Fairfax
San Anselmo
San Pablo
Mission San Rafael
San Rafael
El Sobrante
North Richmond
Ross
San Rafael Bay
Kentfield
Richmond
San Pablo Res.
Golden Gate National Rec. Area
Briones Regional Park
Alpine Lake
Greenbrae
San Quentin
El Cerrito
Briones Res.
Larkspur
Richmond
Mt. Tamalpais 2785
Corte Madera
Wildcat Canyon Regional Park
Orinda Village
Lafayette
Mill Valley
Kensington
Muir Woods National Monument
Tiburon
Tilden Regional Park
Bolinas
Albany
Bolinas Point
Mt. Tamalpais State Park
Tamalpais Valley
Belvedere
San Pablo
Univ. of California at Berkeley
Lafayette Res.
Marin City
Angel Island State Park
Orinda
Sausalito
Berkeley
Ashby
Muir Beach
Bay Area Discovery Museum
Moraga
Golden Gate Nat'l. Rec. Area Marin Headlands
Treasure Island
Emeryville
Piedmont
Chabot Space & Science Center
Alcatraz Island
Warren Frwy.
Golden Gate Bridge
Bay Bridge
U.S. Army Base
Oakland Museum of California
Redwood Regional Park
Golden Gate
Baker Beach
Doyle Dr.
Lombard St.
Webster St.
Oakland
Presidio National Park of San Francisco
Van Ness Ave.
MacArthur Frwy.
Seals Rock State Beach
Golden Gate Park
Central Ave
E. 14th
Oakland Zoo
Nimitz Frwy.
San Francisco
York Frwy.
Alameda
San Leandro
Southern Frwy.

❶ BERKELEY

Sather Gate zur Berkeley-Universität

Studenten und Lehrkörper der Universität stellen mehr als ein Viertel der gut 122 000 Einwohner. Sie blicken auf eine politisch bewegte Geschichte. Kein Straßenname ist dafür sprechender als Telegraph Avenue, *die* Adresse in den 1960er Jahren schlechthin, als Berkeley die amerikanische Hauptstadt der Radikalen war, die politisches Bewusstsein und sexuelle Befreiung in einer von Drogen und Mystizismus geprägten *Counter Culture* suchten. Neben einigen bärtigen Rudimenten aus den wilden Tagen bietet die Straße heute immer noch Alternatives: viel Vinyl, Coffee Bars und einige schräge Läden. Es wirkt hier gar nicht so, als wäre ein **Elitecampus** gleich um die Ecke.

Dieser präsentiert sich als ein idyllisches Gelände, von dem europäische Hochschulen nur träumen können. Ethnische Minderheiten machen längst die Mehrheit der Studentenschaft aus, allein knapp 40 Prozent der Studierenden haben eine asiatische Herkunft. Mit einem Wort: Der Ruf von »Berserkeley« ist längst dem von »Berkelium« gewichen, dem Namen eines Trans-Uran-Elements, das in den nahen Lawrence-Laboratorien entdeckt wurde.

Gleichzeitig rühmt sich Berkeley auch als Geburtsort der neuen kalifornischen Küche, die mit leichter Hand kulinarische Traditionen des Mittelmeers mit Küchenkulturen von den Küsten des Pazifischen Ozeans zu schmackhaften Gerichten verbindet. Nicht umsonst nennt sich die Shattuck Avenue rund um Downtown gleich westlich des Uni-Campus' auch Gourmet Ghetto District.

SERVICE & TIPPS

ℹ **Berkeley Convention & Visitors Bureau**
2030 Addison St., Suite 102
Berkeley, CA 94704
✆ (510) 549-7040 und
1-800-847-4823
www.visitberkeley.com
Mo–Fr 9–17 Uhr

🏛☕ **UC Berkeley Art Museum and Pacific Film Archive**
2155 Center St.
Berkeley, CA 94720
✆ (510) 642-0808
www.bampfa.org
Mi–So/Do, So 11–19, Fr/Sa 11–21 Uhr, Eintritt $13/11
Markanter Bau mit moderner Kunstsammlung, Buchhandlung, Theater und Cafeteria. Dazu ein Archiv mit mehr als 14 000 Filmen.

👁 **University of California at Berkeley (UCB)**
101 Sproul Hall, nahe Bancroft Way & Telegraph Ave.
Berkeley, CA 94720

University of California Berkeley – von einem solchen Campus mit Campanile können europäische Studenten nur träumen

✆ (510) 642-5215
http://visitors.berkeley.edu
www.visitberkeley.com
stündige Führungen Mo–Sa 10 und So 13 Uhr, im April tägl. 13 Uhr, Treffpunkt beim Visitor Center, Sa/So am Campanile (Sather Tower)
1868 gegründet erstreckt sich der landschaftlich schöne Campus mit 37 000 Studenten heute über 480 ha. Der Ruf der Hochschule beruht unter anderem auf sieben Nobelpreisträgern im aktuellen Lehrkörper.

Moe's Books
2476 Telegraph Ave.
Berkeley CA 94704
✆ (510) 849-2087
www.moesbooks.com
Tägl. 12–18 Uhr
Kunst- und antiquarische Bücher.

Philz Coffee
1258 Minnesota Street
San Francisco, CA 94107
✆ (451) 834-5933, www.philz-coffee.com, tägl. 6.30–20.30 Uhr
Große Auswahl an schmackhaften Kaffee- und Teesorten, locker-professionelle Atmosphäre. $

Chez Panisse Restaurant & Café
1517 Shattuck Ave.
Berkeley, CA 94709
✆ (510) 548-5525 (Restaurant)
✆ (510) 548-5049 (Café)
www.chezpanisse.com
Café: tägl. außer So 11.30–14.45 und 17–22.30, Fr/Sa bis 23 Uhr
Restaurant tägl. außer So ab 17.30 Uhr
Eine der besten Adressen rund um die Bay und angeblich der Geburtsort der California Cuisine. Im hübschen, grün überwucherten Holzhaus serviert man auf zwei Etagen raffinierte Kreationen in ansprechendem Ambiente. Reservierung mindestens einen Monat im Voraus.
$$$

Lalime's
1329 Gilman St., Berkeley, CA 94706, ✆ (510) 527-9838, www.lalimes.com
Mi–Fr ab 17.30, Sa/So 10–14, 17–22, So bis 21 Uhr, Mo/Di geschl.
Kalifornisch-mediterrane Küche. $$–$$$

Ashkenaz
1317 San Pablo Ave.
Berkeley, CA 94702
✆ (510) 525-5054
www.ashkenaz.com
Legendärer Club mit live Latin-, African- und Balkan-Musik.

2 MUIR BEACH

Die Locals lieben die kleine Strandbucht nördlich von San Francisco (am Hwy. 1) als Strand und Picknickplatz. Wer die Felsen der *headlands* hinaufkrabbelt, wird mit schöner Aussicht belohnt. Die bietet auch der **Muir Beach Overlook**, wenn man ein Stückchen den Hwy. 1 nach Norden weiterfährt. Zwischen Bolinas und Tomales Bay folgt er genau der San-Andreas-Verwerfung, der berüchtigten Knautschfalte zwischen tektonischen Platten (der pazifischen und der kontinental-amerikanischen), die sich rund 1000 Kilometer durch Kalifornien zieht und es zu einem der erdbebenreichsten Länder der Welt macht.

In der Nähe liegt auch das **Muir Woods National Monument**, ein duftender, feucht-kühler Hochwald aus teils über 80 Meter langen Baumriesen, von denen manche schon mehr als vier Jahrhunderte auf der Rinde haben.

Ausblicke: California Highway One beim Muir Beach Overlook

SERVICE & TIPPS

Muir Woods National Monument
Mill Valley, CA 94941
✆ (415) 561-2850
www.nps.gov/muwo
Tägl. 8 Uhr bis Sonnenuntergang, Visitor Center schließt 30 Minuten früher
Eintritt $ 10, bis 15 J. frei
Windgeschützter Redwood-hain am Westrand von Mount Tamalpais. Visitor Center, Tourenprogramm und Wanderweg.

❸ NAPA VALLEY (WINE COUNTRY)

»Wein ist Poesie – auf Flaschen gezogen.« Robert Louis Stevenson

Nur eine Autostunde nördlich von San Francisco – Rushhour-Zeiten ausgenommen – liegt das berühmteste Weinanbaugebiet Nordamerikas. Auf rund 50 Kilometern reihen sich von Nord nach Süd nette Kleinstädte aneinander: Calistoga, St. Helena, Yountville, und Napa selbst, umgeben von sanften Hügeln, über die sich lange Reihen von Reben ziehen, deren Trauben zu besten Weinen verarbeitet werden. Allein im Napa Valley produzieren mehr als 400 Winzerbetriebe exzellente Cabernet Sauvignons und berühmte Chardonnays.

Weine aus diesen beiden Trauben haben bei der legendären Blindverkostung 1976 in Paris renommierte Weingüter aus der Alten Welt hinter sich gelassen und Napa Valley auf die vinologische Landkarte gesetzt. Sauvignon Blanc, Pinot Gris, Pinot Noir, Merlot oder Zinfandel – alle populären Traubensorten werden inzwischen im Napa Valley gezogen.

An den beiden Arterien ähnlichen Hauptstraßen, dem Highway 29 und dem Silverado Trail liegen die berühmten Weingüter, die (meist gegen Gebühr) zur Weinprobe einladen. Exzellente Restaurants und Cafés machen das Napa Valley zusätzlich zu einem Ausflugsziel. Nach den verheerenden Waldbränden im Herbst 2017 zieht die Region inzwischen wieder zahllose Besucher an.

In der Stadt Napa (80 000 Einw.) lohnt ein Bummel durch das Zentrum mit netten Häusern in verschiedenen Baustilen entlang der Main Street. Allein 2500 von ihnen sind denkmalgeschützt. Cafés, Weinbars und Restaurants laden zur Rast.

Napa Valley – eine der besten Weinbauregionen der Welt

Gut abgefüllt: Clos Pegase Winery bei Calistoga im Napa Valley

SERVICE & TIPPS

Beringer Vineyards
2000 Main St.
St. Helena, CA 94574
✆ 707-257-577
www.beringer.com
Führungen mit Probe ($ 25–75)
Herrliche Lage des alten Rhine House.

Clos Pegase Winery
060 Dunaweal Lane
Calistoga, CA 94515
✆ 707-942-4981
www.clospegase.com
Führungen und Weinproben tägl. 10–17 Uhr ($ 30–75)
Exzellente Tropfen, eindrucksvolles Gutshaus.

Mumm Napa
8445 Silverado Trail
Rutherford, CA 94573
✆ (866) 783-5826
www.mummnapa.com
Tasting Room tägl. 10–18 Uhr ($ 25–35)
Berühmte Schaumweine und dazu eine Fotokunstgalerie der Spitzenklasse.

Robert Mondavi Winery
7801 St. Helena Hwy. (SR 29)
Oakville, CA 94562
✆ 1-888-766-6328
www.robertmondaviwinery.com, tägl. 10–17 Uhr
Weingut im Missionsstil. Führungen mit Probe ($ 25–65). Telefonische Anmeldung empfohlen.

Sterling Vineyards
1111 Dunaweal Lane, Calistoga, CA 94515, ✆ 1-800 726-6136
www.sterlingvineyards.com
Tour und Weinprobe Mo–Fr 11–16, Sa/So 10–16 Uhr ($ 35–75)
Burgähnliches Anwesen auf einem bewaldeten Hügel.

Bistro Don Giovanni
4100 Howard Lane/Hwy. 29
Napa, CA 94558
✆ (707) 224-3300
www.bistrodongiovanni.com
So–Do 11.30–21, Fr/Sa 11.30–21.30 Uhr
Köstliche Fritto Misto, hausgemachte Pasta und Pizzen, Fisch- und Fleischgerichte, exzellentes Limonendessert. $$–$$$

The French Laundry
6640 Washington St. (Creek St.)
Yountville, CA 94599
✆ (707) 944-2380
www.thomaskeller.com/tfl
Tägl. 17.30–21.15, Fr–So auch 11–13 Uhr
Legendäre Haute Cuisine in einer ehemaligen Wäscherei: täglich wechselnde 4–9-Gänge-Menüs. Küchenchef Thomas Keller wurde 2001 zum weltbesten Koch gekürt. Sein

Sechs Weingüter in Nordkalifornien wurden durch die Brände im Herbst 2017 komplett oder erheblich zerstört. Die meisten sind jedoch für Besucher weiterhin geöffnet.

Erfolgsrezept: »Meine Küche ist amerikanisch und zeitgenössisch, begründet auf französischen Klassikern.« Französische und kalifornische Weine. Reservierung lange im Voraus! $$$

Goose & Gander
1245 Spring St.
St. Helena, CA 94574
✆ (707) 967-8779
www.gooseganders.com
So–Do 11.30–23, Fr/Sa bis 24 Uhr
Rustikales auf hohem Niveau. Der G & G Burger sucht seinesgleichen, aber Vegetarier kommen hier ebenfalls auf ihre Kosten. Auch die Cocktails und Weine sind empfehlenswert! $$

4 OAKLAND

Über die Bay Bridge gelangt man von San Francisco nach Oakland, das sich von jeher brav mit der Rolle einer Stiefschwester zufrieden gibt. Auf den ersten Blick sieht man denn auch wenig außer Hafenkränen und Containern, Eisenbahnschienen und Betonschneisen der Stadtautobahnen.

Weder das alte Chinesenviertel noch der hübsche Lake Merritt oder das wirklich erstklassige, architektonisch bemerkenswerte **Oakland Museum of California** haben am Mauerblümchen-Image der Stadt etwas ändern können. Schon die hier gebürtige Gertrude Stein meinte »There is no there there«. Dennoch befindet sich die 420 000-Einwohner-Stadt – ein gutes Viertel davon sind Afroamerikaner – seit einiger Zeit im wirtschaftlichen Aufwind. Die Nähe zum Silicon Valley macht sich bemerkbar und die Kriminalitätsrate sinkt.

Paramount Theatre in Oakland

SERVICE & TIPPS

Oakland Convention & Visitors Bureau
481 Water St.
Oakland, CA 94607
✆ (510) 839-9000
www.visitoakland.org
Mo–Fr 9–17, Sa/So 10–17 Uhr

The Oakland Museum of California
1000 Oak & 10th Sts.
Oakland, CA 94607
✆ (510) 318-8400
www.museumca.org
Mi/Do 11–17, Fr 11–21, Sa/So 10–18 Uhr, Mo/Di geschl.
Eintritt $ 16/7 (9–17 J.)
Museum der Kunst, Geschichte und Ökologie Kaliforniens. Die Geschichte Kaliforniens wird differenziert und sehenswert präsentiert.

Jack London Square
Am Fuß von Broadway St.
Oakland, CA 94607
✆ (510) 654-9292
www.jacklondonsquare.com
Touristische, aber geschichtsträchtige und muntere Hafengegend, in der Jack London aufwuchs: AMTRAK-Bahnhof, Museen, (überteuerte) Shops, Restaurants, Bars (wie **Heinold's First and Last Chance Saloon**). Schöner Ausblick auf den Hafen.

Paramount Theatre
2025 Broadway
Oakland, CA 94612-2303
✆ (510) 465-6400
www.paramounttheatre.com
Der prächtige Art-déco-Bau dient dem Oakland Ballett als Hausbühne, außerdem finden Konzerte und Vorführungen besonderer Filme statt.

Haven
Jack London Sq.
Oakland, CA 94607
✆ (510) 663-4440
Tägl. 17.30–22 Uhr
Klassische Gerichte kreativ zubereitet vom Spitzenkoch Matt Brimer. $$–$$$

5 SAUSALITO

Sausalito (7100 Einw.) zählt seit langem zu den beliebtesten Ausflugszielen von San Francisco – mit schickem Yachthafen und bunter Hausbootkolonie. Wand an Wand locken Bars und Boutiquen, Bay und Brandung. Im Sommer wirkt der Ort wie die amerikanische Variante der italienischen Riviera.

Am Labor Day Weekend Anfang September steigt in Sausalito eines der interessantesten Kunstfestivals der USA. Beim Sausalito Art Festival (http://sausalitoartfestival.org) kommen viele tausend Zuschauer, nicht wenige mit der Fähre von San Francisco, schauen sich die Bilder und Skulpturen von klassisch bis schräg an, um vielleicht etwas für Daheim zu erstehen.

Beliebtes Ausflugsziel von San Francisco: Sausalito mit seiner Hausbootkolonie

Sightseeing-Tour durch Sausalito

SERVICE & TIPPS

ℹ Sausalito Visitor Center
780 Bridgeway, im Ice House
Sausalito, CA 94965
✆ (415) 332-0505
www.sausalito.org
Tägl. außer Mo 11.30–16 Uhr

☒ Murray Circle Restaurant
601 Murray Circle
Sausalito, CA 94965
✆ (415) 339-4751
www.cavallopoint.com/murray-circle-restaurant.html
Mo–So 7–14 und 17.30–22 Uhr
Exzellente kalifornische Küche mit regionalen Zutaten, dazu Blick auf die Golden Gate Bridge. $$–$$$

☒ Fish
350 Harbor Dr. (Bridgeway)
Sausalito, CA 94965
✆ (415) 331-3474
www.331fish.com
Tägl. 11.30–20.30 Uhr
Gleich am Wasser: frische Meeresfrüchte, raffiniert und delikat komponiert; luftiges Cafeteria-Restaurant. Keine Kreditkarten. $–$$

6 SONOMA VALLEY (WINE COUNTRY)

Wer einen Tag Zeit hat, sollte einen Ausflug ins weinselige California Wine Country nördlich von San Francisco machen. Geschichtsunterricht und Weingenuss lässt sich in **Sonoma** (10 600 Einw.) zwanglos kombinieren. Sehenswert ist die von historischen Gebäuden eingerahmte **Sonoma Plaza**, schließlich hatten dort gegen Mexiko revoltierende Siedler am 18. Juni 1846 die Unabhängige Republik Kalifornien mit der Hauptstadt Sonoma ausgerufen. Diese *Bear Flag Revolt* zielte auf einen von Mexiko unabhängigen Staat für die Californios und sie geschah am Vorabend des Ausbruchs des Mexikanisch-Amerikanischen Kriegs. Bereits 14 Tage später wurde die Flagge durch die Stars and Stripes ersetzt. Die Bärenflagge der Revolutionäre ist, mit leichten Veränderungen, noch heute das Banner des Bundesstaates.

Die **Missionskirche San Francisco Solano** wurde 1823 von Pater José Altimira als Schlussstein des El Camino Real errichtet, Rebstöcke wurden gepflanzt, Indianer getauft – bis 1834 aus Mexiko die Nachricht von der Säkularisierung eintraf.

Danach ereilte die Sonoma Mission dasselbe Schicksal wie das ihrer Verwandten. Sie verfiel, wurde verkauft, diente als Scheune,

Winzerei und Schmiede. Erst Anfang des 20. Jahrhunderts wurde ihr Denkmalwert entdeckt und die Restaurierung eingeleitet.

Zwei der ältesten Weingüter des Landes, **Buena Vista** und **Sebastiani**, deren Rebstöcke noch aus der Zeit der Franziskanermönche stammen, liegen praktisch um die Ecke und eigenen sich für ein Picknick unter schattigen Bäumen. Hier und in den anderen gut 400 Winzerbetrieben des Sonoma County werden, häufig nach ökologischen Prinzipien, köstliche Weine angebaut. Viele berühmte Weingüter sind entlang der US 101, der SR 29 oder den vielen kleinen Nebenstraßen zu finden und lassen sich bei einer Weinprobe besichtigen. Die Region war 2017 schwer von den Waldbränden betroffen.

In **Glen Ellen**, nur wenige Autominuten nördlich von Sonoma, erinnert der **Jack London State Historic Park** (www.jacklondonpark.com) rund um die Ruinen seiner Villa an den berühmten Schriftsteller, der 1916 hier, wahrscheinlich an Leberversagen, starb.

SERVICE & TIPPS

Sonoma Valley Visitors Bureau
453 E. 1st St.
Sonoma, CA 95476
✆ (707) 996-1090 und
1-866-996-1090
www.sonomavalley.com
Tägl. 9–17, So ab 10 Uhr

Sonoma State Historic Park
363 3rd St. West
Sonoma, CA 95476
✆ (707) 938-9560, www.parks.ca.gov, tägl. 10–17 Uhr
Neben der Mission gehören fünf weitere historische Gebäude zum Park.

Mission San Francisco Solano de Sonoma
114 E. Spain St.
Sonoma, CA 95476
✆ (707) 938-9560, Führungen Fr–So 11, 12, 13 und 14 Uhr
Die letzte, nördlichste und kurzlebigste der kalifornischen Missionskirchen aus dem Jahr 1823.

Sonoma Cheese Factory
2 W. Spain St. (Plaza)
Sonoma, CA 95476
✆ (707) 996-1931
www.sonomacheesefactory.com
Mo–Do 9–17, Fr–So 8.30–18 Uhr
Reicher Fundus fürs Picknick: Käse, Sandwiches, Wein.

Vor über hundert Jahren erbaut: das Rathaus von Sonoma

Buena Vista Carneros Winery
18000 Old Winery Rd.
Sonoma, CA 95476
✆ 1-800-926-1266
http://buenavistawinery.com
Tägl. 10–17 Uhr; Weinproben ab $ 20
Gegründet 1857 vom ungarischen Grafen Agoston Haraszthy, dem Gründervater der kalifornischen Winzer. Picknicktische unter schattigen Eukalyptusbäumen.

Francis Ford Coppola Winery
300 Via Archimedes
Geyserville CA 95441
✆ (707) 857-1400
www.franciscoppolawinery.com
Tägl. 11–18 Uhr; Weinproben ab $ 15
Mehr als 40 Weine werden im Winzerbetrieb des berühmten Filmregisseurs produziert, ein Restaurant serviert dazu köstlich leichte Gerichte.

Sebastiani Vineyards and Winery
389 E. 4th St. East (Nähe Plaza)
Sonoma, CA 95476
✆ (707) 933-3230
www.sebastiani.com
Tägl. 10–17 Uhr Führungen ($ 5, unter 6 J. frei)
Weinproben ab $ 15
Picknicktische. Einige Rebstöcke stammen noch aus der Zeit der Franziskanermönche.

La Casa
121 E. Spain St. (Nähe Plaza, gegenüber der Mission), Sonoma, CA 95476, ✆ (707) 996-3406
www.lacasarestaurant.com
So–Do 11.30–21, Fr/Sa bis 21.30 Uhr
Mexikanische Cantina für Lunch und Dinner. Cocktail-Lounge. $–$$

Santé
100 Boyes Blvd.
Sonoma CA 95476
✆ (707) 939-2407
www.santediningroom.com
Dinner tägl. 18–21 Uhr
Spitzenrestaurant der kalifornischen Küche im Fairmont Hotel. Empfehlenswert ist auch die exzellente Weinbar im Hause: 38° NORTH. $$$

Goldtröpfchen: Weinhänge im Sonoma Valley

NORTHERN CALIFORNIA

DAS GRÜNE KALIFORNIEN

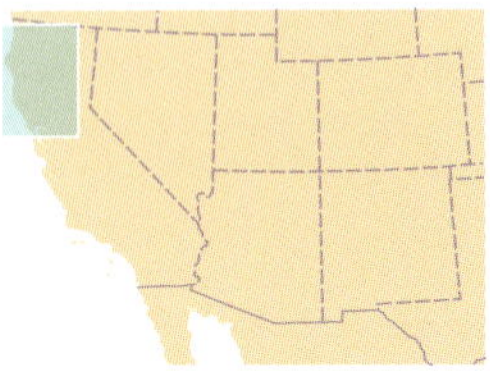

Der Norden von Kalifornien ist eine andere, eine grüne und dünn besiedelte Welt. Von San Francisco bis an die Grenze zu Oregon sind es fast 600 Kilometer, entlang der US 101 eine Autotour von mindestens sieben Stunden. Zwischen den Bergen mit einigen (mehr oder weniger) erloschenen Vulkanen im Osten und der zerklüfteten Schönheit der pazifischen Felsenküste liegen rund 400 Kilometer. Hier gibt es viel zu entdecken, auch weil die klassischen Ziele für Kalifornien-Reisende vor allem im Süden des Bundesstaates konzentriert sind. Dabei wachsen die Bäume gleich nördlich von San Francisco buchstäblich in den Himmel: in Muir Woods, dann beim Humboldt Redwoods State Park und ganz im Norden beim Redwood National Park – zumindest erreichen sie mit über 100 Metern Kirchturmhöhe.

Im Lassen Volcanic National Park dagegen blubbern Schlammtöpfe um die Wette, zischen heiße Schwefelfumarolen wie aus der Hölle. Der Mount Shasta, ein schlafender Vulkan noch weiter im Norden, hat diese unruhige Phase schon hinter sich. Er ruht majestätisch in sich selbst und beeindruckt und beeinflusst mit seinem riesigen wohlgestalteten Kegel die Menschen schon seit vielen hundert Jahren.

Abendstimmung an der Point Reyes National Seashore

OREGON
CALIFORNIA
Brookings
Kerby
Jacksonville
Medford
Oregon Caves N.M.
Rouge River N.F.
Ashland
Upper Klamath L.
Klamath Falls
Altamont
Cascade Siskiyou N.M.
Smith River
Smith River Nat'l.R.A.
Point St. George
Crescent City
Redwood State Park
Redwood N. P.
Siskiyou Mts.
Happy Camp
Hilt
Worden
Merrill
Mt. Hebron
Lava Beds N.M.
Lower Klamath National Wildlife Refuge
Cascade Range
Klamath
Klamath Mountains
Klamath N.F.
Yreka
Montague
Six Rivers N.F.
Klamath R.
Somes Bar
Orick
Weed
Mt. Shasta 4322
Mt. Shasta
Bartle
Weitchpec
Hoopa Valley Ind. Res.
Callahan
Castelta
Pondosa
McKinleyville
Arcata
Willow Creek
Shasta N.F.
Fall River Mills
Humboldt Bay
Eureka
Shasta-Trinity National Forest
Clair Engle Lake
Burney
Loleta
Burnt Range
Weaverville
Shasta L.
Subway Caves
Ferndale
Fortuna
Trinity R.
Trinity N.F.
Shasta-Trinity Nra
Pepperwood
Bridgeville
Hayfork
Redding
Old Station
Lassen Volcanic Nat'l. Park
Petrolia
Redcrest
Avenue of the Giants
Humboldt Redwoods S.P.
Eel R.
Zenia
Platina
Lassen Pk. 3178
Miranda
Anderson
Shingletown
Phillipsville
Coast Ranges
Mineral
Mt. Harkness 2452
Garberville
Dales
Shelter Cove
Mt. Lynn 2466
Red Bluff
L. Almanor
Drive Thru Tree Park
Round Valley Ind. Res.
Los Molinos
Belden
Leggett
Paskenta
Cummings
Covelo
Corning
Orland
Paradise
Fort Bragg
Elk Creek
Chico
Oroville Res.
Mendocino N.F.
Plumas N.F.
Mendocino
Willits
Willows
Sacramento R.
Sacramento V.
Oroville
Albion
Redwood Valley
Gridley
Nevada City
Ukiah
Upper Lake
Clear L.
Williams
Colusa
Grass Valley
Point Arena
Boonville
Lakeport
Yuba City
Marysville
Hopland
Russian R.
Weathland
Lower Lake
Cloverdale
Lincoln
Auburn
Sea Ranch
Roseville
Stewarts Point
Healdsburg
Citrus Heights
Calistoga
Lake Berryessa
Woodland
Davis
Sebastopol
St. Helena
Rancho Cordova
Jenner
Oakville
Santa Rosa
Wine Country
Vacaville
Sacramento
Bodega
Sonoma
Bodega Bay
Napa
Fairfeld
Galt
Ione
Petaluma
Point Reyes Nat. Seashore
Vallejo
Lodi
Novato
S. Rafael
Richmond
Martinez
Antioch
Stockton
Bolinas
Larkspur
N
0
25
50 km

1 EUREKA

»Hurra! Ich habe es gefunden« mögen Pioniere auf dem Weg nach Westen beim Anblick der pazifischen Küste ausgerufen haben und benannten in ihrer Begeisterung den zu gründenden Ort gleich nach dem (altgriechischen) Freudenruf »Heureka«. Der passte offenbar so gut, dass er gleich als offizielles Staatsmotto von Kalifornien übernommen wurde.

Viktorianische Villa mit Schnörkeln und Rankenwerk: Carson Mansion in Eureka

Im wichtigsten Pazifikhafen zwischen San Francisco und dem Columbia River an der Grenze von Oregon und Washington State werden große Mengen von Holz und allerlei anderes verschifft. Fischer ziehen reiche Fänge von Lachsen, Plattfischen und Krebsen aus der Humboldt Bay. Eine Kupferstatue bei der Samoa Bridge ehrt die Arbeit der Seeleute. Ein kleiner Bummel führt durch Old Town mit Galerien, kleinen Läden, Restaurants und Cafés in restaurierten viktorianischen Häusern aus der Mitte des 19. Jahrhunderts wie **Carson Mansion** im Queen-Anne-Stil.

SERVICE & TIPPS

Humboldt Bay Tourism Center
205 G St.
Eureka CA 95501
✆ (707) 672-3850
www.humboldtbaytourismcenter.com
Mo–Fr 16–21, Sa/So 13–21 Uhr

Fort Humboldt State Historic Park & Logging Museum
3431 Fort Ave.
Eureka, CA 95503
✆ (707) 445-6547
www.parks.ca.gov/?page_id=665
Tägl. 8–17 Uhr
Eintritt frei
Überreste von Fort Humboldt aus dem 19. Jh. und eine Ausstellung zur Holzwirtschaft mit Werkzeugen und Gerätschaften.

Taste
205 G St., Eureka, CA 95501
✆ (707) 672-3850
Tägl. 12–21 Uhr
Gemeinsame Adresse mit dem Tourism Center (s. o.). Folgerichtig gibt es hier *local taste:* Bier, Wein, Austern, Sandwiches, Schokoladen und Desserts. Originell und gut! $–$$

Madaket Harbor Cruise
1 C St., Eureka, CA 95501
✆ (707) 445-1910
www.humboldtbaymaritimemuseum.com/madaketmainpage.html
Ab $ 18/16/10 (13–17/5–12 J.) unter 5 J. frei
Rundfahrten mit dem Motorschiff »Madaket« durch die Humboldt Bay.

Ausflugsziel:

Ferndale
Ein Stopp in Ferndale nach einem kurzen Abstecher von der US 101 südlich von Eureka ist wie ein Halt in der Vergangenheit.

Der Ort mit 1370 Einwohnern am Unterlauf des Eel River wurde Mitte des 19. Jh. gegründet. 30 Jahre später dann bauten ihn dänische und portugiesische Immigranten zu einem florierenden Zentrum der Milchwirtschaft aus.

Die dekorativen viktorianischen Villen nennt man, nicht sehr schmeichelhaft »Butterfett-Paläste«.

Tourist Information
240 Francis St.
Ferndale, CA 95536
✆ (707) 786-4477
www.victorianferndale.com
Mo–Fr 9–16 Uhr

»Wenn man die Mammutbäume einmal gesehen hat, lassen sie einen nicht mehr los, sie rufen eine Vision hervor, die einen ständig begleitet.« (John Steinbeck, Meine Reise mit Charley)

2 2 HUMBOLDT REDWOODS STATE PARK

Passenderweise nennt man die US 101 hier Redwood Highway. Denn nur noch im Redwood National Park, ganz im Norden des Bundesstaates findet man so viele und so stattliche Küstensequoias wie hier im 214 Quadratkilometer großen State Park zwischen Miranda und Redcrest. *Sequoia sempervirens* heißt der Riesenbaum, dessen älteste Exemplare über 100 Meter hoch wachsen können.

Die State Road 254, ein Vorläufer der US 101, windet sich zwischen Pepperwood im Norden und Phillipsville im Süden parallel zur US 101 am Ufer vom South Fork des Eel River entlang, Diese **Avenue of the Giants** ist gesäumt von majestätischen Baumriesen, denen man sich allerdings lieber zu Fuß auf einem der vielen Spazierwege von Parkplätzen beiderseits der Panoramastraße nähern sollte. Wer im **Founders Grove**, einem Hain von mehr als 100 Meter großen Sequoias wandert, kann nur langsam ruhiger und stiller werden. Jedes Ego schrumpft vor der majestätischen Größe dieser Bäume auf Zwergenformat zusammen. Der **Founders Tree** ist kaum fassbare 105,5 Meter groß mit einem Durchmesser von fast vier Metern an seiner Basis.

SERVICE & TIPPS

Humboldt Redwoods State Park
Avenue of the Giants
Weott, CA 95571
✆ (707) 946-2263
www.humboldtredwoods.org
Park tägl. 24 Std. geöffnet
Visitor Center tägl. April–Sept. 9–17, Okt–März 10–16 Uhr
Zugang kostenlos

Die Menschen fühlen sich wie Zwerge im Founders Grove im Humboldt State Park

Purpur-Moosheide

❸ LASSEN VOLCANIC NATIONAL PARK

Wer die rund 50 Kilometer lange Straße durch den Nationalpark kurvt, kommt dem Blubbern und Zischen unterhalb des 3178 Meter hohen Lassen Peak recht nahe. Glühende Lava ist nicht zu sehen, »nur« kochend heiße Schlammtöpfe und fauchende Felsspalten geben eine Ahnung von der Macht im Untergrund des Vulkans. Plankenwege, die man tunlichst nicht verlassen sollte, führen durch die Hexenkessel von Bumpass Hell und Suphur Works. Weitere flache nicht aktive Schildvulkane, wie **Prospect Park** und **Mount Harkness**, verraten potentielle Gewalt in der Tiefe. Auf die vermeintliche Ruhe kann man sich nicht verlassen. Nach mehreren tausend Jahren der Stille wurde der Lassen Peak 1914 plötzlich mit Eruptionen wieder aktiv und fiel erst sieben Jahre später erneut in leichten Schlummer.

Zwischen Oktober und Mai ist die Straße durch den Nationalpark oft gesperrt, weil der Schnee noch nicht geschmolzen ist und nicht geräumt wird.

SERVICE & TIPPS

Lassen Volcanic National Park
Zugang von Norden: Abzweigung von der US 89 bei Old Station, von Westen Abzweigung von der I-5 bei Redding, von Süden Abzweigung von der US 36 westl. von Mineral
✆ (530) 595-4480
www.nps.gov/lavo
Visitor Center Mai–Okt. tägl. 9–17, Nov.–April Mi–So 9–17 Uhr, Park im Winter geschl.

Ausflugsziel:

Redding
Die Stadt mit gut 90 000 Einwohnern grenzt an das ausgedehnte und bergige Seengebiet von Whiskeytown-Shasta-Trinity im Norden.

Der hier noch junge Sacramento River umfasst das Stadtzentrum in einem Bogen, gequert von der elegant geschwundenen **Sundial Bridge** des Architekten Santiago Calatrava. Die Brücke ist Fuß-

Infernalische Thermalquellen: Bumpass Hell im Lassen Volcanic National Park

Nicht für Autos: Bei Redding quert Calatravas elegante Sundial Bridge den Sacramento River

gängern und Fahrradfahrern vorbehalten.

In dem fruchtbaren und wasserreichen Sacramento Valley wird bis zum rund 100 km entfernten Yuba City im Süden vor allem Gemüse angebaut. Die Stadt ist Ausgangspunkt für eine Vielzahl von Outdoor-Aktivitäten, besonders im seenreichen Norden.

Redding Visitor Center
844 Sundial Bridge Dr.
Redding, CA 96001
✆ (530) 225-4100
www.visitredding.com
Tägl. 9.30–11.45 und 13–17 Uhr

---

4 MENDOCINO

Im heute gepflegten Ambiente ist vom einstigen wilden Holzfällerlager mit Saloons und Bordellen nichts mehr zu spüren. Dafür gibt es hier Kunstgalerien wie anderswo Bäckereien. Die weißen Holzhäuser aus dem 19. Jahrhundert erinnern an Szenerien in Neuengland. Kein Wunder, die frühen Siedler der Region haben sich einst von der nördlichen Atlantikküste hierher auf den Weg gemacht. Sie lockte der Holzreichtum, heute sind die Attraktionen vor allem die entspannte Atmosphäre und die fantastischen Ausblicke auf die Küste und den Pazifischen Ozean. Mit etwas Glück kann man im Februar sogar vorbei ziehende Grauwale beobachten. Kunst spielt in Mendocino eine wichtige Rolle. Das Art Center fungiert als inoffizielles Informationsbüro, veranstaltet aber vor allem rund 200 Workshops und Ausstellungen im Jahr.

SERVICE & TIPPS

Mendocino Art Center
45200 Little Lake St.
Mendocino, CA 95460
✆ (707) 937-5818
www.mendocinoartcenter.org

Catch a Canoe & Bicycles, Too!
44850 Comptche Ukiah Rd.
Mendocino, CA 95460
✆ (707) 937-0273
www.catchacanoe.com
Tägl. 9–17 Uhr
Verleih von Kanus, Kajaks und Fahrrädern.

955 Ukiah Street Restaurant
955 Ukiah St.
Mendocino, CA 95460
✆ (707) 937-1955

Typisches Holzhaus und Blumengarten in Mendocino

www.955restaurant.com
Do–So ab 18 Uhr
Wunderbare Location mit saisonaler Frischeküche. $$–$$$

Ausflugsziele:

Fort Bragg
Der gleich nördlich vom schicken Mendocino gelegene Ort kann seine Vergangenheit als Logging Town nicht leugnen. Noch immer sieht man hoch mit Baumstämmen beladene Lastwagen durch den Ort fahren.

Doch der Tourismus hat aufgeholt, mit einem nett herausgeputzten Zentrum zwischen Main und Franklin Street und (zumindest dort) hoher Konzentration von Galerien, Cafés, Boutiquen und anderen kleinen Geschäften.

Visit Mendocino County
345 N Franklin St.
Fort Bragg, CA 95437
✆ (707) 964-9010
https://visitmendocino.com
Mo–Fr 10.30–17 Uhr

North Coast Brewing Co. Brewery Taproom
444 N Main St.
Fort Bragg, CA 95437
✆ (707) 964-3400
www.northcoastbrewing.com
Tägl. 11.30–21.30 Uhr, 15–16 Uhr Küche geschl.
Einst war hier ein Beerdigungsinstitut, dann mal eine Kirche, seit 1988 wird Bier gebraut (und getrunken). Pizza und andere kleine Speisen, Fr/Sa abends Live-Jazz. $

Sea Ranch
In der gut situierten Siedlung (300 ständige von 1300 Einw.) an der pazifischen Küste mit originellen Häusern und Villen lässt sich ein gepflegter Urlaub verbringen. Vor allem aus dem relativ nahen San Francisco (170 km) kommen viele, die hier ein *second home* erworben haben. Wer nicht zu den Hauseigentümern gehört, kann das herrliche Panorama und die friedliche Stimmung in der elegant-rustikalen Sea Ranch Lodge (siehe Unterkünfte) genießen.

Felsige Steilküsten prägen den Norden Kaliforniens

❺ MOUNT SHASTA

Ein besonderer Berg, mit einer Aura, die schon lange die Menschen in ihren Bann zieht. Indianerstämme des Westens sahen auf dem 4322 Meter hohen Gipfel den Sitz von Manitou, für New-Age-Anhänger verschiedener Couleur kreuzen sich am Berg Schicksalslinien und Kraftströme. Im Örtchen **Mt. Shasta** haben sich intuitive Heiler niedergelassen, die Buchläden habe ihr Sortiment angepasst, sogar ein buddhistisches Zen-Kloster gibt es, in dem Interessierte einen Einführungsaufenthalt buchen können (www.shastaabbey.org). Dabei sind der Berg und die Landschaft drum herum gleichzeitig ein herrlicher Outdoor-Spielplatz, in dem Mountainbiker, Bergwanderer, Reiter, Angler oder im Winter Skifahrer voll auf ihre Kosten kommen. Das Visitor Bureau hält eine lange Liste mit Anbietern bereit.

Der **Everett Memorial Highway**, eine rund 20 Kilometer lange Bergstraße vom Ort Shasta bis zur Old Ski Bowl, ermöglicht spektakuläre Ausblicke zum meist schneebedeckten Gipfel und über die endlose Weite der Landschaft bereit. Höher als der Parkplatz auf 2388 Metern am Ende des Highways geht es mit dem Auto nicht. Danach sind die eigenen Füße gefragt.

Auf dem Weg zum **Lava Beds National Monument** fast an der Grenze zum nördlichen Oregon passiert die SR 161 die flachen Seen des **Lower Klamath National Wildlife Refuge**. Mit etwas Glück sieht man Tausende von Wasservögeln, darunter Weiße Pelikane, Ibisse, dazu Schwalben, Falken und sogar Weißkopfseeadler, den amerikanischen Wappenvogel.

Der **Volcanic Legacy Scenic Byway** führt von Norden durch schwarze Lavafelder Richtung Visitors Bureau, die bei Ausbrüchen des Medicine-Lake-Vulkans in den letzten zwei Millionen Jahren ausgespuckt wurden. Die erkalteten Tuben, durch die heiße Lava strömte, sind als lang gestreckte runde Höhlen erhalten geblieben, in denen sich gegen Ende des 19. Jahrhundert Krieger des Modoc-Stamms verschanzten und der amerikanischen Armee mehrmonatigen Widerstand leisteten.

El Dorado für Mountainbiker: Nordkalifornien

SERVICE & TIPPS

Mt. Shasta Visitors Bureau
300 Pine St.
Mt. Shasta, CA 96067
✆ (530) 926-4865
www.visitmtshasta.com
Tägl. 9–16.30 Uhr

Lilys Restaurant
1013 S. Mt. Shasta Blvd.
Mt. Shasta, CA 96067
✆ (530) 926-3372
www.lilysrestaurant.com
Tägl. 8–14, 15–21 Uhr
Kalifornische Küche mit vielen lokalen Zutaten, in der warmen Jahreszeit kann man auf der Terrasse sitzen. $–$$$

Ausflugsziel:

Lava Beds National Monument
1 Indian Well Campground Trail
Indian Well Hqts., CA 96134
✆ (530) 667–8100
www.nps.gov/labe
Sommer 9–17.30, März–Mai, Sept.–Nov. bis 16.30, Jan./Feb. bis 16 Uhr, Eintritt $ 12 p. Person
Die Landschaft ist von einer Lavaschicht bedeckt. Ausgestattet mit einer Leih-Taschenlampe des Visitor Centers lassen sich einige Höhlen erkunden. Gefahr droht von den niedrigen Decken, die schon manche Schürfwunde verursacht haben.

»Als ich das erste Mal einen Blick auf den Mt. Shasta werfen konnte, über die zusammengeschobenen Hügel des Sacramento Valley, verwandelte sich mein Blut in Wein, und ich bin seit dem nie mehr ermattet.« John Muir, 1874

Die gigantischen Küstensequoias wachsen höher als viele Kirchtürme

6 2 REDWOOD NATIONAL AND STATE PARKS

Mehrere Naturschutzgebiete, die Areale des National und drei State Parks, der Jedediah Smith Redwood State Park, der Prairie Creek Redwoods SP und der Del Norte Coast Redwoods SP bewahren die Reste eines urzeitlichen Walds von Riesensequoias, der einst bis zur heutigen San Francisco Bay reichte. Hier wachsen knapp die Hälfte der ursprünglichen Küstenmammutbäume, die in Kalifornien erhalten sind. Aus dem Holz eines Baums konnte man früher das Bauholz für mehrere Häuser gewinnen. So war der Schutz der überlebenden Riesenbäume gleich zeitig ein hartnäckiger Kampf gegen die Holzindustrie. Das Naturschutzgebiet gehört seit 1980 zum Weltnaturerbe der UNESCO.

Oft sind die Wälder in Nebel gehüllt, 2000 bis 2300 Millimeter beträgt die jährliche Niederschlagsmenge, bei der sich der durstige Baum wohlfühlt. Schließlich wollen die größten Lebewesen der Erde einmal über 100 Meter groß werden. Die drei größten der Riesen sind der Hyperion mit 115,5 Metern, gefolgt von Helios mit 114,7 Metern und Icarus mit 113,1 Metern. Das Durchschnittsalter der Bäume beträgt 500 bis 700 Jahre, einige sind rund 2000 Jahre alt und gehören damit zu den ältesten Lebewesen auf der Erde.

Zwischen den mächtigen Stämmen der Baumkathedralen wachsen als Unterholz, Ahorn, Rhododendron oder Farne. Besonders dekorativ zeigt sich das im Fern Canyon, einem engen Flusstal im **Prairie Creek Redwoods State Park**, mit nicht nur üppigen Farnen, sondern auch vielen eindrucksvollen Sequoias. Auf der Davison Road (Abzweigung von der US 101 nördlich von Orick) kommt man dem Park sehr nahe.

SERVICE & TIPPS

Redwood National and State Parks
Crescent City Information Center
1111 2nd St.
Crescent City, CA 95531
✆ (707) 465-7335
www.nps.gov/redw
Park durchgehend geöffnet
Visitor Center Frühjahr bis Herbst tägl. 9–17, im Winter bis 16 Uhr
Eintritt frei

Redwood Parks Lodge Company
7 Valley Green Camp Rd.
Orick, CA 95555
✆ (707) 488-2222
$ 20–175, Kinder die Hälfte
Geführte Halbtages- und Tagestouren mit Ausrüstung und Verpflegung per Mountainbike, Kajak oder zu Fuß.

7 SANTA ROSA

Die größte Stadt des Wine Country (175 000 Einw.) liegt nicht weit von den Anbaugebieten der North Coast und des Sonoma Valley (siehe S. 49 f.). Berühmtester Bewohner der Stadt war jedoch kein Winzer, sondern ein Cartoon-Zeichner. Charles M. Schulz, der »Vater« der Peanuts, hat 30 Jahre, bis zu seinem Tod im Jahr 2000, in Santa Rosa gelebt und gearbeitet.

Bis zur Ankunft der Europäer war hier ein Stamm der Pomo zu Hause, in den 1830er Jahren ließen sich einige Mexikaner nieder, 20 Jahre später gehörte das Terrain bereits zu den USA. Um 1850 gab es eine Station der Wells Fargo Co. und als die Stadtverwaltung anbot, das Land für das Gebäude des Landgerichts kostenlos zur Verfügung zu stellen, zog die ganze Verwaltung des County hierher – und sie ist bis heute geblieben.

Beim historischen Railroad Square, einst geschäftiger Haltepunkt der Eisenbahn, heute das herausgeputzte Stadtzentrum mit vielen Geschäften, hält seit Ende 2016 wieder ein neu konzipierter Nahverkehrszug, der das Städtchen Cloverdale im Norden mit dem 110 Kilometer entfernten Larkspur gleich südlich von San Rafael verbindet.

Charlie Brown hat in Santa Rosa das Licht der Welt erblickt

SERVICE & TIPPS

Santa Rosa Convention & Visitors Bureau
9 Fourth St.
Santa Rosa, CA 95401
✆ (707) 577-8674
www.visitsantarosa.com
Tägl. 9–17 Uhr

Charles M. Schulz Museum and Research Center
2301 Hardies Lane
Santa Rosa, CA 95403
✆ (707) 579-4452
www.schulzmuseum.org
Im Sommer Mo–Fr 11–17, Sa/So ab 10 Uhr, sonst Di geschl.
Eintritt $ 12/5 (4–18 J.)
Alles über Charlie Brown, seine Schwester Sally, über Snoopy, Linus, Peppermint Patty und den Rest der Gang.

John Ash & Co.
4330 Barnes Rd.
Santa Rosa, CA 95403
✆ (707) 527-7687
www.vintnersinn.com/dining/john-ash-co
Elegante kalifornische Küche mit saisonalen, meist regionalen Produkten. $$–$$$

Im **Vintner's Café**, gleich nebenan, werden Frühstück und Lunch serviert. $–$$

Russian River Brewing Company
725 4th St.

Traumhafte Szenerie: die Küste bei Bodega Bay

Point Reyes Lighthouse

Santa Rosa, CA 95404
✆ (707) 545-2337
www.russianriverbrewing.com
Tägl. 11–24 Uhr
Craft Brewery mit fast zwei Dutzend Bieren vom Fass und kleinem Pub-Menü. $

Ausflugsziele:

Bodega
Viele glauben den kleinen Hafenort nördlich von San Francisco zu kennen. Schließlich ist hier Alfred Hitchcocks Film »Die Vögel« (1963) gedreht worden. Attacken wild gewordener Seemöwen oder Krähen wurden lange nicht mehr beobachtet und die vertraute Filmansicht ist nach über 50 Jahren auch nicht mehr auszumachen. Dennoch lohnt es sich, nach Bodega Bay zu kommen, wegen der wilden Felsküste im **Sonoma Coast State Park** Richtung Jenner oder zum **Fisherman's Festival** im April (www.bbfishfest.org).

Fort Ross State Historic Park
19005 Coast Hwy. 1
Jenner, CA 95450
✆ (707) 847-3286/3437
Tägl. 10–16.30 Uhr
Parkgebühr $ 8
Eine Stunde dauert die Fahrt von Santa Rosa auf der SR 116 nach Westen. Fort Ross war bis 1841 die südlichste befestigte Niederlassung russischer Pelzhändler, die vom damals russischen Alaska entlang der Pazifikküste reiche Beute machten. Im heutigen State Park sind mehrere der Holzgebäude innerhalb eines Palisadenzauns restauriert, darunter auch eine Kapelle der orthodoxen Kirche.

Die Kapelle von Fort Ross

8 POINT REYES NATIONAL SEASHORE

Das wie ein Haken geformte Küstennaturschutzgebiet aus Dünen und Marschland liegt am südlichen Zipfel der nördlichen Pazifikküste. Bei Drakes Estero soll der königliche Freibeuter und Entdecker Sir Francis Drake 1579 als erster Europäer kalifornischen Boden betreten haben. Im Jahre 1906 lag hier das Epizentrum des Erdbebens, das San Francisco weitgehend zerstörte.

Die weiten Sandstrände sind bei Wochenendausflüglern aus San Francisco beliebt, aber bei den recht frischen Wassertemperaturen sind die Besitzer von Neopren-Anzügen eindeutig im Vorteil.

SERVICE & TIPPS

Point Reyes National Seashore
1 Bear Valley Rd.
Point Reyes Station, CA 94956
✆ (415) 464-5100
www.nps.gov/pore
Park 6–24, Visitor Center April–Anfang Nov. Mo–Fr 10–17, Sa/So ab 9 Uhr, Eintritt frei

Ausflugsziele:

Bolinas und Stinson Beach
Die sichelförmige Bolinas Bay schließt sich gleich südlich an die Point Reyes National Seashore an. Auch hier hat Hollywood geeignete Filmkulissen gefunden, z. B. für »Mach's noch einmal Sam« von und mit Woody Allen (1972), »The Fog – Nebel des Grauens«, einen Horrorschinken von John Carpenter (1980), oder »Basic Instinct«, den erotischen Thriller mit Michael Douglas und Sharon Stone (1992).

Im Sommer fallen manchmal bis zu 15000 Tagesbesucher über den 1000-Seelen-Ort her, doch weil der Strand lang und breit ist, tauchen Probleme meist nur bei der Parkplatzsuche auf. Tankstelle und Geldautomaten gibt es hier nicht, dafür aber mehrere sehr nette Restaurants.

Bolinas hat 1620 Einwohner, aber weder ein Rathaus noch einen Bürgermeister. Ohnehin geht es in den Örtchen am Pazifik etwas anders zu. Der »Summer of Love« 1967 in San Francisco und die Musik der Grateful Dead scheinen es hier in das neue Jahrtausend geschafft zu haben, zumindest dem äußeren Anschein nach – die Dichte von Beat-Poeten, Hippies und schrägen Typen ist signifikanter als sonst irgendwo an der Pazifikküste.

Sand Dollar Restaurant
3458 Shoreline Hwy.
Stinson Beach, CA. 94970
✆ (415) 868-0434
www.stinsonbeachrestaurant.com
Mo, Fr 11.30–21, Di–Do ab 15, Sa/So ab 11 Uhr
Früchte des Meeres, Austern, Shrimps und Fisch, schon seit 1921. $–$$

Coast Cafe
46 Wharf Rd.
Bolinas, CA 94924
✆ (415) 868-2298
www.coastcafebolinas.com
Frisch zubereitete Gerichte, guter Fisch, Do und So ab 18 Uhr Livemusik. $–$$
Auf dem nahe gelegenen Areal der **Audubon Canyon Ranch**, eines Wildschutzgebiets, kann man Kanada- und Silberreiher beobachten.

Wanderung im Naturschutzgebiet von Point Reyes

Sichelförmiger Strand von Stinson Beach

KALIFORNIENS ZENTRALKÜSTE

PACIFIC COAST HIGHWAY

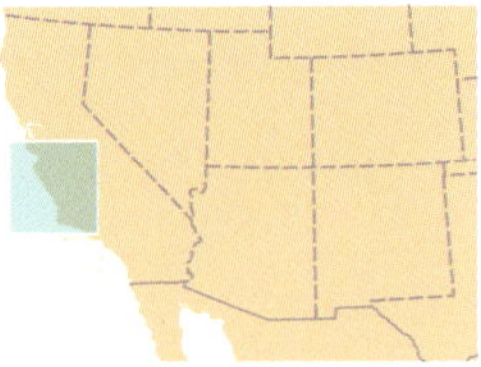

Keine Frage, der Highway One am pazifischen Saum, eingekeilt zwischen Brandung und Küstengebirge, zählt zu den schönsten Straßen Nordamerikas. Viele halten ihn sogar für das Nonplusultra schlechthin, für eine touristische Wundertüte. Atemberaubende Steilufer, Schluchten und sonnendurchglühte Dünen und Strände, Surfer und Rentner, Flippies und Chicanos – es gibt nichts wirklich Kalifornisches, was dieser kurvenreiche (und fragile) Parcours nicht zum Leben erwecken würde.

Im Hinterland bilden die alten spanischen Missionskirchen wohltuende Oasen der Ruhe. Sie entstanden ent-

lang dem Camino Real, der heutigen US 101, in Tagesrittweite voneinander entfernt. Monterey, Carmel und Santa Barbara machen die städtischen Höhepunkte aus. Dazwischen gedeihen Artischocken, Knoblauch, Fenchel und – sehr viel Wein.

❶ BIG SUR

Wo Big Sur eigentlich beginnt, lässt sich nicht so leicht sagen. Ein zusammenhängender Ort existiert nicht, noch nicht mal ein Schild. Mehr oder weniger genau erstreckt sich die Küstenregion von Carmel bis San Simeon. Redwoodholz und Felsenstein, Salzluft und Nebelschwaden definieren den Ort und seine leicht esoterische Aura erheblich besser: eine stille und doch wilde Küste – ohne Badebetrieb, Kreuzfahrtschiffe, Bohrinseln und Powerboot-Radau. Nur ab und an ziehen Grauwale vorbei.

Die Spanier waren topographisch auch nicht sehr präzise, denn mit der Bezeichnung *Río Grande del Sur* war lediglich »der große Fluss südlich« (von Monterey) gemeint. Lange blieb die Gegend unzugänglich, bis ins frühe 19. Jahrhundert allein von den Esselen bewohnt. Ab 1860 tauchten sporadisch Siedler auf, die man für Eskapisten, Flüchtlinge aus der realen Welt, hielt. Erst ab 1920, als Sträflingskolonnen aus dem St.-Quentin-Gefängnis bei San Francisco begannen den Highway anzulegen, belebte sich die Küste. Zunächst durch eine bunte Boheme aus Schriftstellern, Malern und Künstlern, die sich in den 1930er und 1940er Jahren zu der landschaftlich großartigen Region hingezogen fühlten.

Die 1932 im Art-déco-Stil fertiggestellte Bixby Creek Bridge in Big Sur gehört zu den fotogenen Schönheiten des Highway One

Trotz der jährlich drei Millionen Besucher schlägt sich Big Sur noch ganz tapfer. Die Bewohner sind gleichwohl auf der Hut. Viele dieser 2000 Seelen an dem knapp 100 Meilen langen Küstenabschnitt leben ohne Elektrizität und Telefon, dafür mit Kerosinlampen und Nebelhörnern. Auf keinen Fall, sagen sie, soll sich hier wiederholen, was durch Bauwut an einigen Uferbereichen des Lake Tahoe passierte. Aber man ist sich letztlich uneins, wie dies verhindert werden soll. Kann man die Dinge in den Griff bekommen und die Entwicklung neuer Motels und Privathäuser stoppen oder muss der Staat helfen, indem er Big Sur zum Nationalpark erklärt? Letzteres nur ja nicht, sagen die meisten Locals dickköpfig. Dann würde erst recht ein Strom von Touristen hereinbrechen: »DON'T YELLOWSTONE BIG SUR.«

Über dem Pazifik liegt die Terrasse des Restaurants Nepenthe

Ab und zu taucht in der Traumlandschaft auch Handfestes auf, das herrlich gelegene Restaurant **Nepenthe** zum Beispiel oder die hübschen Hexenhäuschen des **Deetjen's Big Sur Inn**. Ansonsten aber dringen Spuren der Zivilisation nur gelinde in die urwüchsige Schönheit dieser Welt.

Dutzendfach versuchen stählerne Fangnetze an den Hängen die *land slides* zu verhindern, die hier immer wieder vorkommen und dann die Straße blockieren. Schilder warnen davor: SLIDE AREA.

SERVICE & TIPPS

Nepenthe Restaurant und Cafe Kevah
48510 Hwy. 1
Big Sur, CA 93920
✆ (831) 667-2345
www.nepenthebigsur.com
Restaurant tägl. 11.30–22 Uhr, Café auf der Terrasse bei gutem Wetter ab 9 Uhr
Auf dieser Terrasse sitzt man immer in der ersten Reihe: für den Genuss des Pazifikpanoramas. Hier lässt sich's gut ausruhen. Romantische Vorgeschichte: Orson Welles ließ den verwegenen Klippenbau in den 1940er Jahren von einem Schüler Frank Lloyd Wrights bauen – als Honeymoon-Cottage für Rita Hayworth! $–$$$

Henry Miller Memorial Library
48603 Hwy. 1
Big Sur, CA 93920
✆ (831) 667-2574
www.henrymiller.org
Mi–So 11–17 Uhr
Wichtiger Stopp mit vielen Infos für Henry-Miller-Fans.

Julia Pfeiffer Burns State Park
47555 Hwy. 1
Big Sur, CA 93920
✆ (831) 667-2315
½ Std. vor Sonnenauf- bis ½ Std. nach Sonnenuntergang
Parkgebühr $ 10
Wanderfreunde werden den **Ewoldsen Trail** schätzen, einen rund 7 km langen, nur teilweise anstrengenden Rundkurs durch Redwood-Regenwälder und offenes Grasland (Anstieg: über 500 m) zu herrlichen Aussichten auf Küste und Meer. Im Winter guter *Vista Point* zur Beobachtung der wandernden Grauwale.

Der **McWay Fall** ergießt sich aus 25 m Höhe direkt auf den Sandstrand der kleinen, felsengesäumten Bucht. Strand und Fälle dürfen wegen der Gefahr von Felsrutschen gegenwärtig nur betrachtet, aber nicht betreten werden.

❷ CAMBRIA

Mit Charme und hübschen Holzhäuschen zieht das kleine Cambria (6030 Einw.) nahe am Hwy. 1 viele stadtgestresste Landsleute in seinen Bann. Vor mehr als 1000 Jahren lebten hier die Chumash-Indianer. Mitte des 19. Jahrhunderts waren sie im Wesentlichen vertrieben – durch die Rancher, die überwiegend aus Norditalien und der südlichen Schweiz anrückten.

Außer einem Bummel durch den Ort, der sich gern als Künstlerkolonie verkauft, lohnt ein Abstecher via Main Street zum Wasser und zum sogenannten **Moonstone Beach**, denn dort kann man nicht nur Baden, sondern milchig schimmernde Mondsteine finden, die Halbedelsteinen ähneln.

Pittoreske Motive in Cambria

SERVICE & TIPPS

Moonstone Beach Bar & Grill
6550 Moonstone Beach Dr.
Cambria, CA 93428
✆ (805) 927-3859
www.moonstonebeach.com
Tägl. 11–15 und 17–21, So ab 9 Uhr
Ideal für einen Lunch auf der Terrasse direkt am Moonstone Beach. Fisch, Salate und Sandwiches. Keine Reservierung. $$–$$$

Morro Rock
Eine halbe Autostunde südlich von Cambria, fällt der wuchtige, 177 m hohe, längst erloschene Vulkankegel des Morro Rock an der gleichnamigen Bay ins Auge. Seevögel haben ihn als Brutplatz in Besitz genommen.

The Sow's Ear Cafe
2248 Main St.
Cambria, CA 93428
✆ (805) 927-4865
www.thesowsear.com
Tägl. ab 17 Uhr
Klein und gemütlich: selbst gebackenes Brot, hausgemachte Desserts, gute Weinauswahl. Besser reservieren. $$–$$$

Der Morro Rock ist Wahrzeichen und Navigationshilfe für Seefahrer

❸ CARMEL

Wer sich eine Vorstellung vom *California living de luxe* verschaffen möchte, der sollte nach Carmel (3700 Einw.) fahren und sich die Crème Carmel des Wohnens hinter Kiefern und Zypressen vor Augen führen. Passend dazu: Beach Avenue, die elegante Geschäftsstraße der Galerien, Boutiquen und Gasthöfe im Tudor-Stil. Hausnummern kennt man hier nicht. Clint Eastwood spielte einst den Bürgermeister.

Der gepflegte Lebensstil lässt kaum noch ahnen, dass Carmel in den ersten beiden Jahrzehnten des 20. Jahrhunderts Kaliforniens berühmtester Boheme-Treff war. Zum literarischen Zirkel gehörten Mary Austin und George Sterling; Upton Sinclair und Jack London zählten zu den Gästen.

»Carmel, das von hungrigen Schriftstellern und unerwünschten Malern gegründet worden war, ist jetzt eine Gemeinde der Wohlhabenden und Pensionierten. Wenn die Gründer wiederkämen, könnten sie es sich nicht leisten, hier zu leben. Aber so weit käme es gar nicht. Man würde sie sofort als verdächtige Elemente aufgreifen und über die Stadtgrenzen abschieben«, schrieb John Steinbeck 1961.

Vom schneeweißen Strand aus gesehen liegt die Einfahrt zum **17-Mile Drive** praktisch um die Ecke. Für ein paar Dollar kann man hier den ästhetischen Mehrwert Kaliforniens in Reinkultur Revue passieren lassen – mit schönen Aussichten auf schäumende Buchten, prächtige Farben und manikürte Golfplätze. Kritiker halten den gebührenpflichtigen Rundkurs für modernes Raubrittertum und eine Geschäftsidee betuchter Anlieger, die sich den Besucherblick auf ihr Anwesen auch noch vergüten lassen. Die **Carmel Mission**, von Papst Johannes XXIII. 1961 zur Basilika erklärt, gehört zu den am besten erhaltenen spanischen Missionskirchen. Der selig gesprochene Gründerpater Junípero Serra (gest. 1774) ist hier bestattet.

Ein weiteres lohnendes Ausflugsziel und eine der schönsten Küstenpartien Kaliforniens ist **Point Lobos**. Das Reservat erhielt seinen Namen von den Seelöwen, die hier seit alters das zerklüftete und mit windzerzausten Monterey-Zypressen bewachsene Terrain bevölkern, zusammen mit Pelikanen, Möwen, Kormoranen und Seeottern sowie Wild und Hasen. Es heißt, die wildromantische Szenerie hätte Robert Louis Stevenson zu Landschaftsdarstellungen auf seiner »Schatzinsel« inspiriert.

Die Mission in Carmel ist für kalifornische Verhältnisse uralt und geschichtsträchtig

SERVICE & TIPPS

ℹ Carmel Visitor Center
San Carlos, zwischen 5th & 6th Sts., Carmel, CA 93921
✆ (831) 624-2522
www.carmelcalifornia.org
Tägl. 10–17 Uhr

San Carlos Borroméo de Carmelo Mission
3080 Rio Rd.

Carmel, CA 93923
✆ (831) 624-1271
www.carmelmission.org
Tägl. 9.30–17 Uhr
Eintritt $ 6.50/2, bis 6 J. frei
Bilderbuchkirche von 1771 mit asymmetrischen Kirchtürmen und schönen Gärten voller Bougainvilleen, Kakteen und Lilien.

Flying Fish Grill
Mission St., zwischen Ocean & 7th Aves. (Carmel Plaza)
Carmel, CA 93923
✆ (831) 625-1962
www.flyingfishgrill.com
Tägl. ab 17 Uhr
Köstliche Fischkreationen, west-östlich zubereitet. $$$

Rio Grill
101 Crossroads Blvd.
Carmel, CA 93923
✆ (831) 625-5436
www.riogrill.com
Tägl. 11.30–21.30 Uhr, So Brunch
Schmackhafte Verbindung von kalifornischer und Südwest-Küche. $$–$$$

Ausflugsziele:

17-Mile Drive
Zwischen Monterey/Pacific Grove und Carmel
www.pebblebeach.com
Maut $ 10.25
Perfektes Vorzeige-Kalifornien: Pebble Beach, Seal Rock (schöner Platz zum Picknick), Cypress Point, Lone Cypress (die Ikone des Parcours) und diverse Golfplätze. Motorradfahrer unerwünscht, Radler willkommen.

Point Lobos State Reserve
10 km auf Hwy. 1 südl. von Carmel
✆ (831) 624-4909/(831) 649-2836
www.pointlobos.org
Tägl. 8–17 Uhr, Führungen
Eintritt $ 10 pro Auto
Das reizvolle Areal zählt zu den schönsten Küstenpartien Kaliforniens, die man auf Wanderwegen wie dem South Shore oder dem Cypress Grove Trail an den Klippen am Meer durchstreifen kann. Für Campmobile Zufahrt gesperrt!

Eine der schönsten Küstenabschnitte Kaliforniens: Point Lobos

Sahara Feeling: die Dünenlandschaft der Guadalupe-Nipomo Dunes

4 GUADALUPE-NIPOMO DUNES

Der Küstenvorsprung zwischen dem Gaviota Pass (westlich von Santa Barbara) und Pismo Beach zählt zu den wenigen, an deren Saum keine Straße vorbeiführt. Zum Genuss schöner Meeresblicke muss man ausnahmsweise mit dem Zug fahren, denn die AMTRAK-Schienen verlaufen dicht am Wasser entlang. Dennoch gibt es einige Stichstraßen, die zum Pazifik führen: eine endet bei den Guadalupe-Nipomo Dunes, eine andere am Jalama Beach.

Doch auch das Hinterland rund um den Luftwaffenstützpunkt Vandenberg bietet einige Highlights, die meist links liegen gelassen werden, weil die Eiligen die US 101 dem Highway One vorziehen. Dieser führt durch **Oceano** mit ausgedehnten Sanddünen und seinem Great American Melodrama & Vaudeville (www.americanmelodrama.com), das nur im Sommer spielt, und durch eine Landschaft von Gemüsefeldern und Weingärten.

Von Guadalupe erreicht man in ein paar Fahrminuten die **Guadalupe-Nipomo Dunes**, einen sehenswerten weißen Dünen- und Strandabschnitt. Auf eigene Faust kann man am Strand vor den höchsten Sanddünen der amerikanischen Westküste wandern, auf denen einst (1923) die »City of the Pharaoh« errichtet wurde, die Kulisse für den Hollywoodfilm »Die zehn Gebote« von Cecil B. DeMille. 1500 Handwerker arbeiteten daran mit Holz und Gips zwei Monate lang. Nach Abschluss der Dreharbeiten ließ DeMille die Mega-Requisite (230 m breit, 40 m hoch) wieder in ihre Einzelteile zerlegen und unter die Dünen vergraben. Seither heißen die Dünen auch »Lost City of Cecil B. DeMille«.

Gleich nördlich schließt sich die **Oceano Dunes State Recreation Area** an. Die schöne Missionsanlage **La Purísima** liegt bei Lompoc, rund 35 Meilen weiter südlich.

SERVICE & TIPPS

Guadalupe-Nipomo Dunes Preserve
1065 Guadalupe St. (Hwy. 1)
Guadalupe, CA 93434
✆ (805) 343-2455
www.dunescenter.org
Dünen tägl. 7 Uhr bis Sonnenuntergang
Dunes Center Mi–So 10–16 Uhr
Eintritt $ 7, unter 13 J. frei
Die zweitlängste Düne Kaliforniens erstreckt sich über 29 km. Ein lieblicher Flusslauf und ein See mit seltenen Vögeln finden sich in dem Schutzgebiet. Vom Infozentrum in Guadalupe werden auch geführte Touren angeboten.
Anfahrt von US 101: Exit 166 West in Santa Maria und Main St. durch den Ort folgen, weiter SR 166 durch die Äcker und über die Kreuzung mit dem Hwy. 1 hinaus; Fahrzeit: 30 Min.
Anfahrt vom Hwy. 1: Am südlichen Ortsanfang von Guadalupe die Verlängerung der SR 166 Richtung Meer fahren.

Jalama Beach County Park
9999 Jalama Rd. (off S 1, Exit Jalama Rd.), 6 km südl. von Lompoc
✆ (805) 736-3504
www.countyofsb.org
Eintritt $ 10 pro Auto
22 km vom Hwy. 1 entfernt über die szenische Jalama Road zum einsamen Strand, 110 Camping- und Picknickplätze, Windsurfing, Baden (auf Strömung achten!) und Imbissbude. Der schöne Batzen Land wurde dem County von der Richfield Oil Company geschenkt.

La Purísima Mission State Historic Park
2295 Purísima Rd. (Nähe SR 246)
Lompoc, CA 93436
✆ (805) 733-3713
www.lapurisimamission.org
Tägl. 9–17 Uhr
Eintritt $ 6 pro Auto
1787 gegründet, aber schon 1812 durch Erdbeben zerstört und an der jetzigen Stelle wieder aufgebaut.

5 MONTEREY/PACIFIC GROVE

»The Old Pacific Capital« nannte Robert Louis Stevenson die einstige Landeshauptstadt (28 400 Einw.) nach seinem kurzen Besuch Ende des 19. Jahrhunderts, obwohl sie es zu diesem Zeitpunkt schon lange nicht mehr war.

Im alten Stadtkern erweist sich Monterey als Fundgrube kolonialspanischer Architektur. Highlights sind **Casa Soberanes and Garden** mit blauem Eingangstor (336 Pacific St.), 1842 erbaut, **Colton Hall** von 1849, in der im selben Jahr die kalifornische Verfassung geschrieben wurde, **Cooper-Molera Adobe**, das viktorianische Haus eines Kapitäns (525 Polk St.), und **Custom House**, 1827 erbaut und damit Kaliforniens ältestes Regierungsgebäude (Nähe Fisherman's Wharf).

First Theatre and Garden von 1846 ist einer der ersten Theaterbauten im Staat, der derzeit allerdings nicht bespielt wird (Pacific & Scott Sts.); **Larkin House and Garden** von 1835, eine Mischung aus neuenglischen und mexikanischen Bauformen (Calle Principal und Jefferson St.) kann nur nach Absprache besichtigt werden. In **Stevenson House and Garden** wohnte der Schriftsteller im Herbst 1879.

Die bekannteste Adresse in Monterey heißt dagegen **Cannery Row**, einst wirklich die »Straße der Ölsardinen«. John Steinbeck, mit seiner gleichnamigen Erzählung der Erfinder ihrer literarischen

Faszinierendes Quallenballett im Monterey Bay Aquarium

»Die Fischkonservenfabriken, die früher ekelhaft stanken, gibt es nicht mehr. An ihrer Stelle stehen Restaurants, Antiquitätenläden und dergleichen. Sie fangen Touristen ein, nicht Sardinen, und diese Gattung ist nicht so leicht auszurotten.« John Steinbeck

Aura, hat deren Niedergang selbst beschrieben. Tatsächlich: Rund zwei Millionen besuchen jährlich die Cannery und den nahe gelegenen **Fisherman's Wharf** mit dem großartigen Bay Aquarium, Fischlokalen, Kuttern und jaulenden Seelöwen.

Wer den **Ocean View Boulevard** entlang in Richtung **Pacific Grove** (15600 Einw.) fährt, den wird früher oder später nichts mehr im Auto halten, denn den Weg am Wasser macht man am besten zu Fuß – vorbei an Gischt umspülten Felsbuchten, bunten Eisblumen und den feuerroten Kerzenblüten der Aloe vera. Der Friedhof beim **Point Pinos Lighthouse** wandelt sich spätnachmittags zu einem friedlichen Wildpark, wo Dutzende Rehe und Hirsche neben den Gräbern grasen und im Herbst Abertausende von Monarchfaltern die Bäume wie mit orangefarbenen Decken einhüllen.

SERVICE & TIPPS

Monterey County Convention & Visitors Bureau
401 Camino El Estero
Monterey, CA 93940
✆ 1-888-221-1010
www.seemonterey.com
Im Sommer tägl. 10–18, im Winter 10–17 Uhr

Monterey State Historic Park
20 Custom House Plaza
Monterey, CA 93940
✆ (831) 649-2907
www.parks.ca.gov
Gärten tägl. 9–17, im Winter 10–16 Uhr
Colton Hall, Civic Center, Pacific St., ✆ 831-646-5640, im Sommer tägl. 10–16 Uhr
Cooper-Molera Adobe, 525 Polk St., tägl. 10–16 Uhr
Custom House, Nähe Fisherman's Wharf, Sa/So 10–16 Uhr
Stevenson House and Garden, 530 Houston St., April–Sept. Sa 13–16 Uhr.

Monterey Bay Aquarium
886 Cannery Row
Monterey, CA 93940-1085
✆ (831) 648-4800 und 647-6886
www.montereybayaquarium.org
Tägl. 10–17 Uhr
Eintritt $ 50/30 (3–12 J.), bis 3 J. frei

Aufgehübscht: Restaurants und Souvenirläden in der Cannery Row in Monterey

Eindrucksvolle Präsentation der Bay-Bewohner mit mehr als 35 000 Fischen und anderen Meerestieren. Sonderausstellungen zu Quallen sowie Tintenfischen, Kalmaren und anderen Kopffüßern. An Wochenenden reservieren.

Old Fisherman's Grotto
39 Fisherman's Wharf
Monterey, CA 93940
✆ (831) 375-4604
www.oldfishermansgrotto.com
Tägl. 11–22 Uhr
Guter Platz für Liebhaber von Fisch und Meeresfrüchten. $$–$$$

Red House Cafe
662 Lighthouse Ave.
Pacific Grove, CA 93950
✆ (831) 643-1060
www.redhousecafe.com
Tägl. 8–14.30 und 17–21 Uhr, Mo kein Dinner
In einer wunderschönen viktorianischen Villa wird Frühstück, Lunch und Dinner serviert. New American Cuisine mit französischem Einschlag. $$

Gepflegte Atmosphäre: Pismo Beach

6 PISMO BEACH

Pismo Beach zählt zu Kaliforniens beliebtesten Seebädern. Die Gemeinde mit rund 8200 Einwohnern verdankt ihren Namen der Pismo-Muschel, jedoch hat der Appetit menschlicher Gourmets und von Seeottern die Muschelbänke leergefegt. Heute gelten strenge Erntequoten, um die Existenz der Schalentiere zu sichern.

Vor allem Camper fühlen sich in Pismo Beach zu Hause. Auch die Monarchfalter scheinen es hier besonders zu mögen, denn jedes Jahr zwischen November und März bevölkern sie aufs Neue massenhaft Kiefern und Eukalyptusbäume. Viele von ihnen kommen aus Kanada, angelockt von den milden Wintern Kaliforniens.

Am bekanntesten aber ist Pismo für die Rennen verrückter Dune Buggies, die hier ausnahmsweise am Strand und durch die Dünen rasen dürfen. Das spektakuläre und naturgeschützte Pismo Dunes Preserve ist für Umwelt-Rowdies tabu.

SERVICE & TIPPS

Visitor's Information Center
581 Dolliver St.
Pismo Beach, CA 93449
✆ (805) 556-7397 und 800-443-7778
www.pismochamber.com
Mo–Fr 9–17, Sa 11–16, So 10–14 Uhr

F. McLintock's Saloon & Dining House
750 Mattie Rd. (US 101, Shell Beach Exit)
Pismo Beach, CA 93449
✆ (805) 773-1892
www.mclintocks.com
Tägl. ab 16 Uhr
Altbekannt für gute Steaks und Rippchen, reichliche Portionen, lockerer Ranch-Ton. $$–$$$

Ausflugsziel:

Madonna Inn
100 Madonna Rd. (US 101, Exit Madonna Rd.)
San Luis Obispo, CA 93405
✆ (805) 543-3000 und (805) 784-2433
www.madonnainn.com
Knallbonbon in Pink und ein Hit für Flitterwöchner mit 109 Zimmern und Restaurant.

Man sollte sich wenigstens einen Kaffee gönnen – aus Hutschenreuther-Tassen, auch wenn man nicht hier übernachtet.

Freestyle: Dünensprünge mit dem Quad

John Steinbeck (1902–68)

7 SALINAS

Bunte Pappkameraden stehen auf den Feldern an einer der Zufahrtsstraßen nach Salinas. Die überlebensgroßen Figuren von mexikanischen Landarbeitern und ihren Aufsehern wirken wie plakative Reverenzen an die namenlosen Helden dieser Region, die die Werke des Nobel- und Pulitzerpreisträgers John Steinbeck (1902–68) bevölkern. Nicht immer war der Name des Schriftstellers so werbewirksam wie heute. Seine Bücher waren lange verpönt. Kein Zufall also, dass es nach seinem Tod 30 Jahre gedauert hat, bis das Steinbeck Center 1998 unweit seines Geburtshauses in der Altstadt eingerichtet wurde.

Viele Erzählungen von John Steinbeck haben Salinas und Umgebung zum Schauplatz: »East of Eden« ebenso wie »Of Mice and Men« oder »The Red Pony«; auch »Cannery Row«, »The Grapes of Wrath« und »The Harvest Gypsies«, »The Pearl«, »The Forgotten Village« und »Viva Zapata«. Da viele Titel verfilmt wurden, ergaben sich natürlich Vorteile für die visuelle Präsentation im Steinbeck Center. Außer dem Camper »Rosinante«, in dem er und sein Hund Charley durch Amerika reisten, fällt ein witziges Detail am Rande auf: eine Maschine, die die Aussortierung von Sardinen simuliert – anders als die aus der Cannery Row sind diese hier aus Gummi.

SERVICE & TIPPS

Salinas Valley Chamber of Commerce
119 E. Alisal St.,
Salinas, CA 93901
✆ (831) 751-7725
www.salinaschamber.com

Steinbeck Center in Salinas

National Steinbeck Center
1 Main St., Salinas, CA 93901
✆ (831) 775-4721
www.steinbeck.org
Tägl. 10–17 Uhr
Eintritt $ 13/7, unter 6 J. frei
Das privat finanzierte Museum zeigt Dokumente, Illustrationen und interaktive Multimedia-Einrichtungen zu Leben und Werk des Schriftstellers, der hier zwei Blocks entfernt geboren wurde, sowie zur gesellschaftlichen Entwicklung des ländlichen Kalifornien.

Im angegliederten Archiv lagern über 30 000 Briefe und Manuskripte. Seminare, Lesungen, Führungen. Museumsshop.

Steinbeck House
132 Central Ave.
Salinas, CA 93901
✆ (831) 424-2735
www.steinbeckhouse.com
Schönes viktorianisches Eckhaus, in dem Steinbeck seine Jugend verbrachte. Memorabilien, Souvenirs. Di–Sa Lunch (Reservierung erforderlich). Führungen.

Traumpool eines Exzentrikers: Hearst Castle in San Simeon

8 SAN SIMEON/HEARST CASTLE

Wie ein kalifornisches Neuschwanstein thront das **Hearst Castle** auf den Bergen – ein pompöses Unikum, das amerikanische Touristen geradezu magisch anzieht, denn viele haben den Film »Citizen Kane« mit Orson Welles gesehen und von Patty Hearst gehört, der Enkeltochter des einstigen Pressezaren William Randolph Hearst, die seinerzeit unter mysteriösen Umständen entführt wurde.

Der Großvater setzte sich mit diesem Zauberbergschloss ein Denkmal – ein Bau- und Stilmix aus Villen, Wasserbecken, Terrassen, Tempeln, Kunstwerken und Antiquitäten, das meiste aufwendig aus Europa importiert. Bauzeit: 28 Jahre, Fertigstellung 1947. Nach Hearsts Tod 1951 fiel der Palast an den Staat. Geschmack hin, Geschmack her – die Aussicht von hier oben und der Superpool sind eine Wucht!

Im Haupthaus und den Gästehäusern mit 165 Zimmer auf dem *La Cuesta Encantada*, dem verzauberten Hügel, waren einst illustre Gäste eingeladen. Darunter Winston Churchill, George Bernard Shaw, Charles Lindbergh, Charlie Chaplin oder Greta Garbo und viele andere.

Gleich nördlich von San Simeon hat eine große Kolonie von See-Elefanten den Strand am **Point Piedras Blancas** als bevorzugten Liegeplatz auserkoren. Lautstarke Balzrituale und die Aufzucht des Nachwuchsen lassen sich von einer Aussichtsplattform bestens verfolgen und fotografieren. Diese ist von 8 Uhr bis Sonnenuntergang geöffnet. Zuweilen geben Zoologen Informationen zu den mächtigen Säugetieren.

Entspannter See-Elefant bei Piedras Blancas

SERVICE & TIPPS

Hearst Castle
750 Hearst Castle Rd. (ab Hwy. 1), San Simeon, CA 93452
✆ 1-800-444-4445 (Reservierungen)
www.hearstcastle.org
Führungen ganzjährig tägl. 9–17 Uhr, im Sommer länger und manchmal auch abends
Eintritt $ 25–36/12–18 (5–12 J.), unter 5 J. frei
Unbedingt reservieren.

Santa Barbara mit den Santa Ynez Mountains im Hintergrund

9 SANTA BARBARA

Spanisch anmutende Häuser mit roten Terrakottaziegeldächern und weiß getünchten Wänden, so schmiegt sich Santa Barbara zwischen die Santa Ynez Mountains und die pazifische Küste. Viele halten Santa Barbara für die kalifornischste Stadt. Vieles »Amerikanische« ist ihr weitgehend fremd: Wolkenkratzer, aufdringliche Reklameschilder und Freewaykreuzungen. Stattdessen eine Mischung aus nachgebauter spanischer Kolonialarchitektur mit mexikanischen und maurischen Einflüssen.

Bis zum Ende des 19. Jahrhunderts war das 1782 als spanisches Presidio gegründete Santa Barbara den diversen Zeiteinflüssen keineswegs verschlossen. Erst nach dem Erdbeben von 1925 kam die städtebauliche Wende. Die ruinierte Altstadt stellte die Stadtväter vor die Wahl, Santa Barbara entweder im Stil der Neuzeit aufzubauen oder so, wie es seinem spanischen Erbe entsprach. Man entschied sich für den konservatorischen Weg, der gegen Ansprüche von Ölindustrie, Eisenbahn und anderen Wirtschaftsbereichen durchgesetzt werden musste. Das sehenswerte **Arlington Theatre** mit seinem minarettähnlichen Spitzturm erlebte durch Privatspenden ein glanzvolles Comeback und die Wiederherstellung des 1782 gegründeten **El Presidio** zählt aktuell zu den aufwendigsten Restaurierungsprojekten Kaliforniens.

Mit Inlines, Fahrrad oder Segway am Strand von Santa Barbara entlang

Die gediegene Ausstrahlung, ganzjährig gefördert von mildsonnigem Klima, reichem Kulturangebot und akademischem Niveau (durch die Universität in Isla Vista), hat zu einem gepflegten Lebensstil beigetragen, der lange für Santa Barbara typisch war. Doch zahlreiche neue Hotels und Bed & Breakfast Inns, Szenerestaurants, Kaffeehäuser und Bäckereien deuten an, dass eine jüngere Generation den Charakter der Stadt verändert.

Wenn man Santa Barbara über den **Cabrillo Boulevard** erreicht, liegt es nahe, sich zunächst auf **Stern's Wharf** die Beine zu vertreten. Der Pier, 1872 erbaut, war lange Zeit der dienstälteste der Westküste, bis ein verheerender Brand im Jahr 1998 seinen Neubau erzwang. Die Holzplanken bieten einen bequemen Spaziergang ins Meer hinaus, flankiert von Shops und Restaurants und mit einem Rundumblick auf Strand, Stadt und Berghänge. Noch eindrucksvoller zeigt sich die Stadt der roten Dächer vom Turm des **County Courthouse**. In diesem neospanischen, mit maurischen Stilelementen dekorierten Schmuckstück verbinden Treppenhäuser und Gänge die Räume des elegant ausgestatteten Interieurs aus Wandfresken, bemalten Decken, eisernen Leuchtern, Fliesenkunst und geschnitzten Türen. Auch die Natur nimmt an dieser Inszenierung teil, mit üppig-tropischen Gärten und penibel manikürten Rasenflächen. Ab und zu zweigen gefällige Seitenausläufer in Form kleiner Arkadengänge und Innenhöfe ab: **La Arcada** oder **El Paseo** und **Paseo Nuevo** etwa, mit kleinen Läden, Blumenständen, Cafés und Restaurants. Plätschernde Brunnen und Vogelgezwitscher vereinen sich zu kalifornischen Wohlklängen, bei denen man leicht die Zeit vergisst.

In der zweiten Reihe sozusagen liegen einige bauliche Oldies der Stadt. **Lugo Adobe** (116 E. De La Guerra St.) versteckt sich hinter einer eisernen Eingangspforte rund um einen malerischen Innenhof und dient heute als Unterkunft für verschiedene Künstlerstudios und Büros. Gleich an der nächsten Ecke versammelt sich hinter dem Historischen Museum ein Ensemble alter Baudenkmäler: die **Casa de Covarrubias** von 1817 (715 Santa Barbara St.), angrenzend an einen beschaulichen Innenhof und neben der **Historic Adobe** (1836). Am Komplex des **Presidio de Santa Barbara State Historic Park** und dem **Lobero Theatre** (33 E. Canon Perdido St.) vorbei gelangt man zur zentralen State Street.

Vom Turm des County Court House bietet sich ein schöner Ausblick über Santa Barbara

SERVICE & TIPPS

Santa Barbara Visitors Center
1 Garden St.
Santa Barbara, CA 93101
✆ (805) 965-3021
www.santabarbaraca.com
Feb.–Okt. Mo–Sa 9–17, So 10–17, Nov.–Jan. Mo–Sa 9–16, So 10–16 Uhr
Stadtpläne, Broschüren, Infos.

Downtown Waterfront Electric
Elektrobus, der in kurzen Abständen für 50 Cent die State Street auf und ab fährt.

Fahrradverleih (Wheel Fun Rentals)
1111/633 E. Cabrillo Blvd.
Santa Barbara, CA 93101
✆ (805) 966-2282
www.wheelfunrentals.com
Tägl. 8–20, im Winter bis 18 Uhr
Nähe Stern's Wharf.

Santa Barbara Museum of Art
1130 State & Anapamu Sts.

Santa Barbara, CA 93101
✆ (805) 963-4364
www.sbma.net
Tägl. außer Mo 11–17, Do bis 20 Uhr (fortlaufende Restaurierung einzelner Bereiche)
Eintritt $ 10/6 (6–17 J.), frei bis 5 J. und Do 17–20 Uhr
Eintritt frei
Überschaubares, aber hochkarätiges Kunstmuseum. Schwerpunkte: französische Impressionisten und zeitgenössische amerikanische Maler, Einzelstücke der klassischen Antike und der asiatischen Kunst. Kunstbibliothek, Shop.

County Courthouse & Sunken Gardens
1100 Anacapa & Anapamu Sts.
Santa Barbara, CA 93101
✆ (805) 962-6464
www.sbcourthouse.org
Mo–Fr 8–17, Sa/So 10–17 Uhr
Kostenlose einstündige Führungen tägl. 14, Mo–Fr auch 10.30 Uhr
Fotogenes Gerichtsgebäude, 1929 in spanisch-orientalischem Stil erbaut.

Geschäfte, Cafés und Restaurants: La Arcada Court Santa Barbara

Mission Santa Barbara
2201 Laguna St.
Santa Barbara, CA 93105
✆ (805) 682-4713
www.santabarbaramission.org
Tägl. 9–17 Uhr, geführte Besichtigung $ 13/8, ohne Führer $ 9/4
Messen So 7.30, 9 und 11, Sa 16 Uhr
Die 10. Mission der Franziskaner von 1786 und die »Königin der Missionskirchen« wurde 1812 und 1925 durch Erdbeben schwer beschädigt, aber immer wieder restauriert.

El Presidio de Santa Barbara State Historic Park
123 E. Canon Perdido St.
Santa Barbara
CA 93101-2250
✆ (805) 965-0093
Tägl. 10.30–16.30 Uhr
Eintritt $ 5, bis 16 J. frei, Führungen nach Vereinbarung
Spanische Festungsanlage von 1782, die letzte, die in Alta California gebaut wurde.

Archäologie und Denkmalpflege haben die Originalgrundmauern und bereits einen Teil der durch Erdbeben zerstörten Gebäude wiederhergestellt, allen voran den schönen Innenraum der **Presidio Chapel**. Ebenso erstrahlt in neuem Glanz: **El Cuartel**, die Wachstube von 1788.

Boathouse at Hendry's Beach
2981 Cliff Dr.
Santa Barbara, CA 93950
✆ (805) 898-2628
www.sbfishhouse.com/boathouse, tägl. 7.30–21 Uhr
Direkt am schönsten Strand von Santa Barbara. Ideal für Frühstück und Lunch auf der Terrasse mit anschließendem ausgiebigem Strandspaziergang. Lunch $$, Dinner $$$

Bouchon
9 W. Victoria St.
Santa Barbara, CA 93101
✆ (805) 730-1160
www.bouchonsantabarbara.com
Tägl. 17–21, Fr/Sa bis 22 Uhr
Köstliche Gerichte wie die gebratenen Jakobsmuscheln oder die Artischockensuppe machen die Gäste zufrieden. $$–$$$

Chuck's Waterfront Grill
113 Harbor Way
Santa Barbara, CA 93109
✆ (805) 564-1200
http://chuckswaterfrontgrill.com
Tägl. 11.30–15 und ab 17 Uhr
Entspannte Atmosphäre auf der Terrasse gleich bei der Marina. Viel Fisch und Schalentiere, aber auch Pasta und Steaks stehen auf der Karte. $$–$$$

Brophy Bros. Clam Bar & Restaurant
119 Harbor Way, westl. von Stern's Wharf
Santa Barbara, CA 93109
✆ (805) 966-4418
www.brophybros.com
Tägl. 11–22 Uhr
Fangfrisches aus dem Meer. Cocktail- und Austern-Bar. Probieren Sie die wechselnden Tagesgerichte. $–$$

French Press
101 State St
Santa Barbara, CA 93101
✆ (805) 963-2721
Tägl. 6–19, Sa/ So ab 7 Uhr
Ruhiges Café mit netter Atmosphäre und guten Kaffeespezialitäten. $

La Super-Rica Taqueria
622 N. Milpas St.
Santa Barbara, CA 93103
✆ (805) 963-4940
Do–Di 11–21 Uhr, Mi geschl.
Authentische *Mexicatessen* – in einem unscheinbaren Schuppen an der vitalen Arterie der Latino-Arbeiter. $

Soho Restaurant & Music Club
1221 State St. (1. Stock)
Santa Barbara, CA 93101

Der Weg zum Ziel: Santa Barbara Mission

✆ (805) 962-7776
www.sohosb.com
Appetizers & Late Dinner, Drinks, Live-Entertainment – bunt gemischt: u. a. R & B, Latin-Funk-Soul, Blues, Rock, Afro-Cuban Salsa, Mo Jazz. $$

Paseo Nuevo
651 Paseo Nuevo State & De La Guerra Sts.
Santa Barbara, CA 93101
✆ (805) 963-7147
Mo–Sa 10–21, So 10–20 Uhr
Brunnen, Passagen und Innenhöfe: Shops, Cafés, Restaurants und Kaufhäuser.

Cabrillo Bathhouse
1118 E. Cabrillo Blvd.
Santa Barbara, CA 93103
✆ (805) 897-2680
www.santabarbaraca.gov
Mo–Fr 8–17 Uhr, Eintritt $ 4
Fitnesseinrichtung in schönem Badehaus-Pavillon am Strand. Umkleidekabinen, Duschen, Grill-Bistro im Gebäude und Beach-Volleyball vor der Tür.

Surfer schätzen die lang gezogene Dünung und die zuweilen spektakulären *big waves*, Angler lieben dagegen die lange Fishing Pier, die schon seit 1872, mehrfach erneuert, in den Pazifik hinausragt.

SERVICE & TIPPS

Ventura Visitors Center
101 S. California St.
Ventura, CA 93001
✆ (805) 648-2075
www.visitventuraca.com
Mo–Sa 9–17, im Winter bis 16, So 10–16 Uhr

Mission San Buenaventura
211 E. Main St.
Ventura, CA 93001-2691
✆ (805) 643-4318
www.sanbuenaventuramission.org
Mo–Fr/So 10–17, Sa 9–17
Eintritt $ 5/2 (unter 18 J.)
Restaurierte Missionskirche (Bauzeit: 1782–1809) und kleines Museum mit Kunsthandwerk der Chumash-Indianer.

Watermark on Main
598 E. Main St., Ventura, CA 93001
✆ (805) 643-6800
Di–Sa ab 17, So 10–18 Uhr
Untergebracht in einem historischen und sorgfältig sanierten Art-déco-Gebäude wird im Watermark New American Cuisine serviert. Außerdem Livemusik und W_2O Rooftop-Lounge. $$–$$$

Cafe Fiore
66 S. California St.
Ventura, CA 93001
✆ (805) 653-1266
www.cafefiore.net
Tägl. 11.30–22, Fr/Sa bis 23, So bis 21 Uhr
Beliebte Trattoria und Martini-Bar mit traditioneller italienischer Küche, guten offenen Weinen und manchmal Live-Jazz. $$

Island Packers, Inc.
1691 Spinnaker Dr. (Hafen)
Ventura, CA 93001
✆ (805) 642-1393
www.islandpackers.com
Tagestour nach Anacapa Island hin und zurück $ 59/41 (3–12 J.), Rundtour nach Santa Rosa oder Santa Barbara Island $ 82/65
Bootstouren zu den acht Inseln des Channel Islands National Park, auch Camping- und Whale-Watching-Touren.

Anacapa Island beheimatet die größte Seelöwenkolonie der Welt und ist ein besonders interessantes Taucherparadies, weil sich hier das kühle Wasser der Meeresströmung von Norden mit dem warmen Wasser aus dem Süden mischt.

Der Santa Barbara Channel ist eine beliebte Region für Whale Watching

Bouchon
9 W. Victoria St.
Santa Barbara, CA 93101
✆ (805) 730-1160
www.bouchonsantabarbara.com
Tägl. 17–21, Fr/Sa bis 22 Uhr
Köstliche Gerichte wie die gebratenen Jakobsmuscheln oder die Artischockensuppe machen die Gäste zufrieden. $$–$$$

Chuck's Waterfront Grill
113 Harbor Way
Santa Barbara, CA 93109
✆ (805) 564-1200
http://chuckswaterfrontgrill.com
Tägl. 11.30–15 und ab 17 Uhr
Entspannte Atmosphäre auf der Terrasse gleich bei der Marina. Viel Fisch und Schalentiere, aber auch Pasta und Steaks stehen auf der Karte. $$–$$$

Brophy Bros. Clam Bar & Restaurant
119 Harbor Way, westl. von Stern's Wharf
Santa Barbara, CA 93109
✆ (805) 966-4418
www.brophybros.com
Tägl. 11–22 Uhr
Fangfrisches aus dem Meer. Cocktail- und Austern-Bar. Probieren Sie die wechselnden Tagesgerichte. $–$$

French Press
101 State St
Santa Barbara, CA 93101
✆ (805) 963-2721
Tägl. 6–19, Sa/ So ab 7 Uhr
Ruhiges Café mit netter Atmosphäre und guten Kaffeespezialitäten. $

La Super-Rica Taqueria
622 N. Milpas St.
Santa Barbara, CA 93103
✆ (805) 963-4940
Do–Di 11–21 Uhr, Mi geschl.
Authentische *Mexicatessen* – in einem unscheinbaren Schuppen an der vitalen Arterie der Latino-Arbeiter. $

Soho Restaurant & Music Club
1221 State St. (1. Stock)
Santa Barbara, CA 93101

Der Weg zum Ziel: Santa Barbara Mission

✆ (805) 962-7776
www.sohosb.com
Appetizers & Late Dinner, Drinks, Live-Entertainment – bunt gemischt: u. a. R&B, Latin-Funk-Soul, Blues, Rock, Afro-Cuban Salsa, Mo Jazz. $$

Paseo Nuevo
651 Paseo Nuevo State & De La Guerra Sts.
Santa Barbara, CA 93101
✆ (805) 963-7147
Mo–Sa 10–21, So 10–20 Uhr
Brunnen, Passagen und Innenhöfe: Shops, Cafés, Restaurants und Kaufhäuser.

Cabrillo Bathhouse
1118 E. Cabrillo Blvd.
Santa Barbara, CA 93103
✆ (805) 897-2680
www.santabarbaraca.gov
Mo–Fr 8–17 Uhr, Eintritt $ 4
Fitnesseinrichtung in schönem Badehaus-Pavillon am Strand. Umkleidekabinen, Duschen, Grill-Bistro im Gebäude und Beach-Volleyball vor der Tür.

Der Beach Boardwalk Amusement Park von Santa Cruz

⑩ SANTA CRUZ

Erst ein frommer spanischer Seefahrer, der die Bucht nach dem »Heiligen Kreuz« taufte, dann ein Pueblo rund um die Plaza der Missionskirche (1791), ein wichtiges Handelszentrum für die umliegenden Ranchos und ein Seehafen für den Holztransport, schließlich eine abwechslungsreiche, wohltuend überschaubare Universitätsstadt mit 64400 Einwohnern – so liest sich der Werdegang von Santa Cruz.

Ansprechend und vielseitig bringt die Garden Mall Shops und Straßencafés, Skateboard fahrende Studenten und ruhige Rentner auf die bunte Reihe, während es am **Boardwalk** hoch hergeht. Er zählt zu den ältesten an der Westküste, seine Anfänge – eine Reihe mietbarer Badehäuschen – reichen ins Jahr 1868 zurück. Der Pier gehört den Anglern, die an den Waschtischen gleich ihren Fang präparieren. Babyhaie gelten hier als Delikatesse. Die Innereien verschwinden im Schlund der im Wasser herumlungernden Seelöwen.

Großes Ereignis im Sommer ist neben dem Surfen das »Santa Cruz Shakespeare«-Sommerfestival. Das Theaterensemble der Uni bringt jedes Jahr mehrere Stücke des großen englischen Dramatikers auf die Bühne (www.santacruzshakespeare.org).

SERVICE & TIPPS

ℹ Santa Cruz County Visitors Center
303 Water St.
Santa Cruz, CA 95060
✆ (831) 425-1234 und
1-800-833-3494
www.santacruzca.org

🏛 Surfing Museum
701 W. Cliff Dr. (Lighthouse Point)
Santa Cruz, CA 95060
✆ (831) 420-6289
www.cityofsantacruz.com
Juli–Sept. tägl. außer Mi 10–17, sonst Do–Mo 12–16 Uhr
Eintritt frei
Das Museum im alten Leuchtturmhaus erzählt die 100-jährige Geschichte vom Mekka der Surfer.

Natural Bridges State Beach
2531 W. Cliff Dr.
Santa Cruz, CA 95060

✆ (831) 423-4609
www.parks.ca.gov
Tägl. 8 Uhr bis Sonnenuntergang
Schöner Strand, um Vögel und Meeresbewohner wie Wale, Robben, Krabben etc. zu beobachten.

Santa Cruz Boardwalk
400 Beach St.
Santa Cruz, CA 95060
✆ (831) 423-5590
www.beachboardwalk.com
Wechselnde Öffnungszeiten
Tagespass $ 29.95
Entertainment mit altmodischer Achterbahn (der hölzerne »Dipper«), Gänsehaut erzeugendem »Fright Walk« (ab 13 J.) und Kasino.

Soif
105 Walnut Ave.
Santa Cruz, CA 95060
✆ (831) 423-2020
www.soifwine.com
Tägl. ab 17 Uhr
Sympathische Weinbar und Restaurant mit offener Küche und delikaten Gerichten.
$$–$$$

The Catalyst
1011 Pacific Ave. (Nähe Garden Mall)
Santa Cruz, CA 95060
✆ (831) 423-1338
www.catalystclub.com
Musikclub und gute Pizzeria gleich nebenan. Venue mit zwei Floors, öfter Konzerte mit Staraufgebot. $

⓫ SANTA YNEZ VALLEY, SOLVANG

Das idyllische **Santa Ynez Valley** schmücken Eichen und Obstgärten, Windräder und grasende Pferde, Ranchos, Scheunen und weiße Zäune. Ja, und Weingüter! Genau wie die Klosterkirchen sind sie den Franziskanermönchen zu verdanken, die schon im 18. Jahrhundert lokalen Weinbau betrieben. Heute zählt man um die 50 Wineries im Tal und Santa Barbara County ist auf dem besten Weg, das Napa Valley von Südkalifornien zu werden.

Die wichtigsten Traubensorten sind Chardonnay, Sauvignon Blanc, Pinot Noir und Cabernet Sauvignon. Besonders beliebt ist der »Firestone Riesling«, der leicht, blumig und fruchtig schmeckt.

Qualitätsfördernd gilt neben günstigen Boden- und Temperaturverhältnissen der für die Westküste hier einmalige Ost-West-Verlauf des Küstengebirges, der feuchte kühle Winde mit sich bringt und ein besonderes Mikroklima erzeugt.

1911 von dänischen Immigranten gegründet, wirkt **Solvang** mit seinen Fachwerkhäusern und Windmühlen wie

Gute Weine und leckeres Essen im Santa Ynez Valley

1911 von dänischen Immigranten gegründet: Solvang

ein dänisches Disneyland, das vielen Amerikanern eine Europareise erspart. Am Hans Christian Andersen Shop rauscht das Mühlrad, entlang der Alisal Road drängen sich die Geschäfte mit Souvenirs und Süßigkeiten, über allem ragt eine holländische Windmühle.

Die **Old Mission Santa Inés** bietet ein Kontrastprogramm zum skandinavischen Ortsmotiv. 1804 wurde sie von den Spaniern gegründet, als 19. der Kette von 21 kalifornischen Missionskirchen. Durch Erdbeben und Feuer oft zerstört ist vom Original wenig erhalten, der Nachbau präsentiert sich umso perfekter.

SERVICE & TIPPS

Solvang Visitor Information Center
1639 Copenhagen Dr.
Solvang, CA 93463
✆ (805) 688-6144 und
1-800-468-6765
www.solvangusa.com
Tägl. 9–17 Uhr

Old Mission Santa Inés
1760 Mission Dr.
Solvang, CA 93464
✆ (805) 688-4815
www.missionsantaines.org

OSCARREIFE WEINE

Wenige kannten das kleine Santa Ynez Valley nahe Santa Barbara und seine Weine, bis Regisseur Alexander Payne 2004 die beschauliche Gegend mit seinem Film »Sideways« auf die Leinwand brachte. Er erzählt die Geschichte des Englischlehrers und verhinderten Autors Miles, der seinem alten Collegekumpel Jack die Liebe zum Wein näher bringen möchte und mit ihm auf Sightseeingtour durch das kalifornische Weinland geht. Die Hauptrolle spielt »Pinot Noir«, der Wein, den Miles liebt und von dem Jack keine Ahnung hat.

Bald hatten findige Tourismusexperten das Werbepotenzial der Hollywoodproduktion entdeckt, sie vermarkteten die Weine und die Originalschauplätze wie den Days Inn in Buellton, ein Billigmotel, in dem Miles und Jack übernachtet haben und das mittlerweile in Sideways Inn umbenannt wurde.

Tägl. 9–16.30 Uhr
Eintritt $ 5, unter 12 J. frei
Eine der 21 von den Spaniern gegründen kalifornischen Missionskirchen. Mit Klostergarten und kleinem Museum.

☒ **Bit 'O Denmark**
473 Alisal Rd.
Solvang, CA 93463
✆ (805) 688-5426
Tägl. 11.30–21, Sa/So ab 9 Uhr
Frühstück, Lunch und Dinner auf Dänisch (*smorgasbord* im Stil von *all-you-can-eat*), dazu dänische Hausmannskost und amerikanische Klassiker, bei schönem Wetter auch draußen. $$–$$$

☒ **Sides Hardware and Shoes**
2375 Alamo Pintado Ave.
Los Olivos, CA 93441
✆ (805) 688-4820
www.sidesrestaurant.com
Tägl. 11.30–15 und außer Mo/Di 17–19.30, Fr/Sa bis 20.30 Uhr
Im hübschen Ambiente des blau getünchten Holzhäuschens werden zu Mittag fantastische Burger und Sandwiches serviert. Abends gehobenes Dinner-Menü. $$–$$$

☒ **Mad & Vin**
1576 Mission Dr.
Solvang, CA 93463
✆ (805) 688-3121
www.thelandsby.com
Tägl. 7.30–10, 17–21,
Bar ab 16, Fr/Sa bis 22 Uhr
Im angenehm sachlichen Interior des Landsby-Hotelrestaurants kommen Gerichte der California Cuisine mit guter Weinauswahl auf den Tisch. Auch das herzhafte Barmenü ist empfehlenswert! $$

Old Mission Santa Inés in Solvang

⓬ VENTURA

Am Hafen von Ventura, abgekürzt so genannt nach der lokalen **Missionskirche San Buenaventura**, starten die Boote in Richtung Channel Islands National Park, wo Ranger Touren durch das karge und oft nebelumwobene Terrain der vorgelagerten Inseln führen, in dem sich Seelöwen und Robben ungestört tummeln können.

Taucher sind von der besonderen Flora und Fauna unter der Wasseroberfläche fasziniert, denn bei den nahezu unbewohnten Eilanden Anacapa, San Miguel, Santa Barbara, Santa Cruz und Santa Rosa mischen sich die kalte Meeresströmung von Norden und die warme von Süden.

Die Stadt Ventura selbst verfügt über drei schöne Strände: Marina Park gleich nördlich vom Ventura Harbor ist für alle da, Emma Wood und San Buenaventura sind eher gute Adressen für Camper.

Surfer's Paradise in Ventura

Surfer schätzen die lang gezogene Dünung und die zuweilen spektakulären *big waves*, Angler lieben dagegen die lange Fishing Pier, die schon seit 1872, mehrfach erneuert, in den Pazifik hinausragt.

SERVICE & TIPPS

Ventura Visitors Center
101 S. California St.
Ventura, CA 93001
✆ (805) 648-2075
www.visitventuraca.com
Mo–Sa 9–17, im Winter bis 16, So 10–16 Uhr

Mission San Buenaventura
211 E. Main St.
Ventura, CA 93001-2691
✆ (805) 643-4318
www.sanbuenaventuramission.org
Mo–Fr/So 10–17, Sa 9–17
Eintritt $ 5/2 (unter 18 J.)
Restaurierte Missionskirche (Bauzeit: 1782–1809) und kleines Museum mit Kunsthandwerk der Chumash-Indianer.

Watermark on Main
598 E. Main St., Ventura, CA 93001
✆ (805) 643-6800
Di–Sa ab 17, So 10–18 Uhr
Untergebracht in einem historischen und sorgfältig sanierten Art-déco-Gebäude wird im Watermark New American Cuisine serviert. Außerdem Livemusik und W_2O Rooftop-Lounge. $$–$$$

Cafe Fiore
66 S. California St.
Ventura, CA 93001
✆ (805) 653-1266
www.cafefiore.net
Tägl. 11.30–22, Fr/Sa bis 23, So bis 21 Uhr
Beliebte Trattoria und Martini-Bar mit traditioneller italienischer Küche, guten offenen Weinen und manchmal Live-Jazz. $$

Island Packers, Inc.
1691 Spinnaker Dr. (Hafen)
Ventura, CA 93001
✆ (805) 642-1393
www.islandpackers.com
Tagestour nach Anacapa Island hin und zurück $ 59/41 (3–12 J.), Rundtour nach Santa Rosa oder Santa Barbara Island $ 82/65
Bootstouren zu den acht Inseln des Channel Islands National Park, auch Camping- und Whale-Watching-Touren.

Anacapa Island beheimatet die größte Seelöwenkolonie der Welt und ist ein besonders interessantes Taucherparadies, weil sich hier das kühle Wasser der Meeresströmung von Norden mit dem warmen Wasser aus dem Süden mischt.

Der Santa Barbara Channel ist eine beliebte Region für Whale Watching

Die wilde Küste von Big Sur

LOS ANGELES

»BIG ORANGE«

von Feelie Lee und Horst Schmidt-Brümmer

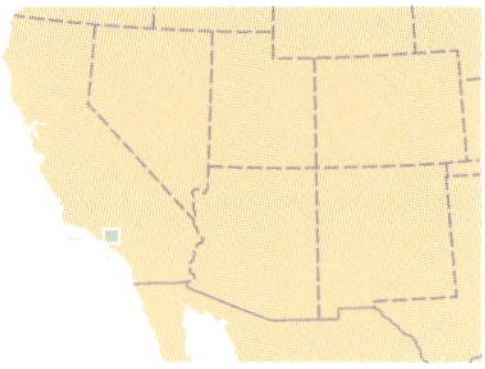

El Pueblo de la Reina de Los Angeles sobre el Río de la Porciuncula **– so hieß die Stadt am Anfang. Am Ende dann L.A. Kurz und bündig? Nein, im Gegenteil. Los Angeles ist aufgegangen wie ein gigantischer Hefekuchen.**

In den 1930er Jahren beschrieb die Schriftstellerin Dorothy Parker Los Angeles noch als »72 Vororte auf der Suche nach einer Stadt«. Heute ist Los Angeles eine Megacity, die zweitgrößte der USA – 13 Millionen Menschen leben im Großraum der Stadt. Rund 100 Gemeinden gehen im Großraum L.A. County fließend ineinander über, verbunden durch ein Gitternetz von zwei Dutzend Freeways.

Im Oxford English Dictionary von 2012 heißt es: »La-La Land is a fanciful state or dream world.«

»Los Angeles? Nein, danke!«, hört man häufig, nicht nur von Europäern, auch von Amerikanern. Sie fühlen sich überfordert von den monströsen Ausmaßen des Siedlungsraums, den vielen Autos, der ethnischen Vielfalt und den vielen Selbstdarstellern.

L.A. hat immer schon die Gemüter erregt und polarisiert. Die Fans feiern La-La-Land als Metropole der Massenkultur, als goldene Beach-Boys-Welt, verwöhnt von ewiger Sonne. Und Hollywood sorgt für den magischen Zauber. Kurzum: L.A. als Inbegriff des kalifornischen Traums. Kritische Geister dagegen geißeln die Stadt als energiefressende Stadtmaschine, als einen Moloch aus Freeways und Smog, aus verstopften Verkehrs- und Atemwegen.

»Coming into L.A.«: Downtown Los Angeles

Downtown Los Angeles vor den Schneegipfeln der San Gabriel Mountains

»Kippe die Welt auf eine Seite, dann wird alles, was lose ist, in L.A. landen.«
Frank Lloyd Wright

In der Tat, Los Angeles ist heute ein Patchwork von Wohnvierteln, jedes mit seiner eigenen Identität. Aber das Zusammenspiel der Einzelteile macht daraus eine der abwechslungsreichsten Metropolen der USA. Die Stadt bietet eine unglaubliche Bandbreite an Unterhaltungsmöglichkeiten mit Kinos, Shows, spektakulären Museen, Theatern oder Konzerten. Und erst die Fülle an Sportmöglichkeiten: Inlineskaten, Skateboarden, Surfen, Baseball, Football, ja sogar Polo. Entsprechend prägt die ungezwungene Freizeitkultur das Leben in L. A.

An kaum einem Ort in den USA verschmelzen Aromen und kulinarische Einflüsse aus den verschiedensten Teilen der Welt besser als hier. Egal ob ethnische Küchen, kreative Cross-over-Gerichte, Gourmet-Food-Trucks oder die hochangesehene California Cuisine – das Mantra in L. A. lautet »Think globally, eat locally«. Man setzt auf frische und lokale Nahrungsmittel. Das Ergebnis ist *Fusion food:* Korean Tacos, Thai Pizzas, California Pretzels oder Asian Tapas.

Und schließlich die Kunst: Lange stand L. A. im Schatten von New York. Das ist aber spätestens seit der spektakulären Ausstellung »Pacific Standard Time« vorbei. Als Kunstmetropole ist L. A. inzwischen ohne Zweifel auf Augenhöhe mit New York, das attestieren selbst renommierte Kunstkritiker von der Ostküste.

Wie auch immer. Fest steht: Die Stadt rollt ihren Besuchern keinen roten Teppich aus. In den »Big Apple«, New York, kann man trotz seiner Größe gleich reinbeißen. In die »Big Orange«, wie L. A. sich nennt, keineswegs. Man muss sie vorher schälen. Erst dann besteht die Chance, dass sich nicht nur Vorurteile lösen, sondern auch Energien, Innovationen und jene Kreativität, mit der man hier von jeher Althergebrachtes ad acta legte.

Straßenmusiker in Los Angeles

California State
University Northridge
Chatsworth
Reservoir
Van Nuys Airport
San Fernando Valley
170
Sun
405
Topanga
Sepulveda Dam
Rec. Area
Van
Nuys
Hidden Hills
101
Ventura Fwy.
27
Encino
Reservoir
Calabasas
Canyon
Santa Monica Mountains
405
Stone Canyon
Reservoir
TLC/Grauman's
Topanga
State Park
5
The Getty Center
Bel Air Estates
Beverly
Hills
Blvd.
2
Blvd.
Will Rogers State
Historic Park
University of California
at Los Angeles
Santa Monica
LA County
Pacific
Palisades
Brentwood
Armand Hammer
Mus. of Art
and Cultural Center
ALT
66
Rodeo
Dr.
MALIBU
Getty Villa
3
W Sunset
Blvd.
Montana Ave.
4
1
Pacific Coast Hwy.
Century
City
Surfrider Beach
Adamson House
Topanga
County Beach
Will Rogers
State Beach
1
Wilshire Blvd.
Arizona Ave.
Santa
Monica Blvd.
Colorado Ave.
10
Malibu Lagoon
State Beach
SANTA MONICA
Palisades Park
Ch. Columbus Transcont. Hwy.
San Diego Fwy.
3rd St. Promenade
Santa Monica Place
Montana Ave.
2
Culver
City
Santa Monica State Beach
Santa Monica Pier
Pacific Coast
Hwy.
VENICE
187
Ocean Front Boadwalk
Brooks
Ave.
Blvd.
Lincoln
Blvd.
Venice
W. Washington Blvd.
Venice Beach
90
Grand Canal St.
Marina
del Rey
Westchester
Dockweiler State Beach
Manchester Ave.
Playa del Rey
Los Angeles
International Airport
Santa Monica
Bay
El
Segundo
1
Manhattan
Beach
Manhattan State Beach
N
Hermosa
Beach
0 1 2 3 4 5 km

Mt Wilson Observatory
Arroyo Seco
Wildwood Canyon Park
Stough Park
Brand Park
La Canada Flintridge
Burbank
Glendale Fwy.
Linda Vista Ave.
Brookside Park
Rose Bowl
Sierra Madre
Brothers Studios
Ventura Fwy.
Foothill Fwy.
Los Angeles R.
Zoo
GLENDALE
Golden State
Pacific Asia Mus.
Arboretum
PASADENA
Norton Simon Mus.
Griffith Park
Griffith Observatory
Forest Lawn Mem. Park
Eagle Rock
Huntington Lib., Art Gallery and Botanical Gardens
Arcadia
San Marino
Temple City
Capitol Records Tower
LA Municipal Art Gallery
Southwest Mus.
Hollywood Walk of Fame
Fwy.
Ernest E. Debs Regional Park
Mission San Gabriel Archangel
San Gabriel
Rio Hondo
Hollywood Fwy.
Pasadena Fwy.
Elysian Park
Echo Park
Alhambra
Rosemead
El Monte
Melrose Ave.
San Bernardino Fwy.
Dodger Stadium
Blvd.
Mid-Wilshire
Music Ctr.
Union Station
Monterey Park
South El Monte
DOWNTOWN
Civic Ctr.
Grammy Museum
L.A. Live
University of Southern California
Pomona Fwy.
Whittier Narrows Dam Rec. Park
Nat. History Museum
African American Mus.
Montebello
Exposition Park
California ScienCenter
LOS ANGELES
Whittier
City of Commerce
Vernon
Pico Rivera
Blvd.
Santa Ana Fwy.
Maywood
Hyde Park
Huntington Park
Long Beach Fwy.
Harbor Fwy.
Bell
San Gabriel River
Manchester Ave.
Cudahy
Bell Gardens
The Forum
South Gate
Santa Fe Springs
Hollywood Park Race Track
Anderson Fwy. & Trnst.
Hawthorne
San Gabriel River Fwy.
Norwalk
Disneyland
Gardena
Compton
Paramount
Santa Ana Fwy.
Harbor Fwy.
Bellflower
Artesia Fwy.
Gardena Fwy.
Blvd.
Knott's Berry Farm
San Diego Fwy.
Artesia
Lakewood Blvd.
Lakewood
Cerritos
210
2
5
134
159
101
10
110
19
60
72
710
42
105
605
91

Strandhäuser in Santa Monica

BEACH COMMUNITIES UND GETTY CENTER

SANTA MONICA, VENICE, PACIFIC PALISADES UND MALIBU

In wenigen Stunden Los Angeles kennenlernen, eine Stadt, die zu den unzugänglichsten der Welt gehört? Nicht möglich. Aber ein paar Stücke von der Big Orange probieren, das geht.

Den ersten Tag in L. A. sollte man im westlichen Garten Eden verbringen mit seinen Strandgemeinden Santa Monica, Venice, Pacific Palisades und Malibu.

Entgegen der landläufigen Vorstellung war L. A. anfangs kein Synonym für Beach Culture. Die Küstenregion wurde bis in die 1860er Jahre als Ranchland genutzt. Erst dann zog es die Angelenos nach ❶ **Santa Monica**, um der stickigen Sommerhitze der Stadt zu entfliehen. Seitdem haben immer mehr Menschen, die es sich leisten können, ihren Lebensmittelpunkt hierher verlegt. Das teure Seebad mit seinen rund 90 000 Einwohnern setzt seine Tradition als Naherholungsziel für Millionen Angelenos auch heute noch erfolgreich fort: Sonne, Strand, extravagante Häuser, ein buntes kulinarisches Angebot und gehobene Hotels machen Santa Monica zum Inbegriff kalifornischer Lebensart.

Sport wird an Kaliforniens Stränden großgeschrieben: Tae Bo am Santa Monica Beach

Die muntere Santa Monica Pier am Pazifik lockt seit über hundert Jahren Jung und Alt mit Riesenrad, Karussell, Livemusik (Do abends im Sommer) und Angelplätzen, rechts und links davon finden sich familienfreundliche Strände.

Auch für die Fülle von ganz unterschiedlichen Restaurants ist Santa Monica bekannt. Hier gibt es alles, vom Gourmet-Hamburger mit Sweet Potato Fries über authentische Thaiküche, Asian Fusion bis hin zur ausgefallenen California Cuisine mit frischem Seafood. Und schließlich macht eine Fülle erstklassiger, leider auch nicht ganz billiger Hotels Santa Monica zum idealen Standort für einen L. A.-Aufenthalt.

Am Südende von Santa Monica liegt Venice, der hippe, bei Künstlern beliebte Nachbar, gleich dahinter sind in der riesigen Marina del Rey viele hundert Freizeitboote festgemacht. Im Norden folgt das wohlhabende Pacific Palisades und schließlich Malibu mit seinen ausgefallenen Strandhäusern und den Berühmtheiten aus Film und Fernsehen.

Am besten beginnt man den Tag mit einem Spaziergang oder einer Radtour vom **Santa Monica Pier** in südlicher Richtung entlang dem Fahrrad- bzw. Fußweg (Santa Monica Bike Path) zum **Ocean Front Walk** in **2 Venice**, dem Dorado der Ausgeflippten, das sich an manchen Wochenenden zur Hauptstraße von *California Crazy* steigert. Der tägliche Auftrieb der Feuerschlucker, Wahrsager, fliegenden Händler und Voyeure ist inzwischen via Postkarten, TV-Sendungen und Filmen um die halbe Welt gegangen. Alles bewegt sich hier – zu Fuß und auf Händen, auf Inlinern, Brettern und Rädern, gestylt und geföhnt, zerzaust und halbnackt. Venice, das Himmelreich für Hedonisten, aber auch für solche, die sich vor staunendem Publikum schinden wie die Muskelmänner in **Muscle Beach**, wo schon Arnold Schwarzenegger trainiert hat. Fit zu sein, das ist schon gut, fit auszusehen ist aber besser.

Weiter geht es nach dem People Watching über Washington Boulevard auf Grand Canal zum stilleren Teil von Venice. Die **Venice Canals** sind das Werk des Zigarettenfabrikanten Abbot Kinney. Er setzte 1905 an dieser Stelle seine Vision von einer amerikanischen Renaissance um und brachte Venedig nach Amerika: Mit künstlich angelegten Kanälen, importierten Gondeln und Gondolieri sowie Entertainment in Meeresnähe. Von den ehemals 16 beschaulichen Kanälen haben immerhin sechs überlebt und sind heute gesäumt von Ferienhäusern und moderner Architektur *California Style*.

Nur ein paar Blocks entfernt gelangt man über den Venice auf den **Abbot Kinney Boulevard**. Im Abschnitt zwischen Venice Boulevard und Brooks Avenue erwartet den Besucher der Gegenentwurf zur amerikanischen Kettenkultur: Funkige Boutiquen, Vintage Clothing, Galerien, Lofts und natürlich ausgefallene Cafés und Restaurants reihen sich Tür an Tür. Wer in Santa Monica seinen Wagen geparkt hat, fährt mit dem Rad dorthin zurück, ansonsten nimmt man in Venice ein Taxi.

Muskelarbeit am Muscle Beach in Venice

Der legendäre Ocean Front Walk von Venice

Nach einer Mittagspause steht das kulturelle Highlight von L. A. auf dem Programm, das **Getty Center**. Schon bei der Fahrt von Venice nach **Brentwood** leuchtet der weiße Marmorpalast von weitem links als Trutzburg der schönen Künste hoch oben auf einem Hügel am Sepulveda Pass über dem San Diego Freeway.

Das größte und teuerste (1,2 Milliarden Dollar) Kunstmuseum der Welt, gebaut vom New Yorker Star-Architekten Richard Meier, wartet mit einem 270-Grad-Panorama auf: Pazifik, Downtown und die Berge liegen dem Besucher zu Füßen. Zwei bis drei Stunden sollte man für ein erstes Kennenlernen des Museums einplanen, das vor allem für seine Architektur und die wunderschönen Gärten bewundert wird. Aber auch die ausgestellte Kunst kann sich sehen lassen: Gezeigt werden kostbare mittelalterliche Handschriften, Prachtstücke angewandter Kunst und Malerei bis zu van Goghs »Schwertlilien«. Unbedingt sehenswert ist das **Photography Center** (South Pavilion), das als eines der besten in den USA gilt. Von hier bieten sich imposante Ausblicke auf Los Angeles, den Pazifik und die Berge.

Die »Schwertlilien« (1889) von Vincent van Gogh im Getty Museum

Am Nachmittag fährt man über den Sunset Boulevard zurück Richtung Pazifik nach ❸ **Pacific Palisades:** Ein sehr wohlhabendes Wohngebiet, das im Süden in Höhe des San Vicente Boulevard an Santa Monica grenzt. Die **Getty Villa** am Pacific Coast Highway zeigt in dem im Stil einer pompejanischen Villa erbauten Museum vor allem griechische, römische und etruskische Kunstwerke und Antiquitäten. In Pacific Palisades lag während des Naziregimes das Weimar der Westküste, das Refugium deutschsprachiger Exilanten mit den Häusern von Lion Feuchtwanger, Thomas Mann und Arnold Schönberg. Heute wird hier gefaulenzt, geschwommen, gesurft oder nach Prominenten Ausschau gehalten.

Richard Meiers Getty Center in Brentwood

Der Pazifikstrand liegt genau vor der Tür: Malibu

Weiter in nördlicher Richtung tauchen verwegene Pfahlbauten auf, hölzerne Heimstätten für die elitäre Gemeinde der Media People, und Traumstrände – das ist 4 **Malibu**. Hier lebten noch bis zum Anfang des 20. Jahrhunderts die Chumash als Korbmacher, Töpfer und Kanubauer. Ab etwa 1920 wurde die von ihnen bewohnte Rancheria parzelliert und an die Stars des aufblühenden Hollywood verkauft. Im Laufe der Zeit entwickelte sich Malibu zu einer der berühmtesten Gemeinden der Westküste, die früher nicht mal ein Ortsschild nötig hatte. Lange stritt man darüber, ob der immerhin 43 Kilometer lange Küstenstreifen überhaupt zu einer richtigen Stadt gemacht werden sollte. 1991 war es dann doch so weit.

Und auch Strandliebhaber kommen hier auf Ihre Kosten: Surfrider, Zuma, Leo Carillo State Beach oder Paradise Cove bieten tolle Strände zum Schwimmen, Surfen oder Spazieren.

Wer kalifornische Keramikfliesen liebt, sollte auf jeden Fall einen Stopp im **Adamson House** einlegen, einer prächtigen, 1930 im spanischen Kolonialstil erbauten Villa oberhalb von Surfrider Beach, auch »Taj Mahal of Tile« genannt.

Über den Pacific Coast Highway nach Süden erreicht man wieder 1 **Santa Monica**. Wenn möglich sollte man noch einen Spaziergang einplanen. Von Ocean Avenue aus geht es am Nordende (in Höhe des Alaskan Totem Pole) in den **Palisades Park**, der sich entlang von Ocean Avenue bis zum Santa Monica Pier schlängelt: Manikürte Rasenflächen, rauschende Palmen und ein atemberaubender Blick auf den Ozean erwarten den Besucher. In der Höhe von Montana Avenue kann man links abbiegen zum Schlendern, Einkaufen oder Kaffeetrinken. Über zehn Blocks bietet dieses Viertel einen abwechslungsreichen Mix aus Geschäften.

Ein paar Blocks weiter in Höhe von Wilshire Boulevard beginnt die **Third Street Promenade**, eine der belebtesten Straßen der West Side. Ganz nach europäischem Geschmack schlendert man an Boutiquen und Cafés vorbei und genießt die bunte Straßenunterhaltung der Musiker, Gaukler und Tänzer. Das Südende der Fußgängerzone bildet **Santa Monica Place**, die Open-Air-Mall wartet als eine der besten Shoppingadressen in L. A. mit einer Vielzahl an Geschäften und einer Gourmetmarkthalle auf. Auch hier lässt Los Angeles keine kulinarischen Wünsche offen.

Rastende Pelikane in Malibu

Lifeguard Tower am Santa Monica Beach; im Hintergrund die Santa Monica Mountains

SERVICE & TIPPS

MTA Metro Rail Los Angeles
✆ 323-466-3876
www.metro.net
Einfache Fahrt $ 1.75, Tageskarte $ 7, 7-Tage-Pass $ 25
Die jüngste Metro in den USA muss sich nicht verstecken: Sie hat bislang sechs Strecken, die sich sternförmig von der Union Station in alle Himmelsrichtungen ausbreiten, ist schnell, sauber, sicher und kostengünstig. Es lohnt durchaus, z.B. ein Stück auf der **Metro Red Line** (zwischen Wilshire Blvd./Western Ave. und Union Station) zu fahren – etwa zwischen Union Station und Pershing Square. Außerdem gibt es Verbindungen zwischen Downtown (7th St./Metro Center) und Long Beach (Fahrzeit 55 Min.), South Beach, dem San Fernando Valley (über Hollywood), Pasadena und zum Terminal für den Pendelbus zum internationalen Flughafen LAX. Neben Pershing Square ist das Design der Haltestelle von Hollywood & Highland besonders originell: ein riesiger Bauch aus Stahlrippen.

❶ Santa Monica und Getty Center:

Santa Monica Walk-In Visitor Information Center
2427 Main St., zwischen Hollister und Ocean Park Blvd.
Santa Monica, CA 90405
✆ 310-393-7593

Rummel am Pazifik: Santa Monica Pier

Memorial Day am Strand von Santa Monica – sonst geht es beschaulicher zu

www.santamonica.com
Mo–Fr 9–17.30, Sa/So bis 17 Uhr
Im Palisades Park, 1400 Ocean Ave., sowie am Santa Monica Pier (Nr. 200) gibt es einen Infokiosk.

Spazieren und Radfahren
Am besten erschließt man Santa Monica zu Fuß oder auf dem Rad. Man kann auch eine geführte Tour unternehmen: **Downtown Walking Tours of Santa Monica** (www.smconser vancy.org). Die zweistündige Tour startet Sa 10 Uhr ($ 10) am SM International Hostel, 1436 2nd St., ✆ 310-496-3146. Oder man mietet sich ein Rad am Ocean Blvd., wo es zahlreiche Anbieter gibt, z. B. **Spokes N' Stuff**, 1700 Ocean Ave. (hinter dem Loews Hotel), ✆ 310-395-4748, www.spokes-n-stuff.com, oder **Sea Mist Rentals**, 1619 Ocean Front Walk,
✆ 310-395-7076.

The Getty Center
1200 Getty Center Dr. (ausschließlich vom N. Sepulveda Blvd.)
Los Angeles, CA 90049
✆ 310-440-7300
www.getty.edu
Tägl. außer Mo 10–17.30, Sa bis 21 Uhr
Eintritt kostenlos, Parkgebühr $ 15/10 (nach 15 Uhr)
Kunsttempel oberhalb des San Diego Fwy. zwischen L.A. und dem San Fernando Valley. Am Fuß des Berges fährt eine Tram nach oben.

Santa Monica Pier
200 Santa Monica Pier, Suite A
Santa Monica, CA 90401
✆ 310-458-8900
www.santamonicapier.org
Der 1909 eröffnete Vergnügungspark liegt in Höhe der Kreuzung Colorado & Ocean Aves.

Achtung beim Telefonieren: in L. A. werden die diversen Area Codes (z. B. 213 oder 310) stets mitgewählt!

Angel City Books & Records
218 Pier Ave.
Santa Monica, CA 90405
✆ 310-399-8767
www.angelcitybooks.com
Tägl. 11.30–18 Uhr
Kleiner Buchladen voll mit gebrauchten Büchern und Platten, in denen sich manche Schätze finden lassen.

Designer Resale Stores
L. A. wartet mit einer Fülle an Secondhandläden auf,

Ecke Santa Monica und Beverly Boulevard in Beverly Hills

Als Frank O. Gehry, inzwischen weltweit gefeierter Stararchitekt, in den 1970er Jahren sein kleines Eigenheim in Santa Monica mit Maschendraht und schrägen Eisenstangen mutig verfremdete, wollten ihn die Nachbarn am liebsten aus der Stadt jagen.

Die Zeiten haben sich geändert. Heute blickt die ganze Welt bewundernd auf seine Architektur wie die schimmernde Stil- und Stahlblüte der Walt Disney Concert Hall.

wo sich Prominente, Starlets und betuchte Damen kaum getragener Designer-Garderobe entledigen, die man dann für einen Bruchteil des ursprünglichen Preises erstehen kann. Beispielsweise bei:

– **Wasteland**
1330 4th St.
Santa Monica, CA 90401
✆ 310-395-2620
www.shopwasteland.com

– **Crossroads Trading Co.**
4th St. & Broadway
Santa Monica, CA 90401
✆ 310-255-0500
http://crossroadstrading.com

– **Great Labels**
1126 Wilshire Blvd.
Santa Monica, CA 90401
✆ 310-451-2277
www.greatlabels.com

Montana Avenue Shopping
Rodeo Dr., zwischen 7th & 17th Sts.
Santa Monica, CA 90403
www.montanaave.com
Hier findet man vor allem Modeboutiquen, Restaurants und Cafés (z.B. Café Luxxe, Sweet Lady Jane oder Marmalade).

Santa Monica Place
395 Santa Monica Place
Santa Monica, CA 90401
✆ 310-260-8333
www.santamonicaplace.com
Mo–Sa 10–21, So 11–20 Uhr
Wegen ihrer offenen Architektur und tollen Lichtführung gehört die Mall zu den Top-Adressen in L.A. Die Schlemmermeile in der 3. Etage bietet eine Fülle an Essensangeboten und tolle Blicke auf den Ozean.

The Lobster
1602 Ocean Ave.
Santa Monica, CA 90401
✆ 310-458-9294
www.thelobster.com
Tägl. 11.30–21.30, Fr/Sa bis 22.30 Uhr
Gleich am Pier – mit schönen Ocean Vistas: vorzügliche Fischgerichte zum Lunch und Dinner. Die Bar lädt zu Drinks und Sunset. $$$

Michael's Restaurant
1147 3rd St.
Santa Monica, CA 90403
✆ 310-451-0843
www.michaelssantamonica.com
Mo–Do 17–21.30, Fr/Sa bis 22 Uhr
Südkalifornische Küche mit französischem Einschlag – und der schönste Gartenplatz weit und breit. $$–$$$

Father's Office
1018 Montana Ave.
Santa Monica, CA 90403
✆ 310-736-2224
www.fathersoffice.com
Mo–Do ab 17, Fr ab 16, Sa/So ab 12 Uhr
Der Gastropub mit perfekten Hamburgern (mit Sweet Potato Fries und Tempura Onion Rings) und guter Bierauswahl (Microbrewery). Kleines Lokal, oft laut und voll. $$

Border Grill
1445 4th St.
Santa Monica, CA 90401
✆ 310-451-1655
www.bordergrill.com
Verfeinerte, moderne mexikanische Küche in verwegen-buntem Design. Populär und munter. $–$$

Komodo Venice
235 Main St., Venice, CA 90291
✆ 310-255-6742
www.komodofood.com
Tägl. 11–21 Uhr
Moderne und gekonnt zubereitete Fusion Gerichte aus dem asiatisch-kalifornisch-mexikanischen Spektrum nahe Venice Beach. $–$$

Umami Burger
852 Broadway
Santa Monica, CA 90401
✆ 213-413-8626

www.umamiburger.com
Einer der besten Plätze für Gourmet-Hamburger, z. B. Ahi Tuna, Trüffel und Black Bean Burgers. Schlichte Einrichtung und immer voll. $–$$

❷ Venice:

Abbot Kinney Boulevard
Zwischen Venice Blvd. & Brooks Ave., Venice, CA, 90291
www.abbotkinneyblvd.com
Hier erinnern funkige Geschäfte (z. B. In Heroes We Trust, Tortoise, General Store oder Skylark), ausgefallene Restaurants und Cafés an die Boheme-Wurzeln des Stadtteils.

The Tasting Kitchen
1633 Abbot Kinney Blvd.
Venice, CA 90291
✆ 310-392-6644
www.thetastingkitchen.com
Tägl. 17.30–24, Sa/So 10.30–14.30 Uhr Brunch
Innovative italienisch kalifornische Küche, zu der auch hausgemachte Pasta und Branzino alla puttanesca gehören. $$–$$$

Chaya
110 Navy St., Venice, CA 90291
✆ 310-396-1179
www.thechaya.com/venice/
So–Do 17–23, Fr/Sa bis 24, So bis 22 Uhr
Asiatische Aromen verbinden sich mit mediterranen Einflüssen. $$–$$$

Gjelina
1429 Abbot Kinney Blvd.
Venice, CA 90291
✆ 310-450-1429
www.gjelina.com
Mo–Sa 8–24, So bis 23 Uhr
New American Cuisine, mediterrane Küche, gute Pizzen und leckere Frühstückscombos. Sehr gut besucht, besser reservieren! $$

The Rose Café & Market
220 Rose Ave. & Main St.
Venice, CA 90291
✆ 310-399-0711
www.rosecafevenice.com
Mo–Do 7–22, Fr bis 23, Sa 8–23, So 8–20 Uhr
Edelkantine in schlichter Lagerhalle: köstliche Salate, Pasta, Quiches. Self Service oder

Patriotisches Rollerskating am Ocean Front Walk in Venice

Freiluft-Shopping am Venice Beach Boardwalk

»Waiting for the next Wave«: Bodyboarding und …

»Muss man für die Universal Studios wirklich einen ganzen Tag rechnen?« – »Na klar, in L.A. musst Du für alles einen Tag rechnen. Auch wenn Du Dir bloß ein Paar Socken kaufst.«

»Die Hälfte aller Verrückten lebt in einem Umkreis von 50 Meilen um Los Angeles.« Henry Truman

… Kayaking an Malibus Stränden

Bedienung draußen auf der Terrasse im Schatten (Parken hinterm Haus).
$–$$

Lemonade
1661 Abbot Kinney Blvd.
Venice, CA, 90291
✆ 310-452-6200
www.lemonadela.com
Tägl. 11–21 Uhr
Gehobene Cafeteria einer lokalen Kette mit tollen Salaten, Suppen, Pasta, Eintöpfen und Desserts. $

Sidewalk Café
1401 Ocean Front Walk (Nähe Windward Ave.)
Venice, CA 90291
✆ 310-399-5547
www.thesidewalkcafe.com
Tägl. ab 8 Uhr, abends Livemusik
Logenplatz fürs Straßentheater in Venice. Pizza, Pasta, Omeletts, Burritos und Salate. $

Intelligentsia Coffee & Tea
1331 Abbot Kinney Blvd.
Venice, CA 90291
✆ 310-399-1233
www.intelligentsiacoffee.com
Mo–Do 6–20, Fr bis 22, Sa 7–22, So 7–20 Uhr
Anspruchsvolle Kaffeebar für Genießer.

3 Pacific Palisades und 4 Malibu:

The Getty Villa
17985 Pacific Coast Hwy.
Pacific Palisades, CA 90272
✆ 310-440-7300
www.getty.edu
Tägl. außer Di 10–17 Uhr
Eintritt kostenlos, nur mit Online-Reservierung, Parkgebühr $ 15/10 (nach 15 Uhr)
Antike am Pazifik mit griechischer, römischer und etruskischer Kunst.

Gladstones
17300 Pacific Coast Hwy.
Pacific Palisades, CA 90272
✆ 310-454-3474
www.gladstones.com
Tägl. 11–21, Sa/So ab 10 Uhr
Dort, wo der Sunset Boulevard auf den Pacific Coast Highway trifft, sitzt auf einer Klippe das legendäre Seafood-Restaurant.

Raw Bar, Lounge, Terrasse. Familienfreundlich. $$

Malibu Chamber of Commerce
23805 Stuart Ranch Rd.
Suite 105
Malibu, CA 90265
✆ 310-456-9025
www.malibu.org

Adamson House
23200 Pacific Coast Hwy.
Malibu, CA 90265
✆ 310-456-8432
www.adamsonhouse.org
Fr/Sa 11–15 Uhr (letzte Tour startet um 14 Uhr), Eintritt $ 7/2
Die prächtige Villa oberhalb von Surfrider Beach wurde 1930 im spanischen Kolonialstil erbaut und wird wegen ihrer prächtigen Keramikfliesen auch »Taj Mahal of Tile« genannt.

Strände
Lieblingsstrand der Surfer ist **Surfrider Beach** (23050 Pacific Coast Hwy., gleich neben dem Malibu Pier), im Slang schlicht »The Bu« genannt. Die Wellen sind hier besonders im August und September gefragt.

Beliebt bei Familien ist **Zuma State Beach** (30000 Pacific Coast Hwy.). Die Bucht von **Paradise Cove** (28128 Pacific Coast Hwy.) bietet ebenfalls sehr schöne Badestrände, allerdings kostet das Parken auf dem Gelände des Privatstrands $ 44. Oder weniger, wenn man im ansässigen Café diniert (vgl. www.paradisecovemalibu.com).

Schließlich bietet **Leo Carillo State Beach** (35000 Pacific Coast Hwy.) über rund 1,5 Meilen einen abwechslungsreichen Strand.

Geoffrey's
27400 Pacific Coast Hwy.
Malibu, CA 90265
✆ 310-457-1519
www.geoffreysmalibu.com
Tägl. 16–21, Fr/Sa bis 22, Mo–Fr 11.30–15.30, Sa/So ab 10 Uhr
Das wohl romantischste Restaurant direkt am Strand mit einem 180-Grad-Blick über den Ozean. Erstklassige Küche. Traumhafte Terrasse. $$$

Zuma State Beach am Pacific Coast Highway in Malibu

5 HOLLYWOOD, DIE STUDIOS UND BEVERLY HILLS

Wer mehr Zeit in L. A. verbringt, sollte den zweiten Tag Hollywood widmen, eher ein *State of Mind* als ein magischer und glamouröser Platz, an dem man Marilyn Monroe (besser, ihr Double), Tom Cruise (vielleicht im Wax Museum) oder Angelina Jolie trifft. Der Mythos von Hollywood ist allgegenwärtig und Big Orange zieht immer noch Abertausende aufstrebende und ambitionierte Schauspieler, Models, Drehbuchautoren und Filmproduzenten an. Alle mit großen Erwartungen, einige wenige mit Chancen, sich im harten Filmgeschäft auch durchzusetzen.

Exotik am Bau: TCL Chinese Theatre am Hollywood Boulevard

Am besten fährt man nach Burbank und startet mit der **Warner Brothers Studios Tour**, die einen hinter die Kulissen und in die Tonstudios führt, in denen Kino- und Fernsehfilme produziert werden. Zwei bis drei Stunden muss man für den Besuch einplanen. Vor allem, wer mit Kindern reist, sollte unbedingt die **Universal Studios** ganz in der Nähe besuchen. Hier kann man den Nervenkitzel von Filmen hautnah erleben, wenn man den Transformers in 3-D begegnet, zusammen mit Homer und der Simpson Family unterwegs ist oder spektakuläre Attraktionen, wie King Kong 360 3-D, Fast & Furious und brandneu die Zauberwelt von Harry Potter besucht.

Im Anschluss bietet sich ein Spaziergang auf dem **Hollywood Boulevard** an. Am besten parkt man sein Auto unter dem **Dolby Theatre**, im Komplex Hollywood & Highland (6801 Hollywood Blvd., Zufahrten zum Parkhaus von Highland Ave. und Orange Dr.).

An der Straßenkreuzung von Hollywood Boulevard und Vine Street nahm der Ruhm der Traumfabrik seinen Anfang, als Cecil B. DeMille 1914 in einer Scheune den ersten Kinofilm – »The Squaw Man« drehte. Heute liegen hier der gute alte **Capitol Records Tower**, der einem Haufen gestapelter Vinyl-Schallplatten ähnelt, und einige andere Reminiszenzen des alten Hollywood: der unverwüstliche Künstlertreff **Musso & Frank**, das einst berühmte Premierentheater **Egyptian Theatre**, der mehr als zwei Meilen und 18 Blocks lange **Walk of Fame** mit seinen mehr als 2500 Messingsternen auf dem Bürgersteig, die Berühmtheiten der amerikanischen Unterhaltungsindustrie von Mickey Mouse über Godzilla bis zum Fernsehhund Lassie ehren.

Berühmt ist auch das **TCL Chinese Theatre**, in dessen Eingangsbereich sich zahlreiche Filmstars mit Hand- und Schuhabdrücken im feuchten Zement verewigt haben. Und das **HOLLYWOOD**-Zeichen oben auf dem Mount Lee darf natürlich nicht fehlen. 1923 als spektakuläre Werbung für das noble Immobilienprojekt von H-O-L-L-Y-W-O-O-D-L-A-N-D errichtet, wurde es mehrfach restauriert und bereits 1973 zum Kulturdenkmal erklärt. Heute sind die neun verbliebenen, rund 15 Meter hohen Buchstaben immer noch fester Teil der Traumfabrik Hollywood.

Der über 17 Quadratkilometer große **Griffith Park** gleich östlich der Freiluftbühne **Hollywood Bowl** grenzt schon an die Santa Monica Mountains. Neben mehreren Museen und dem Zoo der Stadt beherbergt er auch das Griffith Observatorium. Vielen Kinogängern ist der Ausblick von der Plattform am Hang des Mount

Hollywood auf L. A. aus dem Film »Denn sie wissen nicht, was sie tun« mit James Dean unvergesslich. Für viele könnte ein Klassik-, Opern- oder Jazzabend in dem riesigen Amphitheater für rund 18 000 Menschen unter freiem Himmel ein gelungener Abschluss sein. Oder man lässt den Tag ganz ohne große Kultur mit einem Abendessen an der Theke bei Musso & Frank ausklingen.

Weithin sichtbar: die einstige Werbung für ein nobles Immoblienprojekt

Beverly Hills schließt sich direkt an West Hollywood an. Es ist eine Gemeinde für sich, die mit der territorialen Umarmung durch L. A. nichts zu tun haben will: Ein Shangri-La der Superreichen mit rund 34 400 Einwohnern, 33 000 Bäumen und den meisten Gärtnern pro Kopf in den gesamten USA. Wie sagte Jean Cocteau? »Ein Mensch zu Fuß ist suspekt.« Und tatsächlich endete so mancher gutgläubige Tourist, der sich hier nur mal die Beine vertreten wollte, in polizeilichem Gewahrsam.

Die schicken Wohnhäuser ziehen sich in die Santa-Monica-Berge hinein, je höher, je teurer. Im Süden liegt das Mekka des Materialismus: Luxusboutiquen entlang dem Rodeo Drive, Dutzende von Schönheitschirurgen. Hier kauft man sich neue Schuhe und ein neues Gesicht. Gut aussehen ist ein hartes Geschäft in Beverly Hills, gepflegte Haut, volles Haar und feine Klamotten sind Pflicht.

Eingerahmt von L. A. hat man stets auf Eigenständigkeit Wert gelegt. Einst plante man sogar eine Mauer um die Stadt ziehen zu lassen. Anwohner sind auf die vielen Tourbusse sauer, mit denen Touristen durch die Enklave geschleust werden. Viele der Superreichen lassen sich kaum blicken und ziehen sich hinter die Security-Gitter ihrer Anwesen zurück.

Das weiße und schlicht-elegante **Paley Center for Media**, von Richard Meier durch den Umbau einer ehemaligen Bank geschaffen, beheimatet ein Archiv von über 160 000 Radio- und TV-Programmen und Werbesendungen *(commercials)*, die sich der Besucher anhören oder -sehen kann. Historisch bedeutsame Medienereignisse werden in kleinen Theaterräumen präsentiert.

Von Palmen gesäumt: Prachtstraße in Beverly Hills

SERVICE & TIPPS

Los Angeles Visitors Information Center (Hollywood & Highland)
6801 Hollywood Blvd.
Hollywood, CA 90028
✆ 323-467-6412
www.discoverlosangeles.com
Mo–Sa 9–22, So 10–19 Uhr

TCL Chinese Theatre
6925 Hollywood Blvd. (zwischen Highland & La Brea Aves.)
Hollywood, CA 90028
✆ 323-463-9576
www.tclchinesetheatres.com
Tägl. Führungen
Exotik am Bau betreibt der von Sid Grauman 1927 entworfene und inzwischen legendäre Kinopalast.

Hollywood Walk of Fame
Hollywood Blvd. im Abschnitt zwischen Gower St. & La Brea Ave. und Vine St. zwischen Sunset Blvd. & Yucca St.
Jedem der hier verewigten mehr als 2500 Stars ist ein eigener Stern im Bürgersteig gewidmet. Nick Nolte bekam ihn im November 2017.

Madame Tussauds
6933 Hollywood Blvd.
Los Angeles, CA 90028
✆ 323-798-1670
www.madametussauds.com/hollywood
Tägl. 10–20, Mo bis 19, Fr bis 16 Uhr, Tickets ab $ 30/23, online günstiger
Hier kann man den einen oder anderen Hollywood-Star (z. B. Johnny Depp und Jennifer Lopez) zumindest in Wachs bewundern.

Jedem sein Sternchen – auf dem Hollywood Walk of Fame

Universal Studios
100 Universal City Plaza
Universal City, CA 91608
✆ 1-800-864-8377
www.universalstudioshollywood.com
Wechselnde Öffnungszeiten, Parken $ 20/10 (nach 18 Uhr)
Eintritt beginnend ab $ 95, diverse Tickettypen
Themenpark und zugleich eines der größten und ältesten US-Filmstudios.

Warner Brothers Studios
3400 W. Riverside Dr.
Burbank, CA 91505
✆ 1-877-492-8687
www.wbstudiotour.com
Tägl. 8.30–15.30 Uhr, Parken $ 10
Verschiedene Tourangebote, z. B. zwei Stunden reguläre Studiotour $ 62/52
Ein Muss für diejenigen, die einmal einen Blick hinter die Kulissen aktueller Film- und Fernsehproduktionen werfen wollen.

The Paley Center for Media
465 N. Beverly Dr. & S. Santa Monica Blvd.
Beverly Hills, CA 90210
✆ 310-786-1000
www.paleycenter.org
Mi–So 12–17 Uhr
Eintritt $ 10/5 (unter 14 J.)
Archiv von über 160 000 Radio- und TV-Programmen und Werbesendungen.

Rodeo Collection
421 N. Rodeo Dr.
Beverly Hills, CA 90210
✆ 310-855-9595
Elegantes Einkaufszentrum mit luxuriösen Geschäften bekannter Designer, dazu Restaurant und gestalteter Innenhof.

Felix in Hollywood Tour Company
1500 Vine St.
Hollywood, CA 90028
✆ 323-363-4668
http://felixinhollywoodtours.com, Mo–Do 13.30, Fr–So 13 und 16 Uhr, Treffpunkt am Brunnen vor der Chase Bank, $ 40
Sehr informative und unterhaltsame zweistündige Walking Tour durch Hollywood mit dem charmanten und historisch kundigem L. A.-Local Felix.

Hollywood Forever Cemetery Tour
6000 Santa Monica Blvd.
Hollywood, CA 90038
✆ 818-517-5988
www.cemeterytour.com
Sa 10 Uhr, Termine telefonisch erfragen, $ 15
Bei der Tour über den Friedhof erfährt man Geschichten, Skandale und Geheimnisse über einige der hier begrabenen Hollywoodgrößen.

Musso & Frank Grill
6667 Hollywood Blvd. & Cherokee Ave.
Los Angeles, CA 90028
✆ 323-467-7788
www.mussoandfrank.com
Di–Sa 11–23, So 16–21 Uhr, Mo geschl.
Seit 1919 eine Institution in Hollywood, lange Treff von Autoren, Schauspielern und Musikgurus. Exzellentes vom Grill. $$–$$$

Salt's Cure
1155 N. Highland Ave.
Los Angeles, CA 90038
✆ 323-465-7258, saltscure.com
Tägl. 11–23, Sa/So auch 10–15 Uhr
Frische Salate, Fisch- und Fleischgerichte, aus fairem Handel und lecker zubereitet. Tolles Wochenendbrunch! $$

L'Oteria! Grill Hollywood
6627 Hollywood Blvd.
Los Angeles, CA 90028
✆ 323-465-2500
www.loteriagrill.com
Tägl. 11–22, Fr/Sa bis 24, Sa/So ab 10 Uhr
Mexikanische Gourmetküche. $–$$

Hollywood Bowl
2301 N. Highland Ave.
Los Angeles, CA 90068
✆ 323-850-2000
www.hollywoodbowl.com
Veranstaltungskalender, Tickets und Preise online. Abends kann man unter freiem Himmel die Musik, sein Picknick (das Mitbringen von Essen ist ausdrücklich erwünscht!) und die Sterne genießen.

The Roxy Theatre
9009 W. Sunset Blvd. (West Hollywood), Los Angeles, CA 90069
✆ (888) 929-7849 (Tickets)
www.theroxy.com
Seit der Eröffnungsnacht 1973 mit Neil Young nah am Geschehen – mit Musik- und Lightshows. Namhafte Gruppen: Rock, Pop, Jazz. Tickets und Programm online.

Troubadour
9081 Santa Monica Blvd. (West Hollywood)
Los Angeles, CA 90069
✆ 1-877-435-9849
www.troubadour.com
Musikclub mit großer Tradition. Joni Mitchell war hier, Elton John, Tom Waits und die Rock-

»Día de los Muertos« (Tag der Toten) auf dem Hollywood Forever Cemetery

Universal Studios: Vergnügungspark und Filmproduktion zugleich

band Guns N' Roses gaben sich die Klinke in die Hand.

♫ **Whisky A Go-Go**
8901 W. Sunset Blvd. (West Hollywood)
Los Angeles, CA 90069
✆ 310-652-4202
www.whiskyagogo.com
Beliebter Musikclub. Live-Rock und Tanz. Hier erlebten die »Doors« ihren Durchbruch.

❻ DOWNTOWN LOS ANGELES

Aus der Ferne zeichnet sich die Kontur von Downtown meist matt und dunstig ab, erst durch Annäherung gewinnt sie an Schärfe. Nach jahrzehntelangen Bemühungen, Downtown zum urbanen Zentrum des Siedlungsteppichs L. A. zu machen, sind erste Erfolge erkennbar, das Viertel zu beleben. Daran hatte auch die Disney Concert Hall einen Anteil, die ausdrücklich den Nebeneffekt haben sollte, Downtown aus dem kulturellen Dornröschenschlaf wach zu küssen. Die Zentrifugalkräfte dieser Stadtanlage bleiben stark, auch wenn inzwischen wieder mehrere Tausend Menschen

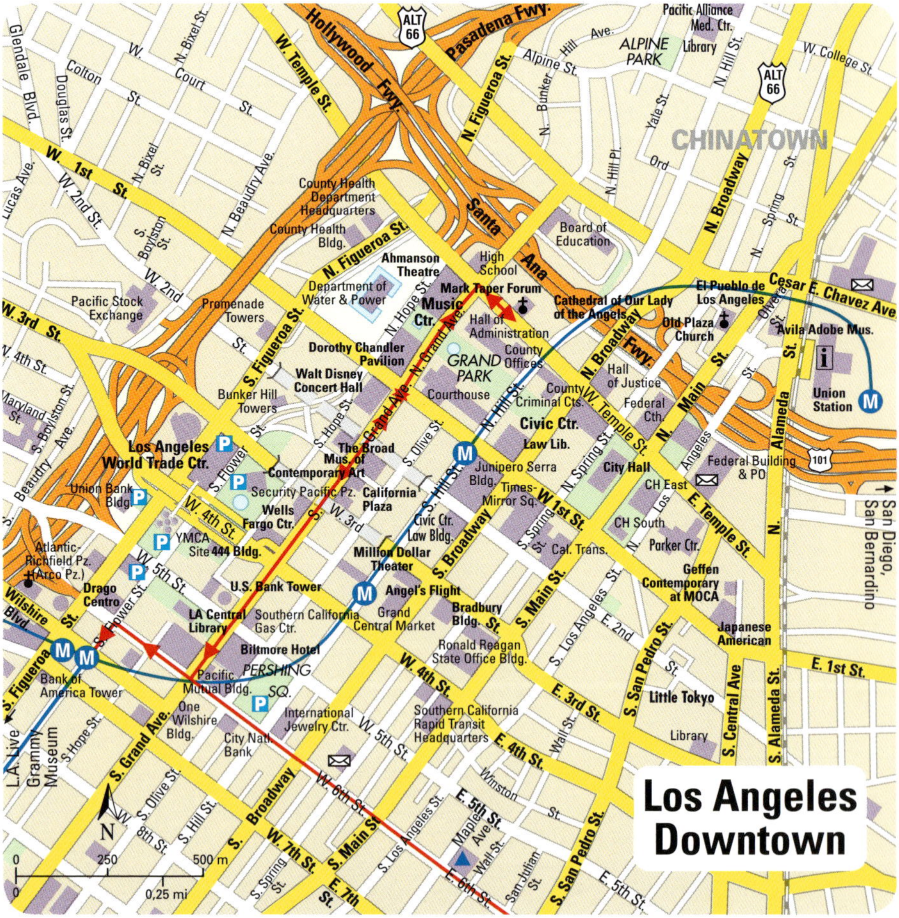

Walt Disney Concert Hall, Los Angeles (Architekt: Frank O. Gehry)

in Downtown leben, es kleine Parks, viele Restaurants und sogar Supermärkte gibt.

An der Kreuzung zur 1st Street liegt die **Walt Disney Concert Hall** auf dem Hügel von Bunker Hill, ein gewaltiger Konzertsaal aus rostfreiem Stahl, der an ein surrealistisches Segelschiff erinnert – ein architektonischer und akustischer Geniestreich des kalifornischen Stararchitekten Frank O. Gehry. In der eindrucksvollen und modernen katholischen **Cathedral of Our Lady of the Angels** an der Ecke von South Grand Avenue und West Temple Street herrscht ebenfalls Betrieb, vor allem dank der wachsenden Gemeinde spanisch sprechender Einwanderer. Mit dem in einem weißen Kubus mit wabenartigen Fronten 2015 eröffneten **Broad Museum** gleich neben der Disney Concert Hall wurde Los Angeles von den Philanthropen Eli and Edythe Broad ein neues Museum zur zeitgenössischen Kunst geschenkt, bestückt mit ihrer privaten Kunstsammlung von rund 2000 Objekten. Der Entwurf für das Gebäude stammt von dem New Yorker Architekturbüro Diller Scofidio + Renfro.

An der Ecke 3rd Street präsentiert das **Museum of Contemporary Art (MOCA)** von Arata Isozaki (1986) eine bedeutende Sammlung zeitgenössischer Kunst ab den 1940er Jahren. Der farbige, 23 Millionen Dollar teure Sandsteinbau mit mattweißen Oberlichtern über den unterirdischen Ausstellungsräumen ist komplett privat finanziert und verwaltet.

Zur Mittagzeit empfiehlt sich eine Pause im mediterranen **Drago Centro** in der S. Flower Street.

Nicht weit entfernt liegt **El Pueblo de Los Angeles Historical Monument** (Olvera St.), die Keimzelle der Stadt. Am 4. September 1781 brachten hier die mexikanischen Siedler Los Angeles auf die Landkarte. Im 1930 restaurierten Gründungsbezirk der Stadt kann man zwischen historischen Bauten, mexikanischen Restaurants und Kunstgewerbeshops entlangschlendern. Olvera Street ähnelt einem kulinarisch und kunstgewerblich aufgepeppten Straßenzug im Stil von Old Mexico, mit Folklore, aber auch Kitsch. Dabei gut gelaunt, unterhaltsam, schmackhaft und preiswert.

Schließlich, ebenfalls ganz in der Nähe: **Chinatown**. Die erste chinesische Siedlung musste Union Station

Mexikanische Gründungsfolklore in El Pueblo, der Keimzelle von L. A. entlang der Olvera Street

weichen und zog ein paar Blocks nach Norden. Heute dominieren allerdings Vietnamesen das Viertel, während die meisten Chinesen östlich nach Monterey Park, Alhambra und nach San Gabriel gezogen sind.

Für Architektur- und Geschichtsinteressierte lohnt sich ein Besuch von **Union Station**, dem letzten großen Bahnhof in den USA, der 1939 in Downtown eröffnet wurde. Ein eigenwilliger Stilmix aus spanischer Missionsarchitektur, spätem Art déco und maurischen Anklängen, mit üppiger Kassettendecke, Marmorboden und schönen Wandkacheln. Eine Art Museum des Eisenbahnzeitalters, denn trotz der AMTRAK-Züge und der darunter liegenden U-Bahn ist das Menschengewusel der frühen Jahre abgeflaut. Dafür ist im Untergrund der Metrostation mehr Betrieb.

Mit dem neu erbauten **L.A. Live**-Gebäudekomplex von Hotels, Supermärkten, Restaurants, Cafés, Museen, Kinos, einem Theater und Musikbühnen wurde der südliche Teil von Downtown deutlich aufgewertet. Hier zeigt auch das **Grammy Museum** mit diversen Exponaten, Musik- und Filmclips alles zur Geschichte der Popmusik in den USA.

Das **Expo Center** noch etwas weiter südlich lohnt ebenfalls einen Besuch. Neben dem großen Exposition Park mit seinem opulenten Rosengarten und dem Naturgeschichtlichen Museum lockt vor allem das **California ScienCenter**, das die verschiedenen Ökozonen der Erde nachbildet und Exponate zur Erforschung des Weltraums mit dem Spaceshuttle »Endeavour« zeigt, für einen nicht nachlassenden Besucherstrom.

Repräsentativer Wartesaal der Union Station

SERVICE & TIPPS

Los Angeles Visitors Information Center
900 Wilshire Blvd.
Downtown
Los Angeles, CA 90017
✆ 213-763-3466
www.discoverlosangeles.com
Tägl. 9–20 Uhr

StarLine CitySightseeing
✆ 323-463-3333 und
1-855-452-4676
www.citysightseeinglosangeles.com
24-Stunden-Ticket $ 55/35 (3–11 J.), 48 Stunden $ 70/45 (mit freiem Eintritt bei Madame Tussauds)
Bietet drei kommentierte, jeweils zweistündige Hop-On, Hop-Off-Touren im Open-Air-Doppeldeckerbus: Downtown Los Angeles, Beverly Hills & Santa Monica und Hollywood & Beverly Hills. Die Touren haben 50 Haltestellen, an denen man innerhalb der Ticketzeit tagsüber beliebig oft ein- und aussteigen kann.

The Broad
221 S. Grand Ave.
Los Angeles, CA 90012
✆ 213-232-6200
www.thebroad.org
Tägl. außer Mo 11–17, Do–Sa bis 20, So bis 18, Fr/Sa ab 10 Uhr
Der Eintritt ist frei, Online-Reservierung ist möglich und sinvoll
Das 2015 eröffnete Museum zeigt die Sammlung zeitgenössischer Kunst des Ehepaars Eli und Edythe Broad.

California ScienCenter
700 Exposition Park Dr.
Metro: Expo Line bis Expo Park
Los Angeles, CA 90037
✆ 213-724-3623
www.californiasciencecenter.org, tägl. 10–17 Uhr
Eintritt zur Dauerausstellung ist frei, IMAX und Sonderausstel-

lungen kosten
Umfassendes Wissenschaftsmuseum zur Weltraumforschung und anderen Gebieten.

Grammy Museum
800 W. Olympic Blvd. & Figueroa St.
Metro: Blue und Expo Line bis Pico Station; Red und Purple Line bis 7th St./Metro Center
Los Angeles, CA 90015
✆ 213-765-6800
www.grammymuseum.org
So–Do 10.30–18.30, Fr/Sa 10–18 Uhr, Di geschl., Eintritt $ 15/13 (6–17 J.) unter 6 J. frei
Interaktives Museum zur Geschichte der Popmusik und den Grammy-Gewinnern.

The Museum of Contemporary Art (MOCA Grand)
250 S. Grand Ave. (California Plaza)
Los Angeles, CA 90012
✆ 213-626-6222
www.moca.org
Mo, Mi und Fr 11–18, Do bis 20, Sa/So bis 17 Uhr, Di geschl. Eintritt $ 15/10, unter 12 J. frei
Sammlung zeitgenössischer Kunst ab 1940. **Lemonade at MOCA** gut für ein *lunch al fresco.*

Chinatown
943 N. Broadway (Old Chinatown Central Plaza)
Los Angeles, CA 90012
www.chinatownla.com
Wenn man die I-110 (Pasadena Fwy.) an der Ausfahrt Hill St. verlässt, kommt man zur ältesten Siedlung chinesischer Immigranten in den USA.

El Pueblo de Los Angeles Historical Monument Visitor Center
10 E. Olvera St.
Los Angeles, CA 90012
✆ 213-628-1274
www.lasangelitas.org
www.elpueblo.lacity.org
Führungen Di–Sa 10, 11, 12 Uhr

Sehenswert sind die **Old Plaza Church, Avila-Adobe**, das älteste Haus in L. A. (1818), **Pico House** (der ehemalige Gouverneurspalast von 1870, 430 N. Main St.), **Merced Theatre** (420 N. Main St.) und der Backsteinbau des **Old Plaza Firehouse** (1884).

Grand Central Market
317 S. Broadway & 3rd. St.
Los Angeles, CA 90013
✆ 213-624-2378
www.grandcentralmarket.com
Tägl. 8–22 Uhr
Der quirlige Lebensmittel- und Imbissmarkt, der die Angelenos schon seit 1917 versorgt, ist nach seiner Renovierung noch schöner geworden.

Union Station
800 N. Alameda St.
Los Angeles, CA 90012
✆ 1-800-872-7245
Bahnhof von 1939, der letztgebaute der Union Stations in den USA.

Blick auf den Turm der Historic Union Station in Downtown Los Angeles

Walt Disney Concert Hall
11 S. Grand Ave.
Los Angeles, CA 90012
✆ 323-850-2000, www.laphil.com
Die schimmernde Stil- und Stahlblüte dient den Heimspielen des Los Angeles Philharmonic Orchestra im Winter. Touren werden i. d. R. täglich angeboten. Sehenswert ist auch die Dachterrasse.

Perch
448 S. Hill St.
Los Angeles, CA 90013
✆ 213-802-1770
www.perchla.com
Mo–Fr 16–1, Do/Fr bis 2, Sa 10–2, So 10–1 Uhr, Restaurant tägl. 17–1, Lounge bis 2 Uhr
Das Restaurant in der 15. Etage bietet französisch-kalifornische Küche und Livemusik, auf der Dachterrasse darüber Bar und DJ. $$–$$$$

Drago Centro
525 S. Flower St.
Los Angeles, CA 90071
✆ 213-228-8998
www.dragocentro.com
Mo–Fr 11.30–22, Sa 17–22.30, So bis 22 Uhr
Italienische Küche im leichten California Style in luftiger Atmosphäre. Beliebter Lunch-Spot. $$–$$$

7 MID-WILSHIRE
MUSEEN UND SHOPPINGTOUR

Mid-Wilshire ist ein ethnisch und ökonomisch vielschichtiges Viertel entlang von Wilshire Boulevard zwischen Fairfax und La Brea Avenue – ein Mix aus teilweise gut erhaltener historischer Bausubstanz und Neubaukomplexen. Sehenswert ist Mid-Wilshire aber vor allem wegen seiner außergewöhnlichen Museen an der **Museum Row**, denn Los Angeles' Kunstszene hat natürlich noch vieles mehr zu bieten als das Getty Center.

Mid-Wilshire: vorn der MacArthur Park, rechts der Wilshire Boulevard und hinten die Skyscraper von Downtown Los Angeles

Beginnen sollte man am besten zu Fuß an der Kreuzung Wilshire und Fairfax mit dem **LA County Museum of Art (LACMA)**, einem umfassenden Kunstmuseum, in dem man leicht einen ganzen Tag verbringen kann. 1964 von William Pereira erbaut; seit 1986 sind verschiedene Gebäude hinzugekommen, zuletzt das Broad Contemporary Art Museum (2008) und der Lynda & Stewart Resnick Exhibition Pavilion (2010), beide von Renzo Piano entworfen. Das enzyklopädische Museum umfasst heute mehr als 150 000 Werke aus allen Teilen der Welt und reicht von der Antike bis zur Moderne. LACMA bietet vor allem herausragende Sammlungen lateinamerikanischer, islamischer und asiatischer Kunst.

Outdoor Mall The Grove

Nebenan liegt das **Page Museum** mit spektakulären Fossilien aus den benachbarten Teergruben der La Brea Tar Pits. Die asphaltreichen Sedimente des rund 40 000 Jahre alten Teerpools sind eine spektakuläre Fossilfundstelle. Das Museum zeigt präparierte Körper und Skelette der dort gefundenen Tierarten, z.B. Mammuts, Riesenfaultiere und Säbelzahnkatzen.

Auf der anderen Straßenseite wartet dann noch ein kleines Juwel des Kunsthandwerks, das volkskundliche **Craft & Folk Art Museum**. Für Liebhaber amerikanischer Autokultur ist schließlich das **Petersen Automotive Museum** ein Leckerbissen. Traumhafte Oldtimer, Rennwagen, sogar Disney-Pixar-Autos u. v. m. zeigt das 2015 wieder eröffnete Museum in beeindruckendem neuen Design. Auf den drei Etagen zu Geschichte, Industrie und Kunst wird anschaulich die Autokultur vermittelt, die L. A. mehr geprägt hat als jede andere Stadt der Welt.

Wer nach so viel Kunst noch genug Energie für einen Einkaufsbummel hat, kann im Anschluss ein paar Blocks weiter den im Jahre 1934 erbauten **Farmers Market** besuchen, der heute Dutzende von Minimärkten, Essständen, Restaurants und Cafés beherbergt. In der Nachbarschaft liegt **The Grove**, neben Santa Monica Place eine der wichtigsten Shoppingadressen in L. A., und präsentiert in eklektischer Architektur unter freiem Himmel Springbrunnen, Flagship-Stores, edle Boutiquen, Kinos und Restaurants.

SERVICE & TIPPS

Craft & Folk Art Museum (CAFAM)
5814 Wilshire Blvd.
Los Angeles, CA 90036
✆ 323-937-4230
www.cafam.org
Di–Fr 11–17, Sa/So bis 18 Uhr
Eintritt $ 9, unter 10 J. frei
Zeigt Kunsthandwerk aus aller Welt, z. B. japanische Papierkunst, Keramikarbeiten der Zulus oder palästinensische Stickereien. Wechselnde Ausstellungen.

La Brea Tar Pits & Page Museum
5801 Wilshire Blvd.
Los Angeles, CA 90036
✆ 213-763-3499
www.tarpits.org
Tägl. 9.30–17 Uhr
Eintritt $ 14/11/6 (3–12 Jahre)
Fossilien, vor allem von Tieren aus der letzten Eiszeit aus den La Brea Tar Pits gleich nebenan.

Petersen Automotive Museum: über 300 Auto-Klassiker hinter einer futuristischen Fassade

Los Angeles County Museum of Art (LACMA)
5905 Wilshire Blvd.
Los Angeles, CA 90036
✆ 323-857-6000
www.lacma.org
Mo/Di, Do 11–17, Fr 11–20, Sa/So 10–19 Uhr, Mi geschl.
Eintritt $ 25, unter 18 J. frei
Riesiges Kunstmuseum mit über 150 000 Werken aus allen Teilen der Welt und von der Antike bis zur Moderne.

Petersen Automotive Museum
6060 Wilshire Blvd.
Los Angeles, CA 90036
✆ 323-930-2277/323-964-6331
www.petersen.org
Museum tägl. 10–18 Uhr
Discovery Center Di–Fr 10–16, Sa/So bis 17 Uhr
Eintritt $ 16/11, bis 17 J. frei
Oldtimer, Rennwagen und alles rund ums Auto und dessen Kulturgeschichte.

Farmers Market
6333 W. Third St. & Fairfax Ave.
Los Angeles, CA 90036
✆ 323-933-9211
www.farmersmarketla.com
Mo–Fr 9–21, Sa 9–20, So 10–19 Uhr
2 Stunden Parken frei
Eine Institution seit 1934. Heute Tischlein-Deck-Dich mit Delikatessen aus aller Welt: Markt, Restaurants, Geschäfte.

The Grove
189 The Grove Dr.
Los Angeles, CA 90036
✆ 323-900-8080
www.thegrovela.com
Mo–Do 10–21, Fr/Sa 10–22, So 10–20 Uhr
Verzweigte Outdoor Mall gleich neben dem Farmers Market.

8 DISNEYLAND UND KNOTT'S BERRY FARM

Disneyland und der in Europa kaum bekannte Vergnügungspark Knott's Berry Farm liegen in Anaheim und Buena Park, knapp außerhalb der Stadtgrenzen von L. A. Der weltberühmte, 1955 eröffnete Themenpark **Disneyland** in Anaheim ist in acht »Lands« eingeteilt: Main Street U.S.A., Tomorrowland, Fantasyland, Mickey's Toontown, Frontierland, Critter Country, New Orleans Square und Adventureland. Märchenhafte Erlebnisse und Attraktionen, wie zu Dumbo, dem fliegenden Elefanten, Schneeweißchen, Peter Pan oder Pinocchio wechseln mit fantastischen 3-D-Abenteuern im Stil von Star Wars oder der Unterwassersuche nach Nemo.

Mit dem **Disney California Adventure Park** wurde der Park 2001 erweitert. Er stellt die Highlights des Golden State zu einer dreidimensionalen Postkartensammlung zusammen, durchmischt mit Achterbahnen, Monorail-Shuttle, Schlauchbootrutschen, Kinoprogrammen und zwei Dutzend Shows. Außerdem gehört **Downtown Disney** zum Fun-Angebot (zwischen Disneyland und Adventure California), ein Komplex aus Shops, Restaurants und Musikclubs.

Knott's Berry Farm, nur wenige Fahrminuten mit dem Auto entfernt, hat sich aus einem Verkaufsstand für Beeren und einer Hähnchenbraterei der 1930er Jahre zu einem 65 Hektar großen Vergnügungspark entwickelt. Die Themenbereiche Boardwalk, Camp Snoopy, Ghost Town, Wild Water Wilderness und Wilder Westen locken mit zahlreichen Attraktionen und haarsträubenden Achterbahnen. Gleich daneben kann man sich in Knott's Soak City in diversen Pools und auf fast zwei Dutzend spektakulären Rutschen in einem Wasserpark nass machen.

SERVICE & TIPPS

Disneyland
1313 S. Disneyland Dr.
Anaheim, CA 92802
✆ (714) 781-4636
https://disneyland.disney.go.com, wechselnde Öffnungszeiten, siehe Website
Parkgebühr $ 20, Tagesticket für einen Park $ 97/91 (3–9 J.), unter 3 J. frei

Knott's Berry Farm
8039 Beach Blvd.
Buena Park, CA 90620
✆ (714) 220-5200/714-995-111
www.knotts.com, wechselnde Öffnungszeiten, siehe Website
Parkgebühr $ 19, Tagesticket für alle Attraktionen $ 82/52 (3–11 J.), unter 3 J. frei
Wasserpark Knott's Soak City gleich nebenan, Sommerhalbjahr ab 10 Uhr, $ 44/27 (3–11 J.)

9 PASADENA

In der Stadt (142 000 Einw.) mit herausgeputztem Zentrum, nur 16 Meilen östlich vom Hollywood Boulevard, wurden Mitte des 19. Jahrhunderts noch Orangenbäume gepflanzt und Schafe gehütet. Erst als die Santa Fe Railroad 30 Jahre später von Chicago nach Los Angeles hier eine Station anlegte, nahm die Entwicklung der Stadt einen rasanten Lauf. Heute ist das **California Institute of Technology** mit seinem Jet Propulsion Laboratory in die Mars- und Weltraumforschung der NASA integriert, über 30 Nobelpreisträger sind aus der CalTech hervorgegangen.

Mit dem **Norton Simon Museum** und seiner exzellenten Kunstsammlung von der Renaissance bis ins 20. Jahrhundert, mit Werken von Branchini, Raphael, Rembrandt, Degas, Monet oder van Gogh hat Pasadena auch in der Kunstwelt einen Ruf. Gleiches gilt für die bezaubernde Anlage von **The Huntington Library, Art Collections and Botanical Gardens** im benachbarten **San Marino**. In deren Bibliothek sind u. a. eine Gutenberg-Bibel und Handschriften von Chaucers »Canterbury Tales« zu finden, Star der Bildersammlung aus dem 18. und 19. Jahrhundert ist Gainsboroughs »Blue Boy«. Ein besonderer Schatz sind die verschiedenen Themengärten, wie der Wüsten-, der Kinder-, der Japanische oder der Chinesische Garten der Düfte.

SERVICE & TIPPS

Norton Simon Museum
411 W. Colorado & Orange Blvds., Pasadena, CA 91105
✆ (626) 449-6840
www.nortonsimon.org
Mo und Mi/Do 12–17, Fr/Sa 11–20, So 11–17 Uhr
Eintritt $ 15, unter 18 J. frei
Kunstsammlung des Industriellen Norton Simon (1907–93).

The Huntington
1151 Oxford Rd.
San Marino, CA 91108
✆ (626) 405-2124
www.huntington.org
Im Sommer tägl. außer Di 10–17 Uhr
Eintritt Mo–Fr $ 25/13 (4–11 J.), Sa/So $ 29/13, unter 4 J. frei
Bibliothek, Kunstsammlung und botanischer Garten mit mehreren opulenten Themengärten auf dem Anwesen des Eisenbahnmagnaten Henry E. Huntington (1850–1927). Die Galerie öffnete bereits 1928 ihre Tore mit einer der größten Sammlungen britischer Malerei des 18. Jh. und wurde seitdem ständig erweitert.

Pasadena Capitol

Region 5
Southern
California

SOUTHERN CALIFORNIA

BEACH BOYS & CAR CULTURE

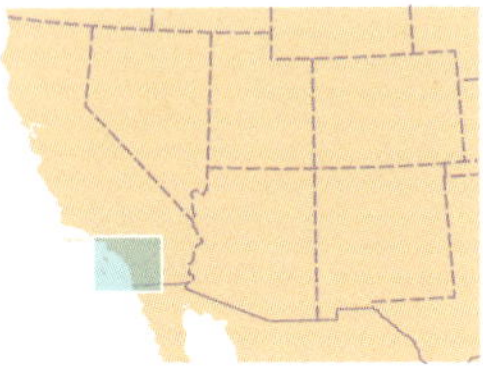

Wenn die Sonne scheint, dann sind im Süden alle auf den Beinen, die Surfer und Wasserratten, die Picknickgruppen und Volleyballer. Southern California: das Synonym für strandnahe Sport-, Körper- und Autokultur! In den frühen 1960er Jahren sah der Rest Amerikas diese Kultur zuerst im Fernsehen: die flotten Teenies in schick lackierten Vans und die Beach Boys. Heute hat sich die Szene perfektioniert. Die Autos sind teurer geworden, der Machokult der *beach bumps* ist größer und der Sound aggressiver.

Auch der Gerätepark hat an technischer Raffinesse zugelegt – fürs Sky Diving, bei Dünen-Buggies und für *hang glider*. Nur die Surfer sind sich ziemlich treu geblieben – und mit ihnen die sie scharenweise bewundernden Girls (oder umgekehrt), allesamt so ebenmäßig gebräunt, als hätte man ihnen Gold per Airbrush aufgetragen. Das gilt immer schon als spezifisch kalifornisch. Wie man seine Haut zu Markte trägt, davon versteht man hier was. Lieber ein *health nut* sein als ein *couch potato*.

Seit immerhin 1850 gibt es im nördlichen Kalifornien Bestrebungen, sich vom Süden abzuspalten. Der war schon immer wenig sympathisch – wegen dessen Politik, die die Interessen des Nordens missachtete, seines wirtschaftlichen Expansionsdrangs *(urban sprawl)* und seiner Gier nach Energiequellen. Überhaupt gilt der Norden als insgesamt umweltbewusster als der zersiedelte Süden. Wo

San Diego County – ein echtes Paradies für Surfer

genau die Grenze zwischen beiden Welten verläuft, darüber gibt es unterschiedliche Auffassungen. Viele sagen: bei Santa Barbara, aber alle sind sich einig: spätestens bei Los Angeles.

1 CARLSBAD/OCEANSIDE

Der Name klingt nach böhmischen Dörfern, und das nicht ohne Grund. Ende des 19. Jahrhunderts fand man, dass zwei lokale Mineralquellen denen im (damals) berühmten Karlsbad in Böhmen glichen und benannte die Siedlung Aqua Hedionda in Carlsbad um. An Alt-Karlsbad erinnert heute ein romantisches Pfefferkuchenhaus am Carlsbad Boulevard. Mildes Klima und breite Strände machen die Stadt von über 100 000 Einwohnern zu einem beliebten Urlaubsziel für Familien. Auch in Frühling und Herbst warten eigentlich immer Surfer in Neoprenanzügen im Wasser auf die perfekte Welle.

Die landschaftlich schönen Strand-Enklaven der **Torrey Pines State Reserve** südlich von Carlsbad sind besonders bei Familien gefragt. Oberhalb des Strandes kann man auf den Trails wandern (reiche Flora, tolle Ausblicke) und zu den verschiedenen Stränden hinunterklettern.

Im Norden wächst der Ort mit dem benachbarten **Oceanside** zusammen. Wegen der Nähe zum Marine Corps Camp Pendleton beziehen hier viele Soldaten mit ihren Familien Quartier am Strand. Das militärische Übungsgelände schirmt auch einen Teil des frei zugänglichen Strands ab. Ganz in der Nähe liegt die **Mission San Luis Rey de Francia** (www.sanluisrey.org). Der strahlend weiße Baukörper mit seinen luftigen Holzdecken ist einer der größten im ehemaligen Alta California, 1798 gegründet und nach dem französischen König Louis IX. benannt.

»Surfers Dog«

SÜDKALIFORNIEN

Mexiko liegt um die Ecke und an den Grenzzäunen von Tijuana, spätestens, wird die Variation des kalifornischen Themas »Mexican-Americans« akut. Hier am sogenannten Tortilla-Vorhang lebt die Dritte Welt Wand an Wand mit einem der reichsten Länder der Erde. Der Import von billigen Arbeitskräften hat hier wie überhaupt im Südwesten der USA Tradition. Statt kleiner Familienbetriebe gab es früher vor allem riesige Ranchos, die schon immer auf Hilfs- und Wanderarbeiter angewiesen waren. Zur Zeit der spanischen Missionsstationen arbeiteten die Indianer in dieser Rolle, dann, nach Vollendung des Eisenbahnbaus, die Chinesen und schließlich, nach der Mexikanischen Revolution (1910–15), die Mexikaner. Neben den *braceros*, die eine offizielle Arbeitserlaubnis hatten, waren es illegale Einwanderer, die sogenannten *wetbacks*. Die Letzteren hatten sich mit den geringsten Löhnen abzufinden und in überfüllten Barrios zu leben.

Die Lage ist heute zwar insgesamt entspannter, aber nicht grundlegend anders. Weiterhin kommen Mexikaner, oft mit Hilfe professioneller Schlepper, illegal über die Grenze. Kontrollen gibt es zwar, aber die territoriale Nachbarschaft ist auch symbiotischer Natur. Mexiko lindert auf diese Weise sein Arbeitslosenproblem und Kalifornien profitiert von ebenso billigen wie willigen Arbeitskräften. Wie sich die Zeiten verändert haben! Jene, die vor Ankunft der Gringos die Herren im Land waren, kehren als abhängige *farm hands* zurück. Aufs Ganze gesehen zählen die Landarbeiter zu den letzten gesellschaftlichen Gruppen, die sich in Kalifornien gewerkschaftlich organisiert haben. Erst in den 1960er Jahren gelang es dem 1993 verstorbenen Landarbeiterführer Cesar Chavez durch Streiks und politische Kampagnen, die United Farm Workers zu organisieren, was allerdings den Trend zu maschinellen Ernteverfahren weiter beschleunigte.

Seither verbesserte sich jedoch die Lage der mexikanischen Immigranten. Man erleichterte ihnen den Zugang zu besserer Ausbildung und höherer Bildung. Einen Teil dieser Erfolge verdanken sie ihrer militanten Organisation, den Chicanos, die mit ihrem kämpferischen Solidaritätsappell »Viva la Raza« ein neues Selbstbewusstsein der Mexiko-Amerikaner schufen. Trotzdem stehen ihre Rechte immer wieder auf der Kippe, versuchen Politiker mit radikalen Parolen wie alle illegalen Grenzgänger zu deportieren, Stimmen zu gewinnen.

Die Grenze zu Mexiko südlich von San Diego hat etwas Beklemmendes

SERVICE & TIPPS

Legoland California

1 LEGOLAND Dr. (Exit Cannon Rd. ab I-5)
Carlsbad, CA 92008
✆ (760) 918-5346
www.legoland.com/california
Di/Mi geschl., wechselnde Öffnungszeiten, siehe Website
Parken $ 15 (Camper $ 20)
Eintritt ab $ 93/87, online günstiger
Vergnügungspark für die ganze Familie: berühmte amerikanische Bauten im Miniformat und Szenen aus der Star-Wars-Saga aus Legosteinen, dazu Kirmesattraktionen.

Torrey Pines State Reserve

12600 N. Torrey Pines Rd.
Carlsbad, CA 92037
✆ (858) 755-2063
www.torreypine.org
www.parks.ca.gov
Tägl. 7.15 Uhr bis Sonnenuntergang, Visitor Center und Museum im Sommer 9–18, im Winter 9–16 Uhr, Eintritt $ 10–12 pro Auto, Fr–So $ 12–15
Am Wochenende geführte Wanderungen um 10 und 14 Uhr. Beste Besuchszeit April/Anfang Mai.

Batiquitos Lagoon Ecological Reserve

7380 Gabbiano Lane
Carlsbad, CA 92011
✆ (760) 931-0800
www.batiquitosfoundation.org
Nature Center Mo–Fr 9–12.30, Sa/So bis 15 Uhr
Stille Wasserlandschaft mit blauer Lagune und sandigem Boden, seltener Flora und reicher Fauna, darunter Falken, Enten, Wattvögel, Eulen, Schmetterlinge, Kormorane und Pelikane. Jogging- und Wanderweg.

Mission San Luis Rey de Francia

4050 Mission Ave., ein paar Minuten östl. von Oceanside
✆ (760) 757-3651
www.sanluisrey.org
Mo–Fr 9.30–17, Sa/So 10–17 Uhr
Eintritt Museum $ 7/3 (6–18 J.)

Pfefferkuchenstil: Alt-Karlsbad in Carlsbad

Norte

3003 Carlsbad Blvd.
Carlsbad, CA 92107
✆ (760) 729-0903
www.nortemexicanrestaurant.menutoeat.com
Tägl. 11–21 Uhr
Mexikanische Gerichte – drinnen und draußen. Cocktail-Lounge. Lunch und Dinner. $

333 Pacific

333 N. Pacific St.
Oceanside, CA 92054
✆ (760) 433-3333
www.cohnrestaurants.com/333pacific
Fr–So 11.30–15 und tägl. ab 17 Uhr
Rustikales Ambiente mit freigelegten Entlüftungsrohren und rohverputzten Wänden, auf dem Teller jedoch Fleischgerichte und Meeresfrüchte, bestens zubereitet, toller Blick auf die Pier. $$–$$$

San Diegos Oceanside Pier ist fast 600 Meter lang

Lecker und legendär: der Apfelkuchen von Julian

Immer noch erzählen die Julianer gern, dass seinerzeit nur ein paar Stimmen gefehlt hätten, um Julian zur Provinzhauptstadt zu machen – und eben nicht San Diego. Man munkelt, die aus dem Flachland hätten damals die Bergbewohner hinterhältig mit billigem Fusel vollgekippt, um sie vom Urnengang abzuhalten.

❷ JULIAN

Die guten Stuben liegen an der Main Street, wo es so ziemlich alles gibt, was nach einem Wüstentrip gefragt ist. Hier steht auch das berühmte Julian Hotel, ein einsamer Zeuge der glanzvollen Gold-Rush-Tage des Städtchens. Erst verhältnismäßig spät (1870) wurde man hier fündig und die Kunde davon verwandelte den Ort über Nacht in eine Stadt aus Zelten und Bretterbuden.

Nach dem Ende des Booms besann man sich auf die Apfelzucht und seither lebt Julian gut vom Obst, weil es auch den Fremdenverkehr beflügelt. Besonders zur Erntezeit im Herbst kreist alles um den Apfel, den *cider*, den Kuchen und vor allem den schon sprichwörtlich gewordenen *Julian apple pie*, einen köstlichen heißen Strudel wie aus Großmutters Zeiten. Ob duftender Strudel, goldene Vergangenheit oder beides – an den Wochenenden bekommt das 1500-Einwohner-Örtchen so viel Besuch, dass man von ländlicher Idylle schon nicht mehr sprechen kann.

SERVICE & TIPPS

Julian Cafe & Bakery
2112 Main St.
Julian, CA 92036
✆ (760) 765-2712
www.juliancafe.com
Mo–Do 8–19.30, Fr 8–20.30, Sa 7–21, So bis 20.30 Uhr
Seit 1872 Herzhaftes und süßes Gebäck einschließlich *Julian apple pie.* Frühstück, Lunch und Dinner. $

Miner's Diner
2134 Main & Washington Sts.
Julian, CA 92036
✆ (760) 765-3753
www.minersdinerjulian.com
So–Mo 8–17, Di–Do ab 10, Fr/Sa 8–18 Uhr
Freundlicher Diner im Gebäude von 1886 mit *soda fountain*: Frühstück, Burger und Sandwiches sind deftig, gut und preiswert. $

The Warm Hearth
2125 Main St.
Julian, CA 92036
✆ (760) 765-1022, www.warmhearthgifts.com, Tägl. 10–17 Uhr
Großer, rustikaler Giftshop mit schönen Geschenkideen, Küchenzubehör, eingemachten Marmeladen u. v. m.

❸ LAGUNA BEACH

Laguna Beach hält so viel auf sich, dass hier (für Kalifornien) ausnahmsweise einige der schönsten Strände privat sind. Man tut also gut daran, die Hinweisschilder für öffentliche Zugänge zum Strand genau zu beachten. Im Ort passieren Galerien und das pinkfarbene **Kunstmuseum** Revue – Laguna Beach präsentiert sich gern als Künstlerkolonie. Vernissagen, Ausstellungen und Festivals halten diesen Kunstmarktplatz und seine rund 23 300 Einwohner wirtschaftlich auf Trab. Bei den betuchten Zweithausbesitzern aus Los Angeles und Orange County steht der Ort hoch im Kurs.

Der lukrative Trend des Strandstädtchens wurde durch das **Pageant of the Masters-Spektakel** ausgelöst, eine Kunstshow, bei der Schauspieler Sujets berühmter Tafelbilder aus der Geschichte der Malerei nachstellen, Stillleben mit Figuren und Requisiten.

SERVICE & TIPPS

Laguna Beach Visitors & Convention Bureau
381 Forest Ave.
Laguna Beach, CA 92651
✆ (949) 497-9229 und
1-800-877-1115
www.visitlagunabeach.com

Las Brisas
361 Cliff Dr.
Laguna Beach, CA 92651
✆ (949) 497-5434
www.lasbrisaslagunabeach.com
Tägl. 8–21, Do–Sa bis 22 Uhr
Anspruchsvolle mexikanische Küche mit toller Lage über dem Meer. $$–$$$

The Greeter's Corner
329 S. Coast Hwy.
Laguna Beach, CA 92651
✆ (949) 494-0361
www.thegreeterscorner.com
Tägl. 8–20 Uhr
Guter Platz zur Stärkung – auf der Terrasse, gegenüber dem Strand. $$

Slapfish
211 Broadway
Laguna Beach, CA 92651
✆ (949) 715-0460
www.slapfishrestaurant.com
Tägl. 11–21 Uhr
Leckeres aus dem Meer, appetitlich angerichtet als Fisch & Chips, Burger oder Sandwiches. $–$$

Ausflugsziele:

Crystal Cove State Beach
8471 Pacific Coast Hwy., zwischen Corona del Mar und Laguna Beach
✆ (949) 494-3539
www.crystalcovestatepark.org
Tägl. 6 Uhr bis Sonnenuntergang, Eintritt pro Auto $ 15 pro Tag
Schöner Strand mit Wanderwegen. Am besten parkt man am Reef Point.

Salt Creek Beach Park
33333 S. Pacific Coast Hwy. (ab Hwy. 1 südl. von Laguna Beach)
Dana Point, CA 92629
✆ (949) 923-2280, www.ocparks.com, tägl. 5–24 Uhr, Parken $ 1 pro Stunde
Eingang: Ecke Pacific Coast Hwy. & Ritz Carlton Dr. und die Stufen zum Strand hinunter, der sich bis Dana Point an einem Steilufer hinzieht.

Große und kleine Kunst in Laguna Beach

Panoramablick vom Las Brisas auf den Strand von Laguna Beach

San Diego
La Jolla Shores
University City
Village of La Jolla
San Diego Museum of Contemporary Art
Soledad Mountain
Nautilus Ave.
Ardath Rd.
Soledad Frwy.
San Clemente Canyon
Marion Bear Memorial Park
U.S. Naval Air Station Miramar
La Jolla
The Muirlands
North Clairemont
Clairemont Mesa Blvd.
Bay Ho
Clairemont Dr.
Genesee Ave.
Claremont
Tecolote Canyon Natural Park
Balboa Ave.
Jacob Dekema Frwy.
Cabrillo Frwy.
Montgomery Field
La Jolla Blvd.
Bird Rock
Kate O Sessions Memorial Park
Soledad Mountain Rd.
San Diego Frwy.
Claremont Mesa East
False Point
Pacific Beach
Mission Blvd.
Garnet Ave.
Grand Ave.
Ingraham St.
Morena Blvd.
San Diego Mesa College
Chesterton
Linda Vista Rd.
Serra Mesa
Mission Basilica San Diego de Alcala
Crown Point
Sail Bay
Fiesta Bay
Mission Bay
Fiest Island
Bay Park
Mission Beach
Morena
University of San Diego
San Diego Stadium
Mission Bay Park
W. Mission Bay Dr.
Mission Valley
Belmont Park
SeaWorld
Friars Rd.
Mission Valley Frwy.
University Heights
Normal Heights
San Diego River
Old Town Transit Center
Ocean Beach
Ocean Beach Frwy.
San Diego Sports Arena
Old Town
Washington St.
University Ave.
Sunset Cliffs Blvd.
Nimitz Blvd.
Loma Portal
Hillcrest
North Park
Chatsworth Blvd.
Pacific Hwy.
San Diego International Airport
Five Points
San Diego Zoo
Balboa Park
Fleetridge
Liberty Station
N. Harbor Dr.
Rosecrans Blvd.
Laurel St.
Aerospace Museum
The San Diego Museum of Art
Luscombs Point
Sunset Cliffs
Sunset Cliffs Park
Hill St.
Downtown San Diego (Santa Fe Depot)
6th
1st
Roseville
Azure Vista
Pacific Rim Park
Maritime Museum
Horton Plaza
Downtown
La Playa
San Diego Bay
Gaslamp Quarter
Catalina
Seaport Village
The New Children's Museum
Market St.
Point Loma
Embarcadero
National Heights
Coronado Island
U.S. Naval Air Station North Island
Orange Ave.
Harbor Dr.
Chicano Park
National Ave.
Fort Rosecrains Military Reservation
Cabrillo Memorial Dr.
Ballast Point
Coronado
San Diego-Coronado Bay Bridge
Zuniga Point
Del Coronado
Old Point Loma Lighthouse
Cabrillo National Monument
Coronado Beach
National City
Pacific Ocean
U. S. Naval Amphibious Base
Silver Strand
Silver Strand State Beach
N
0 1 2 3 km
5
8
15
52
94
163
209
274
282
75
805

❹ SAN DIEGO

Verwöhnt von Sonne und sanften Brisen, gut situiert zwischen Küste und Wüste, dem Meer und Mexiko hat San Diego, die Geburtsstadt Kaliforniens und heute dessen zweitgrößte, in den letzten Jahren Punkte gesammelt. Rund 34 Millionen Besucher wollen sich davon jährlich ein eigenes Bild machen: Nach Industrie, vor allem Telekommunikation und Biotechnologie, sowie Militär besetzt der Tourismus Rang drei auf der Wirtschaftsskala.

Großstädtische Probleme scheinen hier besser im Griff als in anderen kalifornischen Metropolen: Smogbelastung, Kriminalität, Stadt- und Regionalplanung. »San Diego wird immer schöner«, schwärmen nicht nur Lokalpatrioten, sondern längst auch Gäste, die früher die Stadt für den Alterssitz wohlhabender Rentner und Marineoffiziere a. D. hielten und deshalb lieber links liegen ließen. Vorbei. Eine leichte Lebensart durchweht die Hafenstadt, die mit ihren fast 1,4 Millionen Einwohnern (San Diego County rund 3,3 Mio.) mit urbanen Qualitäten ebenso aufwartet wie mit viel Auslauf und Entspannung.

Balboa Park in San Diego: grüne Bühne und Freizeitspaß mit Museen, Gartenanlagen und einem Weltklasse-Zoo

Besonders in Downtown, lange ein Sorgenkind, hat San Diego Hausputz gehalten. Bei ihrem Herzstück, der **Horton Plaza**, haben italienische Renaissance, Art déco und die nautische Formensprache gemeinsam Pate gestanden. 2016 eröffnete der **Horton Plaza Park**, ein großer, mit Bäumen bestandener Platz mit restauriertem Springbrunnen und einem Amphitheater für 200 Live-Veranstaltungen im Jahr. Umgeben ist die muntere Mall von dem gefällig sanierten **Gaslamp Quarter**, einst *red light district*, dem in erster Linie Seeleute beim Landgang zugetan waren. Heute schmücken gemütliche Cafés, schicke Restaurants, Musikclubs und Läden hinter viktorianischen Fassaden den zentralen Straßenblock. Extratupfer bringt der Frühling mit den Jacarandas, den lilablühenden Trompetenbäumen.

Von der stadterneuerten Konsumszene zur grünen Bühne für den Freizeitspaß: zum **Balboa Park**. Vor allem an Sonntagen ziehen

San Diego Bay bei Nacht, vorn der San Diego Yacht Club

die San Diegans in Scharen in diesen weitläufigen Volksgarten, um es sich gut gehen zu lassen – mit Kind und Kegel, Fahrrad und Grillwürstchen. Mitten in der Großstadt und gleich nördlich vom Zentrum vereint der Balboa Park Museen, Theater, Gewächshäuser und einen Weltklasse-**Zoo**, dessen Orang-Utan- und Panda-Gehege berühmt sind. Die meisten Dekorbauten im Balboa Park sind Überbleibsel der Panama-California-Weltausstellung (1915/16) oder stammen noch aus den 1930er Jahren von der California Pacific Exposition.

SeaWorld, das Wassergesamtkunstwerk, hat mit der Entscheidung, die Shows mit dressierten Orca-Walen auslaufen zu lassen, eine neue Richtung eingeschlagen, die mehr den Erhalt geschützter Tiere und weniger ihre Gelehrigkeit in den Mittelpunkt stellt. Der Besuch lohnt dennoch oder gerade deshalb.

Eher beschaulich verläuft in der Regel ein Spaziergang am **Embarcadero**. Unbehelligt vom Straßenlärm kann man hier endlos am Wasser der San Diego Bay entlanglaufen (oder -radeln), vorbei am **Maritime Museum** mit seinen alten Pötten zum **Seaport Village**, dem Ensemble hübscher Holzbauten verschiedener Stilepochen, teils an Land und teils auf Stelzen im Wasser, mit Restaurants, Läden und Bänken für den Genuss des Sonnenuntergangs.

Natürlich lockt San Diego mit höchst vielseitigen Küstenpartien: steilen und steinigen, (z.B. Sunset Cliffs) flachen und sandigen (z.B. Mission, Pacific und Coronado Beach) oder mit Buchten. Für letztere ist der Ortsteil **La Jolla**, auch Standort der Universität von Kalifornien in San Diego, ein gutes Beispiel. Hier ist erst mal die große, palmenumstellte Picknickwiese bei den meerumspülten Felsbuchten attraktiv, von denen der Ort auch seinen Namen hat: »La Jolla«, spanisch für Höhle, Grube, Flussbett. Hier vorne räkeln sich die Robben in der Sonne, während die Möwen die Picknickreste durchforsten. In den naturgeschützten Unterwasser-Canyons vor den handtuchgroßen Sandstränden sind Taucher und Schnorchler

Seelöwen und Seehunde am The Children's Pool in La Jolla

Legendär und Star in so manchem Hollywood-Streifen: Hotel Del Coronado

Seeanemonen und Einsiedlerkrebsen auf der Spur. In der Brandung tummeln sich die *boogie boarders* (Surfer auf halbhohen Schaumstoffbrettern) und *body surfer.* Weil die Sandsteinbrocken und Strömungen keinen idealen Kinderspielplatz ausmachen, hat man einen Children's Beach geschaffen. Populärer Familientreff und Sportschau – das macht den Reiz des Küstenstücks aus. La Jolla selbst bietet eine Shopping- und Restaurantauswahl vom Feinsten. Nicht zuletzt wegen seiner Ozeannähe zählt das **Museum of Contemporary Art** zu den baulichen Schmuckstücken – mit einer sehenswerten Sammlung in La Jolla und Downtown.

Entschließt man sich zum Besuch der **Coronado-Halbinsel**, wird man früher oder später auf das **Hotel Del Coronado** stoßen. Dieses Flaggschiff der kalifornischen Hotelbranche verdankt seine Entstehung (1880) dem Wunsch eines Eisenbahnmagnaten, der sich ein Lustschloss im europäischen Stil in die Neue Welt holen wollte. Inzwischen ist es selbst ein Star, mit prominenten Besuchern, zu denen allein 16 US-Präsidenten und diverse Filmstars gehörten. Eine Filmrolle hat das Hotel selbst oft genug gespielt, der Galaauftritt im Zelluloid-Klassiker »Manche mögen's heiß« (1959) mit Marilyn Monroe, Jack Lemmon und Tony Curtis blieb sicher unerreicht.

In scharfem Kontrast dazu steht das Milieu des **Chicano Park**, eines Wohnviertels der Mexiko-Amerikaner, gleich bei der ersten möglichen Abfahrt Richtung San Diego. Unter den Auffahrtsrampen der Brücke wächst ein ungewöhnlicher Wald aus Riesenbildern, Wandmalereien auf deren mächtigen Betonstelzen. Sie erzählen von glorreicher Geschichte, den gegenwärtigen Problemen im Barrio und den Zukunftsvisionen der Minderheit von inzwischen knapp 30 Prozent hispanischer Bevölkerung in San Diego.

Drehpause bei »Manche mögen's heiß«: Jack Lemmon und Marilyn Monroe

Ausflugsziel:

Nachmittags kann man sich auch zu einem Abstecher nach Mexiko entschließen und **Tijuana** besuchen. Verglichen mit den Border Towns in Arizona und Texas gilt Tijuana weithin als sicher. Dennoch sollte man auf jeden Fall auf das eigene Auto verzichten und am besten den Trolleybus bis zur Grenze nehmen und dann zu Fuß nach Mexiko gehen. Auf dem Rückweg muss man wegen der umfangreichen Sicherheitschecks mindestens eine Stunde an der Grenze einplanen (siehe auch Sicherheitshinweise im Service von A bis Z).

Tijuana, Mexiko: Folklore für die Gringos

Gerade am Nachmittag entfaltet die Fast-Zweimillionenstadt peu à peu ihr Doppelgesicht: zuerst ihr farbig-grelles Geschäftsleben und dann, bei Einbruch der Dämmerung und der Dunkelheit, ihr Nachtleben der Cantinas und Neons, Mariachi-Musik und Mädchen.

Der Grenzübertritt hat Sofortwirkung. Gerüche, Abgase und Straßenlärm, aber auch reihenweise Zahnärzte (weil sie erheblich billiger sind als die US-Kollegen) machen schlagartig klar, dass dies hier Mexiko ist. Kein Land auf Rädern, sondern eines zu Fuß. Mit gelegentlichen Problemen, versteht sich, denn man muss schon ab und zu ein Auge auf die Bordsteine und Straßen werfen, sind sie doch voller Tücken, haben Löcher und Brüche – ein Krater- und Absturzterrain für hohe Absätze und schwache Knöchel.

Das Leben im Zentrum der Stadt, die Auslagen und Angebote zeigen unmissverständlich, wie weitgehend Tijuana vom großen Nachbarn lebt, von dessen Touristen, die sich ab und an mal einen Katzensprung in diese Klischeewelt der *burros* und *sombreros* leisten. Das geht nicht ohne Obolus an die zahllosen Bettler: Gitarre spielende Kinder, Frauen mit Säuglingen, Greise – alle enttarnen den Besucher sofort als Geldquelle für die Kurtaxe der Dritten Welt.

SERVICE & TIPPS

i Old Town San Diego Visitor Center
2415 San Diego Ave., Suite 104
San Diego, CA 92110
✆ (619) 291-4903
www.oldtownsandiego.org
Tägl. 11–18 Uhr

i Balboa Park Visitor Center
1549 El Prado
San Diego, CA, 92101
✆ (619) 239-0512
www.balboapark.org
Tägl. 9.30–16.30 Uhr
Weitläufiger Volksgarten.

Museum of Contemporary Art San Diego (La Jolla)
700 Prospect St.
La Jolla, CA 92037
MTS Bus Line 30
✆ (858) 454-3541
www.mcasd.org
Tägl. außer Mi 11–17, 3. Do im Monat 11–19 Uhr
Eintritt $ 10, unter 25 J. und jeden 3. Do im Monat 17–19 Uhr Eintritt frei, wer mit dem Bus oder Fahrrad anreist, zahlt nur die Hälfte
Ehemalige, von Robert Venturi beeindruckend um- und ausgestaltete Villa am Meer

mit kleiner, aber sehenswerter Sammlung: Fenster zur Kunst und zum Pazifik. Nettes **Museumscafé** (✆ 858-456-6427, Lunch) und gut sortierte Kunstbuchhandlung.

New Children's Museum
200 West Island Ave
San Diego, CA 92101
✆ (619) 233-8792
www.thinkplaycreate.org
Tägl. außer Di 9.30–16, So ab 12 Uhr
Eintritt $ 14, frei unter 1 J.
Etwas Besonderes ist dieses Kindermuseum schon, mit spielerischen Experimenten zu Naturwissenschaften und Kunst, dazu Sondersausstellungen, wie »Kunst aus Müll«. Aus recycelten Materialien sind auch viele der Einrichtungsgegenstände hergestellt.

Gleich auf der anderen Straßenseite lädt ein Park zum Spielen ein.

San Diego Maritime Museum
1492 N. Harbor Dr.
San Diego, CA 92101
✆ (619) 234-9153
www.sdmaritime.com
Tägl. 9–20, im Sommer bis 21 Uhr, Eintritt $ 18/8 (3–12 J.)
Museumsschiffe, u. a. die »Star of India« (1863), die »Berkeley« (1898), »The Medea« (1904).

San Diego Museum of Art
1450 El Prado, Balboa Park
San Diego, CA 92101
✆ (619) 232-7931
www.sdmart.org
Tägl. außer Mi 10–17, Fr bis 20, So 12–17 Uhr, Eintritt $ 15/8, unter 17 J. frei, Fr abends $ 5
Renaissance-, Barock- und europäische Malerei des 19. Jh.

Old Town San Diego State Historic Park
40002 Wallace, Juan, Twiggs & Congress Sts.
San Diego, CA 92110
✆ (619) 220-5422
www.parks.ca.gov
Visitor Center und Museen Mai–Sept. tägl. 10–17, sonst Mo–Do nur bis 16 Uhr
Historischer Stadtkern mit restaurierten Resten der ersten europäischen Siedlung in Kali-

San Diego Museum of Art, das größte Kunstmuseum der Region im Balboa Park

Kunstgenuss und Kulinarisches in Old Town San Diego

fornien. Kunstgewerbe, Souvenirs, mexikanische Restaurants.

Mission Basilica San Diego de Alcalà
10818 San Diego Mission Rd.
San Diego, CA 92108-2429
✆ (619) 283-7319
www.missionsandiego.com
Tägl. 9–16.45 Uhr
Eintritt $ 3/1
Sehenswerte Missionskirche von 1769, die erste der 21 in Kalifornien gebauten spanischen Glaubensstationen. Ursprünglich von Junípero Serra auf dem Presidio Hill errichtet, fünf Jahre später an diese Stelle transloziert, von Indianern 1775 niedergebrannt und 1781 (mit Hilfe der Indianer!) wieder aufgebaut.
Anfahrt: I-8 nach Osten bis Ausfahrt Mission Gorge Rd. und Schildern folgen.

Balboa Park
1549 El Prado
San Diego, CA 92101
✆ (619) 239-0512
www.balboapark.org
Kulturelles Zentrum von San Diego und zugleich erholsamer Stadtpark. Insgesamt 17 Museen (u.a. San Diego Museum of Art, Timken Museum und San Diego Natural History Museum). Man kann hier leicht einen ganzen Tag verbringen. Verschiedene Lunchplätze für jeden Geschmack, u.a. **Restaurant The Prado at Balboa Park** (✆ 619-557-9441, www.cohnrestaurants.com/theprado, Mo–Fr 11.30–15, Sa/So 11–15, Dinner Di–So ab 17 Uhr).

San Diego Zoo
2920 Zoo Dr., Balboa Park
San Diego, CA 92101
✆ (619) 231-1515
http://zoo.sandiegozoo.org
Tägl. 9–17 Uhr, im Sommer länger, siehe Website
Eintritt $ 56/46 (3–11 J.)
Einer der besten Zoos der USA, manche sagen sogar: der beste der Welt.

SeaWorld San Diego
500 SeaWorld Dr. (Mission Bay)
San Diego, CA 92109
✆ (619) 226-3901 und 1-800-257-4268
www.seaworldparks.com
Wechselnde Öffnungszeiten, s. Website, Eintritt $ 79 (ab 3 J.), online günstiger
Abenteuerpark mit maritimen Unterhaltungsprogrammen für die ganze Familie. Zu den Highlights zählen u.a.: Orcas, Seeotter, Delfine, Haie, Seelöwen, Eisbären und Pinguine; One Ocean, ein akrobatischer Zirkus mit Menschen und Meerestie-

ren sowie viele andere Shows und Water Rides. – Mehr als 4 Mio. Besucher pro Jahr.

Crab Catcher
1298 Prospect St.
La Jolla, CA 92037
✆ (858) 454-9587
www.crabcatcher.com
Tägl. 11–15 Lunch, Sa ab 11, So ab 10, Dinner ab 17.30 Uhr
Luftiges, verwinkeltes Holzlabyrinth mit *mediterranean view* aufs Meer bei gutem kalifornischen Seafood und gut gefülltem Weinkeller. $$–$$$

Georges at the Cove, Ocean Terrace
1250 Prospect St.
La Jolla, CA 92037
✆ (858) 454 4244
www.georgesatthecove.com
Tägl. 11–22 Uhr
Immer noch eine der besten Restaurant-Adressen von San Diego mit tollen Ausblicken von der Terrasse auf die La Jolla Cove. $$–$$$

Searsucker
611 5th Ave.
San Diego, CA 92101
✆ (619) 233-7327
www.searsucker.com
Tägl. 17.30–22, Fr/Sa bis 23, Mo–Fr 11–15, Sa/So 10–15 Uhr
Im Gaslamp Quarter, neuamerikanische Küche. Auch raffinierte Kleinigkeiten. Lunch $$, Dinner $$$

Bencotto
750 W. Fir St.
San Diego, CA 92101
✆ (619) 450-4786
www.lovebencotto.com
Di–So 11–22, Mo 17–22 Uhr
Authentische italienische Küche in Little Italy, vor allem frisch zubereitete Pasta. $$

Casa Guadalajara
4105 Taylor St. (Old Town)
San Diego, CA 92110
✆ (619) 295-5111
www.casaguadalajara.com
Mo–Fr, So ab 11, Sa ab 10 Uhr bis abends
Mexikanische Küche in Old Town, gute Stimmung unter Sonnenschirmen, große Portionen. $$

World Famous
711 Pacific Beach Dr. (Pacific Beach), San Diego, CA 92109
✆ (858) 272-3100
www.worldfamouspb.com
Tägl. 7–23 Uhr
Rustikales Lokal für Fisch oder Steaks und Bar gleich am Wasser (Boardwalk). $$

Miguel's Cocina
1351 Orange Avenue
Coronado, CA 92118

Herzstück von Downtown San Diego: die Horton Plaza Mall grenzt an das Gaslamp Quarter

San Diego: entspannter Lebensstil am Pazifik

✆ (619) 437-4237
Mexikanische Küche zu vernünftigen Preisen mit freundlicher, flinken Bedienung.

Karl Strauss Brewery & Grill
1157 Columbia St. (bei B St., Downtown)
San Diego, CA 92101
✆ (619) 234-2739
www.karlstrauss.com
Tägl. 11–22, Fr/Sa bis 23 Uhr
Lunchtipp. $–$$

Turmeric Thai Kitchen
6435 Caminito Blythefield
La Jolla, CA 92037
✆ (858) 886-7985
Di–Fr 11–14 und 16–21, Sa 12–21, So 16–21 Uhr, Mo geschl.
Freundliches Lokal mit sehr guten Thai-Gerichten zu günstigen Preisen. Netter Außenbereich. $

Seaport Village
849 W. Harbor Dr. & Kettner Blvd.
San Diego, CA 92101
✆ (619) 530-0704
www.seaportvillage.com
Tägl. 10–22, im Winter bis 21 Uhr
Beschaulicher Restaurant- und Shoppingkomplex am Wasser – nach dem Motto: *landscaped dining and shopping.*

Westfield Shoppingtown, Horton Plaza Mall
324 Horton Plaza, zwischen Broadway, G St., 1st & 4th Aves. (Gaslamp Quarter)
San Diego, CA 92101
✆ (619) 296-6375
www.westfield.com/horton plaza, Mo–Sa 10–21, So 11–18 Uhr, im Sommer länger
Munteres Konsum-Labyrinth: Restaurants, Kinos, Shops. Mit einem Kassenzettel kann man drei Stunden frei parken.

5 SAN JUAN CAPISTRANO

Der Ort mit knapp 36 200 Einwohnern südlich von Laguna Beach liegt zwischen Santa-Ana-Gebirge und der pazifischen Küste. Den Los Rios Historic District mit seinen Adobe-Gebäuden und der restaurierten ehemaligen Station der Santa Fe Railroad (heute Amtrak Station) kann man auf einem Spaziergang erkunden.

In der **Missionskirche** errichtete 1776 Junípero Serra, der unermüdliche Kirchengründer und »Apostel« Kaliforniens, das erste Kreuz. Beim großen Erdbeben von 1812 stürzte der Bau ein und blieb seither eine dekorative Ruine, die nur sehr langsam – je nach Spendeneingang – restauriert wird. Die Kapelle ist das älteste noch existierende Gebäude in Kalifornien, das nach wie vor entsprechend seiner Bestimmung in Gebrauch ist. Schön restauriert sind aber die Unterkünfte, Workshops und die Küche der Franziskanermönche und Soldaten.

Die Kapelle des Padre Serra dahinter ist auffallend schmal, weil keine längeren Holzbalken für die Deckenkonstruktion zur Verfügung standen. Berühmt ist San Juan Capistrano wegen der Schwalben, die hier zwischen März und Oktober Quartier beziehen, um im Winter nach Argentinien zurück zu reisen.

Der hintere Klostergarten, beim Brunnen der vier Evangelisten, lädt zum besinnlichen Verweilen. Am Ausgang steht *vaya con dios* (Geh mit Gott).

SERVICE & TIPPS

San Juan Capistrano Chamber of Commerce
31421 La Matanza St.
San Juan Capistrano, CA 92675
✆ (949) 493-4700
www.sanjuanchamber.com

Mission San Juan Capistrano
26801 Ortega Hwy. & Camino Capistrano (2 Blocks westl. der Kreuzung SR 74 & I-5)
San Juan Capistrano, CA 92675
✆ (949) 234-1300
www.missionsjc.com
Tägl. 9–17 Uhr
Eintritt $ 10/7 (4–11 J.)
1776 von Junípero Serra gegründet. Eine der rund zehn angebotenen Führungen widmet sich der restaurierten Serra-Kapelle.

El Adobe de Capistrano
31891 Camino Capistrano (Nähe Mission)
San Juan Capistrano, CA 92675
✆ (949) 493-1163
www.eladobedecapistrano.com
Tägl. 11–21, So ab 10, Fr/Sa bis 22 Uhr
Angenehmes mexikanisches Restaurant, drinnen und bei schönem Wetter auch draußen. Cocktail-Lounge.
$$–$$$

Ciao Pasta Trattoria
31661 Camino Capistrano
San Juan Capistrano, CA 92675
✆ (949) 496-5002
www.ciaopasta.net
Tägl. 11–21.30, Fr–So bis 22 Uhr
Nette Trattoria gegenüber der Mission, mit großem Speisesaal und idyllischem Innenhof.
$–$$

Zwischen 1769 und 1823 errichtete Spanien eine Kette von Missionsstationen im heutigen Kalifornien, darunter auch die Mission San Juan Capistrano

DAS CENTRAL VALLEY

GOLD UND VITAMINE

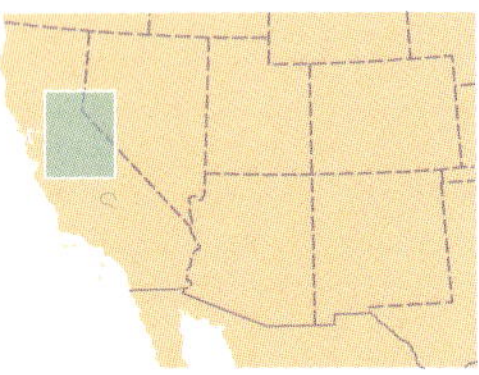

Der erste Goldfund von 1848 beim American River im heutigen Coloma löste den California Gold Rush aus, den Ansturm der raubeinigen Forty-Niners, der die Bevölkerung Nordkaliforniens explodieren ließ. Als der Schreiner James Marshall fündig wurde, lebten ganze 14 000 Amerikaner im Land; nur vier Jahre später waren es 250 000. Der Treck ins goldene Schlaraffenland – nach El Dorado – hatte auch weltweite Motive: Hungersnöte in Irland, Aufstände in China oder die gescheiterte deutsche 1848er Revolution.

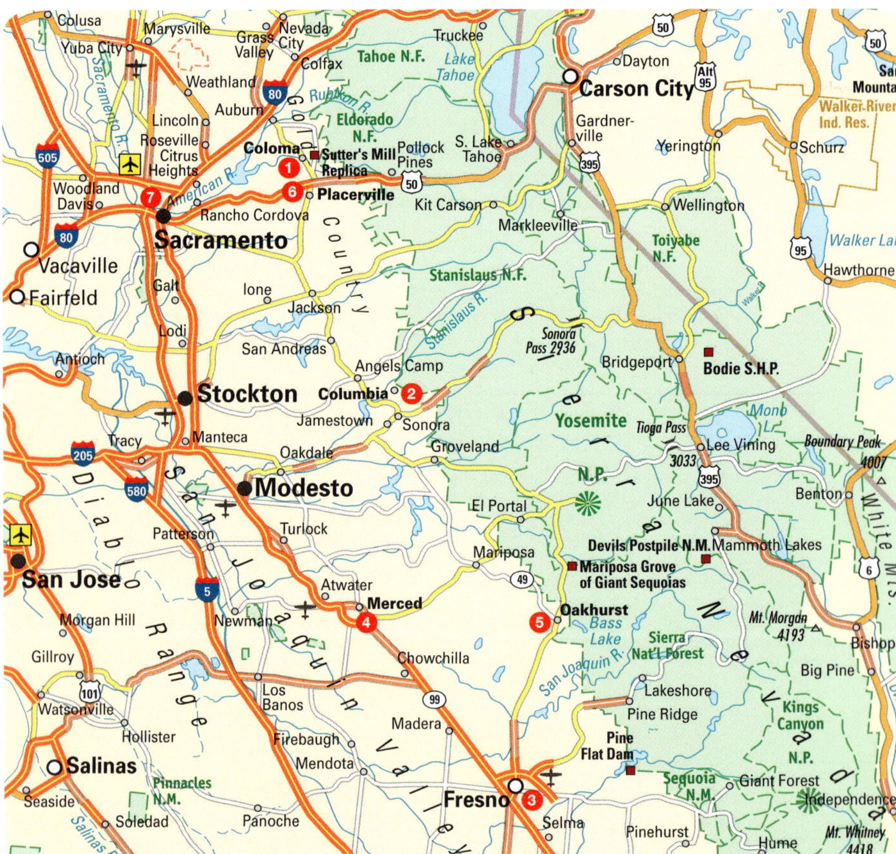

Die Yankees waren also nicht allein. Die Digger krempelten den Boden um, bohrten, hackten und beschossen schließlich die Gesteinshänge mit Wasserkanonen. Reihenweise entstanden Camps, einige mit kuriosen Namen wie Fiddletown, Humbug Hill oder Hangtown. Reichtümer und Pleiten zogen rasch vorbei, die poetische Verklärung der wilden Jahre blieb. So ließ sich Samuel Clemens, alias Mark Twain, zu seiner Story vom »Berühmten Springfrosch von Calaveras County« inspirieren.

Werbung für Orangen aus Kalifornien

Das Tal zwischen Sacramento und Bakersfield, den Sierras und dem Küstengebirge bildet das landwirtschaftliche Herzland Kaliforniens, das Zentrum des *agribusiness* – einen reichhaltigen Gemüse- und Obstkorb, der große Teile der USA mit Vitaminen versorgt. Der Talboden, brettgerade und ohne Gefälle, ist für die künstliche Bewässerung wie geschaffen. Befeuchtet vom Sacramento im Norden und dem San Joaquin River im Süden lassen rund 640 Kilometer Landwirtschaft im Verbund von Kapital, Hightech und billigen Arbeitskräften alles gedeihen, was die Märkte zu schätzen wissen: Baumwolle, Broccoli, Trauben und Tomaten, Milch und Mandeln, Geflügel und Alfalfa, Pfirsiche, Melonen, Nüsse und Apfelsinen. Es waren diese Obst- und Gemüseplantagen, auf denen die »Okies« und »Arkies« (durch Steinbecks Roman »Früchte des Zorns« verewigt) Anfang der 1930er Jahre ihr Glück suchten – und nicht fanden. Sie waren aus der Dustbowl Oklahoma und Arkansas in den angeblich so Goldenen Westen gekommen.

Die älteste Siedlung im Central Valley heißt Visalia, die größte Fresno, beides sind Markt- und Umschlagplätze für Obst und Gemüse. So weit das Auge reicht dehnen sich perfekt gepflegte Felder, Haine und Gärten. Und natürlich Traubenfarmen für Rosinen. Nahezu alle Rosinen der USA stammen aus dieser Region. Schon 1873 setzte man hier auf das Geschäft mit den Runzelfrüchten. Über allem Vitaminreichtum lastet meist bis in den späten Nachmittag hinein die diesig-grelle Hitze, die alle Oberflächen zum Flimmern bringt. Auch viele der Puter, die zu Thanksgiving röstfrisch aus dem Grill kommen, stammen aus der Gegend um Fresno. Frühling heißt Blütezeit: Dann wird eine Fahrt durch die Obstgärten zu einem farbenfrohen Vergnügen.

Pappkameraden: Street Art zum Thema »Mexikanische Landarbeiter«

❶ COLOMA

Bei der Sägemühle am American River nahm alles seinen Anfang. Im Wassergraben, der zum Mühlrad führte, fand der Schreiner James Marshall im Januar 1848 zwei winzige Bröckchen, die er seinem Chef John Sutter zeigte. Beide identifizierten den Fund als Gold und verabredeten, die Sache geheim zu halten. Das klappte aber nicht. Schon im Sommer desselben Jahres buddelten bereits 2000 Goldsucher im Fluss nach Edelmetall. Sutters Traum von einer heilen Neuen Welt zerbröselte, Marshall verfiel dem Alkohol. Beide starben pleite.

Blacksmith Shop in einer ehemaligen Schmiede in Coloma

Schnell schwoll die Zahl der Einwohner auf 10 000, doch nach wenigen Jahren zogen die Glücksritter weiter. Heute hat Coloma gut 500 Einwohner. Eine Statue von John Marshall auf seiner Grabstätte im heutigen **State Park** zeigt in die Richtung, wo in knapp einem Kilometer Entfernung die Geschichte von Kalifornien eine jähe Wendung nahm. Im Sommer mutiert der State Park zum Living Museum, mit »Bewohnern« in zeitgenössischen Kostümen, die Straßen und Läden bevölkern und Auskunft über die Goldrauschzeiten geben.

Im Frühling und Herbst schläft der Ort friedlich vor sich hin und die wilden Geschichten Kaliforniens wehen nur noch zart durch die Akazien. Dann fällt es schwer, sich den Ort als raubeinige Zeltstadt vorzustellen – mit *rowdies, bartenders* und *Fandango ladies*.

SERVICE & TIPPS

Marshall Gold Discovery State Historic Park
310 Back St. (Nähe Hwy. 49, gegenüber von Sutters Mühle)
Coloma, CA 95613
✆ (530) 622-3470
www.parks.ca.gov
Tägl. Juni–Aug. 8–20, März/April und Sept./Okt. bis 18, Nov.–Feb. bis 17 Uhr, Museum tägl. März–Okt. 10–17, Nov.–Feb. 9–16 Uhr, Eintritt pro Fahrzeug $ 8
Historische Ausstellungen und aktuelle Infos.

Sutter's Mill
Hwy. 49, Coloma, CA 95613
Nachbau (1968) der alten Sägemühle (1848) am Ufer des American River nach Skizzen von James Marshall und alten Fotos.

Goldwaschen für Anfänger und mit Erfolgsgarantie in Coloma

Architektur der Goldgräberzeit: Feuerwehrschuppen in Columbia

2 COLUMBIA

Mit Columbia ist ein ganzes Städtchen (2300 Einw.) zum State Park geworden. Zwischen alten Holz- und Backsteinbauten des Themenparks zwischen Main Street und Broadway wuseln Damen im *granny look*, Fiddler, Kutscher, Banjospieler, Schmiede und zünftige Cowboys, die Crashkurse im Goldwaschen geben – buntes Show Biz mit Darstellern in historischen Kostümen.

Rund 30 Gebäude sind erhalten bzw. restauriert, die Schule und die Bank, der Friseur, Saloons und das Holzhaus vom Wells Fargo Express, das Fallon und das City Hotel, das noch immer Gäste beherbergt.

SERVICE & TIPPS

Columbia State Historic Park
11255 Jackson St.
Columbia, CA 95310
✆ (209) 588-9128, www.parks.ca.gov, Park 24 Std. geöffnet, Museen und Läden tägl. 10–16 Uhr
Museumsdorf und Freilichtbühne der Goldgräberzeit. Theateraufführungen, Ausritte und Postkutschenfahrten, Goldwaschen und Goldminentour.

The William Cavalier Museum
Main & State Sts.
Columbia, CA 95310
Memorabilien aus den goldenen Tagen.

Christophers at the City Hotel
22768 Main St.
Columbia, CA 95310
✆ (209) 532-5964
www.cityhotelrestaurant.com
Mi–So 11–14 und 17–20 Uhr
Historisches Haus (1856) mit respektablem Restaurant und urigem What Cheer Saloon. $$

Kate's Tea House
22727 Columbia St.
Columbia, CA 95310
✆ (209) 532-1885
www.columbiakates.com
Tägl. 11–16, Bäckerei 7–15 Uhr
Nette kleine Teestube, in der frisch aufgegossener Tee serviert wird. Dazu gibt es Gebäck, Sandwiches, Suppen, Quiche und sogar Scones mit *jam* und *clotted cream*. $–$$

Saint Charles Saloon
Main & Jackson Sts.
Columbia, CA 95310
✆ (209) 288-2258
Zünftiger Saloon.

Typisch für die Gegend: Wells Fargo Express Building in Columbia

Fresno: Das Drehkreuz des Agrobusiness beschäftigt eine Vielzahl mexikanischer Landarbeiter wie hier bei der Trockenobstherstellung

❸ FRESNO

Eine der wichtigsten Branchen Kaliforniens, die Obst- und Gemüseproduktion (Truthähne nicht zu vergessen!), hat in Fresno ihren zentralen Marktplatz. 1872 zur Wasserversorgung der Eisenbahn gegründet ist die Stadt mit 520 000 Einwohnern heute das Drehkreuz des Agribusiness und Verladestation des Tals. Schon die ersten Eindrücke in der Geburtsstadt des Schriftstellers William Saroyan (1908–81) zeigen den hohen Anteil an mexikanischen Landarbeitern, mit Cantinas und spanischen Werbetexten.

Es hat den Anschein, als ob sich in der im Wesentlichen flach gebauten Stadt Filialen nahezu aller Shop- und Restaurantketten ein Stelldichein geben. Auch Downtown kann dem nur wenig entgegensetzen. Außer einem imposanten Wasserturm, ein paar Gründerzeitvillen, wie dem Kearny Mansion oder dem Meux Home Museum, bietet lediglich der **Tower District** mit dem aufwendig erneuerten Tower Theatre Abwechslung durch Restaurants, Bars, Buchhandlungen und Theater.

Sehr viel ungewöhnlicher sind da schon die **Forestiere Underground Gardens**, eigentlich ein weit verzweigtes Haus unter der Erde, das der sizilianische Einwanderer Baldasare Forestiere zwischen 1906 und 1946 erbuddelte – ein unterirdisches System von Patios, Grotten, Kapellen und Obstgärten. Die Anlage ist in Familienbesitz und kann besichtigt werden.

Eine Kaffeekanne als Wasserturm bei Fresno

SERVICE & TIPPS

ℹ Fresno Convention & Visitors Bureau
1180 E. Shaw Ave., Suite 201
Fresno, CA 93710
✆ (559) 981-5500 und 1-800-788-0836, www.playfresno.org
Mo–Fr 8–17 Uhr

👁 Forestiere Underground Gardens
5021 W. Shaw Ave.
Fresno, CA 93722
✆ (559) 271-0734
www.undergroundgardens.com
Besichtigung nur mit Führung, Sommer Mi–So 10–16 Uhr stündl., sonst weniger, Eintritt

$ 17/8 (5–17 J.), unter 5 J. frei
Ein idealer Ausflug, um der glühenden Hitze zu entkommen.

Tower Theatre
815 E. Olive Ave.
Fresno, CA 93728
✆ (559) 485-9050
www.towertheatrefresno.com
Theaterkasse Mo–Fr 10–17 Uhr
Ästhetischer Genuss: Das ehemalige Art-déco-Kino von 1939 dient heute als Bühne für Konzerte, Theateraufführungen u.a.

Yosemite Ranch
1520 E. Champlain Dr.
Fresno, CA 93728
✆ (559) 434-4403
Tägl. 16–21, Mi/Do bis 21.30, Fr/Sa bis 22 Uhr
Beliebter Platz für Steaks und Seafood. $$–$$$

Zen Wok Fusion
609 E. Olive Ave.
Fresno, CA 93728
✆ (559) 442-1277
www.zenwokfresno.com
Mi–Sa 17–21, Di ab 17.30 Uhr, So/Mo geschl.
Gutes Asia-Lokal im Tower District. Sehr lecker: Thai-Currys, Pho-Suppe und die Honig-Walnuss-Krabben. $–$$

4 MERCED

Merced (82 500 Einw.) lebt von der Landwirtschaft und vom Stolz auf sein prächtiges **Gerichtsgebäude** von 1875, das imposante, 1931 in spanischem Stil erbaute **Merced Theatre** und sein jährliches **Farmer's Market Festival**, das den ganzen Sommer über einmal in der Woche abends die im Umkreis verstreuten Seelen zusammenbringt. In der Umgebung der Stadt werden Pfirsiche, Mandeln, Tomaten und Alfalfa angebaut. Von hier sind es zwei Stunden Autofahrt sowohl zum Yosemite National Park im Osten oder zum Pazifik bei Monterey im Westen.

SERVICE & TIPPS

California Welcome Center
710 W. 16th St.
Merced, CA 95340
✆ (209) 724-8104 und 1-800-446-5353
www.visitmerced.travel
Mo–Sa 8.30–17, So 10–16 Uhr
Hier gibt es auch Tickets für den Shuttlebus YARTS (http://yarts.com) zum Yosemite Valley. Die Busse starten zu wechselnden Zeiten am Merced Airport und halten bei der Uni und am Merced College. Aktuelle Zeiten und Haltepunkte siehe Webseite.

The Branding Iron
640 W. 16th St. (Nähe SR 99)
Merced, CA 95340
✆ (209) 722-1822
www.thebrandingiron-merced.com, tägl. ab 17, Mo–Fr auch 11.30–14 Uhr
Beliebt: amerikanische Küche im Westerndekor. Auch zum draußen Sitzen. Cocktail-Lounge. Lunch $–$$, Dinner $$$

Das Merced Theatre stammt von 1931

❺ OAKHURST UND HIGHWAY 49

Oakhurst (knapp 3000 Einw.) markiert, je nach Blickrichtung, Start oder Ziel des 49er Highway. Eine kleine Gedenktafel am Supermarkt erinnert an Goldgräbermythen entlang der kalifornischen **State Road 49**. Die nach den Gold Diggern von 1849, den 49ers benannte Straße verbindet viele der in den Goldrauschjahren zu kurzlebigem Ruhm gekommenen Orten und Camps. Durchreisende werden gepäppelt, liebevoll restaurierte Hotels und Saloons halten die Erinnerungen an die alten Tage wach. Wer würde nicht gern ins Messingbett schlüpfen wollen, in dem einst Lola Montez schlummerte?

Nicht nur gepflegte Nostalgie, auch Sportliches liegt im Trend. Ausrüster ermuntern mit Schaufeln und Pfannen zu zünftigen Schürftouren. Oft arbeitet man mit geschwärzten Stahlpfannen, damit man die begehrten Metallkrümelchen besser sehen kann. In der Regel bleibt es bei zwecklosem Planschen, doch manchmal spült die Suche ein paar Unzen in die Reisekasse.

Mehr als 500 Kilometer windet sich die ehemalige Hauptstraße der Argonauten durch die Ausläufer der Sierras. Seit einigen Jahren regt sich neues Leben in den hübschen Städtchen. So mancher Aussteiger lässt sich inkognito als Barkeeper nieder und genießt seine neue Rolle als *local hero.* Zufriedenes Hinterweltlertum scheint im Gold Country angesagt. Im nahen Bass Lake können sich Schwimmer erfrischen, auch Angler und Bootsfreunde kommen hier auf ihre Kosten.

SERVICE & TIPPS

Erna's Elderberry House
(Chateau du Sureau)
48688 Victoria Lane
Oakhurst, CA 93644
✆ (559) 683-6800
www.chateausureau.com
Gourmetrestaurant mit California Cuisine. Frisches aus dem Küchengarten. Tolle Desserts.

Reservierung empfohlen.
Lunch $$, Dinner $$$

Idyllisches Gold Rush Country: Highway 49 führt über den Lake McClure in der Nähe von Coulterville

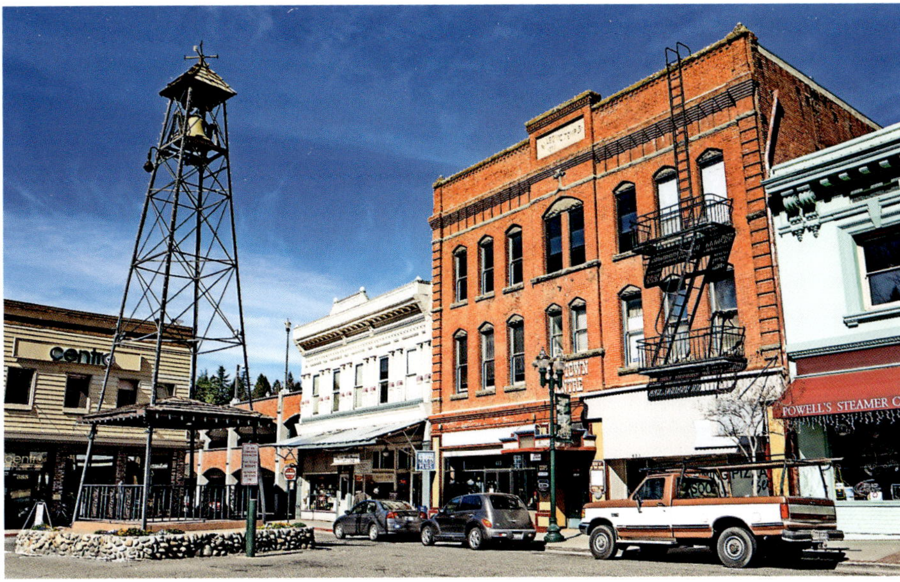

Der Belltower im Zentrum von Placerville rief früher die Helfer der freiwilligen Feuerwehr zum Einsatz

6 PLACERVILLE

Über dem Saloon Hangman's Tree an der Hauptstraße baumelte lange eine Puppe am Galgen – eine Warnung, für jene Leute, die bei den Claims nicht zwischen Mein und Dein zu unterscheiden wussten. Der Hang zur Selbstjustiz brachte dem Ort (knapp 10 600 Einw.) dann auch den Spitznamen »Hangtown« ein. Mit der Stadt wuchs aber die Seriosität, aus Hangtown wurde Placerville, kein Grund zur Sorge also. Leider hat auch die legendäre Bar nicht überlebt. Dafür steht noch der **Bell Tower** der freiwilligen Feuerwehr seit 1865 an der Main Street. Er holte früher bei Feueralarm die Helfer zum Löschen zusammen.

Im **Fountain & Tallman Museum** in der Main Street wurde einst Mineralwasser für die Minenarbeiter abgefüllt. Heute zeigt es die Bergbaugeschichte des Ortes.

SERVICE & TIPPS

El Dorado County Visitors Authority
542 Main St.
Placerville, CA 95667
✆ (530) 621-5885
www.visit-eldorado.com
Mo–Fr 9–17 Uhr

Cascada
384 Main St.
Placerville, CA 95667
✆ (530) 344-7757
www.cascadainplacerville.com
Tägl. Lunch und Dinner
Mitten im historischen Ortskern wird anspruchsvolle mexikanische Küche geboten. $$

Cozmic Café
594 Main St.
Placerville, CA 95667
✆ (530) 642-8481
www.ourcoz.com
Hangout für die Locals, vegetarische und andere Gerichte zum Frühstück, Lunch und Dinner. Fr/Sa Live-Entertainment. Ein alter Minenschacht erinnert an die Zeit des California Gold Rush. $

7 SACRAMENTO

In Old Sacramento, dem historischen und gründlich sanierten Viertel der kalifornischen Hauptstadt (467 000 Einw.), sorgen Kopfsteinpflaster und Gehsteige aus Holzplanken für Western-Atmosphäre. Im exzellenten **Eisenbahnmuseum** haben 21 restaurierte Lokomotiven und Eisenbahnmemorabilien, die an die Eroberung des Westens durch das »stählerne Ross« erinnern, Platz gefunden. Mit Spenden der Eisenbahnbarone konnte auch das **Crocker Art Museum** südlich der Capitol Mall gegründet werden, das älteste Kunstmuseum westlich des Mississippi.

Wer sein Nostalgiebedürfnis an den hübschen Holzveranden, facettenreichen Häuserfronten, den ungezählten Souvenirs oder am Denkmal des Pony-Express-Reiters noch nicht gestillt hat, der kann mit dem Dampfer den Sacramento River entlangfahren und sogar von der Seefahrt träumen. Der Fluss allein konnte Sacramento allerdings nie zu einer Hafenstadt machen, das schaffte erst 1963 der neun Meter tiefe und 70 Kilometer lange Seekanal, der die Stadt mit der San Francisco Bay verbindet.

Die **Capitol Mall**, Sacramentos repräsentative Avenue, hat durch ihre axiale Ausrichtung auf den kühlen Klassizismus des Kapitols eine gewisse Klasse, der auch die umliegende Architektur nicht nachsteht. Gepflegte viktorianische Wohnkultur, umsäumt von Parks und Palmen, verbreiten Hauptstadt-Look.

Wie Sacramento einmal anfing, zeigt **Sutter's Fort**, die Heimstatt des Gründervaters einer eidgenössischen Version der Neuen Welt. Man kann in John Sutters Hauptquartier New Helvetia einen Vorläufer des heutigen Supermarkts sehen, denn er diente eine Zeit lang zur Ausstattung und Versorgung der Goldsucher. Die Stadt Sacramento setzte dann im Grunde diese Funktion im großen Stil fort – während Sutter, der als »Kaiser von Kalifornien« im gleichnamigen Film von Louis Trenker noch 1935 gefeiert wurde, selbst als verbitterter armer Mann starb.

Komplett renoviert: Der Schaufelraddampfer »Delta King« von 1927 liegt heute als Restaurant an der Waterfront von Sacramento

California State Railroad Museum in Sacramento ist ein Highlight für Eisenbahnfans

SERVICE & TIPPS

Sacramento Visitors Center
1002 2nd St.
Old Sacramento, CA 95814
✆ (916) 442-7644
www.visitsacramento.com
Tägl. 10–17 Uhr

California Museum
1020 O St.
Sacramento, CA 95814
✆ (916) 653-7524
www.californiamuseum.org
Di–Sa 10–17, So 12–17 Uhr
Eintritt $ 9/6.50 (6–17 J.) unter 6 J. frei
Hervorragend präsentiert: multimediale Aufbereitung der kalifornischen Geschichte.

California State Railroad Museum
125 I St. (Old Town)
Sacramento, CA 95814
✆ (916) 323-9280, www.csrmf.org
Tägl. 10–17 Uhr, Eintritt $ 12/6 (6–17 J.) unter 6 J. frei
Ein Muss für Eisenbahn-Nostalgiker: prächtige alte Loks, Waggons, Fotos, Dioramen und Filme erläutern die Geschichte der amerikanischen Schienenwege zwischen 1860 und 1960.

Crocker Art Museum
216 O St.
Sacramento, CA 95814
✆ (916) 808-7000
www.crockerart.org
Tägl. außer Mo 10–17, Do bis 21 Uhr, Eintritt $ 12/6 (6–17 J.) unter 6 J. frei
Bilder und Skulpturen kalifornischer Künstler von der Zeit des Goldrauschs bis heute. Darüber hinaus Kunst aus Asien, Afrika und den pazifischen Inseln.

Sutter's Fort State Historic Park
2701 L St. (27th St.)
Sacramento, CA 95816
✆ (916) 445-4422
www.parks.ca.gov
www.suttersfort.org
Tägl. außer Mo 10–17 Uhr
Eintritt $ 5/3 (6–17 J.)
Im restaurierten Adobe-Bau des Gründervaters von 1839 sind Memorabilien aus der Pionierzeit Kaliforniens untergebracht.

The Firehouse
1112 2nd St. (Old Town)
Sacramento, CA 95814
✆ (916) 442-4772
www.firehouseoldsac.com
Internationale Küche in historischen Räumen der ehemaligen Feuerwehr. Lunch draußen im Innenhof ($) und Dinner. $$–$$$

Waterboy
2000 Capitol Ave.
Sacramento, CA 95811
✆ (916) 498-9891
www.waterboyrestaurant.com
Tägl. 17–21, Di–Do bis 21.30, Fr/Sa bis 22.30, Mo–Fr auch 11.30–14.30 Uhr
Europäisch-mediterrane Küche in Midtown. $$

Rotunde des State Capitol der kalifornischen Hauptstadt Sacramento

Region 7
Sierra Nevada

SIERRA NEVADA

DAS RÜCKGRAT KALIFORNIENS

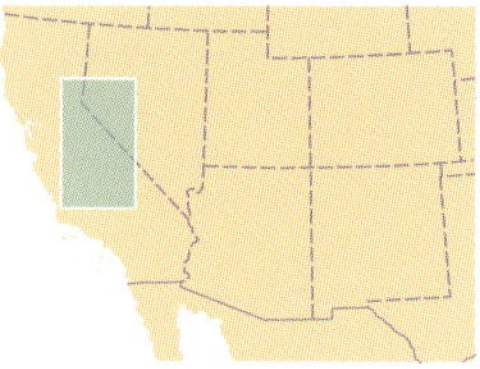

»So wie man Holland durch die Bilder seiner Meister sieht – hier ein Baum von Ruysdael, dort eine Mühle von Hobbema, dann wieder eine Mauer von Vermeer –, so entdeckt man Kalifornien durch seine Kinobilder: Cowboys, Polizisten, Büffelherden, galoppierende Pferde, wilde Engpässe, Dörfer aus Holz haben mich so entzückt, weil ich sie wiedererkannte.« Simone de Beauvoir

Ohne Frage gelten die Nationalparks Sequoia und Kings Canyon sowie Yosemite als die absoluten Highlights der Sierras. Der Yosemite mitten im Urgestein des Goldrauschs, in der höchsten und längsten Bergkette der USA, gebildet von einem riesigen Granitblock von rund 600 Kilometern Länge und bis zu 130 Kilometern Breite, gehört zu den beliebtesten Nationalparks mit einem entsprechenden Besucherstrom, der in Hochsaisonzeiten zuweilen reguliert werden muss. Dort und in Sequoia und Kings Canyon können Besucher Haine der Riesensequoias bestaunen, die wie Überbleibsel aus einer vergangenen Welt erscheinen.

Nördlich der Nationalparks und auf knapp 1900 Metern Höhe funkelt der von Bergen eingerahmte Lake Tahoe in der Sonne. Er gilt als einer der schönsten Bergseen der USA. Uferzugänge gibt an vielen Orten, beispielsweise im Nevada State Park, Sand Harbor, in South Lake Tahoe oder bei Incline Village. Kings Beach bietet am Ufer weiter nördlich einen Platz zum Picknick. Bei den dicken Steinen am Wasser kann man wunderbar rasten und auf das in der Nachmittagssonne leuchtende Westufer blicken. Überhaupt ist die Nevada-Seite des Sees bis auf Ausnahmen weniger besiedelt als ihr kalifornisches Vis-à-vis, nicht zuletzt deshalb, weil ein großer Teil davon als State Park die kommerzielle Erschließung bremst.

Im respektvollen Abstand zu den Gipfeln zieht sich die US 395 am Osthang der Sierra entlang, immer mit Blick auf die hohen Berge. Sie entfaltet dabei unterwegs eine zwischen alpinen Gipfeln, lieblichen Weiden und bizarren Seen wechselnde Landschaft, eine Art kalifornische Schweiz, die häufig als Kulisse für Wildwestfilme diente. Wen wundert's, das Wiedersehen von Verfilmtem ist ohnehin eine typisch kalifornische Erfahrung.

Pause mit Blick auf die Sierra Nevada

Sparks
Reno
Carson City
Yosemite
N.P.
Yosemite Valley Visitor Center
Mammoth Lakes
Bodie S.H.P.
Mono L.
Sierra Nevada
NEVADA
CALIFORNIA
Fresno
Visalia
Hanford
Bakersfield
Bishop
Lone Pine
Death Valley National Park
Kings Canyon N.P.
Sequoia N.P.
Sequoia N.M.
Sierra Nat'l Forest
Toiyabe N.F.
Stanislaus N.F.
Eldorado N.F.
Tahoe N.F.
Lake Tahoe
Walker Lake
Walker River Ind. Res.
Tule River Ind. Res.
San Joaquin Valley
Gold Country
White Mts.
Inyo Mts.
Panamint Range
Shoshone Mountains
Mojave
Mariposa Grove of Giant Sequoias
Devils Postpile N.M.
Rainbow Falls
Tioga Pass 3031
Sonora Pass 2936
Mt. Whitney 4418
Boundary Peak 4007
Mt. Morgan 4193
Mammoth Mountain 3369
El Capitan 2307
Spanish Mountain 3064
Pony Express Station Site
The Racetrack
Colonel Allensworth S.H.P.
Garfield Grove Big Trees
Catheys Valley
Pine Flat Dam
Kings River
Sand Harbor Nevada State Park
Northstar California Resort
Owens Lake
Searles L.
Tulare L. Bed dry
Los Angeles Aqueduct
0 25 50km

1 BODIE

Die alte Minenstadt Bodie ist die berühmteste Ghost Town in Kalifornien. In den 1870er Jahren war hier der Teufel los, denn mit damals rund 8000 Bewohnern galt Bodie als eine der ruppigsten Boomstädte im Wilden Westen, mit mehreren Bordellen, Spielhöllen und Opiumhöhlen. Nach einem verheerenden Brand 1932 verließen endgültig die letzten das Nest in 2789 Metern Höhe. Danach konservierte der Denkmalschutz die windschiefen Schuppen, den Friedhof und die Mine. Die nur zum Teil asphaltierte Straße zum **Bodie State Historic Park** ist für Pkws gut befahrbar.

Touristen statt Geister bevölkern die Bodie Ghost Town

SERVICE & TIPPS

Bodie State Historic Park
SR 270
✆ (760) 616-5040
www.parks.ca.gov, tägl. im Sommer 9–18, sonst 9–16 Uhr
Eintritt $ 8/5 (4–17 J.)
Attraktive Geisterstadt. Goldcamp von 1859, heute State Park. Geraucht werden darf nur auf dem Parkplatz. Im Winter ist die Zufahrtsstraße oft gesperrt.

2 3 LAKE TAHOE

Der erste Blick auf den See ist stets eine spektakuläre Überraschung: ein fast 500 Quadratkilometer großer Bergsee im XXL-Format! Doch Heiratskapellen, Snowmobil-Verleihe, Pisten und strikte Parkverbote deuten an, dass man nicht gerade in einen entlegenen einsamen Bergwinkel verschlagen wurde, sondern in die populärste Skiregion Kaliforniens mit einem halben Dutzend Skigebieten.

Der Ort **South Lake Tahoe** (21 400 Einw.) bringt meist die erste Berührung mit dem See. Im Winter rutschen hier die Kids auf roten runden Schüsseln zum Ufer runter und der Rest der Familie freut sich. Die Staatsgrenze zwischen Nevada im Osten und Kalifornien im Westen verläuft von South Lake Tahoe im Süden bis nach Crystal Bay schnurgerade durch den See.

Einiges Deutsch-Schweizerisches grüßt entlang dem südlichen Ufer des Sees, der seinen Namen den Washoe (*da án* = See) verdankt. Da grüßen »Heidi's Restaurant«, das »Matterhorn Hotel« oder das »Alpenhaus«. Die schneeträchtigen Chalets mit ihren Eiszapfen erinnern an weihnachtliche Pfefferkuchenhäuser. Langläufern bieten sich auf ihrer Fahrt durch die Nadelwälder wechselnde Ausblicke auf den Silbersee. Am *Vista Point* bei der **Emerald Bay** stellt er sich in seiner ganzen Pracht zur Schau.

Jahrelange Bebauung an einigen Uferorten hatte deutliche Umweltschäden verursacht. Viele Bäume waren eingegangen und durch die Wasserverschmutzung hatten sich noch vor zehn Jahren

Mark Twain sprach Lake Tahoe enorme Kräfte zu: »Warum ist die Menschheit so langweilig und macht Wasserkuren, Laufkuren und lange Erholungsreisen ins Ausland? Drei Monate Lagerleben am Tahoesee würden sogar einer ägyptischen Mumie die einstige Frische wiederbringen und ihr Appetit verschaffen wie einem Krokodil.«

die Algen vermehrt. Inzwischen haben Umweltschutzmaßnahmen die Wasserqualität wieder deutlich verbessert.

Zu den renommiertesten Skiadressen zählen das olympiaerfahrene **Squaw Valley, Alpine Meadows, Northstar** und **Heavenly**, dessen Pisten grenzüberschreitend herrliche Ausblicke auf den See tief unten erlauben. In **Stateline**, auf der Nevada-Seite von South Lake Tahoe, kann man sein Glück in den Kasinos versuchen.

Auch wenn die Wintersaison zu den jährlichen Höhepunkten gehört, haben die Uferregionen des Sees auch eine lange Tradition als Sommerfrische. Mehrere Badeplätze erlauben Erfrischungen im kühlen Seewasser, Segelboote kreuzen auf dem großen blauen Gewässer und zuweilen lässt sich der Schaufelraddampfer »Tahoe Gal« blicken, unterwegs mit Urlaubern auf einer Lake Tahoe Cruise.

Sieht man sich am Lake Tahoe um, so dürfte heute ein Lagerleben, wie es Mark Twain empfielt, schwerfallen, denn Immobilienfirmen vermarkten inzwischen jeden nicht geschützten Quadratzentimeter am Ufer.

SERVICE & TIPPS

South Lake Tahoe Visitor Center
4114 Lake Tahoe Blvd.
South Lake Tahoe, CA 96150
✆ (530) 542-4637
www.tahoesouth.com
Tägl. 9–17 Uhr

Nepheles Restaurant
1169 Ski Run Blvd.
South Lake Tahoe, CA 96150
✆ (530) 544-8130
www.nepheles.com
Tägl. 14–2 Uhr
Kreative kalifornische Küche. Außerdem: private Whirlpools einschließlich Cocktail-Service.
$$$

Cafe Fiore
1169 Ski Run Blvd.
South Lake Tahoe, CA 96150
✆ (530) 541-2908
www.cafefiore.com
Bistro-Café mit guter Küche.
$$–$$$

Der Lake Tahoe ist ein beliebtes Erholungsgebiet der Kalifornier

Eine Wanderung von Devils Postpile entfernt: Rainbow Falls

3 MAMMOTH LAKES

In den USA gehört das in 2400 Metern Höhe gelegene Städtchen mit gut 8100 ganzjährigen Bewohnern zu den bekannten Zielen für sportliche Urlauber. Das große Skigebiet reicht bis zur Bergstation Top of the Sierra auf dem 3369 Meter hohen **Mammoth Mountain** (www.mammothmountain.com). Zuweilen verspüren Skifahrer einen leicht schwefeligen Duft in der Nase. Praktisch unsichtbare Fumarolen mit vulkanischen Gasen erinnern daran, dass Mammoth am Rande der Caldera eines seit rund 1000 Jahren schlafenden Vulkans liegt.

An Schnee herrscht in Mammoth Lakes meist bis in Ende Mai kein Mangel mit gut zehn Metern Niederschlag in Form weißer Flocken. Auch in den wärmeren Jahreszeiten bietet die Sierra ihre Herausforderungen. Bergwanderer und Kletterer, dazu Mountainbiker, Kajak- und Kanufahrer oder Angler fühlen sich in der reinen Luft der High Sierra wohl. Mitte September verfärben sich die Blätter der Laubbäume in vielen Gelb- und Brauntönen, bis dann der Winter mit Macht hereinbricht.

Das **Devils Postpile National Monument** (www.nps.gov/depo, Mitte Juni bis Mitte Oktober zugänglich) erreicht man von Mammoth Lakes nach einer rund vierstündigen Wanderung oder per Shuttlebus. Das 20 Meter hohe Kliff besteht aus sechseckigen Basaltsäulen, erstarrten spektakulären Hinterlassenschaften eines Vulkanausbruchs vor rund 100 000 Jahren. Wer noch weiter wandern möchte, trifft nach gut zwei Kilometern entlang dem munteren San Joaquin River auf den **Rainbow Fall**, der dekorativ über eine Felskante 30 Meter in die Tiefe stürzt.

SERVICE & TIPPS

Mammoth Lakes Tourism
2520 Main St.
Mammoth Lakes, CA 93546
✆ (760) 834-2712
www.visitmammoth.com
Tägl. 10–17 Uhr

Mammoth Rock Brasserie
3029 Chateau Rd.
Mammoth Lakes, CA 93546
✆ (760) 934 4200
www.mammothrocknbowl.com
Do–Mo 17.30–22 Uhr, April geschl., im Winter Mo, Mi–Fr 16–24, So bis 22, Sa 12–24
Beste Steaks, Pasta und kleine Gerichte. Eine überraschende Entdeckung im Mommoth Rock 'n' Bowl-Bowlingcenter. $$–$$$

Devils Postpile: Die Basaltsäulen wurden von Lava geformt

Salzstangen im Abendlicht: Mono Lake

❹ MONO LAKE

Mit seinen geschätzten 760 000 Jahren einer der ältesten der Welt, gilt er als friedlicher Senior unter den Seen. Im **Mono Lake Tufa State Reserve** kann man herumlaufen und die Ausblicke genießen: Spiegelglatt und tiefblau ist die Salzlauge, in der die Tufasteine wie Klunker liegen, »malerisch getürmte Felsmassen aus weißlichem, grobkörnigem Gestein«, wie Mark Twain es ausdrückte.

Ihre Entstehung verdanken die weißen Türmchen dem durch Verdunstung gesteigerten Mineralgehalt des Natronsees ohne natürlichen Abfluss, der sowohl besonders alkalisch wie besonders salzhaltig ist – doppelt so salzig wie der Ozean. Fische können in diesem Milieu nicht leben, nur viele winzige Krabbentummeln sich im Wasser.

Umso kontroverser wird daher seit Jahren die Rolle des Los Angeles Department of Water and Power diskutiert, jenes Energieunternehmens, das praktisch das gesamte Wasser der Osthänge der Sierras sammelt, kanalisiert und abführt – in die durstigste Stadt und auf die Felder Südkaliforniens.

Mitte der 1990er Jahre wurde gerichtlich festgelegt, dass erst wieder Wasser aus den Zubringerflüssen abgeleitet werden darf, wenn der Wasserspiegel so weit gestiegen ist, dass sich die Forellen wieder vermehren und die Vögel wieder nisten. Inzwischen wird das ganze Owens Valley im Sinne des sogenannten Bioregionalismus schon langsam zurück gestaut.

Die Fliegen und Krabben, die sich in der trüben Salzbrühe äußerst wohlfühlen und entsprechend vermehren, sind Nahrung für die Zugvögel, die alljährlich auf dem Weg von Kanada nach Südamerika hier eine Pause einlegen. Auch die nistenden Möwen ziehen sich das Futter für die Jungen aus dem See.

SERVICE & TIPPS

Mono Lake Tufa State Natural Reserve
Ab SR 120, 5 mi östl. US 395
✆ (760) 647-6331, www.parks.ca.gov, tägl. 24 Std. geöffnet

Mono Lake Committee Information Center & Bookstore
US 395 & 3rd St.
Lee Vining, CA 93541
✆ (760) 647-6595
www.monolake.org
Tägl. 9–17 Uhr

❺ SEQUOIA UND KINGS CANYON NATIONAL PARKS

Tunnel Log mit Durchfahrt im Sequoia National Park

Vom Auto aus bekommt man diesen Riesenbereich der High Sierra nur in kleinen Ausschnitten zu Gesicht; das bei weitem größte Terrain der beiden Nationalpark ist *backcountry*, ohne Straßenanschluss. Schon die Zufahrten sind begrenzt: Entweder man wählt die nördliche (von Fresno via SR 180 über Centerville zum Big-Stump-Parkeingang und zum Grant Grove Village) oder die südliche (von Visalia via SR 198 über Three Rivers zum Ash-Mountain-Parkeingang und dem Foothills Visitor Center). Mit dem Camper kann man nur den Nordeingang benutzen.

Sollte der **Kings Canyon National Park** zuerst auf dem Programm stehen, ist der Nordeingang die Wahl. In der Nähe des Big-Stump-Parkplatzes liegen zunächst die »Tanzböden«, jene umfangreichen Baumstümpfe, auf die die Holzarbeiter in den 1880er Jahren die Sequoias reduzierten. Es gab damals regelrechte Landpartien zu den Gefällten und die Baumstümpfe dienten als Tanzflächen.

Die Hochwaldstraße Richtung Grant Grove Visitor Center durchstreift eine durch und durch urige Landschaft mit blankgeschliffenen Granitplatten und Steinklötzen, die zwischen den dicken Hölzern liegen, als hätten Riesen sie dorthin geworfen.

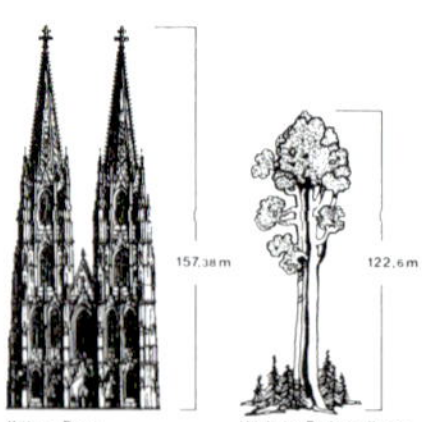

Großes ist hier rundum überhaupt gefragt, auch bei der Wahl der militärischen Ehrennamen für die höchsten der Sequoias. Man hat sie einfach in den Generalsrang befördert und zum General Lee oder General Grant gemacht, die unweit vom Highway in einem Hain beisammenstehen, treu umgeben von hölzernen Heerscharen. Übrigens taufte ein österreichischer Wissenschaftler den Baumtyp 1847 nach Sequoyah, dem Erfinder der Cherokee-Schriftzeichen für die im heutigen North Carolina und Tennessee lebende Indianernation.

Im Nationalpark lernt man eine Menge: z. B., dass die Bäume eine rötliche Chemikalie produzieren, die sie vor Befall und Krankheiten schützt – ebenso vor den Termiten, deren Appetit auf Holz gefürchtet ist. Und als besonders feuerresistent gelten die Big Trees auch.

Die Fahrt nach **Cedar Grove** im Kings Canyon hat es in sich. Zahlreiche Aussichtspunkte (Junction View u. a.) erlauben eindrucksvolle Blicke in den schäumenden Canyon des Kings River, einen der tiefsten in den USA überhaupt. Die steilen Granitwände, von den schäumenden Wassern des Flusses ausgeschnitten, sind von Gletschern erweitert worden. Der tiefste Punkt des Kings Canyon liegt bei 2630 Metern, gemessen vom Gipfel des Spanish Mountain mit 3350 Metern Höhe.

Nicht weit von den Campgrounds von Cedar Grove liegt die **Zumwalt Meadow**, wo der im Angesicht steiler Granitberge durch die stillen Almwiesen gurgelnde Fluss zum Picknick und zur Wanderung durch duftendes Holz einlädt.

Bäume kümmern sich nicht um Grenzen. Deshalb geht auch der Kings Canyon unmerklich in den **Sequoia National Park** über – via Generals Highway nach Süden. Der enge Korridor der Straße blättert weitere grüne Bilderbuchseiten auf, bei denen dichter dunkler Urwald und Durchblicke auf leuchtende Bergwiesen wechseln. Im Dunst wirken die Stämme und Steine besonders knorrig. Und wenn der Nebel so richtig quillt, dann erinnern die halbverbrannten Stümpfe an Gnome und Gespenster. Also auch das sonnige Kalifornien hat seine Hexenküchen. Aber bitte, ohne Nebel halt keine Redwoods, denn was sie vom Regen nicht an Feuchtigkeit bekommen, das holen sie sich aus dem Nebel.

Beim größten der stämmigen Burschen, dem **General Sherman Tree** im **Giant Forest**, beginnt ein Lehrgang (Congress Trail) durch die Dinos der Holzszene. Der mächtige, 1900 bis 2500 Jahre alte Baumriese ist 83,8 Meter hoch mit einem Maximalumfang von über 30 Metern. Die fleißigen Ranger haben die Scheibe eines anderen Baums freigestellt und an seinen Jahresringen Stationen der Menschheitsgeschichte eingetragen.

Apropos Feuer: Da ihre Keimlinge nur bei direkter Sonneneinstrahlung gedeihen, im Umkreis der Riesen aber meist nur wenig Licht durchdringt, haben wahrscheinlich Waldbrände das lange Überleben dieser Spezies überhaupt erst gesichert. Um möglichst günstige Lichtverhältnisse für die Jungpflanzen zu schaffen, brennt man deshalb heute das Unterholz regelmäßig ab.

SERVICE & TIPPS

Grant Grove Visitor Center
Grant Grove Village, CA 93628
✆ (559) 565-4307
Tägl. im Sommer 8–17, im Winter 9–16.30 Uhr

Sequoia & Kings Canyon National Parks
47050 Generals Hwy.
(Superintendent)
Three Rivers, CA 93271-9700
✆ (559) 565-3341
www.nps.gov/seki
Eintritt $ 35 pro Auto oder $ 20 pro Pers.

Giant Forest Museum
Generals Hwy.
Sequoia National Park,
CA 93262
✆ (559) 565-4480, Mitte Mai–Mitte Okt. tägl. 9–18 Uhr, ab Okt. geschl., Eintritt kostenlos
Im historischen Gebäude von 1928 erwarten den Besucher Ausstellungen, Filme und Infos rund um die dicken Bäume. Buchhandlung, Lehrpfad.

Riesig und grün: im Sequoia National Park

6 US 395: BISHOP/LONE PINE

Er durchquert die USA vom Süden bis in den Norden, oft mehr als 300 Kilometer östlich der Pazifikküste, gleich hinter den hohen Gipfeln der Sierra Nevada. Im Regenschatten des Hochgebirges fallen die Niederschläge dürftiger aus. Die meist zwei-, aber zuweilen auch sechsspurige Straße durchquert die Mojave-Wüste im Süden und halbtrockenes Weideland weiter im Norden von Kalifornien. Seit dem Goldrausch in Kalifornien vor mehr als 150 Jahren wird der Korridor östlich der Sierra Nevada unter verschiedenen Namen als Transportweg genutzt, zu spanischen Zeiten hieß er El Camino Sierra.

Motel in Lone Pine

Die US 395 beginnt in der Mojave-Wüste bei Hesperia in Kalifornien als Abzweigung von der Interstate 15, schlägt einen kurzen Haken zum Spieler-, Heirats- und Scheidungsparadies Reno in Nevada. Später führt sie durch das Outback von Oregon nach Spokane ganz im Osten von Washington State und endet an der Grenze zur kanadischen Provinz British Columbia.

Rund 900 der insgesamt 2100 Kilometer langen US-395 führen durch Kalifornien. **Bishop, Big Pine, Independence, Lone Pine:** wie Kandiszuckerstücke reiht der Highway ein Nest ans andere. Die Main Streets ähneln sich ebenso wie ihr jeweiliges Umfeld – Haine, Weiden und schmucke Holzhäuschen. Über allem schließlich thront der Mount Whitney, mit 4418 Metern Kaliforniens höchster Bergriese.

SERVICE & TIPPS

Bishop Visitor Center
690 N. Main St.
Bishop, CA 93514
✆ (760) 873-8405
www.bishopvisitor.com
Mo–Fr 10–17, Sa 10–16 Uhr

Paiute-Shoshone Indian Cultural Center
2300 W. Line St. (Hwy. 168)
Bishop, CA 93514
✆ (760) 873-8844
www.bishoppaiutetribe.com
Di–Sa 10–17 Uhr
Eintritt frei
Im Reservat der Paiute: Die Sammlungen geben Auskunft über Baukunst, Kleidung, Werkzeuge und Ernährung der regionalen Indianerstämme. Im Museumsshop gibt es u. a. indianische Flechtkörbe.

Erick Schat's Bakery
763 N. Main St.
Bishop, CA 93514
✆ (760) 873-7156
www.erickschatsbakery.com
Ab 7 Uhr morgens ein guter Frühstücksplatz. $

Lone Pine Chamber of Commerce
120 S. Main St.
Lone Pine, CA 93545
✆ (760) 876-4444
www.lonepinechamber.org
Mo–Fr 8.30–16.30 Uhr

Seasons Restaurant
206 S. Main St. (US 395)
Lone Pine, CA 93545
✆ (760) 876-8927
Im Sommer tägl. 17–22 Uhr, im Winter Mo geschl.
Lamm, Geflügel, Steaks, Seafood, Pasta. *Dinner only.* $$–$$$

7 4 YOSEMITE NATIONAL PARK

Jahrein, jahraus strömen mehr als vier Millionen Menschen nach Yosemite, um dort ihr Naturwunder zu erleben. Klar, »Yosemite« klingt schön. Viele halten ihn sogar für den eindrucksvollsten US-Nationalpark. Aber genau deswegen ist es nicht leicht, sich ihm anzunähern, denn wo niemand oder kaum jemand ist, kommt man schwer hin, und wo man leicht hinkommt, ist es meist voll. »Die Amerikaner lieben ihre Naturparks zu Tode«, klagt ein Parkranger. Und beim Spitzenreiter unter den Parks kennt die Liebe erst recht keinen Numerus clausus. Höchstens in Notfällen. Dann wird das Haupttal wegen Überfüllung geschlossen.

Am Anfang ging es hier gemächlicher zu. Bevor die ersten Weißen auftauchten, verbrachten die Indianer mehr als 2000 Jahre lang ihre Sommer in Rancherias und Camps, lebten als Sammler, Fischer, Jäger und Korbflechter, wohnten in *teepees* aus zeltartig aufgestellten und mit Borke bedeckten Baumhölzern. Sie nannten sich *Ahwahneechees*, »Bewohner des tiefen grasigen Tals«, und gehörten zum Stamm der Miwok. Goldgier machte der Idylle bald den Garaus. Denn als die Forty-Niners (Diggers und Prospektoren) die Indianer aus ihrem Land in den Ausläufern der Sierras *(foothills)* vertrieben, rächten die sich mit Überfällen. Im Gegenzug verfolgte man die Indianer bis in die Berge hinein.

Die eigentliche Entdeckung der Region fiel ins Jahr 1855, als ein englischer Zeitungsverleger hier mit ein paar Begleitern herumreiste, um Stoff für seine Zeitschrift zu sammeln. Mit von der Partie war ein Zeichner, dessen Skizzen die landschaftliche Schönheit von

Die Granitwände des El Capitan säumen das Tal des Merced River im Yosemite Valley

Region 7
Sierra Nevada

»Keine Beschreibung des Himmels scheint halb so schön.« (John Muir über Yosemite)

Yosemite weltweit bekannt machten. Die Kalifornisierung von Yosemite schien ihren Lauf zu nehmen. Gottlob kam es anders. Naturschützern gelang es 1890, diesen besonderen Teil der Sierras zum Nationalpark erklären zu lassen. John Muir, Kaliforniens prominentester Naturforscher schottischer Herkunft, kämpfte an ihrer Seite.

Schon der erste Blick auf den mächtigen **El Capitan** hat es in sich. Seine kahl polierten Granitwände stürzen senkrecht ins Tal des **Merced River** ab, als wollten sie das Lot fällen. Die Formation des silbrigen Urgesteins kam schon John Muir einst wie ein »Gebirge des Lichts« vor und inspirierte bekanntlich den Lichtbildner Ansel Adams zu seinen klassischen Schwarzweißfotos.

Das **Yosemite Village** bildet das touristische und daher meist überlaufene Zentrum des Parks, obwohl es noch nicht einmal ein Prozent seiner Gesamtfläche ausmacht. Das Visitor Center bewährt sich als nützliche Anlaufstation. Hier beginnt auch ein Trail für die erste Tuchfühlung mit dem Merced-Tal: an den Yosemite Falls vorbei am Fluss entlang, zu Fuß oder mit dem Rad. Backenhörnchen und Vögel haben sich längst auf den Andrang eingestellt, so zutraulich sind sie. Insgesamt 230 Vogelarten flattern durch den Park. Füttern sollte man allerdings keinen.

Außer an belebten Sommerwochenenden geht man auf den Wegen und Trampelpfaden am Merced River sehr angenehm. Unter wuchtigen Koniferen und Granitskulpturen kann man kreuz und quer durch die Blumenwiesen laufen. Neben anspruchsvollen Wanderungen bieten sich von hier aus auch Ausritte und bequeme Radwege an.

Fast 100 Meter hoch: der Vernal Fall des Merced River

Für Besucher mit wenig Zeit empfiehlt sich die Fahrt mit dem kostenlosen Shuttlebus, der täglich von 7 bis 22 Uhr die beliebtesten Sehenswürdigkeiten anfährt: u. a. die **Lower Yosemite Falls**, den Startpunkt des Wanderwegs zum **Mirror Lake** und das **Valley Visitor Center**. Etwas anstrengender ist der gut elf Kilometer lange Rundkurs zu den **Upper Yosemite Falls** mit tollen Aussichten.

Für den Weg zum **Vernal Fall** im Tal des Merced River sind etwas kräftigere Waden gefragt. Die Wanderung vom Yosemite Village dauert hin und zurück etwa zwei Stunden. Der letzte Teil des Pfads verläuft über den oft von Sprühwasser verhangenen Mist Trail, und zwar steil über Stufen im Fels aufwärts.

Auf dem **Mirror Lake Trail**, einem bequemem Weg für Sonntagsspaziergänger, gelangt man zum gleichnamigen hübschen Bergsee, der malerische Spiegelungen der umstehenden Granitdome bietet. Vom Mirror-Lake-Shuttlebus-Stopp geht man hin und zurück etwa zwei Stunden, mit Seeumrundung drei.

Auch zum **Glacier Point**, einem spektakulärer Aussichtspunkt für Half Dome, El Capitan und die Vernal und Nevada Falls in über 1000 Metern oberhalb des Talgrunds, führt ein Busshuttle. Die Glacier Point Road ist gewöhnlich von Juni bis Oktober geöffnet.

Den **Mariposa Grove** erreicht man über die SR 41 (Wawona Rd.). Der eindrucksvollste Sequoia-Hain im Yosemite liegt nicht weit vom Südende des Parks. Star unter den Baumriesen ist der 2700 Jahre alte **Grizzly Giant**. Ein kleiner Shuttle fährt täglich durch die Baumriesen (wegen Restaurierungsarbeiten bis Frühjahr 2017 nicht zugänglich).

Tuolumne Meadows, das größte subalpine Hochmoor der Sierra-Kette auf 2600 Metern Höhe passieren Parkbesucher, die Yosemite von Osten über den Tioga Pass erreichen. Auch hier ermöglichen zahlreiche Wanderwege und Campgelegenheiten sommerliches Outdoor-Vergnügen, im Winter ist die Region nicht zugänglich.

Abends winkt dem müden Wanderer die eine oder andere Abwechslung: die gepflegte Cocktailstunde im **Ahwahnee Hotel** oder (bei den Selbstversorgern) Koch- und Brutzelfreuden in Gesellschaft der Waschbären *(raccoons)* auf dem Campingplatz. Diese aufdringlichen, aber harmlosen Bären mit den schwarzen Augenmasken sehen ganz niedlich aus, wenn sie abends aus ihren Verstecken mit der ganzen Familie zum Dinner ausrücken und bei den Campern als muntere Mitesser aufkreuzen. Aber vor ihnen ist schlichtweg nichts sicher, kein Plastiksack und kein Mülleimer.

SERVICE & TIPPS

Yosemite National Park Visitor Center
9039 Village Dr.
Yosemite, CA 95389
✆ (209) 372-0200
www.nps.gov/yose
Tägl. 24 Std. Park-Info
Eintritt $ 25 pro Auto, $ 15 pro Pers.
Parkeingänge: Big Oak Flat im Nordwesten an SR 120; Arch Rock weiter südlich, an SR 140; South Entrance im Süden, an SR 41 und Tioga Pass im Osten, an SR 120
An den Eingängen erhält man den Yosemite Guide, eine handliche Parkzeitung mit Karte und Tipps zu Sehenswürdigkeiten, Preisen, Bussen, aktuellen Ausstellungen sowie den Parkregeln.

Yosemite Area Regional Transportation System (YARTS)
✆ (209) 388-9589 und 1-877-989-2787
Tägl. 7–18 Uhr
Für Infos, Stopps und Tickets: www.yarts.com
Für alle, die ihr Auto nicht in den Park mitnehmen möchten, verkehren **Shuttlebusse** zum Yosemite Valley. Dort besteht Anschluss an den parkinternen (kostenlosen) Shuttlebus. Die Busse pendeln u.a. von Merced, Catheys Valley, Mariposa, Midpines, El Portal (Hwy. 140) und Mammoth Lakes, June Lake, Lee Vining, Tuolumne Meadows (Hwy.120 East/US 395).
Tickets ($ 5–30, je nach Distanz für Hin- und Rückfahrt) gibt es vorab in den Hotels der genannten Orte bzw. bei den dortigen Visitor Centers, aber auch beim Busfahrer.

The Valley Visitor Center & Indian Cultural Museum
Yosemite Village, CA 95389
Shuttlebus-Stopps 6 und 9
✆ (209) 372-0200
Tägl. 9–17 Uhr
Wichtigstes Infozentrum im Park mit ansprechenden Ausstellungen über Fauna, Flora, Geologie. Das **Indian Cultural Museum** thematisiert das Leben der Miwok und Paiute.

Tioga Pass
SR 120 (zwischen Tuolumne Meadows und Lee Vining)
Info zum Straßenzustand:
✆ (209) 372-0200, dann die 1 und noch einmal die 1 wählen
Mit 3031 m höchste Passstraße Kaliforniens.

Eine Rangerin (leicht übertrieben): »Wenn Sie den Tioga Pass überqueren können, sind Sie ein Gewinner! Der Pass ist zu 90 Prozent des Jahres geschlossen.«

Tuolumne Meadows: größtes subalpines Hochmoor der Sierra-Kette auf 2600 Metern

Atemberaubender Panoramablick vom Glacier Point im Yosemite National Park

Region 8
California
Deserts

CALIFORNIA DESERTS

DURCH DIE WÜSTE

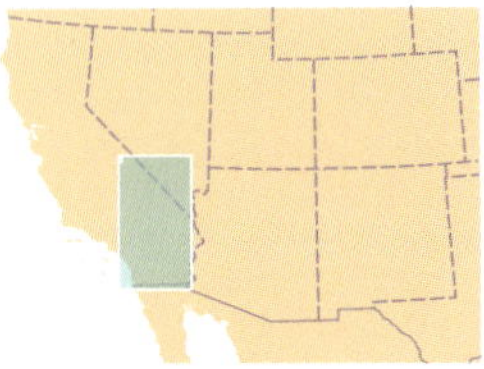

»Wüste? Nein, lieber nicht!«, sagen viele, die sich unter dem Wort nur eine lebensfeindliche Einöde, den Fluchtpunkt für Lebensmüde oder das Exil für Geschasste vorstellen können. Kaliforniens Wüsten – die hochgelegene Mojave- ebenso wie die tiefer gelegene Colorado-Wüste – können da jeden eines Besseren belehren, vorausgesetzt, man lässt sich darauf ein.

Zu den unumstrittenen Highlights zählen das glühend heiße Death Valley, die abwechslungsreiche Mojave National Preserve, die vielen unbekannte Anza-Borrego-Wüste und der besonders für Kletterfreunde attraktive Joshua Tree National Park mit seinen charakteristischen Joshua-Bäumen, deren Name von den Mormonen stammen soll. Und mitten im wüsten Angebot liegt die Wellnessoase Palm Springs.

1 ANZA-BORREGO DESERT STATE PARK

Die Steinwelt im Anza-Borrego State Park gehört zur Colorado-Wüste und ist daher ein typisches *Low-desert*-Gebiet. An den weit verbreiteten filigranen Ocotillo-Sträuchern kann man meist gut erkennen, ob und wie stark es geregnet hat. Die kleinen Blättchen an den spindeldürren Ruten schwanken: mal grün, mal braun. Zwischen Februar und April (neben dem Winter übrigens die beste

Wildblumen und Ocotillo-Sträucher im Anza-Borrego Desert State Park

Besuchszeit für den Park) leuchten ihre roten Blütenspitzen. Dann breiten sich Farbteppiche aus kleinen Sonnenblumen, Wüstenlilien, Löwenzahn und blühenden Kakteen über das karge Land aus. So malerisch diese kurze Blütezeit, so anders war der Ruf, der

Anza-Borrego, dem größten State Park Kaliforniens, lange anhing. Wer immer des Wegs kam, war heilfroh, so schnell wie möglich wieder wegzukommen. Das ging den spanischen Konquistadoren schon so, als sie unter Juan Bautista de Anza 1774 hier in Richtung Monterey durchzogen. Auch die Passagiere in den Kutschen der rumpelnden Butterfield Overland Mail, die im 19. Jahrhundert von St. Louis nach Los Angeles rollten, werden sich im desolaten Wüstenareal kaum anders gefühlt haben.

Erst die Neuzeit mit ihren stressgeprägten Großstädten hat die Fluchtrichtung umgekehrt. Die einsame Schönheit und Stille der Wildnis ist mehr und mehr zum Labsal genervter Zeitgenossen geworden. Ob das noch lange so bleibt, steht dahin, denn neuerdings gilt es bei einigen als schick, zum Sektfrühstück mal eben nach Borrego Springs einzufliegen. Zum Beispiel von Palm Springs aus, denn dort ist es mit der richtigen Wüstenruhe schon lange vorbei.

Bei **Borrego Springs** dient das mit viel Verständnis für die umgebende Landschaft gebaute **Visitor Center** als Appetizer für die Schätze des Parks, seine Entstehungsgeschichte, Flora und Fauna. Mehr Wüstenpraxis bringt ein Ausflug zum **Palm Canyon** – eine auch bei Hitze gemächliche Wanderung zu einer schattigen Palmenoase entlang am gurgelnden Creek, zu dem manchmal sogar die Schafe *(Bighorn sheep)* zum Trinken herabkommen. Diese trittfesten und scharfäugigen Gesellen, denen das Tal die zweite Hälfte seines Namens verdankt (*borrego* heißt auf spanisch Lamm), leben gewöhnlich in den höheren Bergregionen.

Auf dem Trail im Canyon erkennt man hier und da noch zahlreiche Steinmulden, in denen die Indianer Eicheln und Mais für ihr Brot zerstoßen und gemahlen haben.

Weitere Highlights im Park sind die bizarren Felsformationen, die man von Font's Point aus gut einsehen kann, und eine Wanderung zum **Split Mountain** durch den *wash* bei Ocotillo Wells.

Scheue Bewohner: Im Anza-Borrego State Park leben Dickhornschafe

SERVICE & TIPPS

🛈 Borrego Springs Visitors' Bureau
786 Palm Canyon Dr.
Borrego Springs, CA 92004
✆ (760) 767-5555 und
1-800-559-5524
www.borregospringschamber.com, Mo–Sa 9–16 Uhr

Anza-Borrego Desert State Park
200 Palm Canyon Dr.
Borrego Springs, CA 92004
✆ (760) 767-4205
www.parks.ca.gov
Das Visitor Center nicht weit von Borrego Springs ist halb in den Untergrund gebaut und deshalb auf den ersten Blick nicht sofort zu erkennen. Drinnen gibt es Karten, Infos, Literatur, Ausstellungen, didaktische Shows, draußen ein malerisches Wüstengebiet.

Palm Canyon, Font's Point, Split Mountain gehören zu den Highlights des Parks.

Nach dem aktuellen Stand der Kakteenblüte kann man sich unter dieser Nummer erkundigen: ✆ (760) 767-4684.

Carlee's Place
660 Palm Canyon Dr. (Nähe Christmas Circle)
Borrego Springs, CA 92004
✆ (760) 767-3262
www.carleesplace.com
Tägl. 11–21 Uhr
Sympathisches Lokal mit amerikanischer Küche, Bar und freundliche Stimmung. Burger, Sandwiches, Quesadillas, Pizza, Salate und Steaks. $–$$

85,5 Meter unter NN und damit tiefster Punkt der USA: Badwater Basin im Death Valley

❷ 5 DEATH VALLEY

Schon die Einfahrten zum »Tal des Todes« gleichen einer weichen Mondlandung. Death Valley: die Shoshonen nannten es *tomesha*, »brennender Boden«. Die frühen Siedler gaben ihm den noch fataleren Namen, als sie hier 1849 auf der Suche nach den Goldquellen durchzogen und hofften, das Tal sei eine Abkürzung. Aber sie waren schlecht informiert. Alles, was sie fanden, waren ein Salzboden und der wenig ermutigende Anblick der Panamint Mountains, die ihnen den Weg zu versperren schienen.

Die Nomenklatur des Death Valley neigt überhaupt zum Pathetischen. Sie reicht von Ritter-Tod-und-Teufel-Vorstellungen bis zu Poetischem auf höchster Ebene: dem Künstlerpfad **Artists Drive** und **Dante's View**. Auch Spuren des Leibhaftigen finden sich häufig im Death Valley. Außer einem steinernen **Devil's Cornfield** gibt es auch einen **Devil's Golf Course**.

Das Tal ist zum Nationalpark avanciert, was de facto bedeutet, dass der Landschaftsschutz über die Grenzen der bisherigen Region hinaus ausgedehnt und den 4-Wheel-Drive-Trips durch Dünen und Salzseen ebenso ein Ende gesetzt wurde wie militärischen Übungen, neuen Schürfgenehmigungen und Weiderechten – das alles sind sicher lebensverlängernde Maßnahmen für die kalifornische Wüstenschildkröte und andere gefährdete Tiere und Pflanzen.

Bei **Stovepipe Wells** kann man parken und durch die imposanten Sanddünen spazieren. Es ist erstaunlich, wie viel Lebendiges in den oft blendenden, vom Wind geriffelten Sandbergen nistet: Gräser, Creosote-Büsche, die besonders lange Wurzeln entwickeln, oder Mesquite-Bäume mit ebenso tiefem Wurzelgang, deren gelbe, bohnenartige Früchte schon die Shoshonen schätzten. Außer ein paar nimmermüden Käfern und hitzeresistenten Eidechsen wohnt die Wüstengesellschaft vorzugsweise am Tage unter Tage, d. h. im kühleren und feuchteren Untergrund. Man pflegt erst nachts auszugehen, die Känguruatte z. B. oder der *sidewinder*, jene besonders giftige Klapperschlangenart, die sich seitwärts springend fortbewegt.

Die wohl temperierte Freizeitwelt der **Furnace Creek Ranch:** Ein kleiner Rundgang bringt Neuigkeiten und Bewegung. Das Museum, zum Beispiel. Zwischen den Geräten spielt das Thema Borax die Hauptrolle, jene weiße kristallene Substanz, die unter anderem zur Keramik- und Glasherstellung, aber auch für Seifen, Kosmetik und Frostschutzmittel verwandt wird. In den *badlands* des Death Valley, vor allem in den Salzpfannen der ausgetrockneten Seen, gab es besonders reichhaltige Funde, die um die Jahrhundertwende (1885–1907) mit langen Karren von 20 Maultieren abtransportiert wurden. Diese *twenty mule teams* zogen nach Mojave, der nächsten Eisenbahnstation, die allerdings 260 Kilometer entfernt liegt.

Touristischer Imperativ im Death Valley: Zabriskie Point

Durch den ebenso schattigen Palmenhain, in dessen Kronen die *blackbirds* krächzen, erreicht man den tiefgrünen Golfplatz der Ranch – eine Kostprobe vom *California living*, typisch für ein Land, in dem sich Luxus und Einöde oft überraschend nahe kommen.

Zabriskie Point, benannt nach Christian B. Zabriskie, einst Chef der Pacific Borax Company, und nahe Furnace Creek, gehört ohne Zweifel zu den touristischen Imperativen des Todestals. 1970 diente es als Filmset für Antonionis gleichnamigem Film vor dem Hintergrund der Hippie-Bewegung.

Der **Twenty Mule Drive**, eine kleine Schleife abseits der Hauptstraße, erweist sich als ein gewundener Parcours, der eine weißlich-poröse Gesteinsästhetik zur Geltung bringt. Wenig später zweigt ein Weg zu **Dante's View** ab, der, vorbei an bunten Felsen und der Billie Mine, in vielen Windungen den beträchtlichen Höhenunterschied von über tausend Metern überwindet. Oben, je nach Sonnenstand, kann man sein gelbes, orangenfarbiges, rotes oder lila Wunder erleben. Je später, je besser sieht die Welt von hier oben aus, bis schließlich die Bergkuppen in Ost und West verglühen: kalifornische Götterdämmerung.

SERVICE & TIPPS

Death Valley National Park
Furnace Creek Visitor Center
(SR 190)
Death Valley, CA 92328
✆ (760) 786-3200
www.nps.gov/deva
Tägl. 8–17 Uhr
Eintritt $ 25 pro Auto, $ 10 pro Pers., 7 Tage gültig
Der heißeste, trockenste und tiefstgelegene Punkt Kaliforniens: Infos, Karten, Literatur.
Reservierung für Camper:
✆ 1-877-444-6777. (Weitere Ranger Stations: Stovepipe Wells und Beatty.)

Stovepipe Wells Sand Dunes
SR 190, Death Valley National Park
Spektakuläre Sanddünen: ein Stück Sahara in Kalifornien.

Badwater Basin und Devil's Golf Course
S 178, Death Valley National Park
Salzseen, die vor über 2000 Jahren austrockneten.

❸ JOSHUA TREE NATIONAL PARK

Die Besonderheit des Nationalparks besteht darin, dass er durch seine großen Höhenunterschiede an den beiden typischen Wüstenformen Südkaliforniens teilhat – an der Colorado-Wüste im Süden und der Mojave-Wüste im Norden, an *low* und *high desert*. Im Extrem schwankt die Höhe zwischen etwa 400 und 1500 Metern. Die Vegetation ist dementsprechend vielfältig: Yuccas, Agaven, *smoketrees*, Büsche, Gräser und Wildblumen. Die Ocotillo-Büsche (Christusdorn) tragen ihre Blüten wie rote Flammenzungen und die Cholla-Kakteen gleichen borstigen Teddybären, deren scharfe Stacheln den Pflanzenfressern erbarmungslos den Appetit verderben.

Mit unterschiedlichem Tempo kreuzt der eine oder andere Wüstenbewohner den Highway: erst Hase, dann Schildkröte. Darüber erheben sich die Joshua-Bäume, die ihren Namen angeblich von den Mormonen-Pionieren erhielten – sei es, weil die Gestik ihrer Äste zum Gebet zu rufen schien, oder weil sie glaubten, die Bäume wollten ihnen den Weg ins Gelobte Land weisen.

Zu den Highlights des Parks zählen der **Jumbo Rock** und das **Hidden Valley** mit seinen riesigen Granit-Monolithen, die zu Kletterpartien, Picknick- und Campingfreuden anregen. Wieder einmal haben die Camper alle Vorteile, denn sie können gerade dann bei den dicken Brocken sein, wenn die Temperaturen und das Licht am besten sind: abends und frühmorgens.

J-Tree, ein Eldorado für Kletterer

SERVICE & TIPPS

Joshua Tree National Park
74485 National Park Dr.
Twentynine Palms, CA 92277
✆ (760) 367-5500
www.nps.gov/jotr
Park 24 Std. geöffnet, Visitor Center tägl. 8–17 Uhr
Eintritt $ 30 pro Auto, $ 15 pro Pers., 7 Tage gültig
Neun ganzjährig geöffnete Campingplätze; Picknickeinrichtungen. Weitere Besucherzentren in Cottonwood Springs, Joshua Tree und Black Rock Campground.

»Desert wonderland of rocks«: Joshua Tree National Park

Fast schon kitschig: Sonnenuntergang im Joshua Tree National Park

❹ MOJAVE NATIONAL PRESERVE

Erst 1994 wurde das Gebiet unter Naturschutz gestellt. Die Höhenunterschiede im fast 6500 Quadratkilometer großen Areal mit Felszinnen, erloschenen Vulkankegeln, Hochebenen und riesigen Sanddünen betragen 300 bis 2600 Meter. Im Hochsommer werden Temperaturen von knapp 40 Grad Celsius gemessen, die beste Reisezeit reicht von Oktober bis Mai. Auch hier gedeihen im Wüstenklima Creosote-Büsche, Yucca-Palmen oder Wilder Salbei. Fällt genug Regen, können Besucher im April und Mai spektakuläre Blütenteppiche von Wüstenblumen erleben.

Verlassene Minen erinnern an die Zeit des Goldrauschs in den 1870er Jahren. Die Felsritzungen der Chemehuevi und anderer frühzeitlicher indianischer Bewohner sind bis zu 10 000 Jahre alt. Die Cima-, die Ivanpah-Lanfair und die Kelbaker Road queren das riesige Schutzgebiet. Der über die sandigen Kelso-Dünen streichende Wind erzeugt einen eigenartigen Dauerton.

SERVICE & TIPPS

Mojave National Preserve Headquarter
2701 Barstow Rd.
Barstow, CA 92311
✆ (760) 252-6100
www.nps.gov/moja
Mo–Fr 8–16 Uhr
Parkeintritt frei

Kelso Depot Visitor Center
90942 Kelso Cima Rd.
Kelso, CA 92332
✆ (760) 252-6108
Park 24 Std. geöffnet, Visitor Center Do–Mo 10–17 Uhr
Ganzjährig geöffnete Campingplätze in Mid Hills und Hole-in-the-Wall; Black Canyon Campground für Reiter.

---

❺ PALM SPRINGS

Ja, Palm Springs, das Baden-Baden Kaliforniens, die Après-Wüste, mehr *dessert* als *desert,* mehr Cocktails als Skorpione! Ein Jungbrunnen für alternde Steinreiche, sagen die einen; heißer Tipp für flotte Singles, finden andere. Zahnärzte und Finanzberater tummeln sich auf den Golfplätzen, die Hedonisten supercool am Pool. Die plastische Chirurgie boomt.

Vom ehemaligen Spielplatz der Hollywood-Stars ist längst der glamouröse Lack ab. Die Geschäfte am Palm Canyon Drive, der früheren Flaniermeile und dem Parcours für Radler wie Eroll Flynn und Greta Garbo, vermarkten T-Shirts und 1950er-Jahre-Geschmack. Die meisten Galerien präsentierten Abschreibungskunst.

Dennoch: *God's waiting room*, die Devise für das Rentnerparadies Palm Springs, hat sich gemausert, nachdem lange Zeit die betuchten Snowbirds fernblieben und lieber in die weiter östlich gelegenen Oasen des Tals zogen, nach Rancho Mirage, Palm Desert, Indian Wells, ja, sogar ins ferne Scottsdale von Arizona. Überall dort und weniger in Palm Springs spielte sich der exklusive Countryclub-Stil ab, lockten neue Fantasy-Hotels, die Stouffers, Hyatts und Ritz-Carltons. Auch deshalb, weil Bauland dort erheblich billiger war.

California Classic: roter Fleetwood Cadillac in Palm Springs

Palm Springs und Umgebung profitieren inzwischen von der Wirtschaftskraft der *crazy people*, von Yuppies, die hier ihre Bungalows haben und gern einen draufmachen, auch Gruppen von Gays, Singles oder FKKlern, die sich in den kleinen Nudist Hotels (Motto: *clothing optional*) einnisten, weil den Gästen hier (ganz unamerikanisch) freigestellt ist, wie frei sie sein möchten, ähnlich wie in Key West, Florida, oder Provincetown, Massachusetts.

Einer der Vorteile der mageren 1980er und 1990er Jahre war es, dass vergleichsweise wenig abgerissen und neu gebaut wurde. Dadurch überlebten viele historische Gebäude, darunter solche von prominenten Architekten wie Rudolf Schindler, Richard Neutra und dem Bauhaus-Eleven Albert Frey. Seit einiger Zeit spricht man in Palm Springs von einem regelrechten 1950er-Jahre-Architektur-Revival.

Wer abends über den **Palm Canyon Drive** schlendert, erfährt eine fast europäisch anmutende Flaneurszene. Die warme Luft, das letzte violette Licht und ein wohliges Gefühl von Zeitlosigkeit lassen etwas von der seltsamen Anziehungskraft dieses Ortes ahnen. Erst recht die behaglichen Innenhöfe der kleinen Motels mit ihren Liegestühlen am Pool unter Palmen und Pampelmusen. Diese geschützten Räume bieten eine komfortable Wildnis in der fast schon klassischen Tradition des *Locus amoenus*, des antiken Idealbildes des irdischen Paradieses mit murmelndem Wasser, Grün und Vogelgezwitscher.

Wem die Hitze zu Kopf steigt, der findet Abkühlung auf der 2840 Meter hoch gelegenen Bergstation des **Mount San Jacinto**, zu der sich drehende Panoramakabinen der **Palm Springs Aerial Tramway** hinauffahren. Die Kabine gewährt Rundumblicke ins Coachella Valley. Werbespruch: *360° in WoW*. Oben gibt's Wanderwege, Maultierritte, Camping, im Winter Skilanglauf und das **Peaks Restaurant**.

Aber auch die nahe Umgebung bietet erholsame Überraschungen, allem voran die **Indian Canyons** im Reservat der Agua-Caliente. Fast 25 Kilometer lang windet sich der längste unter ihnen, **Palm Canyon**, durch die Steinwüste, begleitet von über 3000 Exemplaren prächtiger Palmen in stattlichem Alter (über 200 Jahre) Schließlich bekommen sie hier, was sie brauchen: heiße Köpfe und nasse Füße. Sie haben manches Feuer überlebt. Unterhalb ihrer Köpfe tragen sie Baströckchen – abgestorbene Blätter, die herunterhängen und den Stamm verdecken. Kolibris, *humming*

In der Umgebung von Palm Springs gibt es 124 Golfplätze

birds, schwirren herum und saugen an den hängenden Flaschen mit Zuckerwasser.

Im **Murray Canyon** fallen die kleinen, munter piepsenden Vögel auf, die sich im Gesträuch und in den Palmen tummeln. *Least bells vireo* heißen sie und gehören zu einer gefährdeten Vogelart, obwohl sie gar nicht so wirken.

In diesen Schluchten lebten vor Jahrhunderten Shoshonen-sprachige Indianer in einem an Wasser und Wild reichen Terrain. Heute gehören die schachbrettartigen Grundstücke in und um Palm Springs ihren Nachfahren vom Stamm der Cahuilla. Es geht ihnen heute nicht schlecht, seit sie, einst vertrieben und durch eingeschleppte Krankheiten dezimiert, aus diesem Grundbesitz und den heißen Quellen Nutzen ziehen können – Spielkasinos eingeschlossen.

Palm Canyon Drive in Palm Springs

SERVICE & TIPPS

i Palm Springs Visitors Center
2901 N. Palm Canyon Dr. & Tramway Rd.
Palm Springs, CA 92262
✆ (760) 778-8418 und 1-800-347-7746
www.visitpalmsprings.com
Tägl. 9–17 Uhr

Palm Springs Art Museum
101 Museum Dr.
Palm Springs, CA 92262
✆ (760) 322-4800
www.psmuseum.org
Mo/Di/Fr–So 10–17, Do 12–20 Uhr, Mi geschl.
Eintritt $ 14, Do 16–20 Uhr, jeden 2. So, unter 18 J. Eintritt frei
Zeitgenössische Kunst, Western Art, Miniaturen, Skulpturen und indianische Kunst. Spezielle Fotosammlungen. Das angeschlossene **Annenberg Theater** präsentiert Musik, Tanz und Schauspiel. Museumscafé.

Palm Springs Aerial Tramway
1 Tram Way (ab S 111, Nordende der Stadt, ausgeschildert)
Palm Springs, CA 92262
✆ (760) 325-1449 und 1-888-515-8726
www.pstramway.com
Mo–Fr ab 10 Uhr halbstündl., an Wochenenden und Feiertagen ab 8 Uhr, Fahrpreis $ 26/17
Die Kabine der Bahn dreht sich während der 14-minütigen Fahrt zweimal um 360 Grad. Oben gibt's das **Peaks Restaurant**.

Agua Caliente Indian Reservation (Indian Canyons)
38520 S. Palm Canyon Dr., 5 km von S 111 (ausgeschildert)
Palm Springs, CA 92264
✆ (760) 323-6018
Okt.–Juni tägl. 8–17 Uhr, sonst nur Fr–So
Eintritt $ 9/5 (6–12 J.)
In drei Canyons des Reservats kann man wandern und picknicken: im recht überlaufenen **Palm** und den ruhigen **Murray** und **Andreas Canyons**. Der **Trading Post** (Infos, Erfrischungen, Souvenirs), wo auch geführte Bergwanderungen starten, liegt am Ende der Fahrstraße oberhalb des Palm Canyon.

Vorschlag für einen moderaten Wanderweg: **Victor Trail** (Auskunft und Karte im Trading Post).

Spektakulärer Wasserfall im Tahquitz Canyon

Tahquitz Canyon
500 W. Mesquite
Palm Springs, CA 92264
✆ (760) 416-7044
www.tahquitzcanyon.com
Visitor Center Okt.–Juni tägl. 7.30–17, Juli–Sept. Fr–So 7.30–17 Uhr
Geführte, 2,5-stündige Wanderungen mit einem spektakulären Wasserfall beginnen am Tahquitz Visitor Center um 8, 10, 12 und 14 Uhr, $ 12.50/6 (6–12 J.)
Über 30 Jahre war der Canyon für die Öffentlichkeit gesperrt. Ein ominöser Medizinmann soll hier böse Geister entfesselt haben, und die Rückstände der Hippie-Kultur der 1960er und 1970er Jahre hatten das Terrain zugemüllt. Inzwischen haben die Indianer mit dem schlechten Omen und dem großen Dreck aufgeräumt und den Canyon mit seinen schönen Ausblicken auf Palm Springs wieder freigegeben.

Smoke Tree Stables
2500 S. Toledo Ave.
Palm Springs, CA 92264
✆ (760) 327-1372
www.smoketreestables.com
Hier kann man Pferde für

Ausritte in die Indian Canyons mieten.

Johannes
196 S. Indian Canyon Dr.
Palm Springs, CA 92262
✆ (760) 778-0017
www.johannesrestaurants.com
Tägl. außer Mo ab 17 Uhr
Leichte eklektische Küche auf hohem Niveau in attraktivem 1950er-Jahre-Dekor. Der Koch/Eigentümer ist Österreicher und bietet auch österreichische Gerichte an. Differenzierte Weinauswahl. $$–$$$

Sammy G's Tuscan Grill
265 S. Palm Canyon Dr.
Palm Springs, CA 92262
✆ (760) 320-8041
www.sammygsrestaurant.com
Tägl 11–22, Fr/Sa bis 23 Uhr
Kalifornisch-mediterrane Küche mit viel Geschmack. Angenehme Räume im Südwest-Dekor mit Fernost-Akzenten. Bar. Do–Sa Livemusik. Lunch $, Dinner $$–$$$

Blue Cojote
445 N. Palm Canyon Dr.
Palm Springs, CA 92262
✆ (760) 327-1196
www.bluecoyotegrill.com
Tägl. außer Mo 11.30–22, Fr/Sa bis 23 Uhr
Sympathisches Restaurant mit Südwestküche; große Terrasse, gut bestückte Bar. $–$$

Sherman's Deli & Bakery
401 E. Tahquitz Canyon Way
Palm Springs, CA 92262
✆ (760) 325-1199
www.shermansdeli.com
Tägl. 7–21 Uhr
Familienbetrieb mit Deli-Sandwiches, Gebäck und koscheren Gerichten – zum direkten Verzehr oder außer Haus. $–$$

Las Casuelas Terraza
222 S. Palm Canyon Dr.
Palm Springs, CA 92262
✆ (760) 325-2794
www.lascasuelas.com
Tägl. 11–22, Sa/So ab 10 Uhr
Muntere Bar und immer gut für eine erfrischende Margarita. MexiCantina mit reichlichen Portionen. Oft Livemusik. $–$$

Jensen's Finest Foods
2465 E. Palm Canyon
Palm Springs, CA 92264
✆ (760) 325-8282
www.jensensfoods.com
Tägl. 7–21 Uhr
Exzellenter Supermarkt zur Picknickausstattung und dem Einkauf von Frischem fürs Frühstück.

Ausflugsziel:

Claude Bell's Dinosaurs
Hwy. 10 (Exit Cabazon)
Cabazon, CA 92230
Bei einem Truckstopp in Cabazon stehen zwei Dinosaurier als grünliche Monster am Highway.

Augenfutter dieser Art wird dem Autofahrer an vielen Stellen in den USA zur Unterhaltung serviert. Der größere der beiden Beton-Dinos wurde von Claude Bell in mühevoller Kleinarbeit zwischen 1965 und 1975 erbaut.

Beton-Dinos am Highway 10 (Exit Cabazon)

LAS VEGAS UND UMGEBUNG

STADT IM GLÜCK

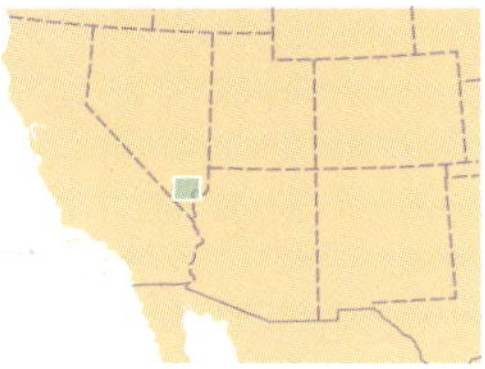

Las Vegas, »Entertainment Capital of the World« – zwei Neon-Ikonen begrüßen seit Jahrzehnten den Wanderer, der hier sein Glück sucht: die kesse »Vegas Vicky« und der schmauchende Cowboy, »Vegas Vic«. Beide glitzern zwar noch heute an den Kasinofassaden der alten Fremont Street – die Originale sind bereits ins Neon Museum umgezogen –, aber inzwischen werden sie von anderen Blickfängen übertrumpft: von den Scheinarchitekturen der Megaresorts, die sich einem bestimmten »Thema« widmen, und den mondänen Kasinos der neuesten Generation wie Wynn oder Aria. Da ragen ägyptische Pyramiden auf, komplette Skylines, romantische Piratenverstecke oder Bonsai-Versionen europäischer Städte.

Amerikanern wird mitten in der Wüste die Welt im Zeitraffertempo zu Füßen gelegt, denn hier kann man über den *Grand Canal* gondeln (The Venetian), im Eiffelturm zu Abend essen (Paris-Las Vegas), sich aufs römische Forum

Wasserballett vor dem Bettenhaus des »Bellagio«

begeben (Caesars Palace) oder ein Souvenirfoto vor einer ägyptischen Sphinx knipsen (Luxor) – also, eine Weltreise fürs Wochenende ohne lästige Fremdsprachen, Hitze und Schmutz, dafür aber preiswerter und zeitsparender. Und während italienische Tenöre die Wasserorgien am »Comer See« (Bellagio) untermalen, glühen und sprühen die Vulkanfeuer im Mirage und werden in den ultraschicken Bars des neuen Cosmopolitan Casino die leckeren gleichnamigen Drinks gemixt.

Ein Kontrastprogramm bietet sich in der Umgebung der Spielerstadt mit (nicht künstlichen) feuerroten Felsen in der Red Rock National Conservation Area im Westen und der in der Hitze flimmernden Wasseroberfläche des riesigen Stausees Lake Mead im Osten. Die roten Sandsteinfelsen des Valley of Fire State Park grenzen fast an den See. Sie haben schon in diversen Hollywoodstreifen eine wichtige Rolle gespielt.

1 LAS VEGAS

Was Las Vegas seit langem auf die Beine stellt, degradiert andere US-Fantasy-Hotels zu kleinen Fischen. Nirgendwo sonst in den USA gedeihen die Auswüchse der Freizeitkultur so perfekt wie hier. Anspruchsvolle Kauf- und Essgelüste rangieren neuerdings ganz vorn, noch vor dem Glücksspiel. Unvorstellbar, dass die Stadt einmal als bescheidene Mormonensiedlung begann.

Im Vergleich zu allen anderen US-Metropolen wächst die Stadt in der Wüste am schnellsten. Greater Las Vegas bringt es jetzt auf fast zwei Millionen Einwohner in seinem Einzugsbereich, ganz Nevada, der »Silver State«, gerade mal auf knapp drei Millionen. Jeden Monat ziehen 4000 Amerikaner nach und geraten in den Sog des Boomtown-Fiebers. Mehr und mehr Neubaugemeinden, von Mauern ringsum geschützt, *gated communities*, und neue Golfplätze umlagern die Stadt, erweitern ihre Grenzen und den Wasserbedarf. Und der ist in der Tat ge-

Cowgirl Neon Sign in der Fremont Street

Las Vegas
BOB BASKIN PARK
Kirkland Ave.
Loch Lomond Ave.
Highland Dr.
Western St.
Industrial Rd.
New York Ave.
Philadelphia Ave.
Meadows
Boston
Park
Ave.
Tam Dr.
Fairfield Ave.
Vegas World
Stratosphere Hotel Casino & Tower
Tod Domino
Casablanca
Holy Cow Casino
Paradise Rd.
Santa Clara Dr.
Rexford Dr.
Ellen Way
Canosa Ave.
Bonita Ave.
7th St.
8th St.
9th St.
Howard Ave.
Canosa Ave.
Boni
St. Anne's Catholic School
St. Louis Ave.
BAKER PARK
Maryland Parkway
Chamber of Commerce
Santa Rita Dr.
Santa Ynez Dr.
Beverly Way
6th St.
Sahara Ave.
589
Palace Station
Sahara
Sahara Station
"The Strip"
Hilton Grand Vacations
Wet'n Wild Water Park
Lynnwood St.
Sherwood St.
State St.
WINCHESTER
Bell School
Karen Ave.
Tam O'Shanter West
Tam O'Shanter East
Main Post Office
Guinness World of Records Museum
Fontainebleau
Oakmont Av.
Lake School
15
Circus Circus Ave.
Grand Slam Canyon Adventuredome
Circus Circus
Algiers
Joe W. Brown Dr.
Vegas Valley Dr.
Scandia Fun Center
Fire Station
Riviera Blvd.
Riviera
LV Hilton Station
LAS VEGAS COUNTRY CLUB
Slot's a Fun
Westward Ho
La Concha
Las Vegas Hilton
Pinehurst Dr.
Bel Air Dr.
Strip Station
Echelon
Convention Center Dr.
Royal
Bank of America
Creek Isle Hotel & Casino
Courtyard
Las Vegas Convention & Visitors Information Center
Joe W. Brown Dr.
Bel Air Dr.
Sunrise Hospital
Blair House
Cardiologic Hospital
Las Vegas Blvd. South
American Museum of Historical Documents
Las Vegas Plaza
Desert Inn Rd.
LV Convention Center Station
Desert Inn Rd.
Industrial Rd.
Olympic Blvd.
Lexington St.
Encore
Desert Paradise
Fire Station
The Fashion Show Mall
WYNN LAS VEGAS GOLF COURSE
Country Club Ln.
Sierra Vista Dr.
Best Western Mardi Gras
Thomas School
Wynn
Edison Cir
Spring Mountain Rd.
Crest
Boulevard Mall
Black Canyon Ave.
TI Treasure
Vegas Plaza Dr.
Vagabond
The Venetian
Royal
Elm Dr.
Maryland Square
The Mirage
Madam Tussauds
Sands Expo & Convention Ctr.
Country Club Ln
Sands Ave.
Nevada Banking Museum
Chamber of Commerce
Twain Ave.
MOLASKY FAMILY PARK
White Tiger Habitat
Casino Royal
Koval Ln
Dolphin Habitat
Harrah's
Harrah's/Imperial Palace Station
Westchester Dr.
Howard Hughes Park
North Cir
Verdes St.
Royal Crest St.
Dauphine Way
Imperial Palace
Imperial Palace Auto Collection
Planet Hollywood
Forum Shops
O'Shea's
Flamingo Hilton
Audrie St.
Calcaterra Cir
Palos
Visby Ln
Frank Sinatra Dr.
Caesars Palace
Flamingo/Caesars Palace Station
La Quinta Inn
Albert Ave.
Holiday Inn
Extended Stay America
Flamingo Rd.
Barbary Coast
Bourbon Street
Flamingo Rd
Tuscany Suites & Casino
592
Flamingo Rd.
Bally's Las Vegas
Platinum Hotel
Emerald Springs
Fredda St.
Charlotte Dr.
Terrible's
Fire Station
Atomic Testing Museum
Library
Bellagio
Paris Las Vegas
AuDrie St.
Bally's/Paris Las Vegas Station
Rochelle Ave.
Atrium Suites
Embassy Suites
Swenson St.
A.W. Ham Concert Hall
Judy Bayley Theater
The Cosmopolitan
Planet Hollywood
Koval Ln
Deckow Ln.
Sadie St.
Eashner Dr.
Hard Rock Cafe
Town Hall
Lana Ave.
Hard Rock
Dickinson Library
City Center
Harmon Ave.
Harmon Ave.
Hofbräuhaus
University of Nevada Las Vegas (UNLV)
Dean Martin Dr.
Polo Towers
Bethany's Celebrity Doll Museum
Alexis Park Resort
Monterey Cir
Naples Dr.
Thomas & Mack Center
Marjorie Barrick Museum of Natural History
Monte Carlo
MGM Theme Park
Bermuda Rd.
Rue de Monte Carlo
Manhattan Express
Cox Pavilion
Hampton Inn Tropicana
MGM Grand Hotel & Casino
MGM Grand Station
Koval Ln
Deckow Ln
New York New York
Tropicana Ave.
Tropicana Ave.
Tropicana Ave.
Hooters
America Best Value Inn & Suites
Best Western
Days Inn Airport
Liberace Museum
Howard Johnson
Excalibur
Tropicana
Las Vegas Executive Air Terminal
PARADISE
Fayle Reservoir
Duke Ellington Way
Reno Ave.
Reno Ave.
Econo Inn
Knight's Inn
Dailey School
Luxor
Giles St.
Rent a Car Rd.
Paradise Rd.
King Tut's Museum
Happi
Parkway Inn
Mandalay Bay Rd.
Haven St.
Hacienda Ave.
Mandalay Bay Resort
Warren
Danville Ln
McCarran International Airport
Wayne Newton Blvd.
Ward School
Fire Station
Giles St.
N
International Terminal 2 and Domestic
Four Seasons Dr.
Little Church of the West
Russell Rd.
0
300
600 m
Russell Rd.
Police
Terminal Bldg 1 International Arrivals
Police
Terminal 3
Las Vegas Blvd. South

waltig, auch wenn die Stadt große Anstrengungen unternimmt, am kostbaren Nass zu sparen. Die Hotels und Kasinos dekorieren mit verblüffend echt aussehenden Pflanzen und recyceln das verbrauchte Wasser. Vor allem die privaten Haushalte und ihre Vorgärten schlucken das knappe Wasser, das fast komplett aus dem Colorado entnommen werden muss. Und wer sich am Lake Mead die bedrohlich niedrigen Wasserstände in trockenen Jahreszeiten anschaut, weiß, dass die Stadt ein gigantisches Problem zu lösen hat.

Schild am »Strip« heißt seit 1959 Besucher in Las Vegas willkommen

Neben vielen Neu- und Umbauten hat auch der in die Jahre gekommene alte Vergnügungsbezirk der **Fremont Street** eine Runderneuerung erhalten, mit spektakulären Lichteffekten von weit mehr als zehn Millionen LED-Leuchten. Doch die Musik spielt nach wie vor auf dem Strip.

Trends kommen und gehen wie im Taubenschlag. Nach ein paar Jahren der Familienfreundlichkeit mit Futterkrippen, Verwahranstalten und Spielecken ist inzwischen wieder mehr Verruchtheit angesagt – die Rückkehr zum Image von »Sin City«, von einem elektronischen Sodom und Gomorrha, nicht zuletzt auch, um sich gegen die Sexangebote des Untergrunds besser behaupten zu können. Ob Kindertagesstätte oder Revier für Nachtschwärmer, in jedem Fall bleibt die Stadt ihren vollen Reiseeinsatz wert und verdient mit Shows und Glamour-Sightseeing durchaus zwei oder drei Nächte: *Faites vos jeux!*

SERVICE & TIPPS

Las Vegas Visitor Information Center
3150 Paradise Rd.
Las Vegas, NV 89109
✆ (702) 892-7575 und
1-877-847-4858
www.visitlasvegas.de
Mo–Fr 8–17 Uhr

Bellagio
3600 Las Vegas Blvd. S.
Las Vegas, NV 89109
✆ (702) 693-7111 und
1-888-987-6667
www.bellagio.com
Luxuspalast des Kasino-Königs Steve Wynn mit 8000 Angestellten, 13 Restaurants (darunter das preisgekrönte **Picasso**), Top-Boutiquen an einem riesigen Comer-See-Pool, dessen Fontänen mit musikalischer Begleitung zischend zum Himmel spritzen. Baukosten: 1,6 Mrd. Dollar. Die Düster und gruftig wirkende Kunstgalerie mit Werken französischer Impressionisten als abendländischen Kontrapunkt zum vulgären Alltag des Kasinomilieus.

Entertainment: Mi–So 19 und 21.30 Uhr läuft **»O«** (Cirque du Soleil) – eine Show im, auf und über dem Wasser mit über 70 internationalen Artisten.

Caesars Palace
3570 Las Vegas Blvd. S.
Las Vegas, NV 89109
✆ 1-866-227-5938
www.caesarspalace.com
Das 1966 als erstes Themenhotel in Las Vegas eröffnete und runderneuerte Haus umfasst Kasinos, diverse Restaurants und eine ansprechende Shopping Mall. Celine Dion, Elton John, Rod Stewart und andere

Show: Heirat in Fan-Kostümen

treten hier auf. Neueste Attraktion ist das gigantische 167,7 m hohe Riesenrad High Roller.

Luxor Las Vegas
3900 Las Vegas Blvd. S.
Las Vegas, NV 89119
✆ (702) 262-4000 und
1-877-386-4658
www.luxor.com
30-stöckige Schlaf-, Schlemmer- und Spielpyramide, von einer Sphinx und einem Obelisken bewacht. Fünf Pools, Shops, sehenswerte Titanic-Ausstellung, beliebter Nachtclub. Aufgrund der Schräglage der Seitenwände heißen die *elevators* hier *inclinators*.

MGM Grand Hotel
3799 Las Vegas Blvd. S.
Las Vegas, NV 89109
✆ (702) 891-7777 und
1-877-880-0880
www.mgmgrand.com
Zwölf Restaurants, Superpools, 3000 Spielautomaten. Im Kasino läuft »KÀ«, ein Theaterspektakel des Cirque du Soleil. Es erzählt die Geschichte von Zwillingen, die sich getrennt voneinander auf eine mühevolle Reise begeben. Es verbindet Akrobatik, asiatische Kampfkunst, Multimedia, Puppenspiel und Pyrotechnik (Tickets: ✆ 1-866-740-7711).

The Mirage
3400 Las Vegas Blvd. S.
Las Vegas, NV 89109
✆ (702) 791-7111 und
1-800- 374-9000
www.mirage.com
Einige der neun Restaurants besetzen Spitzenränge. Munteres Super-Aquarium an der Rezeption, Delfinbecken und Heimat der weißen Tiger und Löwen von Siegfried & Roy. Die beiden sind nach dem Angriff eines Tigers auf Roy längst in Rente, auf ihrer Bühne läuft heute die Beatles-Show »Love«.

New York-New York Hotel & Casino
3790 Las Vegas Blvd. S.
Las Vegas, NV 89109
✆ 1-800-689-1797 und
1-866-815-4365
www.newyorknewyork.com
Manhattan im Bonsai-Format (Maßstab 1:3): Nachbildung von Empire State Building, Central Park, Chrysler Building, Ellis Island, Freiheitsstatue oder Brooklyn Bridge. Eine Achterbahn düst wie auf Coney Island durch die Kulisse.

Drinnen warten mehr *slot machines* (2400) als Zimmer (2033) auf Glückssucher. Und als Show gibt es das zahme Erotikspektakel »Zumantiy« vom Cirque du Soleil.

Paris Las Vegas Hotel & Casino
3655 Las Vegas Blvd. S.
Las Vegas, NV 89109
✆ (702) 946- 7000 und
1-877 796 2096
www.parislasvegas.com
Der 760-Mio.-Dollar-Bau mit 4000 Angestellten bietet Replikate von Eiffelturm, Opernhaus, Louvre, Rathaus und Arc de Triomphe, acht Restaurants und ein Shoppingerlebnis entlang der kopfsteingepflasterten Rue de la Paix.

Der Eiffelturm von Las Vegas macht auch bei Tageslicht eine gute Figur

Stratosphere Casino, Hotel & Tower
2000 Las Vegas Blvd. S.
Las Vegas, NV 89104
✆ (702) 380-7777 und
1-800-998-6937
www.stratospherehotel.com
Tower So–Do 10–1, Fr/Sa 10–2 Uhr, Eintritt $ 20/10
Höchster freistehender Aussichtsturm der USA (350 m). Hotel-Kasino-Shopping-und-Entertainment-Komplex mit Drehrestaurant, Lounge und freien Ausblicken auf das Lichtermeer von Las Vegas. Heiratskapellen.

Treasure Island
3300 Las Vegas Blvd. S.
Las Vegas, NV 89109
✆ (702) 894-7111 und
1-800-288-7206
www.treasureisland.com
Sa–Mi 19 und 21.30 Uhr »Mystère by Cirque du Soleil«
Megaresort mit Südseekulisse und der Supershow des Cirque du Soleil, die immer noch als beste Show für Liebhaber der Familienunterhaltung gilt. Phantastische Zirkusnummern mit Clowns, Sängern, Musikern und Trapezkünstler.

The Venetian
3355 Las Vegas Blvd. S.
Las Vegas, NV 89109
✆ (702) 414-1000 und
1-866-659-9643
www.venetian.com
16 Nobelrestaurants, Shoppingstrip und Gondelfahrten, Nightclubs und Konzertbühne mit wechselnden Shows.

Wynn Las Vegas
3131 Las Vegas Blvd. S.
Las Vegas, NV 89109
✆ (702) 770-7000 und
1-877-321-9966
www.wynnlasvegas.com
Finanz-Tycoon Steve Wynn erweitert sein Kasino-Imperium in Las Vegas mit 2,7 Mrd. Dollar um ein neues spektakuläres Hotelkasino. 2716 Zimmer, 18 Restaurants, 137 Spieltische, 1960 Spielautomaten und ein Golfplatz, der einzige am Strip. Hier stand einst das legendäre »Desert Inn«.

Neon Museum
770 Las Vegas Blvd. N.
Las Vegas, NV 89101
✆ (702) 387-6366
www.neonmuseum.org
Tägl. 9.30–20 Uhr, Tour ab $ 20/15 (Schüler), bis 6 J. frei
»Altersheim« für bekannte leuchtende Ikonen aus der Geschichte der Spielermetropole.

CSI: The Experience
Im MGM Grand Hotel & Casino
3799 Las Vegas Blvd S.
Las Vegas, NV 89109
✆ (702) 531-3826
www.lasvegascsiexhibit.com
Tägl. 9–22 Uhr, Eintritt $ 31.50/24.50 (4–11 J.), bis 4 J. frei
Interaktive Präsentation rund um die populäre TV-Serie.

The Mob Museum
300 Steward Ave.
Las Vegas, NV 89101
✆ (702) 229-2734
www.themobmuseum.org
Tägl. 9–21 Uhr
Eintritt $ 24/17 (11–17 J., Studenten), unter 11 J. frei
Filmclips und interaktive Exponate zur Mafia in Las Vegas. In den Hauptrollen Al Capone, Bugsy Siegel oder Jahn Gotti gegen J. Edgar Hoover und Eliot Ness.

Springs Preserve
333 S. Valley View Blvd.
Las Vegas, NV 89107
✆ (702) 822-7700
www.springspreserve.org
Tägl. 9–15 Uhr, Eintritt $ 19/11
Für Kinder und Erwachsene spannend: ein hervorragendes Ökomuseum mit botanischem Garten, das die Wüstennatur und die Stadtentwicklung erläutert und in Perspektive setzt.

The Venetian – Klein-Venedig in Las Vegas

»Vegas Vic«, der schmauchende Cowboy, ist ein Wahrzeichen von Las Vegas

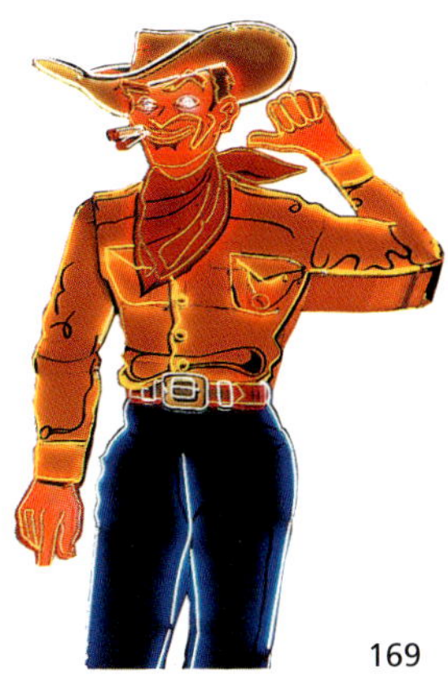

Neonwerbung einer bekannten Restaurantkette in Las Vegas

Gleich nebenan liegt das neue, ebenfalls lohnenswerte **Nevada State Museum**.

CityCenter
3730 Las Vegas Blvd. S.
Las Vegas, NV 89109
✆ (866) 722-7171
www2.citycenter.com/vision
Ein riesiger, 10 Mio. $ teurer Komplex um das Aria-Kasino aus mehreren Hotels mit zusammen fast 5000 Zimmern direkt im Herzen des Strip. Sehenswert: die super-elegante Shoppinggalerie Crystals mit zackigem Dachdesign vom Star-Architekten Daniel Libeskind. Zahlreiche sehr gute Restaurants im und um das Aria-Kasino.

The Cosmopolitan
3708 Las Vegas Blvd. S.
Las Vegas, NV 89109
✆ (702) 698-7000 und 1-877-551-7778
www.cosmopolitanlasvegas.com
Ein neuerer Turm am Strip. Mit 3000 riesengroßen Zimmern, einem dreistöckigen Kristalllüster mit eingebauten Bars in der Lobby, zahlreichen Trendrestaurants und schönem Pooldeck über dem Las Vegas Strip. Hervorragendes Buffetrestaurant.

Julian Serrano
3730 Las Vegas Blvd. S.
Las Vegas, NV 89109
✆ 1-877-230-2742
www.aria.com, tägl. 11.30–22.30, Fr/Sa bis 23 Uhr
Wie auf einer offenen Terrasse sitzt man hier im Kasinohotel Aria bei sehr leckeren spanischen Tapas. $$–$$$

Palm Restaurant
3500 Las Vegas Blvd. S. (The Forum Shops at Caesars)
Las Vegas, NV 89109
✆ (702) 732-7256
www.thepalm.com
Tägl. 11.30–23 Uhr
Kleine Nischen, europäischer Touch. Meeresfrüchte (Hummer) und Steaks sind die Stärken der Küche. $$–$$$

SushiSamba
3327 Las Vegas Blvd. S.
Las Vegas, NV 89109
✆ (702) 607-0700
www.sushisamba.com
Tägl. 11.30–1, Do–Sa bis 2 Uhr
Schickes Lokal im eleganten Palazzo-Kasinohotel mit japanisch-brasilianischer Küche. Nachtclub daneben. $$–$$$

Toby Keith's I Love this Bar & Grill
3475 Las Vegas Blvd. S.
Las Vegas, NV 89109
✆ ((702) 369-5000
www.caesars.com/harrahs-las-vegas
Tägl. 11.30–2, Fr/Sa bis 3 Uhr
Burger, Rippchen und andere amerikanische Kost in einem etwas versteckten Lokal im Harrah's-Kasino. Fast jeden Abend ab 21 Uhr Livemusik mit guten Countrybands. $$

Le Pho
353 E Bonneville Ave. & 115
Las Vegas, NV 89101
✆ (702) 382-0209
www.lephodtlv.com
Mo–Fr 11–22, Sa/So bis 20 Uhr
Vietnamesische Pho (Hühnchen-Nudel)-Suppe und diverse fernöstliche Kleinigkeiten. Lunch und Dinner. $–$$

Ricardo's Mexican Restaurant
4930 W. Flamingo Rd. (Decatur)
Las Vegas, NV 89103
✆ (702) 227-9100
www.ricardosoflasvegas.com
Tägl. 24 Std. geöffnet
Eins der besten mexikanischen Restaurants in Las Vegas.
$–$$

The Fashion Show Mall
3200 Las Vegas Blvd. S. & Spring Mountain Rd.

Las Vegas, NV 89109
✆ (702) 369-8382
www.thefashionshow.com
Mo–Do 10–21, Fr/Sa 9–22, So 10–20 Uhr
Hell und ansprechend: führende Warenhausketten und über 100 z.T. recht gute Spezialgeschäfte, Cafés und Restaurants.

The Forum Shops at Caesars Palace
3500 Las Vegas Blvd. S.
✆ (702) 893-4800
www.simon.com/mall/the-forum-shops-at-caesars-palace
Tägl. 10–23, Fr/Sa bis 24 Uhr
Internationale Designerboutiquen und schicke Restaurants – eine architektonische Fantasie darüber, wie man sich im digitalen Zeitalter »die alten Straßen von Rom« vorstellt: mit Piazza, pseudo-antikem Figurenprogramm am Zierbrunnen und Lasershow unter pastellfarbenem Firmament aus zarter Lüftlmalerei.

Las Vegas North Premium Outlets
875 S. Grand Central Pkwy.
Las Vegas, NV 89106
✆ (702) 474-7500
www.premiumoutlets.com
Mo–Sa 9–21, So bis 20 Uhr
Großes Shoppingcenter in der Nähe der Downtown, auch gut per Bus zu erreichen, mit allen großen amerikanischen Marken. Ein zweites Outletcenter liegt am Südende des Strip.

Feste
Irische Musik begleitet die **St. Patrick's Day Parade** zu Ehren des irischen Nationalheiligen (März). Die **Las Vegas Helldorado** erinnern an die Wildwesttage von Las Vegas (Mai); **Nevada Day Parade** (Okt.); das **National Finals Rodeo** gilt als eins der wichtigsten Rodeos im Westen (Dez.). Tickets online: www.ticketmaster.com

Ausflugsziel:

Red Rock Canyon Visitor Center
1000 Scenic Loop Dr.
Las Vegas, NV 89161
✆ (702) 515-5367
www.redrockcanyonlv.org
Park April–Sept. tägl. 6–20, Okt. und März bis 19, sonst bis 17 Uhr
Visitor Center tägl. 8–16.30 Uhr, Eintritt pro Auto $ 15
Felsformationen aus rotem Sandstein und Wüstenlandschaft zum Reiten und Wandern, rund 18 Meilen westlich vom Las Vegas Strip.

MAKE MONEY THE OLD-FASHIONED WAY. GRAB IT
(Autoaufkleber)

Viele Wanderwege erschließen den Red Rock Canyon

❷ LAKE MEAD/HOOVER DAM

Ringsum ist Las Vegas mit attraktiven Ausflugszielen gut versorgt. In südlicher Richtung führt der Expressway 515 schnell in stillere Wüstenwelten. Schon beim Ortsausgang von Boulder City kommt der **Lake Mead** in Sicht und die allerdings etwas steinigen Ufer von **Boulder Beach** bieten die erste Chance, ins kühle Nass zu hüpfen und am Strand zu picknicken.

Wenig später entfaltet sich der mit Hochspannungsmasten und -drähten vernetzte steile Canyonrand des Colorado River, der hier vom massiven **Hoover Dam** reguliert wird, 1931–36 erbaut und weltweit einer der höchsten seiner Art (242 m). In der Spitzenbauzeit waren hier mehr als 5000 Arbeiter Tag und Nacht tätig. Fast 100 Menschen starben und im Schnitt gab es täglich 50 Verletzte. Die sieben Millionen Tonnen Beton, die in den 46 Monaten verbaut wurden, hätten ausgereicht, eine zweispurige Straße von Miami bis Los Angeles anzulegen. Aufzüge führen zu den 17 Megaturbinen des E-Werks hinunter, das heute vier Milliarden Kilowattstunden im Jahr liefert.

Jenseits des Damms beginnt Arizona. Per Auto darf man allerdings nicht mehr über den Damm, sondern muss zurück zum Highway 93 und über die neue Brücke weiterfahren. Die Straße folgt dem Fluss, dem **Black Canyon** – mit schönen Ausblicken auf die wilde Canyonlandschaft: im Winter eine beschauliche Autotour, zwischen Frühjahr und Herbst ein Ausflug zu ungewöhnlichen Wasser- und Badefreuden. **Willow Beach** garantiert dafür. Die felsumstellte Oase bietet alles, was das sportliche Herz begehrt: Strand, eine Marina mit Tret- und Motorbooten, Kayaks und Kanus, die man hier leihen kann, um die Schluchten des Colorado über 80 Kilometer hinunterzufahren; Angelplätze unter Palmen und Oleanderbüschen; außerdem ein Restaurant und Campingmöglichkeiten (www.willowbeachharbor.com).

Wasserspeicher und Naherholungsgebiet: Lake Mead

Der gigantische Hoover Dam staut seit seiner Fertigstellung 1936 den Colorado River zum Lake Mead

SERVICE & TIPPS

Hoover Dam Visitor Center
Boulder Hwy. (SR 93)
✆ (702) 494-2517 und
1-866-730-9097
Tägl. 9–18 Uhr
Zugang zum Damm und 30-minütige Power-Plant-Tour $ 15/12 (4–17 J.), unter 3 J. frei, Parkgebühr $ 10
Modernes Visitor Center mit großem Parkhaus. Einer der höchsten Staudämme der Welt, staut den Colorado zum **Lake Mead**. Aufzüge führen zum E-Werk hinunter (Gebühr). Unten ist die Mauer 220 m dick, oben 14 m.
Anfahrt von Las Vegas (Ausschilderung beachten): US 93 nach Süden über Henderson und Boulder City (55 km).

Lake Mead National Recreation Area
601 Nevada Hwy. (6 mi auf SR 166 nordöstl. von Boulder City)
✆ (702) 293-8990 (Visitor Center)
www.nps.gov/lake
See tägl. 24 Std.
Visitor Center tägl. 9–16.30 Uhr
Parkeintritt $ 25 pro Auto, 7 Tage gültig
Ausflug von Las Vegas (40 km entfernt). Stausee zur Kontrolle von Überschwemmungen und Dürreperioden und zur Energiegewinnung.

1323 km Ufer mit mehreren Marinas. Wasserski, Bootsverleih (Haus-, Motor-, Paddelboote), Angeln.

Der Lake Mead hat mehrere Marinas für Freizeitkapitäne und ihre Boote

❸ VALLEY OF FIRE

Von Las Vegas entweder direkt über I-15 nach Norden, SR 169 rechts oder (als Fortsetzung des Ausflugs zum Hoover Dam) über die szenisch sehr ansprechende Route am Lake Mead entlang: von der SR 166 ein kleines Stück über die SR 147 auf die SR 167 und dann den Schildern nach.

In **Overton Beach** kann man baden und etwas essen, dann folgt ein reich gestaffeltes Bergpanorama, dessen Formationen wie glühendes Lavagestein aussehen und bei denen Hobby-Geologen schnell ins Schwelgen geraten. Die rötliche Steinwelt hat seit nunmehr (geschätzten) 150 Millionen Jahren ihre prähistorischen Zeitgenossen – Dinos, dazu viel später Basket Makers, Anasazi und Paiute – prächtig überlebt und scheint auch für die Zukunft gerüstet, denn schon mehrfach mussten die alten Steine als Filmkulisse für »Star Trek« herhalten.

Bei den **Seven Sisters** steigert nachmittags das abnehmende Licht die Wirkung der natürlichen Umwelt: Harte Konturen verklären sich langsam, bis schließlich die Umrisse und Farben im Dunkeln entschwinden. Bei den **Beehives** (den »Bienenkörben« oder Sandsteindomen) kann man durch die grün kontrastierenden Creosote-Büsche laufen. Kinder lieben es, in und auf den Steinen herumzukrabbeln.

Oberhalb vom Visitor Center bietet die **Rainbow Vista** ein schönes Panorama, und vom Parkplatz von **Mouse's Tank** führt ein Pfad durch den **Petroglyph Canyon** mit eindrucksvollen indianischen Felszeichnungen. Wer bis zu **Mouse's Tank** durchhält, trifft auf ein natürliches Sammelbecken für Regenwasser, einst das Versteck eines indianischen Outlaws.

SERVICE & TIPPS

Valley of Fire State Park
SR 169, Overton, NV 89040
✆ (702) 397-2088
www.parks.nv.gov/parks/valley-of-fire-state-park/
Park tägl. von Sonnenauf- bis Sonnenuntergang
Visitor Center tägl. 8.30–16.30 Uhr
Eintritt $ 10 pro Auto
Wanderwege, Picknick, versteinerte Bäume *(petrified wood)*, indianische Petroglyphen. Camping.

Der Elephant Rock im Valley of Fire

Rote Felsen und glühende Hitze: Valley of Fire

UTAH – DER SÜDEN

STEINREICH UND FELSENFEST

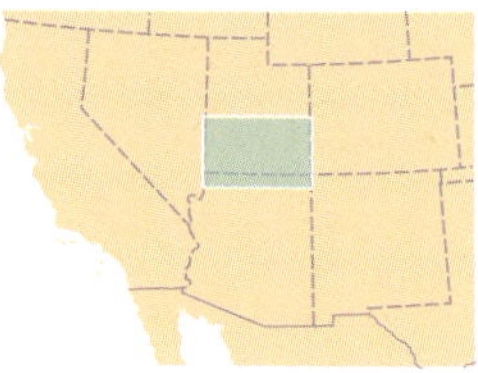

Hierhin, in den Bundesstaat mit den gewaltigen Felsmonumenten und Nationalparks, hat es die Verfolgten letztlich geführt – die Mormonen, deren Kirche, die »Church of Jesus Christ of Latter-day Saints« (LDS), 1830 in Fayette, im Staat New York, gegründet wurde und die als eine der ungewöhnlichsten Religionsgemeinschaften in den USA des 19. Jahrhunderts gelten kann. Ihr Selbstverständnis basiert auf dem »Book of Mormon« des New Yorker Bauernbubs Joseph Smith, Jr., der träumte, von einem Engel zu vergrabenen goldenen Schrifttafeln geführt worden zu sein, deren Symbole Smith übersetzte und zum »Buch Mormon« machte. Es handelt vom Schicksal eines alten Volkes aus dem Nahen Osten, das nach Amerika auswandert – eine Fortschreibung der biblischen Geschichte auf US-Boden.

Nach der (erzählten) Umsiedlung in die Neue Welt begann daselbst die tatsächliche, denn wo immer sich die Mormonen niederließen (u.a. in Ohio, Illinois, Missouri) gab es Ärger und Streit, Mord und Totschlag, verursacht

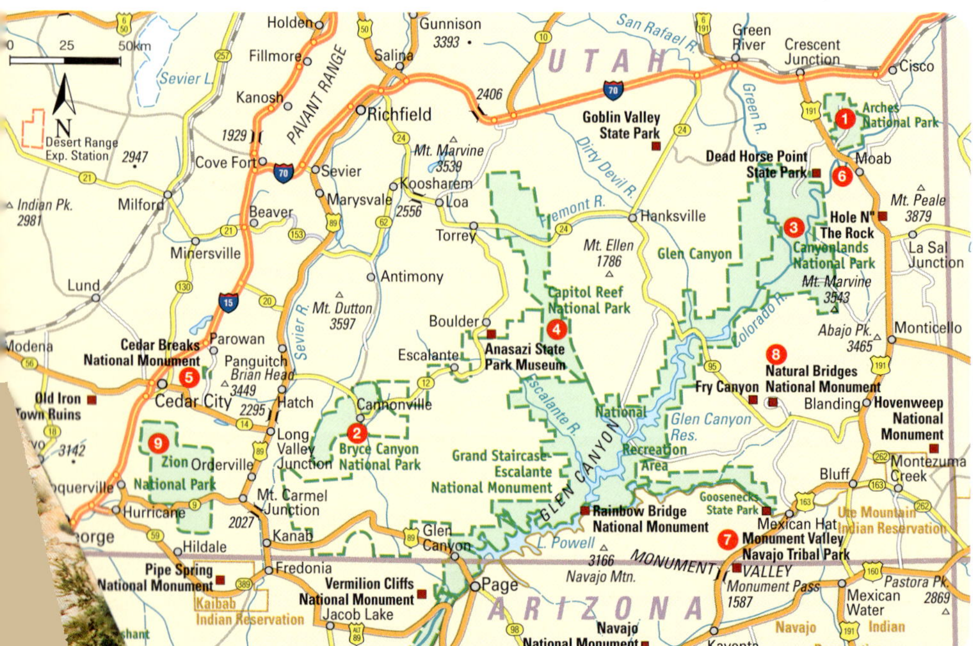

Balanced Rock im Arches National Park

meist durch Furcht vor ihrer ökonomischen Stärke, ihrer Wählerblockbildung, ihrem religiösen Exklusivanspruch, ihrer Polygamie und ihrer Opposition gegen die Trennung von Staat und Kirche. 1844 wurde Smith in Illinois ermordet, ausgerechnet in dem Jahr, in dem er sich um das Amt des US-Präsidenten bewerben wollte.

Bald nach seinem Tod brachen 15 000 Mormonen unter Führung des *frontiersman* und neuen Propheten Brigham Young nach Westen auf und gründeten 1848 am Großen Salzsee Salt Lake City den Staat »Deseret«, das »Land der Honigbiene«, wie es im »Buch Mormon« steht. Neben den Geburtstagen von John Smith und Brigham Young feiert man in Utah nach wie vor den 24. Juli als Pioneer Day, den Tag, an dem der Treck das Gelobte Land am Salt Lake erreichte. Und auch dem Symbol des Bienenkorbs (der fleißigen Bienen) hält man im »Beehive State« die Treue.

Als die Siedler eintrafen, gehörte das Land zu Mexiko. Erst 1848, mit dem Friedensschluss von Hidalgo, fiel das Territorium an die USA. Aber auch dieser Exodus hatte Schattenseiten, denn auf ihrem Weg nach Westen blieben die Mormonen weiterhin unbeliebt, weil sie stets in großen Massen anrückten, alles aufkauften, besetzten und politisch unter ihre Fuchtel zu bekommen suchten.

Im Gleichtritt durchs felsige Utah

»Ein verdammter Ort, wenn einem hier eine Kuh durchgeht.« (Ebenezer Bryce, Mormonensiedler)

Die Bundesregierung misstraute der Staatsgründung am Salzsee und sandte 1857 sogar Truppen ins Land, um die Heiligen zur Ordnung zu rufen. Ein offener Krieg wurde zwar vermieden, aber es gab Übergriffe und Tote.

Als sich im Zuge ihrer Siedlungserfolge durch Fleiß, Sauberkeit und Solidarität Wüsten in blühende Gärten verwandelten und strittige Grundsätze wie die Vielweiberei offiziell abgeschafft wurden, stabilisierte sich die Lage. 1896 endlich wurde das »Territory of Utah« als Bundesstaat in die Union aufgenommen. In der Folgezeit lockerte sich die strenge Linie dieser im Grunde konservativen Christen, die durch ihr kommunales Handeln und ihre autoritäre Kirche von Anfang an konträr zum romantisierenden Individualismus amerikanischer Protestanten stand. Gleichwohl überlebt ihr missionarischer Eifer, was ihre Mitgliederzahl bis heute auf 15 Millionen weltweit, von denen etwa sechs Millionen in den USA leben, gesteigert hat.

Inzwischen verhalten sich die meisten Mormonen im alltäglichen Leben weit pragmatischer, als es die Dogmen aus dem kirchlichen Hauptquartier in Salt Lake City, dem »LDS-Vatikan«, vorsehen. Polygamie ist schon seit langem offiziell nicht mehr gestattet. Die Geburtenrate sinkt (Brigham Young hinterließ noch 27 Frauen und 56 Kinder), Kondome sind diskret erlaubt, Scheidungen zumindest nicht mehr verboten, so dass ihre Rate inzwischen im nationalen Durchschnitt liegt. Auch der sogenannte *code of health* – kein Tee, kein Kaffee, kein Alkohol, kein Tabak – hat recht viele Schlupflöcher bekommen.

Felsnadeln im Bryce Canyon National Park

Tiefe Blicke im hohen Bogen – im Arches National Park

❶ ARCHES NATIONAL PARK

Was von einer USA-Reise hinterher wirklich hängen bleibt, das sind oft die Wanderungen. Kaum ein Stopp am View Point hinterlässt so dauerhafte Eindrücke wie jene, die man zu Fuß gesehen und erlebt hat. Und es gibt wenige Nationalparks, auf die dies mehr zuträfe als auf die fragilen Sandsteinbögen und felsigen Nadelöhre, die im Arches National Park beisammenstehen. Wie oft im Südwesten haben auch hier Wasser und extreme Temperaturunterschiede die Sandsteinskulpturen geformt. Der beliebteste Trail führt zum **Landscape Arch**; Konditionsstärkere legen noch einen Gang zu: zum **Double-O Arch**. An der Wolfe Ranch beginnt der Weg zur bekanntesten Steinbrücke des Parks, dem **Delicate Arch**.

SERVICE & TIPPS

Arches National Park
Visitor Center 5 mi nördl. von Moab
✆ (435) 719-2299
www.nps.gov/arch
Park 24 Std. geöffnet
Visitor Center tägl. 9–16, März/April 8–16.30 Uhr
Eintritt $ 30 pro Auto, ohne Auto $ 15 pro Pers., 7 Tage gültig
Im Sommer kann es sehr heiß werden, so dass man Wanderungen auf den Morgen oder Abend verlegen sollte. Picknickplätze gibt es u.a. am **Devil's Garden Trailhead** und am **Delicate Arch Viewpoint**.

Im Besucherzentrum registriert man sich auch für die Fiery Furnace Hikes, die tägl. April–Sept. stattfinden, Dauer 3 Std., $ 16/8 (5–12 J.), Reservierung nötig unter www.recreation.gov.

Bighorn Sheep im Arches National Park

❷ 6 BRYCE CANYON NATIONAL PARK

Die ebenso märchenhaften wie kariösen Zahnsteinhälse *(hoodoos)* sind für den Bryce Canyon National Park ebenso charakteristisch wie dessen Wälder und Weiden. Wegen seiner Höhenlage von bis zu 2700 Metern am Canyonrand ist die Fernsicht in Bryce überdurchschnittlich gut (besonders im Winter) und die Temperaturen sind auch im Sommer angenehm.

Von unten wirken die bizarren Zinnen noch beeindruckender als aus der Panoramasicht vom Canyonrand. Sie resultieren aus einer inzwischen mehr als 60 Millionen Jahre dauernden Erosion, als Seen und Flüsse mit ihren Ablagerungen begannen, die Erde sich anhob, um das riesige Colorado Plateau zu bilden, zu dem die meisten Nationalparks in Utah, Colorado, New Mexico und Arizona gehören. Enormer Druck brach das Plateau in fragmentarische Klumpen, deren Ränder und Enden durch Wind und Wetter, Regen, Eis und Schnee ebenso malträtiert und ausgefressen wurden wie durch die Flüsse: hier in erster Linie durch die Nebenarme des Paria River, der nach 150 Kilometer langem Lauf in den Colorado mündet. Die Bezeichnung »Canyon« stimmt bei Bryce ja eigentlich gar nicht; im Grunde besteht er aus einer an ihren Rändern heftig ausgefransten, hufeisenförmigen Schüssel.

Auf den Spuren von Butch Cassidy: Ausritt im Bryce Canyon

Anders als die Erdgeschichte ist die der menschlichen Besiedlung auf ein Puzzle dürftiger Spuren angewiesen. Es gibt kaum Hinweise auf die Anasazi und auch nur wenige auf die Paiute. Erst als die LDS-Pioniere sich an die Stelle der indianischen Bevölkerung setzten, profiliert sich die neuere Landesgeschichte. Anfangs durch einen gewissen Ebenezer Bryce, der 1875 als schottischer Emigrant und Siedlungsführer ins Paria-Tal kam, so dass der Canyon hinter seiner Hütte bald den Namen weg hatte: Bryce's Canyon. Seit die Schluchten von Bryce als Nationalpark firmieren (1928), ist der Apostroph verschwunden; stattdessen hat man, wie auch in Zion, das halbe Weltkulturerbe bemüht, um die Naturwunder sprachlich in den Griff zu bekommen – von »Thors Hammer« durch den »Garten der Königin« bis zum »Tempel der Osiris«.

SERVICE & TIPPS

Bryce Canyon National Park
Östl. der Kreuzung SR 12 & US 89 an SR 63
Bryce Canyon, UT 84717
© (435) 834-5322
www.nps.gov/brca
Eintritt $ 35/Auto, ohne Auto $ 20/Pers., bis 15 J. frei, 7 Tage gültig, Park 24 Std. geöffnet
Visitor Center tägl. im Sommer 8–20, im Frühling/Herbst bis 18, im Winter bis 16.30 Uhr
Mit kleinem interessanten Museum. Noch gibt es die Möglichkeit, den Park mit dem eigenen Auto zu erkunden, es steht aber auch schon ein kostenloser Shuttlebus zur Verfügung.

Wandervorschläge
Vom Sunrise Point aus: den **Queen's Garden Trail** über 2,5 km (1–2 Std.) oder den **Navajo Trail** über 3,5 km (1–2 Std.).

Bryce Canyon Airlines & Helicopters
26 S. Main St. (Ruby's Inn)
Bryce Canyon City, UT 84764

✆ (435) 834-5341/1-866-866-6616
www.rubysinn.com
Hubschrauberflüge über die Ostflanke des Canyon, 15 Min. bis 3 Std., $ 80–250.

Garfield County Office of Tourism
55 S. Main St.
Panguitch, UT 84759
✆ (435) 676-1160 und 1-800-444-6689
www.brycecanyoncountry.com
Mo–Fr 9–12 und 13–17 Uhr

Cowboy's Smoke House
95 N. Main St.
Panguitch, UT 84759
✆ (435) 676-8030
Mo–Sa 8–21 Uhr
Rustikales und mit vielen Hirschgeweihen dekoriertes Esslokal mit Mesquite-Grill und Western-Outfit. Am Wochenende Western-Livemusik. Lunch $, Dinner $–$$

Flying M Restaurant
614 N. Main St.
Panguitch, UT 84759
✆ (435) 676-8008
Tägl. 7–21 Uhr
Klassisches, alteingesessenes Lokal in dem kleinen Mormonenort nördlich des Parks. Solide amerikanische Kost. $–$$

Ausflugsziele:

Grand Staircase-Escalante National Monument
40 mi östl. von Panguitch auf SR 12, 755 W. Main St.
Escalante, UT 84726
✆ (435) 826-5499
www.utah.com/grand-staircase-escalante
Monument 24 Std. geöffnet
Visitor Center tägl. 8–17.30 Uhr, Winter bis 16.30 und Sa/So geschl.
Das zerklüftete Gebiet um den Escalante und Paria River wurde 1996 zum Naturreservat erklärt: faszinierende Felslandschaft, schöne Wasserfälle, Dino-Fossilien. 2017 wurde das geschützte Gebiet in Folge einer Anordnung Präsident Trumps um die Hälfte verkleinert.

Anasazi State Park Museum
SR 12, Boulder, UT 84716
✆ (435) 335-7308
www.stateparks.utah.gov
April–Okt. tägl. 8–18, sonst bis 16 Uhr, Eintritt $ 5, Familien $ 10
Ein Grund, die Ranching Town Boulder (nicht zu verwechseln mit der gleichnamigen Stadt in Colorado) zu besuchen, sind Ausgrabungen der University of Utah aus den Jahren 1958/59: Etwa 80 Räume eines 800 Jahre alten Anasazi-Dorfes, der Nachbau einer Wohnung und ein kleines Museum veranschaulichen den Wohnbau der indianischen Ureinwohner.

Felsstücke flankieren den Weg durch das Grand Staircase-Escalante National Monument

❸ CANYONLANDS NATIONAL PARK

Alm-Szenen mit weidendem Vieh und schönen Ausblicken auf die alpinen La Sal Mountains begleiten die Anfahrt zum Canyonlands National Park, dessen Hoheitsgebiet sich im Wesentlichen auf das karge Terrain am Zusammenfluss von Green und Colorado River erstreckt. Das weitläufige Felsszenario ist dreigeteilt, wobei der nördliche Teil, die **Island In The Sky**, Moab am nächsten liegt. Weiter südlich dehnt sich das von Monticello erreichbare Gebiet der **Needles** aus, während die abgelegene **Maze** überhaupt nur zu Fuß oder mit einem 4-Wheel-Drive zugänglich ist. Dennoch, an kurzen Wegen und langen Wanderungen herrscht kein Mangel. Das Visitor Center informiert.

Am Island In The Sky bietet ein kurzer Abstecher zum **Green River Overlook** gute Aussichten auf den Fluss. Wer noch ein Stückchen weiterfährt, kann einen Blick auf den kraterförmigen **Upheaval Dome** werfen – möglicherweise Spuren eines frühen Meteoriteneinschlags. Der **Grand View Overlook** liegt am äußersten Ende der Reihe der *Vista Points* und entfaltet eine marode Urlandschaft, in der die Felskamine wie kariöse Zahnhälse aus dem Tal aufragen. Wer ihnen näher kommen will, benutzt von hier aus den Wanderweg – ein müheloser Spaziergang ohne Steigungen bis an den Rand der »Insel«.

Der **Dead Horse Point** liegt immerhin auch fast 2000 Meter hoch. Er zählt zweifellos zu den spektakulärsten Flussschleifen des Colorado. Im vorigen Jahrhundert rasten hier wilde Mustangs durchs Gelände. Sein Name erinnert an diejenigen, die auf dem Plateau verdursteten.

Wer dem Abgrund zu nahe kommt, dem kann leicht schlecht werden. Anderen dagegen reicht der bloße Augenschmaus der dramatischen Aussichten nicht; sie stürzen sich mit ihren *hang gliders* lieber in die Tiefe. Unten erkennt man zwei blaue Seen.

Wanderung im Needles District des Canyonlands-Nationalpark

Sie haben etwas mit den dort lagernden sogenannten *pot ashes* zu tun, die dadurch, dass man Wasser in die Senke pumpt, aus der ehemaligen Mine herausgesogen werden. Durch die Verdunstung des Wassers gewinnt man diese Substanz, einen wesentlichen Bestandteil von Kunstdünger.

SERVICE & TIPPS

Canyonlands National Park
2282 S. W. Resource Blvd.
Moab, UT 84532-8000
✆ (435) 719-2313
www.nps.gov/cany
Park 24 Std. geöffnet
Hans Flat Ranger Station tägl. 8–16.30 Uhr
Eintritt $ 30 pro Auto, ohne Auto $ 15 pro Pers., bis 15 J. frei, 7 Tage gültig
Im Park gibt es zwei Campgrounds, Squaw Flat bei The Needles und Willow Flat bei Island In The Sky.

Dead Horse Point State Park
32 mi südwestl. von Moab, UT
✆ (435) 259-2614
Campingreservierung:
✆ 1-800-322-3770
www.stateparks.utah.gov
Tägl. Park 6–22, Visitor Center tägl. 9–17 Uhr
Eintritt $ 20 pro Auto, $ 4 pro Pers., 3 Tage gültig

Fast 2000 Meter hoch: Dead Horse Point mit Colorado River beim Canyonlands National Park

❹ CAPITOL REEF NATIONAL PARK

Die Sandsteinklippen im Wüstenhochland des Capitol Reef zählen zu den spektakulärsten und farbigsten Faltungen des Colorado Plateau – eine über 160 Kilometer lange, sogenannte Waterpocket Fold voller Pools, die jede Menge Regenwasser hamstern können. Bereits in der Nähe des Visitor Center ragen die über 300 Meter hohen, bunten Felskamine, die die Navajo für einen »schlafenden Regenbogen« hielten, über den Fremont River hinaus. Im Tal blühen und reifen je nach Jahreszeit die Obstbäume. Kirschen, Äpfel und Birnen, Pfirsiche, Aprikosen, Maulbeeren und Pflaumen: eine Art Red Rock Eden – späte Früchte von **Fruita**, einer Mormonensiedlung, die hier seit den 1880er Jahren bis weit ins vorige Jahrhundert hinein bestand und von der nur noch Ruinen erhalten sind. Die Schule, eine Scheune und einige andere Gebäude hat man restauriert.

Erheblich spärlicher als die Merkmale dieser »historischen Landschaft« sind die Spuren früherer Siedler, die der Indianer der sogenannten Fremont Culture des 9. Jahrhunderts, die, offenbar mit den Anasazi verwandt, hier Ackerbau betrieben, jagten und in Gruben- bzw. Erdhäusern lebten. Reste kann man noch vom **Hickman Bridge Trail** erkennen. Das Wasser war der Grund für ihr Kommen. Aber warum verschwanden sie? Es existieren, wie oft, mehrere Theorien: Es sollen Trockenperioden oder Stammesfehden gewesen sein, vielleicht beides.

Außer der Fahrt über den **Scenic Drive** gibt es vielerlei Möglichkeiten, der Steinwelt zu Fuß zu Leibe zu rücken: etwa den vom Wasser glattpolierten Steinwänden des **Grand Wash** zu folgen oder (am Ende des Drive) in die **Capitol Gorge** zu laufen – eine leichte, kaum mehr als halbstündige Wanderung vorbei an prähistorischen Felszeichnungen und »Wassertaschen«.

Beliebtes Fotomotiv: Fruita Farm im Capitol Reef National Park

SERVICE & TIPPS

Capitol Reef National Park
Torrey, UT 84775
✆ (435) 425-3791
www.nps.gov/care/
Park 24 Std. geöffnet
Visitor Center im Sommer tägl. 8–18, sonst 8–16.30 Uhr
Eintritt $ 30 pro Auto, $ 15 pro Pers., bis 15 J. frei, 7 Tage gültig
Visitor Center am Hwy. 24 am Nordende des Parks.
Aktivitäten wie Klettern, Jeeptrips, z. B. über die Burr Trail Road oder ins Cathedral Valley, und zahlreiche Wanderwege: durch die **Capitol Gorge** oder hinauf in Richtung **Golden Throne**, was etwas anstrengender ist und wofür man etwa zwei Stunden rechnen sollte – aufwärts vom Grund der Schlucht auf das Dach der Klippen am Fuß des »Goldenen Thron« mit schönen Ausblicken.

Cafe Diablo
599 W. Main St.
Torrey, UT 84775
✆ (435) 425-3070
www.cafediablo.net
April–Okt. tägl. 15–21 Uhr
Nettes Bistro mit sehr guter Southwest Cuisine, kleine Terrasse. Cocktails. $$$

Capitol Reef Inn & Cafe
360 W. Main St.
Torrey, UT 84775
✆ (435) 425-3271
www.capitolreefinn.com
Nettes Hotel mit gemütlichem Restaurant und gutem, vielfältigen Speiseangebot. $$

Wanderer im Capitol Reef National Park

5 CEDAR BREAKS NATIONAL MONUMENT

Das Cedar Breaks National Monument nimmt eine Spitzenstellung unter den Parks in Utah ein. Die Region liegt über 3000 Meter hoch, was im Sommer angenehm kühle Temperaturen, für wenig Trainierte aber zuweilen auch Kreislaufprobleme wegen der dünnen Luft mit sich bringen kann. »Kreis der bemalten Klippen« nannten die Indianer dieses in Millionen Jahren aufgeschichtete und erodierte Felskolosseum, das die ersten Siedler in »Cedar Breaks« umtauften – wegen der vielen Juniperbäume und *bristlecone pines* am Beckenrand.

»Breaks« steht für *badlands* und meint mehr oder weniger bizarr erodiertes Ödland mit karger Vegetation. Die Farbe des zerklüfteten Steinpanoramas aus Türmen, Bögen, Säulen und verwinkelten Canyons schwankt zwischen Rot-, Lila- und Gelbtönen, je nach Tageszeit und Lichteinfall.

Im späten Frühjahr nach der Schneeschmelze und bis zu den Sommermonaten bieten die blühenden Bergblumen ein traumhaftes Bild. **Point Supreme** heißt der Aussichtspunkt nicht weit vom Besucherzentrum wegen seiner herrlichen Ausblicke.

Bristlecone Pine

SERVICE & TIPPS

Cedar Breaks National Monument
2390 W. Hwy. 56, Suite 11
(Superintendent)
Cedar City, UT 84720
✆ (435) 586-9451
www.nps.gov/cebr/
Park 24 Std. geöffnet
Visitor Center Juni–Mitte Okt. tägl. 9–18 Uhr, sonst geschl.
Eintritt $ 7/Pers., unter 16 J. frei
Campingplatz in der Nähe von Point Supreme. Der Pfad am Rand des »Amphitheaters« ist 8 km lang und führt auch zu den Bristlecone Pines.

6 MOAB

Moab, landschaftlich schön gerahmt, eine grüne Oase, gefällig umgeben von erodierten Rotlingen, ist ein wahrlich erfreulicher Fleck, um den Colorado River zu überqueren. Das fanden schon Mitte des 19. Jahrhunderts Mormonen-Missionare und gründeten deshalb genau hier ihre Siedlung, trotzten den Indianern und gingen landwirtschaftlich zu Werke. Sie brauchten dann immerhin bis 1903, bis ihnen die Stadtrechte zugesprochen wurden.

In Moab kommen die Fans des »Abseiling« auf ihre Kosten

Aber nicht nur fromme Siedler schrieben hier Geschichte. Auch Butch Cassidy und andere Gangster und Outlaws hinterließen ihre Spuren – mit ein Grund vielleicht, dass Moab und Umgebung später so oft als Schauplatz von Westernliteratur und Filmen gefragt waren. Viele Romane von Zane Grey und ungezählte Hollywoodstreifen bedienen sich der Felskulissen: etwa »Rio Conchos«, »Indiana Jones« oder »Thelma und Louise«.

Unabhängig von den Fiktionen erweckten Uranfunde in den 1950er Jahren die Stadt aus ihrem landwirtschaftlichen Halbschlaf zum Aufbruch in die Hektik des Minengewerbes. Doch bald ging dem Uran-Boom die Luft aus. Nur beträchtliche Vorräte an Öl und Potasche blieben erhalten.

Auf den Besucher macht das kleine Städtchen (5200 Einw.) in rund 1300 Metern Höhe am Fuße der La Sal Mountains einen überaus belebten und offenen Eindruck. Es ist nach typischer Mormonenart in großen quadratischen Häuserblocks mit breiten Straßenzügen ausgelegt. Jeeps heizen vorbei, Schlauchboote werden verladen. Moab vermarktet sich als Hotspot der Outdoor-Sportler, als Mekka der Mountainbiker, als Startplatz für Safaris in die Off-Road-Welt der umliegenden Wasserläufe und Steinwüsten.

Während der Osterwoche, wenn die »Moab Jeep Safari« angesagt ist, geht es besonders hoch her. Dann rollen Hunderte von Allrad-Jeeps aus ganz USA an und nehmen Kurs auf die Jeep Roads, die, einst von Prospektoren oder Minengesellschaften angelegt, das Canyonland der Umgebung durchfurchen: ein Rest Amerika ohne Zäune, weil sich das Land zum allergrößten Teil nicht in Privatbesitz befindet. (Beste Jahreszeiten: Ende März–Ende Mai und Mitte Sept.–Anfang Nov.) Längst entsprechen Lokale und Boutiquen dem Gusto der sportiven Klientel. Und so haben alle was davon: die Cracks sowieso, aber auch die Nichtturner, die schlemmen wollen oder die Läden mit indianischem Kunsthandwerk oder modische Klamotten zu schätzen wissen.

SERVICE & TIPPS

Moab Information Center
Main & Center Sts.
Moab, UT 84532
✆ (435) 259-8825 und
1-800-635-6622
www.moab-utah.com
www.discovermoab.com

Mo–Fr 8–17
Informationsquelle für die sportlichen Angebote der Region (Trails, Helikopter, Pferdeausritte, Jeeps, Golfplätze, Kanus). Verleih von Mountainbikes, Schlauchbooten usw.

Dan O'Laurie Museum of Moab
118 E. Center St.
Moab, UT 84532
✆ (435) 259-7985
www.moabmuseum.org
Tägl. außer So Mitte April–Mitte Okt. 10–18, sonst 12–17 Uhr
Eintritt $ 5, Familie $ 10 unter 17 J. frei
Kleines Museum mit archäologischen und historischen Details über das Moab Valley – von den prähistorischen Indianern über Trapper und Missionare bis zum Uran-Boom der 1950er Jahre.

Desert Bistro
36 S. 100 West
Moab, UT 84532
✆ (435) 259-0756
http://desertbistro.com
Tägl. außer Mo ab 17 Uhr, im Winter geschl.
Elegantes Restaurant in einem ehemaligen Begräbnis-Institut, was dem exzellenten Essen aber keinen Abbruch tut.
$$$

Sunset Grill
900 N. Hwy. 191 (Main St.)
Moab, UT 84532
✆ (435) 259-7146
www.sunsetgrillmoab.com
Tägl. außer So 17–22 Uhr
Höhenlage mit schönem Panoramablick auf Moab, amerikanische Küche, Cocktails.
$$$

Jeffrey's Steak House
218 N. 100 West
Moab, UT 84532
✆ (435) 259-3588
Tägl. ab 17 Uhr
Gepflegtes Dinnerlokal in einem alten Pionierhaus. Exzellente Steaks, gute Bar im Obergeschoss. $$–$$$

Sweet Cravings Bakery & Bistro
397 N. Main St.
Moab, UT 84532
✆ (435) 259-8983
www.cravemoab.com
Tägl. 7–16, Mai Sa/So 8–15, ab Okt. tägl. 8–15 Uhr
Freundliches Bistro mit süßen und herzhaften Leckerbissen zum Frühstück und Lunch. $

Moab Brewery
686 S. Main St.
Moab, UT 84532
✆ (435) 259-6333
www.themoabbrewery.com
Tägl. ab 11.30 Uhr
Treffen der jungen Mountainbiker-Szene bei Pizza und hausgebrautem Bier. Regelmäßig Livemusik. $

Moab Cyclery
391 S. Main St.
Moab, UT 84532
✆ (435) 259-7423 und 1-800-559-1978
www.moabcyclery.com
Tägl. 8–18 Uhr
Mountainbike-Verleih, Landkarten und geführte Touren.

Tag-A-Long Expeditions
378 N. Main St.
Moab, UT 84532
✆ (435) 259-8594 und 1-800-874-4483
www.tagalong.com
Halb- und ganztägige Schlauchbootfahrten und Jeeptouren im Canyonlands National Park; auch mehrtägige Expeditionen im ganzen Canyongebiet. Längere Touren vorab reservieren, Tagestrips können auch noch am Vorabend gebucht werden.

Rim Cyclery
94 W. 100 North
Moab, UT 84532
✆ (435) 259-5333 und 1-888-304-8219

Outdoor-Sport aller Art ist rund um Moab zu Hause

http://rimcyclery.com
Tägl. 9–17 Uhr
Mountainbike-Vermietung, Landkarten und Tipps für geführte Touren.

Moonflower Market
39 E. 100 North
Moab, UT 84532
✆ (435) 259-5712
www.moonflower.coop
Tägl. 8–20 Uhr

Eigenheim südlich von Moab

Gut sortierter Naturkost-Supermarkt.

Ausflugsziel:

Hole N" The Rock
11037 S. Hwy. 191, 24 km südl. von Moab, UT
✆ (435) 686-2250
www.theholeintherock.com
Tägl. 9–17 Uhr, Eintritt $ 6.50/4,25
Origineller Souvenirladen im Fels. Zwölf Jahre lang betätigte sich der Bildhauer Albert Christensen als Steinmetz, um seine »Villa Felsenstein« zu schaffen.

Als er 1957 starb, war das Schlupfloch immer noch nicht groß genug, so dass seine Frau Gladys dem harten Stein weitere Kubikmeter Wohnfläche abgewinnen musste. Privatsache, versteht sich, doch auch eine kuriose Fußnote zum regionalen Thema Klippensiedlung.

7 7 MONUMENT VALLEY NAVAJO TRIBAL PARK

Die Hochebene mit den markanten Tafelbergen liegt innerhalb der Navajo-Nation-Reservation, die weit ins nördliche Arizona hineinreicht (Monument Valley siehe S. 205 f.). Eine kleine Ausstellung beim Besucherzentrum zeigt das Modell einer Navajo-Siedlung: *hogan* (Wohnhaus), *sweathouse* (Sauna, religiöse Feiern, sozialer Treff), *corral* (Pferch), *shadehouse* (schattenspendendes Holzgerüst aus Balken mit Gestrüppbelag). Vom Picknickplatz geht der Wildcat Trail ab, ein Wanderweg, den man ohne Führung auf eigene Faust begehen kann. Auch geführte Touren zu Fuß, zu Pferd oder per 4-Wheel-Drive sind möglich.

Seit etwa 1200 v. Chr. siedelten die Anasazi in der Region, die sie wahrscheinlich wegen einer Klimaveränderung verließen. Später, noch bevor die Spanier 1581 das Gebiet erreichten, zogen die Navajo auf die Hochebene, auf der auch heute rund eine viertel Million Angehörige der Navajo Nation leben.

SERVICE & TIPPS

Monument Valley Navajo Tribal Park
P.O. Box 360289 (Visitor Center)
Monument Valley, UT 84536
✆ (435) 727-5870
www.navajonationparks.org
Scenic Drive Sommer tägl. 6–20, sonst 8–16.30 Uhr
Visitor Center tägl. Sommer 6–20, sonst 8–17 Uhr
Parkeintritt $ 20 pro Auto (mit bis zu 4 Pers. und $ 4 pro Pers.) oder $ 10 pro Pers.
Gleich beim Visitor Center liegt auch das View Hotel, dazu ein schöner Campingplatz. Campingplatzreservierungen:
✆ (435) 727-5802.

Tour durchs Monument Valley

Owachomo Bridge, die älteste Sandsteinbrücke im Natural Bridges National Monument

8 NATURAL BRIDGES NATIONAL MONUMENT

Vom Wasser gelöchert, durch Hitze verwittert und vom Winde verweht: So sind im Laufe der Zeit die eleganten Sandsteinbrücken geformt worden. In erster Linie haben die mäandernden Flussläufe den Fels ausgewaschen und letztendlich durchbohrt.

Der kreisförmige Rundkurs des **Bridge View Drive**, beginnend am (solarenergieversorgten) Visitor Center auf der über 2000 Meter hohen, mit Pinyon- und Juniper-Bäumen bewachsenen Mesa, verbindet die Parkplätze, von denen man zu dem Brückentrio vordringen kann, das seine mehr oder minder 225 Millionen Jahre auf dem Buckel hat.

Über Leitern geht es steil abwärts zur filigranen **Sipapu Bridge**, durch die in der Mythologie der Hopi die Geister kommen, wenn man geboren wird, und durch die sie nach dem Tod wieder entschwinden. Andere Trails führen zur klobig-massiven **Kachina Bridge**, bei der Petroglyphen unter anderem eine Kachina-Darstellung *(lightening snake)* zeigen, und zur zierlichen **Owachomo Bridge**, der ältesten von allen. Irgendwann wird sie die erste sein, die in sich zusammenbricht. Keine Angst, die Vorsichtsmaßregeln zielen vorerst in andere Richtungen: zur Wasserflasche, zur Vorsicht bei aufziehenden Gewittern und plötzlichen *flash floods* in den Canyons.

Mexican Hat heißt die originelle Felsformation ganz im Südosten von Utah

Dass in diesen Windungen des White und Armstrong Canyon einmal (vor 2000–650 Jahren) die Anasazi wohnten, lässt sich unter anderem an den Klippenwohnungen, Kivas und Petroglyphen ablesen, die man in der Nähe der Trails zu den Brücken entdecken kann. Dasselbe gilt für einige gut erhaltene Ruinen, die wie Schwalbennester an den steilen Canyonwänden kleben. Hopi haben hier nie gelebt. Aber sie kamen der Anasazi-Kultur am nächsten; und weil weder Navajo noch Paiute geeignete Namen für die Brücken zu bieten hatten, griff man auf die Sprache der Hopi zurück und ersetzte die Namen der Anglos, die von der Familie der (»Wieder«-)Entdecker Ende des vorigen Jahrhunderts abgeleitet waren.

SERVICE & TIPPS

Natural Bridges National Monument
Lake Powell, UT 84533
✆ (435) 692-1234
www.nps.gov/nabr
Monument 24 Std. geöffnet
Visitor Center Mai–Sept. tägl. 8–18, April bis 17, Mitte Okt.–Nov. tägl. außer Di/Mi 9–17, Dez.–März bis 16.30 Uhr
Eintritt $ 15 pro Auto, $ 7 pro Pers., bis 15 J. frei, 7 Tage gültig
Im Sommer beste Wanderzeit: frühmorgens und abends. Die 15 km lange Rundfahrt, die Ausblicke auf drei Steinbrücken gewährt, dauert etwa eine halbe Stunde. Von den *Vista Points* sind die Abstiege zu den Brücken unterschiedlich lang: Sipapu Bridge Trail (1 Std.), Kachina Bridge Trail (1 Std.), Owachomo Bridge Trail (20 Min.).

Ausflugsziel:

Goosenecks State Park
Am Hwy. 316, über SR 261, 41 mi
www.stateparks.utah.gov/parks/goosenecks
Eintritt $ 5 pro Auto, pro Pers. $ 2
Von einer Aussichtsplattform schaut man auf den San Juan River, der sich in 300 Millionen Jahren seinen Canyon durch die Wüste gefräst hat. In der Nähe liegt der kleine Siedlung Mexican Hat, wo man übernachten kann.

9 ZION NATIONAL PARK

Das üppige Grün auf der Talsohle der Schlucht zählt zu den ersten und wohltuenden Eindrücken im Zion National Park, der sich an den Füßen der steilen Canyonwände hinzieht, den der Nordarm des Virgin River in 200 Millionen Jahren ausgewaschen hat.

Das Gebiet war, wie Felszeichnungen und Fundamente von Lehm- und Steinhäusern belegen, von 500–1200 n. Chr. von den Anasazi bewohnt, in der Folgezeit von den nomadischen Paiute, bis dann in den 1860er Jahren die ersten frommen Mormonensiedler auftauchten. Ihnen kamen die grandios aufgeschichteten Steinterrassen wie »natürliche Tempel Gottes« vor, wie die Himmelsstadt Zion. Folgerichtig tragen die mächtigen Felsberge, die den Canyongrund flankieren, hehre Namen: beispielsweise **The West Temple** (linker Hand, gleich bei der Einfahrt), **The Great White Throne** oder **Angel's Landing**.

Vor den Mormonen zeigten andere Pioniere oder Trapper offenbar wenig Interesse an der Erforschung des Canyons oder sie verpassten ihn schlicht: die ersten europäischen Entdecker, die katholischen Emissionäre und Padres Dominguez und Escalante 1776 ebenso wie eine Gruppe von Pelzhändlern unter der Führung des berühmten Pfadfinders Jedediah S. Smith 50 Jahre später.

Landeplatz der Engel: Blick von Angels Landing über den Zion Canyon

Satteltausch: die Schönheiten des Zion Canyon hoch zu Ross erkunden

Erst die Große Depression überführte das himmlische Jerusalem in einen zugänglichen National Park. 1919 gegründet, beauftragte Franklin D. Roosevelt 1933 die Anlage der ersten entscheidenden Befestigungen und Trails, die das Naturgelände erschlossen.

Davon profitieren jährlich rund zweieinhalb Millionen Besucher. Am Fuß des **Temple of Sinawava**, einem der markanten Massive des Canyons beginnt der bequemste aller Wanderwege, der Gateway to the Narrows Trail. Das letzte und eigentlich spannende Wegstück führt allerdings durch den spektakulären Engpass des **Virgin River**, flussaufwärts durch gurgelndes und meist eisiges Wasser. Nichts für Zimperliche oder Wasserscheue! Viele laufen in Sandalen und kurzen Hosen, Abgehärtete gehen sogar barfuß. Die Felswände tröpfeln, rieseln und gurgeln; Farne und allerlei Grünzeug wachsen wild zwischen den unzähligen Rinnsalen am Rande des Flussbetts, ja, es gibt sogar völlig unerwartet einen *desert swamp* – ein Feuchtgebiet mitten in der Wüste. ACHTUNG: immer vorher bei den Rangern nach der Wetterlage erkundigen! Regnet es im Einzugsbereich des kleinen Flusses, kann dieser schnell zum gurgelnden Wildwasser werden.

Die Nachbarschaft von Moos und Fels, Frosch und Eidechse macht auch den Reiz der anderen Trails aus, z.B. des Weges zu den **Emerald Pools**, an dessen steilen hängenden Gärten es allenthalben rauscht und rinnt, sickert und gurgelt. Die Abhänge sind übersäht von Wildblumen und Käfern. Vor allem die Höhenunterschiede auf den Trails (zwischen 1200 und 3000 m) sorgen für Abwechslung.

Wanderung im Flussbett des Virgin River

SERVICE & TIPPS

Zion National Park
1 Zion Park Blvd.
Springdale, UT 84767
✆ (435) 772-3256
www.nps.gov/zion
www.zionnationalpark.com
Park 24 Std. geöffnet, Visitor Center (mit sehenswertem Nature Center) tägl. 7-22 Uhr
Eintritt $ 35 pro Auto, $ 15 pro Pers., ohne Auto $ 20, bis 15 J. frei, 7 Tage gültig
Der **South Campground** verfährt auf *first come, first served*-Basis ($ 30 pro Nacht, im Winter geschl.), beim **Watchman Campground** kann man reservieren: ✆ 1-877-444-6777,

$ 30 pro Nacht.
Mitte Mai–Anfang Sept. kostenloser **Shuttleservice** vom Parkeingang zu allen wichtigen Stationen, im Sommer tägl. 6–21, Frühjahr 7–20, Herbst 7–19 Uhr. Da der Parkplatz am Visitor Center im Sommer meist schon mittags überläuft, empfiehlt es sich, schon in Springdale selbst den City-Shuttle zum Parkeingang zu benutzen. (Auf Zeichen SHUTTLE PARKING achten.)

Drei Wandervorschläge: der **Hidden Canyon Trail** (3,2 km, 280 m Höhenunterschied, 3 Std., etwas mühsam) beginnt am Weeping-Rock-Parkplatz und führt durch eine enge Schlucht zu tollen Ausblicken. Der **Angels Landing Trail** ist noch spannender, aber nichts für Leute, die leicht schwindlig werden: sein Name kommt nicht von ungefähr, der letzte Kilometer sorgt für den Adrenalinausstoß! (Start: Grotto Picnic Area, 8,6 km, 500 m Höhenunterschied, 4 Std.). Bequem dagegen: der Trail zu den **Emerald Pools** (Start: gegenüber der Lodge).

Zion Canyon Theatre
147 Zion Park Blvd.
Springdale, UT 84767
✆ (435) 772-2400 und
1-888-256-3456
Eintritt $ 10–12/8–10
Auf der riesigen Leinwand laufen der Film »Zion Canyon Treasure of Gods« mit spektakulären Landschaftsaufnahmen sowie Hollywoodfilme in 3-D.

Bit & Spur Mexican Restaurant & Saloon
1212 Zion Park Blvd.
Springdale, UT 84767
✆ (435) 772-3498
www.bitandspur.com
Tägl. ab 17 Uhr, im Winter Fr–So 17–23 Uhr
Leckere mexikanische Küche, aber auch Steaks und *Chipotle chicken*. Gute Margaritas und Wein, Ab und zu Livemusik.
$–$$

Switchback Grille & Deli
1149 S. Zion Park Blvd.
Springdale, UT 84767
✆ (435) 772-3700
www.switchbackgrille.com
Tägl. 7–22 Uhr, März, Nov. (Grille) tägl. 17–20, im Winter (Grille) Mi–Sa 17–20
Gutes Frühstück, kunstvoll zubereitete Fleisch- und Fischgerichte, dazu ein Souvenirladen mit praktischer Mode sowie ein angeschlossener Liquor Store.
$$–$$$

Worthington Gallery
789 Zion Park Blvd.
Springdale, UT 84767
✆ (435) 772-3446 und
1-800-626-9973
www.worthingtongallery.com
Tägl. 9.30–19 Uhr
Töpferstudio im Ortszentrum mit Windskulpturen und anderer ungewöhnlicher Keramik.

Eingang zum Zion National Park in Utah

LIQUOR LAWS IM MORMONENSTAAT

Abends, auf der Terrasse des Restaurants, hinter ebenso bunten wie ordentlichen Blumenkästen, kommt es zum ersten kulinarischen Test im Mormonenstaat. Aus heiterem Himmel fragt der Kellner als erstes: »Bier?« Was ist aus den sprichwörtlich strengen *liquor laws* der Mormonen geworden? Nun, man nimmt sie inzwischen lockerer, doch nach wie vor verschroben. Schon die alte Dame im Motel hatte erzählt, dass man Springdale zwar gern »trocken« haben wolle, aber es hätte nie geklappt. Ein kaltes Bier zu einer scharfen Pizza – das könne doch niemand verbieten.

ALCOHOLIC BEVERAGES MENU UPON REQUEST liest man häufig, d.h. Weinkarten müssen ausdrücklich angefordert werden, man bekommt sie nicht wie sonst ungefragt vorgelegt. Hat man gewählt, muss man auch austrinken oder die Reste stehen lassen, denn das Gesetz beschränkt den Bewegungsspielraum der Flasche unerbittlich: UNLAWFUL TO REMOVE, lautet die Aufschrift. Und noch etwas: Alkohollizenzen werden per capita vergeben. Also, je dünner die Besiedlung, je kleiner das Nest, umso trockener bleibt es.

Region 11
Arizona – der Norden

ARIZONA – DER NORDEN

INDIAN COUNTRY

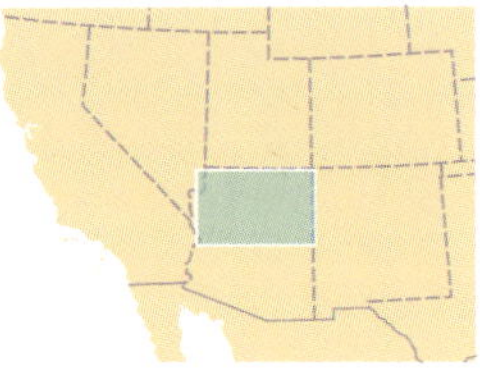

Grand Canyon, Lake Powell, Monument Valley, Canyon de Chelly, Petrified Forest und Oak Creek Canyon – das Plateau des Colorado im Norden Arizonas ist mit landschaftlichen Knüllern im XXL-Format nur so gespickt. Auf dem größten Teil leben die Navajo und – sozusagen in einer Enklave darin – die Hopi. Es handelt sich um das flächenmäßig größte Reservat in den USA mit 180 000 Einwohnern. Die Navajo-Hauptstadt nahe der Grenze zu New Mexico heißt Window Rock. Prähistorische Siedlungen (Anasazi) und alte Pueblo-Dörfer (Hopi) gehören neben den gewaltigen Naturschönheiten zu den wichtigsten Sehenswürdigkeiten.

Praktisch auf der Grenzlinie zwischen Norden und Süden verläuft die heutige Interstate 40, die meist in Sichtweite der Spur der legendären Route 66 folgt und deshalb mit Oldtimern und viel Nostalgie aufwartet: zum Beispiel in Holbrook, Winslow, Flagstaff, Seligman und Kingman.

❶ CANYON DE CHELLY

Ausflugstouren führen zum Spider Rock im Canyon de Chelly

Den South Rim Drive des bis zu 300 Meter tiefen und 43 Kilometer langen Canyon de Chelly erreicht man vom nahe gelegenen Chinle. Die Straße verläuft am oberen Rand der Steilwand, von der sich abgrundtiefe Blicke auftun. Unbezwingbar ragen in der Mitte des engen Tals die beiden graziösen Säulen des **Spider Rock** 240 Meter hoch auf. 1931 wurde das 342 Quadratkilometer große Areal, zu dem auch den Canyon del Muerto und der Monument Canyon gehören, zum National Monument erklärt.

Schon seit 200 v. Chr. bevölkerten verschiedene Indianerstämme die Schluchten, vom 9. bis Mitte des 14. Jahrhunderts waren es die Anasazi, von deren alten Pueblos hier und da Ruinen zu erkennen sind.

Die Navajo leben erst seit Anfang des 17. Jahrhunderts in dieser Region. Der abgeschiedene Canyon war ihre letzte Zuflucht im Krieg gegen die US-Armee. 1864 drang die Kavallerie unter der Führung des Trappers Kit Carson in diese natürliche Festung ein und zwang die Indianer zur Kapitulation. 8000 Navajo wurden daraufhin nach Fort Sumner in den Osten von New Mexico umgesiedelt, später durften sie wieder hierhin zurückkehren. Sie leben noch heute im Canyon, wie man an den kleinen Farmen und Obstgärten erkennen kann. An den diversen Aussichtspunkten der Straße verkaufen sie Silberschmuck, Ketten, Anhänger und Ringe aus Türkis und Korallen.

SERVICE & TIPPS

Canyon de Chelly National Monument
5 km östl. von Chinle, AZ
✆ (928) 674-5500
www.nps.gov/cach
Park 24 Std. geöffnet
Visitor Center tägl. 8–17 Uhr
Eintritt frei
In den tiefroten Steilwänden sind zahlreiche Ruinen von Felswohnungen der Anasazi-Kultur aus der Zeit zwischen 900 und 1300 n. Chr. erhalten.

Junction Restaurant
100 Main St., Chinle, AZ 86503
✆ (928) 674-8443
Tägl. 7–21, Sa/So bis 19 Uhr
Ordentliche mexikanische und indianische Gerichte und Burger, großes Frühstück. $–$$

Ausflugsziel:

Hubbell Trading Post National Historic Site
38 mi südl. von Chinle, über US 191 South zur SR 264
Ganado, AZ 86505
✆ (928) 755-3475
www.nps.gov/hutr
Im Sommer tägl. 8–18, sonst 8–17 Uhr
Hubbell Home Tours $ 5
Handelsposten von 1878, Herstellung und Verkauf von indianischem Kunsthandwerk, kleines Museum.

❷ FLAGSTAFF

Flagstaff (139000 Einw. in der Metropolitan Area), Handelszentrum der Holzarbeiter und Indianer, der Schaf- und Viehzüchter, ist heute die wichtigste Stadt im Nordosten von Arizona. Als 1876 jemand die US-Flagge an einem geschälten Kiefernstamm befestigte, hatte der Ort seinen Namen weg. *Flag staff* hängte fortan sein Fähnchen nach dem Wind: in Richtung Holz, Viehwirtschaft, Eisenbahn, Universität und Tourismus.

Wer durch die gute Höhenluft und die Straßen der lebendigen Innenstadt wandert, trifft meist auf Leute, die für den Durchschnitt in Arizona nicht ganz typisch sind. Sie wirken in der Mehrzahl eher kontinentaleuropäisch und mit einem Angebot von Birkenstock-Schuhen und New-Age-Literatur, therapeutischen Massagen und Schwangerschaftshilfen, Bioläden und vegetarischen Restaurants weit entfernt vom Wilden Westen. Ohne Frage trägt auch die Universität zum aufgeklärten Flair von Flagstaff bei.

Wer mehr über das Colorado Plateau erfahren will, ist im **Museum of Northern Arizona** genau richtig. Massiv gebaut aus braungrauem Stein sitzt der weitläufige Bau geduckt im Wald – so unscheinbar, als wäre auch drinnen nicht viel zu erfahren. Falsch. Die wechselhafte geologische Geschichte des Colorado Plateau wird ebenso anschaulich erläutert wie die Knochen der Dinosaurier; daneben gibt es Lehrreiches über die prähistorischen und zeitgenössischen Indianer zu sehen. Eine ganze Kiva wurde in dem 1928 gegründeten Museum originalgetreu nachgebaut, und wem es die Webmuster der Navajo angetan haben, der kann hier Details finden.

Die einstigen Bewohner des Wupatki Pueblo sollen Ahnen der heutigen Hopi gewesen sein

SERVICE & TIPPS

Flagstaff Visitor Center
One E. Route 66, im historischen Bahnhof
Flagstaff, AZ 86001
✆ (928) 213-2951 und
1-800-379-0065
www.flagstaffarizona.org
Mo–Sa 8–17, So 9–16 Uhr

Museum of Northern Arizona
3101 N. Fort Valley Rd., US 180, nördl. vom Zentrum
Flagstaff, AZ 86001
✆ (928) 774-5213
www.musnaz.org, Mo–Sa 10–17, So ab 12 Uhr, Eintritt $ 12/8 (10–17 J.), unter 10 J. frei
Mit sehr gutem Buchladen und Verkauf von indianischer Kunst.

Black Bart's Steak House & Musical Revue
2760 E. Butler Ave.
Flagstaff, AZ 86004
✆ (928) 779-3142
www.blackbartssteakhouse.com
Tägl. 17–21 Uhr
Uriger Saloon und Steakhaus mit musikalischen Einlagen durch die singende Bedienung.
$$–$$$

Charly's Pub & Grill
23 N. Leroux & Aspen Sts.
Flagstaff, AZ 86001
✆ (928) 779-1919
www.weatherfordhotel.com
Tägl. 8–22 Uhr
Im historischen Weatherford Hotel (1900). Sandwiches, Suppen, Salate und Südwest-spezialitäten. Manchmal mit Musik. $–$$

Macy's Coffeehouse
14 S. Beaver St.
Flagstaff, AZ 86001
✆ (928) 774-2243
www.macyscoffee.net

Der Meteor Crater misst rund eineinhalb Kilometer im Durchmesser

Tägl. 6–18 Uhr
Populäres Café-Restaurant in der Altstadt mit guter Bäckerei. $–$$

MartAnne's Burrito Palace
112 E. Route 66
Flagstaff AZ 86015
✆ (928) 773-4701
Tägl. 7.30–21 Uhr
Buntes mexikanisches Café mit tollem Frühstück, Burritos und mehr. $

The Museum Club
3404 E. Route 66
Flagstaff, AZ 86004
✆ (928) 526-9434
www.museumclub.net
Blockhaus von 1931: ursprünglich ein Museum für ausgestopfte Tiere und Trading Post, heute ein populäres Roadhouse mit Country & Western-Tanzdiele, Bar. Im Volksmund: »The Zoo«.

Ausflugsziele:

Wupatki National Monument
US 89, 44 mi nördl. Flagstaff
✆ (928) 679-2365
www.nps.gov/wupa
Ruinen von Sonnenauf- bis -untergang
Visitor Center tägl. 9–17 Uhr
Eintritt $ 25 pro Auto, $ 15 pro Pers., 7 Tage gültig (auch für Sunset Crater Volcano)
Von Flagstaff US 89 ca. 20 km nach Norden, dann Abzweig rechts: durch Lavafelder (schwarze Erde, grüne Bäume, blauer Himmel) geht die Fahrt zunächst zum Krater, dann zu den Wupatki-Ruinen mit ihren braunroten Farbeinheiten von Boden, Gestein und Bauresten.

Auch sonst fallen seltsame Parallelen auf. Die verwitterten Gesteinshöhlen sehen aus wie Mini-Klippensiedlungen und die Relikte der gemauerten Siedlung der Indianer wie eine natürliche Fortsetzung des Gesteins.

Meteor Crater
I-40 E., Exit 233, dann 10 km südl.
✆ (928) 289-5898/(800) 478-4002
http://meteorcrater.com
Sommerhalbjahr tägl. 7–19, sonst 8–17 Uhr
Eintritt $ 18/9 (6–17 J.)
Mit 40 000 km/Std. muss ein 300 000 Tonnen schwerer Meteor vor rund 50 000 Jahren hier eingeschlagen sein, um den Krater mit 1,5 km Durchmesser zu erschaffen.

Sunset Crater Volcano National Monument
6400 N. US 89
Flagstaff, AZ 86004
✆ (928) 526-0502
www.nps.gov/sucr

Monument von Sonnenauf- bis Sonnenuntergang
Visitor Center 9–17 Uhr
Eintritt $ 25 pro Auto, ohne Auto $ 15 pro Pers., 7 Tage gültig (auch für Wupatki National Monument)
Knapp 20 km nördlich von Flagstaff via US 89, dann 3 km auf Sunset Crater-Wupatki Loop Rd.: imposanter Kegel eines Vulkans, der um 1060 für rund 200 Jahre tätig war.

Das durch Schwefel und Eisenoxyd rostrot eingefärbte Gestein der über 300 m hohen abgestumpften Kegelspitze überragt die angrenzenden Lava- und Aschefelder und steht in Kontrast zum grünen Baumbewuchs und den schwarzen Basaltsteinen.

Grand-Canyon-Pionier John Wesley Powell soll dem Krater angeblich den Namen gegeben haben, weil die Spitze bei Sonnenuntergang gewissermaßen Feuer fängt und rosarot leuchtet.

Wandervorschlag: über den **Bonita Lava Flow Nature Trail**. Anstrengender ist der ca. dreistündige Weg zum O'Leary Peak. Im Winter ist er gelegentlich wegen Schneefalls geschlossen.

3 8 GRAND CANYON NATIONAL PARK

Über Wildblumen, bonsaiartige (wegen der geringen Niederschläge) Pinien und Wacholderbäume hinweg streift der Blick über das von Auffaltungen und vulkanischen Eruptionen aufgewühlte Steinmeer, durchgeknetet und geschliffen von Wasser und Wind, ausgesägt vom mächtigen Colorado – zu einer tief eingekerbten Spalte, die Platz hat für vier verschiedene Vegetationszonen, von der Wüste am Grund bis zum feuchten Koniferenwald in den Höhen.

Grand Canyon: Zwei Milliarden Jahre Erdgeschichte haben ihn geformt

So alt wie die Gesteinsschichten sind auch die Jahresringe ihrer Bewohner, Entdecker und Bewunderer. Archäologische Funde datieren die ältesten menschlichen Spuren auf 2000 v. Chr., danach ist die indianische Siedlungsgeschichte besser belegt. Wie auch in den anderen Canyons des Südwestens waren es die Anasazi, die etwa zwischen 500 und 1000 n. Chr. hier siedelten, bis sie vermutlich wegen anhaltender Dürreperioden abwandern mussten. Heute leben die Hualapai und Havasupai noch im Westteil des Canyons.

Die spanischen Kontakte mit der wilden Schlucht im 16. und 18. Jahrhundert waren sporadisch und ohne erkennbare Konsequenzen. Ob Expeditionstrupp oder Franziskanerpater solo, alle waren schnell wieder verschwunden. Im Grunde gilt das auch für die ersten Amerikaner, für die wanderlustigen Pelzhändler seit Beginn des 19. Jahrhunderts ebenso wie für die Landvermesser und Prospektoren, die nach dem Ende des Mexikanisch-Amerikanischen Kriegs folgten.

Ein gewisser Joseph Ives, seines Zeichens Leutnant, setzte 1858 als erster mit ein paar Soldaten dazu an, den Colorado per Boot

auszukundschaften – eine Tortur, weil er mit einem untauglichen Boot von der Mündung aus flussaufwärts fuhr. Er schaffte es bis zu der Stelle, wo heute der Hoover Dam steht, und scheiterte. Die »große Schlucht« hat er nie gesehen.

Nichts für Leute mit Höhenangst: der Skywalk am Grand Canyon West

Erst rund zehn Jahre später kam jemand mit mehr Geschick. Der Ex-Bürgerkriegs-Major John Wesley Powell wagte sich 1869 vom Green River in Wyoming flussabwärts aufs Wasser und erreichte (allerdings unter beträchtlichen Schwierigkeiten und Verlusten) den Grand Canyon. Seine Expedition erregte Aufsehen, leistete einen bedeutenden Beitrag zur Kartografie und brachte die systematische Erforschung der gesamten Flusslandschaft in Gang.

Doch nicht so sehr das Praktische und Ökonomische, weder die Suche nach Eisenbahnrouten noch die nach Blei, Zink und Kupfer verschafften dem Grand Canyon die durchschlagende Publicity. Das erreichten vielmehr die Ästheten, die zahlreichen Landschaftsmaler und Poeten, die den steinernen Kosmos in leuchtenden Farben zu schildern begannen, Neugier weckten und so die ersten Touristen anlockten.

1890 wurde der **Bright Angel Trail** befestigt, 1901 (bis heute!) ersetzte eine Stichstrecke der Santa-Fe-Eisenbahn zwischen Williams und dem South Rim den Kutschenservice von Flagstaff und die ersten Hotels (El Tovar 1905) brachten den Luxus haarscharf bis zum Abgrund der Schlucht. Zugleich reifte der Gedanke, die Wildnis als Nationalpark zu schützen. Präsident Teddy Roosevelt setzte sich nach einem Besuch im Canyon vehement dafür ein und erklärte ihn 1908 schon einmal zum National Monument. Unter der Präsidentschaft von Woodrow Wilson erhielt der Grand Canyon im Jahr 1919 dann den Status eines Nationalparks.

War damit die Rettung seiner einzigartigen Naturlandschaft besiegelt? Kaum. Die Eindämmung des Colorado River durch den Glen Canyon Dam, der den uralten Fließrhythmus durcheinanderbringt, zunehmend dickere Luft, die den Blick trübt, aber auch der Massentourismus auf und über seinen Fluten sind Alarmzeichen, die inzwischen auch anderen Nationalparks Sorgen machen. Rund

4,5 Millionen Besucher im Jahr und dazu flatternde Hubschrauber und Hunderte von Gummi-Flößen sind nicht einfach zu verkraften.

Inzwischen sind einige Konsequenzen gezogen. Um die Zahl der Privatautos einzuschränken, wird außerhalb des Parks geparkt, Busse übernehmen den Personentransport und ein Pendelbus verkehrt entlang dem **West Rim Drive**.

Für die Squirrels fällt bei den Nationalpark-Lodges immer etwas Essbares ab

SERVICE & TIPPS

Grand Canyon National Park – South Rim
Grand Canyon Village
Grand Canyon, AZ 86023
✆ (928) 638-7888
www.nps.gov/grca
Park ganzjährig 24 Std. geöffnet
Visitor Center tägl. 9–19
Eintritt $ 35 pro Auto, $ 20 pro Pers., 7 Tage gültig

Grand Canyon IMAX Theater
450 SR 64, Tusayan, AZ 86023
✆ (928) 638-2468
www.explorethecanyon.com
Im Sommer 8.30–20.30 stündl., im Winter 9.30 und 18.30 Uhr Vorführung des Films »Grand Canyon – The Hidden Secrets« Eintritt $ 13.60/10.30 (6–10 J.), unter 6 J. frei, in der Hochsaison reservieren

Grand Canyon Airlines
Airport südl. vom Village im Grand Canyon, AZ
✆ (702) 835-8484 und 1-866-235-9422
www.grandcanyonairlines.com
45- bis 55-minütige Rundflüge über den Canyon ab $ 160

Papillon Grand Canyon Helicopters
SR 64, Tusayan, AZ 86023
✆ (702) 736-7243 und 1-888-635-7272, www.papillon.com
Flüge über den Canyon gibt es ab $ 124, wenn man online bucht!

El Tovar Dining Room & Lounge
Grand Canyon National Park (El Tovar Hotel)
Grand Canyon, AZ 86023
✆ (928) 638-2631
www.grandcanyonlodges.com
Tägl. 7–14 und 17–21, Lounge 11.30–21.30 Uhr
Gepflegter historischer Speiseraum mit guter Küche. Cocktail-Lounge. Gepflegte Garderobe wird vorausgesetzt. Unbedingt reservieren. Lunch $, Dinner $$–$$$

Grand Canyon Skywalk
Grand Canyon West (außerhalb des Nationalparks im Hualapai-Reservat)
Peach Springs, AZ 86434
✆ (928) 769-2636 und 1-888-868-9378
www.grandcanyon.com
$ 76,86 pro Pers. inkl. Fahrt mit dem Shuttlebus zum Eagle Point, Guano Point und zur Hualapai Ranch sowie einem Mittagessen.
Die Attraktion am Grand Canyon ist eine 22 m über den Rand des Canyons hinausragende Aussichtsplattform. Deren Glasboden ermöglicht einen tiefen Blick in den Canyon und auf den in 1219 m Tiefe dahinfließenden Colorado River. Der Besuch ist nicht geeignet für Menschen mit Höhenangst. Café und Shop.

4 HOLBROOK

In dieser Stadt (5100 Einw.) trägt die Route 66 den Namen Hopi Boulevard, der gesäumt ist von tapferen Bau-Veteranen aus einer Zeit vor dem Interstate Highway. Dass die Hauptstraße des Ortes dem allgemeinen Massensterben von Geschäften widerstanden hat, liegt vielleicht daran, dass die 1881 gegründete Stadt immer schon ein beliebter Stopp für Siedler, Händler und Cowboys war. Jedenfalls konnte sich eine ansehnliche Zahl von Familienunternehmen gegen den Druck der Franchisebetriebe an der Autobahn behaupten. Highlight für Route-66-Nostalgiker: die weißen Betonzelte des Wigwam Motel.

SERVICE & TIPPS

Holbrook Chamber of Commerce
465 1st Ave.
Holbrook, AZ 86025
✆ (928) 524-6227
www.holbrookchamberofcommerce.com
Mo–Fr 8–17 Uhr

Navajo County Historical Museum
100 E. Arizona St.
Holbrook, AZ 86025
✆ (928) 524-6558
http://holbrookazmuseum.org
Tägl. 8–17 Uhr
Eintritt frei
Im Gerichtsgebäude von 1898 sind auch Zeugnisse der prähistorischen Indianerkultur und der Pioniere untergebracht.

Mesa Italiana Restaurant
2318 Navajo Blvd.
Holbrook, AZ 86025
✆ (928) 524-6696
Tägl. 11–14 und 16–21 Uhr
Appetitliche italienische Klassiker in schlichter Umgebung.
$–$$

Joe & Aggie's Cafe
120 W. Hopi Dr.
Holbrook, AZ 86025
✆ (928) 524-6540
Mo–Sa 6–20 Uhr
Mexikanische Küche in American-Diner-Ambiente mit Jukebox.
$

Zelte aus Beton: Wigwam Motel an der Route 66 bei Holbrook

Kachinafigur (Hopi)

5 HOPI INDIAN RESERVATION

Schon seit mehr als tausend Jahren wohnen die utoaztekischsprachigen Hopi in dieser kargen Steinwelt. Während ihre entfernten Verwandten, die kriegerischen Azteken, weiter südlich ein mächtiges Reich aufbauten, haben sie als friedliche Bauern ein abgeschiedenes Leben auf dem öden Hochplateau des heutigen Arizona geführt. Ihre Dörfer, wie Oraibi oder Walpi, stehen gut geschützt und kunstvoll errichtet auf den äußersten Enden der Mesas. Unten, am Fuß der schroff abfallenden Berge, pflanzten sie auf kleinen, vom Grundwasser durchfeuchteten Feldern Mais, Kürbisse und Bohnen.

Stets war ihr Selbstbewusstsein stark ausgeprägt. Sie widersetzten sich ebenso hartnäckig wie erfolgreich dem christlichen Glauben und hielten an ihrer Religion fest. Heute gibt es ständige Grenzstreitigkeiten mit ihren Nachbarn, den Navajo, Newcomer, von denen sie nie viel gehalten haben.

Old Oraibi, das uralte steinerne Dorf, wirkt meist ausgestorben, trotz der vereinzelten TV-Antennen, die aus den Dächern ragen wie einige alte Kivaleitern aus dem Boden. Viele der Hopi arbeiten außerhalb und kommen oft nur am Wochenende heim. Als kleinen Einblick in das traditionelle Leben der Hopi kann man im winzigen Laden des Dorfes *piki* probieren, hauchdünnes, auf flachem Stein gebackenes Brot. Überraschend ist dabei die Farbe, *piki* wird nämlich aus blauem Maismehl *(blue corn)* hergestellt. **Walpi** heißt das Dorf auf der First Mesa und ist nur in Begleitung eines Führers zu besichtigen.

SERVICE & TIPPS

Ponsi Hall Visitor Center
SR 264
Sipaulovi, Second Mesa
✆ (928) 737-2262
www.hopi-nsn.gov

Hopi Cultural Center Museum
Second Mesa
✆ (928) 734-6650
Mo–Fr 8–17, Sa/So 9–15 Uhr
Eintritt 3/1 (unter 13 J.)
Weltanschauung, Kunstgewerbe, Geschichte der Hopi.

6 JEROME

Früher lebte das Bergnest vom Kupfer seiner Minen, heute von den Dollars seiner Touristen. An Wochenenden in der Hauptsaison staut sich im Ort die muntere Mischung aus Hell's Angels und Familien. Dann gibt es sogar Warteschlangen an Snackbuden und Restaurants, die *Artsy-craftsy*-Läden quellen über und die Girls im charmanten Flatiron Café im spitzen Eckhaus an Main Street verkaufen Joghurt Parfait und Cappuccino im Eiltempo.

Keine Spur mehr von den harten Männern im täglichen Kampf mit dem harten Berg, von der Geschichte der »Männer, Minen und Moneten«, den einschlägigen *saloons* und *bordellos*, die genau 70 Jahre lang die Geschichte Jeromes in der Region des Mingus Mountain geprägt haben – von 1883, dem Gründungsjahr der federführenden United Verde Copper Company, bis 1953, als der Abbau eingestellt und Jerome zur Ghost Town wurde.

Ein finanzkräftiger New Yorker, Eugene Jerome, hatte zunächst in die Erschließungsfirma investiert, aber der große Wurf gelang erst, als United Verde den Besitzer wechselte, ein Eisenbahnanschluss und eine leistungsstarke Schmelze im nahen Clarkdale gebaut wurden. Dennoch: Die Stadt musste nach Jerome benannt werden, obwohl er sie nie zu Gesicht bekam.

Um die 15000 Leute arbeiteten hier, als die Mine zu den ergiebigsten der Welt zählte – bis 1929 der Kupferpreis in den Keller ging und die ganze Nation in tiefe wirtschaftliche Depression verfiel. Der Abwärtstrend des großen Crash kam sogar ganz konkret. Als unterirdische Sprengungen die Erde nachgiebig machten, rutschte Jerome förmlich den Hang des Cleopatra Hill hinunter. Zuvor war man gerade stolz darauf, so dicht und eng am Hügel beieinander zu wohnen, dass jeder nicht nur einen freien Blick hatte, sondern sich nur aus dem Fenster zu legen brauchte, um sich am Kamin des Nachbarn ein Streichholz anzuzünden.

Der Zweite Weltkrieg läutete zwar noch einmal eine kurze Erholungsphase ein, aber bald danach zogen die Arbeiter in die Minen von Ajo und Bisbee, die den gleichen Eignern gehörten.

Rund tausend Jahre zuvor hatten die Sinagua bereits aus dem vielfarbigen Gestein der Black Hills blaue Azurite, Obsidiane und Malachite für Schmuck, Handel und Pigmente zur Einfärbung ihrer Körper und Keramiken zutage gefördert. Sehenswert: der alte Friedhof!

SERVICE & TIPPS

Jerome Visitor Center
310 Hull Ave.
Jerome, AZ 86331
✆ (928) 634-2900
www.jeromechamber.com
Tägl. 11–15 Uhr

Jerome State Historic Park
100 Douglas Rd.
Jerome, AZ 86331
✆ (928) 634-5381
www.azstateparks.com/Parks/jerome
Museum tägl. 8.30–16.45 Uhr
Eintritt $ 7/4 (7–13 J.) unter 7 J. frei
Im Adobe-Bau des Douglas Mansion, früher Wohnhaus des Minenbosses, wird die Geschichte des Ortes und der Kupferminen gezeigt.

Asylum Restaurant
200 Hill St.
Jerome, AZ 86331
✆ (928) 639-3197
www.theasylum.biz
Tägl. 11–15.30 und 17–21 Uhr
Essen auf hohem Niveau. Schöne Aussicht, stattliche Weinauswahl. $$–$$$

The Flatiron
416 Main St.
Jerome, AZ 86331
✆ (928) 634-2733
www.theflatironjerome.com
Tägl. außer Di/Mi 8.30–15.30 Uhr
Espresso, Cappuccino, Eis, Gebäck, Frühstücks- und Lunchspezialitäten. $

Jerome: Statt von seinen Kupferminen lebt das Bergnest heute von den Touristen

7 LAKE HAVASU

Seit 1938 werden die Wassermassen des Colorado River durch den Parker Dam zum Lake Havasu gestaut. Etwa 840 Milliarden Liter kommen Arizona (täglich 5 Mrd. Liter – bis hin nach Phoenix – durch das Central Arizona Project) und Südkalifornien (täglich etwa 4 Mrd. Liter durch das Colorado River Aqueduct – vor allem für L.A.) zugute. Weitere Funktionen sind Energieerzeugung, Hochwasserkontrolle und Freizeitwert.

Europäische Fata Morgana in der Wüste von Arizona: die London Bridge am Colorado River

Der Kunstsee mit rund 70 Kilometern Länge bewässert die kargen Kulissen der Felsufer. Er bietet Erholung beim Schwimmen, per Boot oder auf dem Wasserski. Praktisch holt er dazu das Blaue vom Himmel in die Wüste herunter, umstellt es mit schwarz-braunen Felsen und garniert das Ganze noch durch grüne Uferränder – eine farbenfrohe Kulisse, wie man sie sich nicht schöner wünschen kann.

Blau heißt in der Sprache der Mojave *havasu*. Der Stau erreicht, dass hier einmal nichts zu sehen ist vom angeblichen Rot des Colorado-Flusses, das er einst dem Wüstenschlamm verdankte und von dem er seinen Namen hat.

Verständlicherweise fungiert das kühle Nass im weiten Umkreis dieser superheißen Region als Freizeitknüller. An Wochenenden rollt ein regelrechter Maschinenpark aus allen Himmelsrichtungen nach Havasu: Pick-ups, beladen mit Booten oder *dune buggies*, Camper mit Fahr- und Motorrädern im Schlepptau. Im Nu wird dann der Fluss zum Highway der Motorboote und Jetskier, zum spritzigen Spielplatz der Jugend, wo jeder dem anderen die Schau stehlen möchte. Mit viel Camping, Transistorlärm, BBQ-Qualm und Bier an Land.

In Lake Havasu City wird der Colorado von einem architektonischen Treppenwitz bekrönt, von der **London Bridge**, einer europäischen Fata Morgana mitten in der Wüste von Arizona. Zusammen mit den passenden Straßenlaternen und roten Telefonzellen wurde das Bauwerk von der Themse ersteigert und ausgerechnet an diesen Fleck der Erde geschafft. Der spektakuläre Umzug, so hört man zumindest in einigen Kneipen, sei eigentlich ein Missverständnis gewesen, denn man hätte die Tower Bridge haben wollen. Niemand scheint sich daran zu stören.

SERVICE & TIPPS

Lake Havasu Visitor Center
422 English Village
Lake Havasu City, AZ 86403
✆ (928) 855-5655
www.golakehavasu.com
Tägl. 9–17 Uhr

Parker Dam
Hwy. 95
Parker Dam, CA 92267

✆ (814) 765-0630
Staudamm des Colorado River und Kraftwerk zwischen Arizona und Kalifornien nördlich von Parker, 1934–38 erbaut.

Krystal's Steak House
460 El Camino Way
Lake Havasu City, AZ 86403
✆ (928) 453-2999
Tägl. ab 16 Uhr
Vor allem Steaks und Meeresfrüchte. Cocktail-Lounge.
$$

Shugrue's Restaurant & Bar
1425 N. McCulloch Blvd.
Lake Havasu City, AZ 86403
✆ (928) 453-1400
www.shugrueslakehavasu.com
Tägl. 11–21 Uhr
Frischer Fisch, Steaks, selbstgebackenes Brot. Cocktail-Lounge.
Lunch $, Dinner $$

Juicy's
42 S. Smoketree Ave.
Lake Havasu City, AZ 86403
✆ (928) 855-8429
www.juicysgreatfood.com
Tägl. 7–20, Fr/Sa bis 21 Uhr
Herzhafte Kost: BBQ, Sandwiches, Burger, Steaks und German Sausage von früh bis spät.
$–$$

8 MONTEZUMA CASTLE

Wo einst die Sinagua (*sin agua* = ohne Wasser) wohnlich an der Felswand klebten, da nisten heute Bienen und bauen Schwalben und Raben ihre Nester: im Montezuma Castle, einer der besonders gut erhaltenen *cliff-dwellings* aus dem 13. Jahrhundert. Die Räume waren nur über Leitern zugänglich. Wie anderswo – ob in Mesa Verde oder im Canyon de Chelly – sorgten die Felsbauten in erster Linie für eine Anpassung an die klimatischen Verhältnisse und nicht für eine bessere Verteidigung. Jeder ernsthafte Feind hätte leichtes Spiel mit den Bewohnern in der Felsenburg gehabt,

Montezuma Castle: Wie ein Schwalbennest klebt die Behausung der Sinagua in einer Aushöhlung am Felsen

Cliff Dwelling (Lehmsiedlung) im Navajo National Monument

wenn er unten am Beaver Creek bloß lange genug gewartet hätte, um den Zugang zum Wasser zu blockieren. Übrigens: ähnlich wie bei den Aztec Ruins im nördlichen New Mexico verfielen frühe weiße Siedler auch angesichts dieser Siedlung dem Irrtum, ihr Ursprung ginge auf die Azteken zurück. Daher der (falsche) Name.

SERVICE & TIPPS

Montezuma Castle National Monument
I-17 (Montezuma Castle Hwy.), Exit 289, Camp Verde, AZ 86322
✆ (928) 567-3322
www.nps.gov/moca
Tägl. 8–17 Uhr
Eintritt $ 10, unter 16 J. frei
Fünfstöckiger Klippenbau der Anasazi (Sinagua) aus dem 12. und 13. Jh., die von Wupatki hierher kamen. Besuch des Visitor Center und Rundgang durch den Park.

---

9 7 MONUMENT VALLEY (KAYENTA)

Im Besucherzentrum des Monument Valley, das sich auf Navajo-Land vom Süden Utahs bis weit in den Nordosten von Arizona erstreckt erfährt man unter anderem, welche Highlights man allein erkunden kann und welche nur mit indianischem Führer. Naheliegend ist sicher eine kurze *self-guided* Tour mit dem eigenen Wagen, doch die schlechten Pisten verleiden schnell jeden Spaß, für Camper sowieso. Mit einem vierradgetriebenen Fahrzeug und indianischer Führung oder auf einer Jeeptour hinauf zur **Hunt Mesa**, um dort oben den Sonnenuntergang zu erleben, sieht man natürlich mehr. Beliebt sind dazu auch Ausritte ins Tal, die bei Vollmond sogar nachts angeboten werden – ein großartiges Erlebnis.

Wer sich nach einem staubigen Tag in **Kayenta** auf die Happy Hour freut und dabei nicht auf eigene Bestände zurückgreifen kann, hat schlechte Karten. Im Ort, Basislager für das XXL-Tal, in allen Hotels sowie der gesamten Reservation der Navajo ist es illegal, Alkohol zu verkaufen.

SERVICE & TIPPS

Monument Valley Navajo Tribal Park
Monument Valley, UT 84536
✆ (435) 727-58740
http://navajonationparks.org
Visitor Center im Sommer 6–20, sonst 8–17 Uhr, Parkeintritt $ 20 pro Auto, $ 10 pro Pers.
Buchung von Touren. (Siehe auch unter Utah S. 188.)

⑩ NAVAJO NATIONAL MONUMENT

Die historische Klippensiedlung Betatakin ähnelt denen im Canyon de Chelly und in Mesa Verde. Hier lebten im 13. Jahrhundert, aber nur etwa fünfzig Jahre lang, die Kayenta-Anasazi. Und das, obwohl sich die nach Süden hin offenen Felsaushöhlungen als Behausungen bestens eigneten, weil sie im Winter die Sonnenwärme ausnutzten. Man vermutet, dass starke Erosionen das Flussbett und die angrenzenden, landwirtschaftlich genutzten Flächen plötzlich absenkten und schließlich zerstörten.

Kurzbesucher sollten die Chance zu einem kleinen Spaziergang zum Canyonrand nutzen, der ist erholsam und erlaubt einen guten Blick auf die Ruinen. Bei den Pinyonkiefern wachsen rundblättrige Büffelbeeren, Wacholder, Klippenrosenbüsche und natürlich die hartgesottenen Burschen, die Yuccas, aus denen die Navajo und Hopi Malpinsel und Sandalen herstellten und sogar Shampoo gewannen, indem sie die Wurzeln zerstampften.

SERVICE & TIPPS

Navajo National Monument
45 km westl. von Kayenta
Tonalea, AZ 86054
✆ (928) 672-2700
www.nps.gov/nava
Tägl. Juni–Aug. 8–17.30, Sept.–Mai 9–17 Uhr
Eintritt frei
Im Sommer tägl. Führungen zu den Ruinen.

Reuben Heflin Restaurant
US 160 (im Hampton Inn Hotel)
Kayenta, AZ 86033
✆ (928) 697-3170
Tägl. 17–22 Uhr
Gute Südwestküste, geschmackvolle Einrichtung. $–$$

Monument Valley

⑪ PAGE/LAKE POWELL

Jeder Besucher merkt schnell, dass Page vor allem eine Versorgungsstation für den Freizeit- und Sportbetrieb an und auf Lake Powell ist. Unterkünfte, Restaurants und technische Ausrüstungen für die Bootsleute stehen an erster Stelle. Schon bei Baubeginn sah man das Wachstum der 1957 gegründeten Siedlung voraus und tauschte deshalb mit den Navajo 17 Quadratmeilen des umliegenden Landes gegen einen Batzen gleicher Größe in Utah. Resultat: Page wuchs zu einer Enklave innerhalb des Reservats. Und da die Indianer die Sommerzeitumstellung im Gegensatz zum Bundesstaat Arizona mitmachen, geraten viele Anglos leicht in Zeitverwirrung. In Page sollte deshalb jeder genau wissen, wo er sich gerade befindet und wohin er will, wenn er pünktlich sein will.

Zu beiden Seiten des Staudamms erstrecken sich unterschiedliche Wassermengen: nördlich das weite Blau des Lake Powell, nach Süden das grünliche dünne Rinnsal jenes Stroms, der seinem spanischen Namen »Roter Fluss« nicht mehr entspricht. Denn die rote Farbe rührte von den aufgewühlten Stein- und Schlammpartikeln her, die nun am **Glen Canyon Dam** hängen bleiben und auf die Dauer die Versandung des Lake Powell befördern. Auf absehbare Zeit aber wird er sein, wofür er beliebt ist: Quelle für Wasserfreuden und elektrische Energie, was die zahlreichen Haus- und Schnellboote ebenso beweisen wie die metallenen Masten und Verdrahtungen in Dammnähe.

SERVICE & TIPPS

Page-Lake Powell Chamber of Commerce
5 Lake Powell Blvd. Unit 3
Page, AZ 86040
✆ (928) 645-2741
http://pagechamber.com
Mo–Do 9–16, Fr bis 13, Nov.–März Mo–Do 9–15, Fr bis 13 Uhr

John Wesley Powell Memorial Museum
6 N. Lake Powell Blvd. & N. Navajo Dr.
Page, AZ 86040
✆ (928) 645-9496
www.powellmuseum.org
Mo–Fr 9–17 Uhr
Eintritt frei
Zu Ehren des Canyonforschers Powell: Dokumente früher Kulturen, geologische und die Lebensgeschichte von Powell.

Rainbow Bridge National Monument
Page, AZ 86040
✆ (928) 608-6200
www.nps.gov/rabr
Monument von Sonnenauf- bis Sonnenuntergang
Eintritt frei
Diese größte natürliche Steinbrücke der Welt ist den Indianern heilig und nur zu Fuß erreichbar – entweder über einen 22 km langen Pfad oder per Boot (vom Lake Powell aus) mit anschließendem kurzen Fußweg. Wanderer, Camper und Bootsfahrer benötigen dazu ein Permit, das vom Navajo Nations Parks and Recreation (Window Rock, AZ, www.navajonationparks.org, $ 12 pro Pers. pro Tag ausgestellt wird. Bootstouren für Gruppen starten von Page aus (✆ 1-888-896-3829).

Abendstimmung über Wahweap Marina am Lake Powell

Der Antelope Canyon ist bekannt für sein Lichtspiel im Inneren

Antelope Canyon Tours
22 S. Lake Powell Blvd.
Page, AZ 86040
✆ (928) 645-9102 und
1-866-645-9102
www.antelopecanyon.com
April–Okt. tägl. 8–16 Uhr
Eintritt $ 8, bis 7 J. frei
Geführte Touren mit unterschiedlichen Preisen ab $ 45.50/35.50/27.50 (8–12/3–7 J.)
Touren zum Canyon via SR 98 3.5 mi östlich von Page. Unter den sogenannten *slot canyons* der Gegend gilt der Antelope Canyon als einer der schönsten und dekorativsten, besonders zur Mittagszeit, weil dann die Sonne senkrecht durch den schmalen Spalt einfällt und das Gestein zum Leuchten bringt: ein Dorado für Profi- und Hobbyfotografen. Nur geführte Touren.

Antelope Slot Canyon Tours
P.O. BOX 936, Page, AZ 86040
✆ 1-855-574-9102
www.antelopeslotcanyon.com
Führungen (Sommer auch 7,) 8, 9.30, 11.30 und 13.30, 15.30 (im Winter) und 16.30 (im Sommer) Uhr, ab $60/50/42 (8–12 J./unter 8 J.)
Der Navajo-Indianer Chief Ray Tsosie und seine Guides führen durch den Canyon.

Vermilion Cliffs National Monument
345 E. Riverside Dr.
St. George, UT 84790-6714
✆ (435) 688-3200, www.blm.gov
Die spektakuläre Felsformation mit streifig ausgewaschenem Sandstein in der Coyote Buttes North Area ist nur nach längerer Wanderung und mit speziellem Permit zu erreichen, von denen nur 20 pro Tag ausgegeben werden. April/Mai und Sept./Okt. sind die beliebtesten Monate.

Ken's Old West Restaurant & Lounge
718 Vista Ave., Page, AZ 86040
✆ (928) 645-5160
Tägl. 16–23 Uhr
Urige Western-Lounge und Restaurant: Rippchen, Steaks, Geflügel, Salate. Meist Live-Country-Music und Tanz. $$–$$$

Ranch House Grille
819 N. Navajo Dr.
Page, AZ 86040
✆ (928) 645-1420
www.ranchhousegrille.com
Tägl. 6–15 Uhr
Herzhaftes Frühstück und frische Sandwiches, Salate und Suppen im Südwest-Stil. $

⓬ PETRIFIED FOREST NATIONAL PARK/PAINTED DESERT

Dass man vor lauter Bäumen manchmal den Wald nicht mehr sieht, überrascht nicht. Dass man ihn aber vor lauter Steinen nicht mehr erkennt, das passiert nur im Petrified Forest National Park. Hier glitzern und schimmern versteinerte Bäume je nach Lichteinfall um die Wette. Die bunten Nachfahren und Bruchstücke eines prähistorischen Walds haben sich so gut erhalten, weil sie nach ihrem Absterben unter Sand und Vulkanasche luftdicht verschlossen blieben. Als sie, verursacht durch neue Erdbewegungen, nach mehr als 200 Millionen Jahren wieder an die frische Luft kamen, war das Holz längst durch Mineralien ersetzt – Alchemie in der Wüste.

Versteinertes Holz: Petrified Forest National Park

Mitte des 19. Jahrhunderts, als man den steinernen Wald entdeckte, weckte er weniger Bewunderung als Begehrlichkeit. Einzelne Brocken und ganze Stämme wurden abtransportiert, gesprengt oder zerschlagen, um an die eingeschlossenen Amethyste zu kommen. Erst 1906 legte man den Schatzjägern das Handwerk und stellte die Region unter Schutz; 1962 avancierte sie sogar zum Nationalpark.

Am Nordeingang informiert das **Painted Desert Visitor Center**, am Südeingang das **Rainbow Forest Museum** über Geologie und Geschichte. Vom Scenic Drive aus, aber auch zu Fuß auf bequemen Wanderwegen oder in den kühlen Ausstellungsräumen der Visitor Center lesen sich die 225 Millionen Jahre Erdgeschichte wie ein offenes, farbig illustriertes Buch. Besonders der südliche Parkteil bietet optische Leckerbissen, allen voran die **Blue Mesa**. Am Ausgang achtet die »Vehicle Inspection Station« darauf, dass kein Stein den Park als Souvenir verlässt. Auch wenn jeder nur ein winziges Stück in die Tasche steckte, würde sich der Verlust enorm summieren. So wurden allein 1999 an die zwölf Tonnen fossile Hölzer aus dem Park geschmuggelt.

SERVICE & TIPPS

Petrified Forest National Park
1 Park Rd.
Petrified Forest, AZ 86028
✆ (928) 524-6228
www.nps.gov/pefo
Park, Visitor Center und Museum tägl. Mai–Aug. 7–18, März/April und Sept./Okt. bis 18, Jan./Feb. und Nov./Dez. 8–17 Uhr
Eintritt $ 20 pro Auto, $ 10 pro Pers., 7 Tage gültig
Eine 43 km lange Autoroute verbindet die fossilen Welten des ehemaligen Wald- und Sumpfgebiets: szenische Ausblicke (u. a. Painted Desert, The Teepees und Blue Mesa), Anasazi-Ruinen (Puerco Indian Ruins aus der Zeit vor 1400), Petroglyphen (Newspaper Rock), bizarre Brücken (Agate Bridge), kleine Wanderwege (z. B. an der Blue Mesa; im Crystal Forest; von den Long Logs, den buntesten Stücken des Parks, zum Agate House; am Rainbow Forest Museum) und Picknickplätze (Chinde Point, Rainbow Forest Museum).

⑬ PRESCOTT

Eine waldreiche Umgebung, reichlich frische Luft (Höhenlage: fast 2000 m), Sauberkeit und eine überschaubare Größe (knapp 41 000 Einw.) haben aus Prescott eine Art Luftkurort gemacht. Und weil er als Fluchtburg mit gepflegtem Lebensstil so beliebt ist, handelte er sich das Motto »Everybody's Hometown« ein. Für viele allerdings wuchs die Stadt in den letzten Jahrzehnten beängstigend schnell und so sind heute die Konsequenzen vor allem in der Zersiedelung offenkundig.

Anders dagegen die historischen Innenstadtbereiche, die man ausgehend von der Courthouse Plaza bequem zu Fuß erkunden kann. Auffällig sind die zahlreichen Bauten aus Holz anstelle der regionaltypischen Adobe-Bauten – obwohl viele der ursprünglichen Gebäude durch ein Feuer im Jahre 1900 vernichtet wurden. Die vielen Ponderosakiefern in der Umgebung lieferten schon immer das Baumaterial für Prescotts Architektur.

Nachdem die ersten Siedlungsspuren 1838 durch Goldfunde im Granit Creek gelegt wurden, machten später die Saloons entlang Montezuma Street die Straße allseits als *Whiskey Row* bekannt. Noch heute bewahrt **The Palace** Überbleibsel davon.

SERVICE & TIPPS

Prescott Visitor Center
117 W. Goodwin St.
Prescott, AZ 86303
✆ (928) 445-2000 und
1-800-266-7534
www.prescott.org

Sharlot Hall Museum
415 W. Gurley St. (Downtown)
Prescott, AZ 86301
✆ (928) 445-3122
www.sharlot.org
Mo–Sa 10–16, So 12–16 Uhr
Eintritt $ 9/5 (13–17 J.), unter 13 J. frei
Gegründet 1928 von der Historikerin und Dichterin Sharlot M. Hall, widmet sich das Institut anschaulich der lokalen Geschichte – vom Goldgräbernest

Stausee Watson Lake in der zerklüfteten Felslandschaft der Granite Dells

zur College Town. Ausstellungsräume mit reizvoll rekonstruierten Interieurs, historischen Gebäuden und schöne Gärten.

Murphy's
201 N. Cortez St.
Prescott, AZ 86301
✆ (928) 445-4044, www.murphysprescott.com, tägl. 11–22 Uhr
Beliebter Treff: traditionelle amerikanische Küche. Bar, große Bierauswahl. Di oft Live-Jazz. Lunch $, Dinner $$$

The Palace Restaurant & Saloon
120 S. Montezuma St.
Prescott, AZ 86303
✆ (928) 541-1996
www.historicpalace.com
Tägl. 11–22, Fr/Sa bis 23 Uhr
Einst (1877) eine der ältesten Bars des Landes, heute Familienrestaurant in historischem Dekor und mit gelegentlicher Livemusik. Sandwiches und Suppen. Lunch $, Dinner $$–$$$

The Peacock Dining Room
122 E. Gurley St. (The Hassayampa Inn), Prescott, AZ 86301
✆ (928) 778-9434
www.hassayampainn.com
Tägl. 7–14 und 16.30–21, Fr/Sa bis 21.30 Uhr
Verfeinerte amerikanische Küche, eleganter Speiseraum. $$–$$$

Prescott Frontier Days
840 Rodeo Dr.
Prescott, AZ 86305
✆ (928) 445-4320
www.worldsoldestrodeo.com
Seit 1888 jedes Jahr Anfang Juli mit dem World's Oldest Rodeo. Ein Western-Spaß mit Tanz, Paraden und Rodeo.

Ausflugsziel:

Granite Dells
SR 89, nördl. von Prescott
Fotogene Granitbrocken im Watson Lake – ideal zum Camping und Wandern.

40 Saloons reihten sich einst in der Whiskey Row von Prescott aneinander

⓮ SEDONA

Das Städtchen mit gut 10 000 Einwohnern schmiegt sich dekorativ zwischen die rostroten Felsblöcke des Red Rock State Park und das üppig bewachsene, schluchtartige Tal des Oak Creek. Vor allem die Sandsteinmonolithen, die je nach Sonneneinstrahlung und Wolkenschatten wechselnde Farbnuancen produzieren, machen den Reiz der Landschaft aus. Schon am Stadtrand von Sedona lockt ein Treatment Center zur *Therapy on the Rocks*. Der Hang zur Innerlichkeit und Esoterik ist denn auch sonst omnipräsent. Er prägt den Ort mindestens ebenso wie jene Einrichtungen, die jede Resort Town zieren, die vor allem die irdischen Wünsche nach einem guten Leben bedienen möchten: mehr als drei Dutzend Galerien mit Western Art, Wellness-Oasen, Shopping vom Feinsten und jeder Menge Cafés sowie Gourmetrestaurants. Und im Red Rock Country darf der alpine Touch natürlich nicht fehlen. Das Matterhorn Inn hat das begriffen.

Wie fing das an? Die Familie der Namenspatronin und Pionierin Sedona Schnebly baute hier 1902 ein Haus mit Garten, ein Sedona *in nuce*, in der Nussschale, aus dem längst ein Touristenmekka geworden ist, das Natur- und Kunstfreunde gleichermaßen erfreut. Außer Fiestas (mit buntem *ballet folklórico*), Jazz- (April), Filmfestival (Februar) und Weihnachtsfeiern (mit leuchtenden *luminarias*) werden im Red Rock Outback Wanderrouten, Heißlufttrips, Jeeptouren und Lamatrecks angeboten. Neben einem guten Dutzend

Ehe mit Ausblick: Hochzeit im Oak Creek Canyon bei Sedona

feiner Restaurants bemüht sich eine Reihe erstklassiger Resorts darum, die Reisekassen der zahlungskräftigen Klientel zu erleichtern. Lediglich viele der Einheimischen meiden das teure Pflaster: ein Großteil des Dienstleistungspersonals zieht es vor, außerhalb des Ortes zu wohnen.

Die Blüte der lokalen Kunstszene geht auf die frühen 1960er Jahre zurück, als das **Sedona Art Center** gegründet wurde, bis heute eine Combo aus Galerie und Schule. Kurze Zeit später konstituierte sich die Gruppe »Cowboy Artists of America«, die so einflussreich wurde, dass lange Zeit Kunst in Sedona mit Western Art gleichbedeutend war. Inzwischen ist das vorbei. Neben den Cowboy im späten Gegenlicht ist längst auch Expressionistisches und Abstraktes getreten, ergänzt durch zeitgenössische Plastik, Keramik und Schmuck, alles in allem eine konservative Palette mit Idealem und bunter Romantik. Von Irritierendem, Exzentrischem oder gar Provokantem ist nicht viel zu sehen.

Auch als Filmset hat Sedona Tradition. Sie begann in der Schwarz-Weiß-Ära mit heroischen Western. Jesse Lasky's Stummfilm-Adaption von Zane Grey's »Call of the Canyon« war einer der ersten Streifen, die hier gedreht wurden. Später folgten »Sagebrush Sagas«, in denen Cowboys auf weißen Pferden gegen blutrünstige Indianer im Schatten großer Felsen kämpften. Inzwischen sind Western passé, aber Film, TV-Produktionen und Werbesendungen nutzen nach wie vor das fotogene Terrain.

Der Kunst- und Filmszene steht der des »OM« nicht nach. Seit Ende der 1980er Jahre zählt Sedona neben dem Central Park in New York oder Waikiki zu den amerikanischen New-Age-Hochburgen. Einige Gurus hatten den Ort als einen *power point* unseres Planeten ausgemacht, andere gingen semantisch vor und fanden heraus, dass schon der Ortsname ein elektromagnetisches Omen sei, weil, wenn man ihn rückwärts läse, *anodes*, »Anoden«, dabei herauskäme, also Elektroden, die aus einem Vakuum freie Elektronen aufnehmen. Daraufhin gab's kein Halten mehr. Aus allen Teilen des Landes strömten plötzlich die Gesundbeter, Kräuterpriester, Heiler und Ufomanen, Yoga-Jünger und Sanyasins nach Sedona.

Ein regelrechter Supermarkt esoterischer und spiritueller Dienstleistungen machte sich breit. Es gibt den Center for New Age Bookshop und Bioläden, Kurse und Massagen, Beratungen ebenso wie aquarische Gruppen oder solche, die in gemeinsamen Schwitzbädern alten Zeremonien frönen, mit Wünschelruten und Kristallen um den Hals herumlaufen oder sich an jene aus Steinen am Boden ausgelegte Medizinräder anschließen *(anodes!)*, in denen sich nach Auffassung der Hopi-Indianer historische Energien aus früheren Kulthandlungen und Vibrationen der Erde bündeln. Den Hopis gehörte einst das Land des Red Rock Canyon.

SERVICE & TIPPS

Visitor Information Center
331 Forest Rd. & US 89A
Sedona, AZ 86339
✆ (928) 282-7722 und
1-800-288-7336
www.sedonachamber.com
Tägl. 8.30–17 Uhr

Chapel of the Holy Cross
780 Chapel Rd. (off SR 179)
Sedona, AZ 86336
✆ 1-888-242-7359
www.chapeloftheholycross.com
Shop tägl. 10–17 Uhr
Zeitgenössische katholische Kirche (1956) im roten Gestein – mit großem Kreuz und schönem Blick.

Red Rock State Park
4050 Red Rock Loop Rd., südwestl. von Sedona, Nähe US 89A
✆ (928) 282-6907
www.azstateparks.com/red-rock
Tägl. 8–17, Visitor Center 9–16.30 Uhr
Eintritt $ 10 pro Auto mit max. 4 Pers., $ 7/4 (7–13 J.) für Einzelreisende, unter 7 J. frei, 7 Tage gültig
Naturpark mit imposanten roten Felsen an den Ufern des Oak Creek mit Wanderwegen.

The Heartline Cafe
1610 W. Hwy. 89A
Sedona, AZ 86336
✆ (928) 282-3365
www.heartlinecafe.com
Do–Mo 16–21 Uhr
Interessante Südwestküche. Ergiebige Weinkarte. Lunch $, Dinner $$–$$$

El Rincon Restaurante Mexicano
336 SR 179 (Tlaquepaque Village), Sedona, AZ 86336
✆ (928) 282-4648
www.elrinconrestaurant.com
Tägl. 11–20, Fr/Sa bis 21 Uhr
Klassische mexikanische Gerichte und gute Margaritas. $–$$

Tlaquepaque Arts & Crafts Village
336 SR 179 (Nähe Hwy. 89A, Ortsmitte), Sedona, AZ 86339
✆ (928) 282-4838, www.tlaq.com
Shops tägl. 10–18 Uhr, Restaurants unterschiedlich
Inszeniertes Mexiko: ein nachgebautes Dorf (1973) mit Schatten, Shops und Schleckereien (z.B. »El Rincon«) – ohne Schmutz, Armut und Autoverkehr.

Ausflugsziel:

Slide Rock State Park
6871 N. Hwy. 89A, nördl. von Sedona
✆ (928) 282-3034
www.azstateparks.com/Parks/SLRO
Tägl. Mai–Sept. 8–19, Feb.–Mai und Sept./Okt. 8–18, Nov.–Jan. 9–17 Uhr, Eintritt Sommer $ 20 (Fr–So $ 30), Winter $ 10 pro Auto und bis zu 4 Pers., $ 3 jede weitere Pers.
Das kühle Quellwasser des Oak Creek hat die Steine glatt geschliffen, so dass man auf einer Art flachen Rutsche in den Fluss gleiten kann. Ein Spaß für die ganze Familie. Schwimmen, Wandern, Picknick.

Erfrischung im Quellwasser des Oak Creek im Slide Rock State Park

Angel Delgadillos Barbershop in Seligman ist legendär

»Die Route 66 ist wie Elvis Presley, sie stirbt nie.« (Oldtimer)

Die Route 66, sagt ein Cowboysänger, war 2000 Meilen Entertainment, Kultur und Spaß, eine einzige große rollende Show, einiges davon Tingeltangel, einiges in Ordnung. Ich wundere mich, dass immer noch so viele so viel für ein Stück Beton empfinden.

⓯ SELIGMAN

Chino Street in Seligman (gesprochen: SLIG-men) entspricht so richtig dem Geschmack der Route-66-Fans: »66 Motel«, »Historic 66 General Store«, der legendäre Snow Cap Drive-in, Antiquitätenläden – ein perfektes Schaufenster der Nostalgie. Dass die 1886 gegründete Eisenbahnsiedlung ihre automobile Ur- und Frühgeschichte so lupenrein bewahrt hat, geht vor allem auf das Konto des hier ansässigen Friseurs Angel Delgadillo. Wie viele 66-Veteranen sieht er den Highway nicht bloß als Straße, sondern als Lebensader einer großen Gemeinde, die unter keinen Umständen sterben durfte.

Ausflugsziel:

Wer ein bisschen mehr von der Route 66 »erfahren« will, könnte einen Abstecher, vorbei an imposanten Westernpanoramen, über **Hackberry** nach **Kingman** unternehmen. Dass die Stadt 1882 nur dank der Eisenbahn auf die Landkarte kam, kann man noch heute an den Gleisen und ratternden Güterzügen sehen, die mitten durch die Ort führen. Der alte Bahnhof ist seit seiner Sanierung wieder gut in Schuss. In Mr. D'z Route 66 Diner mit Wurlitzer-Musikbox und auch sonst filmreifer Einrichtung fühlt man sich in die Zeit des Rock 'n' Roll versetzt.

Noch in Betrieb: Angel Delgadillos Friseurstuhl

SERVICE & TIPPS

Angel & Vilma Delgadillo's Route 66 Gift Shop
22265 W. Route 66
Seligman, AZ 86337
✆ (928) 422-3352
www.route66giftshop.com
Tägl. 8–18, Winter 9–17 Uhr
Einschlägiger Souvenirshop des legendären Route-66-Retters.

Cucina Rustica
7000 SR 179, Tequa Festival Marketplace
Sedona, AZ 86351
✆ (928) 284-310
www.cucinarustica.com
Tägl. ab 17 Uhr
Lisa Dahl serviert beste italienische Küche im Ambiente einer rustikalen Villa.
$$–$$$

16 TUZIGOOT NATIONAL MONUMENT

Die Sinagua, die eigentlich Jäger und Sammler waren, saßen, wie der Name vermuten lässt (siehe Montezuma Castle), häufig auf dem Trockenen, als sie in der Gegend um Flagstaff siedelten. Deshalb zogen sie Mitte des 11. Jahrhunderts hierher und verbanden sich mit den ebenfalls angereisten Anasazi, mit den Mogollon- und Hohokam-Kulturen. Diese waren bereits zuvor (nach 600 n. Chr.) aus dem Gila Basin gekommen und sesshaft geworden; sie lebten in *pit houses* und von Bohnen, Mais, Squash und Baumwolle.

Die Sinagua übernahmen die Bewässerungstechniken der Hohokam und fingen an, oberirdisch zu mauern und zu bauen, was möglicherweise auf das Vorbild der Anasazi zurückzuführen ist. Auch die T-förmigen Türen sprechen für diesen Einfluss, auch wenn es nur wenige Türen gab, weil der Einstieg durch Luken im Dach erfolgte – Wohnen auf dem Dachpenthouse.

»Ein Haus sollte nicht auf einem Hügel stehen, sondern ein Teil davon sein« – die Toplage von Tuzigoot veranschaulicht diesen Satz von Frank Lloyd Wright.

Sie blieben für rund 400 Jahre (ca. 1000–1425), dann verschwanden sie. Warum und wohin ist nicht eindeutig geklärt, ebenso wie bei anderen prähistorischen Indianersiedlungen des Südwestens. Tuzigoot (gesprochen: TUU-si-guut) ist ein Apachen-Wort für *crooked water* (gekrümmtes Wasser) und bezieht sich auf den nahen Pecks Lake. Die Spanier, die zuerst 1583 durch das Valle Verde zogen, hielt es nicht lange, weil auch hier nichts von dem zu finden war, was sie im Sinn hatten: Gold.

Von der Kuppe des Hügels hat man einen imponierenden Rundblick über das Tal, auf die nahen Berghänge der Black Hills und auf die offenen, apfelsinengelben Drainagen, in die die Abwässer und Schlämme der Kupfergewinnung im nahen Jerome und Clarkdale gepumpt wurden. Um Staubverwehungen zu verhindern, werden die Flächen von Zeit zu Zeit geflutet.

Die Ruinen von Tuzigoot oberhalb des Valle Verde

SERVICE & TIPPS

Tuzigoot National Monument
Tuzigoot Rd.
Camp Verde, AZ 86322
✆ (928) 634-5564
www.nps.gov/tuzi
Tägl. 8–17 Uhr
Eintritt: $ 10 pro Pers., bis 15 J. frei (inkl. Montezuma Castle), 7 Tage gültig
Von den Sinagua-Indianern ca. 400 Jahre bewohnter Pueblo (Blütezeit: 110 Wohnungen für etwa 225 Bewohner) und dann verlassen. Sehenswerte Ausgrabungen im Visitor Center.

17 WILLIAMS

Rund um den kompakten Downtown-Block macht Williams einen aufgeräumten und freundlichen Eindruck. Zwei Straßen teilen sich das Erbe der historischen Route 66, je nachdem, aus welcher Himmelsrichtung man kommt: die Railroad Avenue sorgt für den Verkehr von Osten nach Westen, die Bill Williams Avenue, benannt nach einem Pelztrapper, für den in umgekehrter Richtung. Vielleicht gründet die Vitalität des seit 1881 bestehenden Örtchens darauf, dass es erst ziemlich spät, nämlich 1984, von der Interstate umkurvt und links liegengelassen wurde – die letzte Stadt an der Route 66 übrigens, der dies widerfuhr.

Zunächst glaubte man, das sei's gewesen. Aber es kam anders. Unzählige Arbeitsstunden freiwilliger Helfer flossen in die Stadterneuerung und viele historische Gebäude schlüpften unter den Rock des Denkmalschutzes. Man sollte im Zentrum mal eine Runde drehen, um sich beide Straßen anzusehen.

Gleich beim Visitor Center und dem Fray Marcos Hotel liegt der Bahnhof, an dem der AMTRAK-Zug »Southwest Chief« hält und von dem aus die **Grand Canyon Railway Line** schon seit 1901 zum Grand Canyon dampft. Nicht umsonst nennt sich Williams »Gateway to the Grand Canyon«. Noch heute bietet die Nostalgietour (mit Wildwest-Entertainment an Bord) eine willkommene Gelegenheit für einen autofreien Reisetag.

Tankstelle in Williams, ein Relikt aus der Hochzeit der Route 66

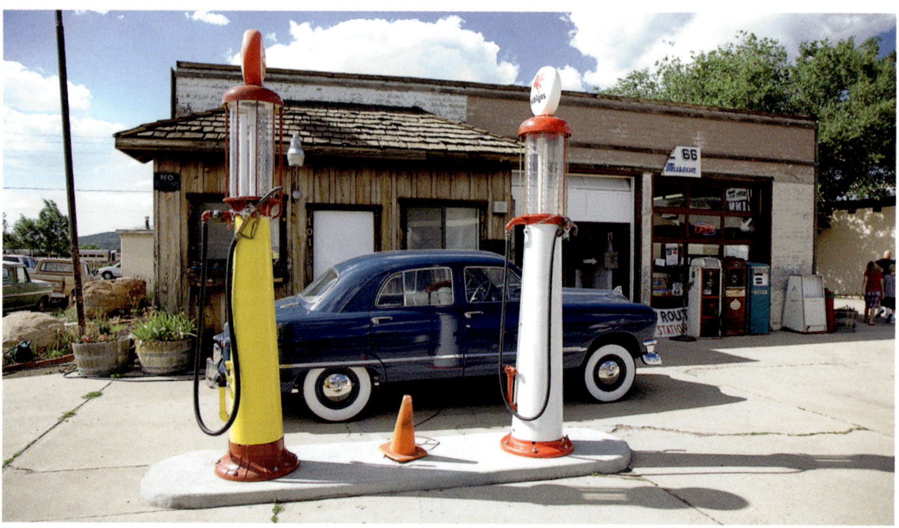

Der Canyon Club in Williams an der alten Route 66

SERVICE & TIPPS

Williams and Forest Service Visitor Center
200 W. Railroad Ave.
Williams, AZ 86046
✆ (928) 635-4061
www.experiencewilliams.com
Tägl. 8–18.30, Winter bis 17 Uhr

Grand Canyon Railway
233 N. Grand Canyon Blvd.
(Williams Depot)
Williams, AZ 86046
✆ (303) 843-8724 und
1-800-843-8724
www.thetrain.com
Preise je nach Wagenklasse zwischen $ 65/29 und $ 181/147 für die Luxuskategorie
Tägliche Rundfahrten zum Canyon und zurück. Reservierung empfohlen.

Rod's Steak House
301 E. Route 66
Williams, AZ 86046
✆ (928) 635-2671
www.rods-steakhouse.com
Mo–Sa 11–21.30 Uhr, So geschl.
Seit 1946 bewährt, gute Steaks. Cocktail-Lounge. $$–$$$

Grand Canyon Coffee & Café
137 W. Railroad Ave.
Williams, AZ 86046
✆ (928) 635-4907
www.grandcanyoncoffeeandcafe.com
Mo–Do 6–15, Fr/Sa bis 19 Uhr
Nettes kleines Lokal mit Route-66-Dekor, auch chinesische und mexikanische Gerichte. $–$$

The Red Garter Bed & Bakery
137 W. Railroad Ave.
Williams, AZ 86046
✆ (928) 635-1484 und
1-800-328-1484
www.redgarter.com
Tägl. 7–11 und 16–20 Uhr
Aus einer ehemals verruchten Combo aus Saloon und Bordell ist heute (neben einem kleinen Hotel) ein Café mit frischen Backwaren geworden.

Bill Williams Mountain Trail
Williams, AZ
Ranger-Info: ✆ (928) 635-5600
Netter Tagesausflug: fünf- bis sechsstündige Waldwanderung mit schönen Aussichten. Rund 700 m Steigung – von ca. 2300 auf 3000 m. Beste Zeit: spätes Frühjahr bis früher Herbst. Trail-Map und Infos gibt's im Visitor Center.

Damit man weiß, wo man ist

ARIZONA – DER SÜDEN

SOMMERHITZE UND WINTERGÄRTEN

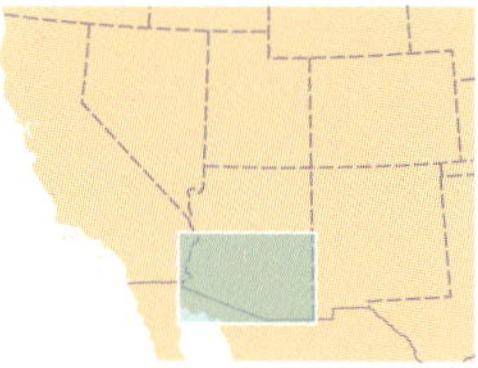

Anders als die bewaldeten Höhenlagen des Nordens überzieht karges Kakteenland den größten Teil des Südens von Arizona. Orgelpfeifenkakteen, vor allem aber die charakteristischen Saguaros (sprich: sah-WAH-row) dominieren das Terrain zwischen dem Südrand des Colorado Plateau (Mogollon Rim) und der mexikanischen Grenze. Die Saguaro-Kakteen haben sich längst als Ikone des Südwestens etabliert – in nahezu allen Westernfilmen sind sie dabei. Wenn – wie meistens – Originale am Set fehlten, dann pflanzten die Dekorateure aus Hollywood sie kurzfristig wie im Blumentopf ein.

Zwischen Staub und Stachelgewächsen überrascht eine vielseitige Palette aus Indianerreservaten (San Xavier, Pa-

Kitschig, aber wahr: Saguaro-Kakteen in Arizona

pago, Gila, Apachen) und Westernstädten (z. B. Tombstone, Bisbee), Missionskirchen (San Xavier del Bac, Tumacacori) und Minencamps, spukigen Kalksteinhöhlen (Colossal Cave, Kartchner) und bizarren Felsformationen (Chiricahua National Monument).

Die dominierende Stadt der Südregion heißt Phoenix, die Hauptstadt Arizonas. Wer sie mit dem Flugzeug anfliegt, sieht das Layout ihrer Anlage auf einen Blick – das plötzlich aus dem braunen Wüstenboden auftauchende Grün der bewässerten Felder, die gradlinigen Autopisten, die Glasbunker von Downtown und die endlosen Eigenheimparzellen mit ihren angrenzenden grünblauen »Türkissteinen«, den unvermeidlichen Pools. 300 Tage im Jahr, so hat man werbewirksam gezählt, wölbt sich der blaue Himmel über Phoenix und seiner Nachbargemeinde Scottsdale, jener Wüstenadresse, unter der extravagante Resorts zu einem der komfortabelsten *dolce far niente* des Südwestens verführen.

Ein wenig anders kümmert sich die reizvolle Universitätsstadt Tucson um das Wohl seiner Besucher. Wie keine andere Stadt des Südwestens ist sie von einem Kranz von Dude oder Working Ranches umgeben, die geplagten Großstädtern die Cowboy-Variante von Ferien auf dem Bauernhof ermöglichen. Die Angebote reichen von rustikalen Hütten, die dem Gast nach burschikosem Schulterklopfen auf Anhieb das Gefühl vermitteln, schon ein langjähriger Mitarbeiter auf der Ranch zu sein, bis hin zu De-luxe-Versionen, die die Cowboyrolle und das Wellnessprogramm dezenter verknüpfen – mit Jacuzzi, Fitnessräumen, Golf- und Tennisplätzen inklusive.

Saguaro-Kakteen können bis zu 20 Meter hoch werden

Südlich von Tucson schließlich kann man am Santa Cruz River die Spuren der spanischen Besiedlung besonders deutlich verfolgen – ebenso wie die der rauen Wildwest-Zeiten. Dieser äußerste Südostzipfel Arizonas geht zurück auf den sogenannten Gadsden Purchase von 1853. Acht Jahre nach der Integration von Texas in das Territorium der USA kaufte der damalige Eisenbahnpräsident James Gadsden von Mexiko für 15 Millionen Dollar einen elf Millionen Hektar großen Landkorridor entlang der Grenze von New Mexico und Arizona zwischen Colorado und Rio Grande River für die USA – ein Batzen Land, der für den Ausbau der Southern Pacific Railroad gedacht war. Es gibt viele in dieser Gegend, die die hier traditionell guten Beziehungen zwischen Indianern, Mexikanern und Anglos darauf zurückführen, dass dieses Land ausnahmsweise gekauft und nicht kriegerisch erobert und gewaltsam besiedelt wurde.

1 BISBEE

Bei der Vermarktung seiner Vergangenheit schlägt Bisbee deutlich leisere Töne an als das benachbarte Tombstone. Das liegt sicher daran, dass hier nicht Todesquoten beim Shootout, sondern Kupfergewinne zählten. Der gut 5500-Seelen-Ort in der steilen Schlucht des Mule Pass kommt fast ohne Ampeln, Designergetue und blasierte Boutiquen aus und verwöhnt den Besucher stattdessen mit einem Mix aus originellen Läden, Cafés und esoterischem Flair.

Bisbees internationaler Ruf basiert auf der Entdeckung der Copper Mine Lode im Jahre 1877 – einer der reichsten Kupferadern des Westens. Durch den Eisenbahnanschluss expandierte die Stadt und begann auch die steilen Berghänge zu besiedeln. Bisbee besaß solide Backsteinhäuser, asphaltierte Straßen, fließendes Wasser und eins der schönsten Hotels weit und breit: das **Copper Queen Hotel**, das sich noch heute zeitlos fast wie eine Pagode, zumindest aber wie ein Denkmal über dem Zentrum der gedrungen wirkenden Altstadt erhebt.

1975 stoppte die Kupferförderung. Die Minenarbeiter suchten das Weite und die Immobilienpreise sanken in den Keller. Das gefiel vor allem den Lebenskünstlern während der Hippiezeit, die sich deshalb nach Bisbee aufmachten. Die Folge war zunächst allerlei Zank zwischen Newcomers und Oldtimers. Mit der Zeit aber wurden auch die Hippies älter, machten sich selbstständig und wählten Ronald Reagan.

Seither geht es in Bisbee gemächlich zu: in den Buchhandlungen, in den kleinen Stadtmuseen, die Andenken an die Tage voller Kupfer, Zink, Mangan, Gold und Silber versammeln, und in den Antiquitäten- und Schmuckläden, die Modisch-Mineralisches anbieten. Gleich am Südende des Städtchens

Downtown Bisbee gibt sich nostalgisch

Oldie-Idyll: Shady Dell Campground in Bisbee

liegt die riesige **Lavender Pit**, der größte menschgemachte Krater Arizonas, aufgewühlt von Kupfergier und dann verlassen. In einem Jahrhundert baute man hier immerhin acht Milliarden Tonnen Kupfer ab.

SERVICE & TIPPS

Bisbee Visitor Center
478 Dart Rd., Queen Mine
Bisbee, AZ 85603
✆ (520) 432-3554
www.discoverbisbee.com

Bisbee Mining and Historical Museum
5 Copper Queen Plaza
Bisbee, AZ 85603
✆ (520) 432-7071
www.bisbeemuseum.org
Tägl. 10–16 Uhr
Eintritt $ 8/3 (0–16 J.)
Im alten Hauptquartier der Copper-Queen-Minenverwaltung: Ausstellung, Bibliothek und Fotoarchiv zur regionalen Geschichte.

Queen Mine Tours
478 Dart Rd., am Hwy. 80
Bisbee, AZ 85603
✆ (520) 432-2071 und 1-866-432-2071
www.queenminetour.com
Tägl. etwa einstündige Lorentouren in die unterirdische, kühle Kupfermine $ 13/5.50 (6–12 J.) unter 5 J. nicht erlaubt
Ebenfalls: Abfahrt der Vans zur Besichtigung der offenen **Lavender Pit** und Stadtrundfahrten.

Cafe Roka
35 Main St.
Bisbee, AZ 85603
✆ (520) 432-5153
www.caferoka.com
Mi–Sa 17–21, So 16–20 Uhr
Gute italo-kalifornische Küche. Im Sommer nur am Wochenende geöffnet. Reservierung empfehlenswert! $$

High Desert Market & Cafe
203 Tombstone Canyon
Bisbee, AZ 85603
✆ (520) 432-6775
Tägl. 7–19 Uhr
Ideal für Breakfast, Lunch, frühes Dinner; alles frisch gemacht, zugleich Delikatessenladen. $

Steinhälse im Chiricahua National Monument

❷ CHIRICAHUA NATIONAL MONUMENT

In diesem Naturschutzgebiet im Südostzipfel von Arizona lagen einst die Jagdgründe der Chiricahua-Apachen (gesprochen: schiri-KA-wa) unter ihrem Häuptling Cochise, der sich in den 1860er Jahren vehement gegen das Eindringen der Weißen wehrte. In den felsigen Gassen zwischen den vulkanischen Gesteinsskulpturen, steilen Canyonwänden und schattigen Wäldern fühlen sich nicht nur Wildschweine und Waschbären wohl, sondern auch die (erprobten) Wanderer, die Ruhe und frische Luft suchen.

SERVICE & TIPPS

Chiricahua National Monument
12856 E. Rhyolite Creek Rd.
Willcox, AZ 85643
✆ (520) 824-3560
www.nps.gov/chir
Monument 24 Std. geöffnet
Visitor Center tägl. 8–16.30 Uhr
Eintritt frei
Visitor Center im Bonita Canyon, Wanderwege, Camping.

Erreichbar sind die zwischen 1500 und 2500 m hohen Chiricahua Mountains von Willcox (Nähe I-10 östl. von Tucson) über die SR 186 oder von Douglas aus (US 80) über die US 191, SR 181.

Die Anreise ist auch von Portal aus über eine schmale, gewundene *dirt road* (Pinery Canyon Rd.) möglich, die allerdings im Winter geschlossen ist (Nichts für Camper!).

❸ PHOENIX/SCOTTSDALE

Knapp 4,5 Millionen Einwohner in der Metropolitan Area machen **Phoenix**, Arizonas Hauptstadt, zu einer Mega-Oase im **Valley of the Sun**. Dieses ebenso gnadenlos heiße wie komfortable Tal besteht aus insgesamt 23 Städten und Gemeinden, zu denen Rentnerhochburgen wie **Sun City**, die Universitätsstadt und das stark von Mormonen besiedelte **Tempe** sowie die extravaganten Ferienanlagen von **Scottsdale** und **Carefree** gehören.

Wohin man blickt weiße Traumvillen an palmengesäumten Boulevards, überquellende Bougainvilleen und mediterran anmutende Brunnen – so zähmt man wilde Wüsten zu einer gepflegten Wohn- und Freizeitkultur. So liegt ein Hauch von Oman über der knochentrockenen Stadt, in der allerdings die Luftfeuchtigkeit stetig wächst: durch das System der Kanäle, die Wasserspeicher und kühlenden Sprühnebel, die an den Malls durch eine *mass of mist* die Lufttemperatur senken.

Die Fantasy-Resorts versuchen sich gegenseitig mit üppigen Inszenierungen zu übertreffen. Weder Mühen noch Millionen wurden gescheut, um dem verwöhnten Wellnessgast den Himmel auf Erden zu schaffen: illuminierte Pools, heiße Jacuzzi-Becken und rauschende Wassergärten im römischen Stil: Caracalla West. Die markanten Bergrücken am Rand des Tals, die bei klarem Licht so aussehen, als seien sie wie bei der Spielzeugeisenbahn aus Pappmaché gefertigt, nehmen sich im Licht der untergehenden Sonne wie betörende Tableaus einer Wildwest-Oper aus.

Sogar bei schlechtem Wetter kann man seine natürlichen Wunder erleben, wenn plötzlich Windböen in die Palmenschöpfe fahren, Regenbogen, Donner und Blitze aufgeboten werden,

die zwischen Sonnenuntergang und polterndem Gewitter alles in Aufruhr bringen, was vorher wüst und tot schien.

Lange ahnte Phoenix nicht, dass es seinem Namen einmal derartig Ehre machen würde. Der prophetische Name stammt von einem britischen Abenteurer, der meinte, dieser Platz sei aus den Ruinen der prähistorischen Hohokam wieder auferstanden. Nichts da, der Ort (1870 gegründet) dümpelte lange als staubige Frontier Town mit Postkutschenstation, Saloons und Cowboys, Minenarbeitern und Soldaten vor sich hin. Erst im 20. Jahrhundert, als die Wirtschaftskräfte der großen »C«s – *cattle, copper, cotton, climate, citrus* – von neuzeitlicheren abgelöst wurden, setzte ein ebenso rasantes wie ungeplantes Wachstum ein, das inzwischen jenen *urban sprawl* geschaffen hat, der dem von Los Angeles oder Houston nicht allzu viel nachsteht.

Heard Museum in Phoenix: bekannt wegen seiner Sammlung zu indianischen Kulturen

Die Entwicklung verlief im Dreisprung: durch den Bau der Southern Pacific Railroad, die deutliche Bevölkerungszuwächse brachte; durch die Vollendung des Roosevelt-Damms am Salt River zu Beginn des 20. Jahrhunderts, der Phoenix einen ähnlich dramatischen Boom bescherte wie der Hoover Dam Las Vegas (auch dank des Segens öffentlicher Gelder!); und schließlich durch die mit Ausbruch des Zweiten Weltkriegs verbundenen wirtschaftlichen Vorteile, die der Stadt allein drei neue Luftwaffenstützpunkte bescherten.

Ökonomisch nicht zu unterschätzen war auch der Effekt der Anfang der 1950er Jahre eingeführten Aircondition, weil sich nachts niemand mehr in feuchte Tücher einwickeln musste, um die Hitze zu überleben. Klimakontrolle und ausgeklügelte Wasserversorgung schafften letztendlich die gedeihlichen Voraussetzungen für die Hightech-Welt, von der die meisten Phoenicians heute (gut) leben. Ob General Electric, Honeywell oder Hughes Aircraft – immer waren es auch niedrige Löhne und schwache Gewerkschaften, die Unternehmen hierher ziehen ließen und den Wohlstand des Valley of the Sun festigten, das auch auf seinen Spitznamen »Silicon Desert«, stolz ist.

Neil David, First Bite, Kochare, 1987. 11,5 cm hoch (Hopi, First Mesa)

Stadterkundung

Vormittag:	**Heard Museum** in Phoenix oder Shoppingtour in Scottsdale.
Mittag:	Lunch im **Arizona Center** in Phoenix oder in der **Scottsdale Mall**.
Nachmittag:	**Taliesin West** (Scottsdale) oder Westernkulisse von **Old Town** oder Badefreuden am Pool.

Zum Auftakt: der Besuch des **Heard Museum.** Das 1929 gegründete, renommierte Kunstinstitut ist in einer zwar nur nachgebauten, aber dennoch ansehnlichen Hacienda mit schönen Innenhöfen, Skulpturen und Brunnen untergebracht und zeigt eine der bedeutendsten kulturgeschichtlichen Sammlungen des Südwestens. Zu sehen sind indianische Flechtkörbe, Keramik, Schmuck, Textilkunst und eine hochkarätige Parade historischer Kachinas, eine der umfangreichsten in den gesamten USA. Dazu gehören auch recht praktische Dinge, etwa was aus der Saguaro-Frucht alles gemacht werden kann, wie Sirup, Marmelade oder Wein. Zu sehen sind auch Nachbildungen traditioneller indianischer Bauformen: ein *pit house* der Hohokam, ein *wickiup* der Apachen und ein *hogan.*

Eine Alternative zum Museumsmorgen wäre ein Vormittag im benachbarten **Scottsdale**. Dessen Wahrzeichen, die Silhouette des Camelback Mountain, markiert optisch die Grenze zu Phoenix, während am Boden alles fließend ineinander übergeht. Doch je länger man fährt, umso klarer wird, dass der Lebensstil in Scottsdale nicht von armen Eltern ist. Schließlich stellen seine rund 230 000 Einwohner eine der reichsten Gemeinden des Landes. Tourismus, Einzelhandel, Banken und Versicherungen machen den Löwenanteil des Wirtschaftswachstums aus.

Die städtischen Anfänge waren dürftig, was in dieser kargen Gegend nicht überrascht. Ein Baptistenpfarrer aus New York, ein gewisser Winfield Scott, gründete den Ort 1888 als eine weiße Zeltstadt – im selben Jahr, in dem der Arizona-Kanal fertiggestellt wurde, der von da an für die Bewässerung der Trockenregion sorgte. Das heute verfeinerte Kanalsystem geht allerdings letztlich auf die Hohokam zurück, die hier bereits vor 2000 Jahren Wasser aus dem Salt River einleiteten, um Bohnen zu züchten.

Prompt begannen Scott und andere Pioniere damit, ihren Traum von einer blühenden Wüstenoase durch den Anbau von Zitrusfrüchten, Erdnüssen und Kartoffeln zu untermauern. Andere gesellten sich aus gesundheitlichen Gründen des guten Klimas wegen hinzu: Leidende (Arthritis, Asthma, Tuberkulose) und Genesende. Das um die Jahrhundertwende nachrückende Künstlervölkchen vertrug sich erstaunlich gut mit der inzwischen herangewachsenen Gemeinde aus Farmern, Ranchern und Industriellen. Das blieb im Wesentlichen so bis zum Zweiten Weltkrieg.

Danach explodierte die Einwohnerzahl durch die Ansiedlung großer Elektronikfirmen (allen voran Motorola). Scottsdale wurde Sitz der Mayo-Klinik, und der Tourismus machte die Stadt zum begehrten Ziel für gutsituierte Kurgäste und viele Künstler – was sich heute unter anderem an einem guten Dutzend erstklassiger Ferienhotels, mehr als 100 Golfplätzen und doppelt so vielen Kunstgalerien ablesen lässt. Natürlich auch an den schicken Malls, deren Architektur, Klientel und Preisniveau ohne die Dollars aus dem Mittleren Westen und die

Aus der Luft gegriffen: die Wasserlandschaft des Hyatt Regency Resort in Scottsdale

Verkauf von indianischer Kunst in Old Town Scottsdale

zahlreichen Firmenumsiedlungen aus Kalifornien nie zustande gekommen wären. Besonders in den letzten Jahren sind viele Kalifornier der Hektik, den Erdbeben und sozialen Konflikte im Goldenen Staat überdrüssig geworden und hierher gezogen.

Die meisten neuen Konsumtempel neigen zum Burgenbau. So wie sich manche Städte im Norden des Kontinents gegen die winterliche Kälte verbunkern und schlichtweg ins Souterrain ziehen (Montreal zum Beispiel), verschanzen sich Phoenix und Scottsdale ebenso wie andere Städte im Sun Belt vor der brütenden Hitze.

Hilfreich für eine Shoppingtour durch die Einkaufsparadiese ist »Ollie the Trolley«, ein kleiner Bus, der zwischen Hotels und Malls pendelt. Sie liegen im Wesentlichen alle auf der Scottsdale Road, dem wichtigsten Parcours des Southwest de luxe. Deutlich erinnert er an Los Angeles (wie das gesamte Valley of the Sun übrigens), denn von einer Stadt im herkömmlichen Sinn kann hier keine Rede sein. Alles liegt verstreut, und meilenweite Anfahrten zu Restaurants, Hotels oder Geschäften sind üblich.

Froschhüpfen ist gefragt. Vielleicht zuerst ein Sprung zum **Scottsdale Fashion Square**, einem hellen, weitläufigen Komplex des glasbedachten Galleria-Typs – mit vielen Palmen und heftigem Wasserrauschen. Auf der Südseite verläuft der von einer Promenade begleitete Arizona Canal. Gleich nebenan spannt sich seit 2011 an der Scottsdale Road eine von Seilen und Stelen getragene Brücke über den Kanal, ein Werk des Architektur-Visionärs Paolo Soleri.

Frische Luft weht auch in der **Scottsdale Civic Center Mall** vis-à-vis vom **Scottsdale Center for the Performing Arts**, die sich an **Old Town** anschließt, ein im Western-Look von einst verbliebenes Straßenquadrat mit viel Grün und schattigem Skulpturenpark voller lila blühender Jacaranda-(Trompeten-)Bäume und gemütlicher Picknicktische, dazu Shops und Lokale. Gelegentlich können Besucher kostenlose Livekonzerte genießen.

Architekturfreunde werden **Taliesin West** (gesprochen: täliÄSSIN), den markanten Frank-Lloyd-Wright-Bau am Nordostrand von Scottsdale und am Fuß der McDowell Mountains, zu schätzen wissen. 1937–40 gebaut und von Frank Lloyd Wright (1876–1959) als Winterquartier, Studio und Architektenschule bis zu seinem Tod bewohnt steht es beispielhaft für sein Prinzip der »organischen

Architektur«: durch die Lage inspiriertes Design, Integration des Baukörpers in die Umgebung.

Die Führungen folgen dem Rhythmus der verschachtelten Räume, den Passagen, Terrassen und Innenhöfen, während es zwischendurch nicht nur bauliche Details und vielfältige Korrespondenzen zwischen Drinnen und Draußen zu bewundern, sondern meist auch Anekdoten vom eigenwilligen Baumeister und ersten Star-Architekten der Moderne zu hören gibt.

Zu den Besonderheiten seiner Winterresidenz gehören sicherlich der Garden bzw. Living Room (der zu Zeiten von Wright häufig umgebaut wurde und ein regelrechtes Design-Labor war) und das originelle Theater (Dinner-Theater oder Cabaret) mit schönen Wandlampen und einer Felsnische für den Konzertflügel. In jeder Hinsicht aber ist Taliesin West ein Beleg für eine der zentralen Thesen von Wright, die der »Destruction of the Box«, der »Zerstörung des Kastens«, jener immer wiederkehrenden Bauform des Schuhkartons. Die Dynamik der ungewöhnlichen Formen, der Wände und Dächer sprengt die Rechteckigkeit der Wohn- bzw. Arbeitsschachtel.

Belebt wird sie nicht zuletzt durch die Baumaterialien: die Felsbrocken, die vor Ort gesammelt wurden, der Sand aus den nahen Washes und schließlich die Verwendung von Textilien und Plastikmaterialien. Die sehenswerte Beziehung zwischen Baustoffen und umgebender Landschaft; von der Textur des Mauerwerks und der von Berg und Boden; die Schrägen der Mauern und Dächer im Verhältnis zu den Berghängen; das ausgeklügelte Verhältnis von Licht und Schatten; die Art der natürlichen Belüftung – all dies steht freilich in schroffem Gegensatz zum Durchschnitt der Eigenheime des ausufernden Scottsdale, die dem architektonischen Kleinod, zum Leidwesen seiner Liebhaber, immer näher rücken.

»Unser neues Camp gehört zu der Wüste von Arizona, als hätte es schon während ihrer Erschaffung dagestanden«, notierte Wright. Der Architekt als genialer Schöpfer, dessen Kraft jedoch am Rande seines Grundstücks endet. Aber da sind ja noch die Schüler! Rudolph Schindler, Werner M. Moser und Richard Neutra gehörten zu ihnen. Auch Paolo Soleri. Er kam 1947 als Student (und späterer Protegé) nach Taliesin West. Knapp zehn Jahre später machte er sich selbstständig und gründete die Cosanti-Stiftung,

Kachina-Clown (Hopi)

Taliesin West: Wohn- und Atelierhaus von Frank Lloyd Wright

die heute ebenfalls in Scottsdale angesiedelt ist. Fortan konnte er seinen raum- und energiesparenden Konzepten nachhängen, der sogenannten *arcology* (aus *architecture* und *ecology*), die dann ansatzweise in Arcosanti ein paar Meilen nördlich Gestalt annahm (siehe Ausflugsziele, S. 233).

Meilen, Malls, Museen – nichts davon zählt, wenn man sich einfach nur erholen will. Man muss zum Eintritt in die diversen Paradiesgärten der Hotellerie dort nicht unbedingt ein Zimmer gebucht haben, um sich verwöhnen zu lassen. Man parkt einfach sein Auto und nutzt die entsprechenden Einrichtungen (einige gegen Gebühren, die nur unwesentlich über denen für die Hotelgäste liegen): Pool, Spa, Tennis- und Golfanlagen, die Gondel zum Restaurant, die Bar oder (für biologisch Interessierte) die Geländetour, auf der man die bodennahe Bevölkerung des Südwestens zu Gesicht bekommt, u. a. Saguaros und andere Kakteen, Jacarandas und Oleander, Bougainvilleen, Iris und Dattelpalmen, Hasen und Hörnchen, Salamander, *road runners,* Wachteln und schwarze Schwäne.

Meist hat die findige Concierge noch einiges mehr auf Lager, vor allem dann, wenn es um erholsame Kontakte mit den Kakteen geht, um Ausritte, Touren mit dem Jeep oder Planwagen, den Besuch von Rodeos oder anderen Festen und Feiern.

Indianische Tanzvorführung in Scottsdale

SERVICE & TIPPS

Phoenix Visitor Center
125 N. 2nd St., Suite 120
Phoenix, AZ 85004
✆ (602) 254-6500 und
1-877-225-5749
www.visitphoenix.com

Scottsdale Visitors Center
4343 N. Scottsdale Rd., Suite 170
Scottsdale, AZ 85251
✆ 1-800-782-1117
www.experiencescottsdale.com
Mo–Fr 8–17 Uhr

Heard Museum
2301 N. Central Ave.
Phoenix, AZ 85004
✆ (602) 252-8848
www.heard.org
Mo–Sa 9.30–17, So 11–17 Uhr, ganzjährig auch Führungen
Eintritt $ 18/7.50 (6–17 J.) unter 6 J. frei
Ergiebiger Museumsshop (Bücher, Teppiche, Kachinas und andere indianische Kunstgegenstände). Einladendes Café.

Musical Instrument Museum
4725 E. Mayo Blvd.
Phoenix, AZ 85050
✆ (480) 478-6000
http://mim.org
Tägl. 9–17 Uhr
Eintritt $ 20/15/ 10 (13–19/4–12 J.), unter 4 J. frei
Nach Erdteilen sortiert werden Tausende Musikinstrumente aus aller Welt gezeigt; in der Künstlergalerie kann man die Instrumente von Ikonen wie John Lennon, Eric Clapton oder Carlos Santana bestaunen.

Phoenix Art Museum
1625 N. Central Ave. & E. McDowell Rd.
Phoenix, AZ 85004-1685
✆ (602) 257-1880
www.phxart.org
Mi 10–21, Di, Do–Sa 10–17, So 12–17, 1. Fr im Monat 10–22 Uhr, Mo geschl.
Eintritt ab $ 18/9 (6–17 J.), unter 6 J. frei
Umfangreiche Sammlungen amerikanischer, asiatischer und europäischer Kunst sowie aus der Kolonialzeit und Lateinamerika. Museumsshop.

Pueblo Grande Museum and Archaeological Park
4619 E. Washington St.

Phoenix, AZ 85034
✆ (602) 495-0901
www.pueblogrande.org
Mo–Sa 9–16.45, So 13–16.45 Uhr, Mai–Sept. So/Mo geschl.
Eintritt $ 6/3 (6–17 J.), unter 6 J. frei
Dokumentation der im 15. Jh. versunkenen Kultur der Hohokam und Relikte ihrer Siedlungs- und Bewässerungskunst.

Scottsdale Museum of Contemporary Art (SMoCA)
7374 E. 2nd St.
Scottsdale, AZ 85251
✆ (480) 874-4666
www.smoca.org
Tägl. außer Mo 11–17, Do–Sa bis 20 Uhr
Eintritt $ 10, unter 15 J. sowie Do ganztägig und jeden 2. Sa im Monat frei
Gegenwartskunst, Architektur und Design.

Desert Botanical Garden
1201 N. Galvin Pkwy. (Papago Park)
Phoenix, AZ 85008
✆ (480) 941-1225
www.dbg.org
Tägl. 8–20, Sommer ab 7 Uhr
Eintritt $ 25/13 (3–17), unter 3 J. frei
Vögel, Eidechsen und Erdmännchen beleben die vielköpfige Kakteenversammlung. Hauptblütezeit: März–Mai. Auch für Kinder sehr spaßig: Viele halten sich unter dem streng riechenden *skunk tree* die Nasen zu und flippen aus. Im schattigen **Patio Café** kann man sich stärken. (Schöne Anfahrt: 64th St. ab McDowell.)

The Frank Lloyd Wright Foundation – Taliesin West
12345 N. Taliesin Dr.
Scottsdale, AZ 85259
✆ (480) 627-5340
www.franklloydwright.org
Tägl. 9–16 Uhr
1–3-stündige Führungen $ 19–75
Winterquartier, Studio und Architektenschule des Baumeisters Frank Lloyd Wright. Heute Sitz der Frank Lloyd Wright Foundation, des Archivs und der gleichnamigen Architektenschule. Buchhandlung mit umfangreicher F.-L.-W.-Literatur.

Scottsdale Center for the Performing Arts
7380 E. 2nd St., Scottsdale Mall
Scottsdale, AZ 85251
✆ (480) 499-8587
www.scottsdaleperforming arts.org
Aktives Kunstzentrum für Wechselausstellungen, Theater, Konzerte und Festivals. Hübscher Souvenirshop!

Arizona Outback Adventures
16447 N. 91st St., Suite 101
Scottsdale, AZ 85260
✆ (480) 945-2881 und 1-866-455-1601
www.aoa-adventures.com
Tägl. 8–17 Uhr
Anbieter von Hiking-, Fahrrad- und Floßtouren.

Echo Canyon Park
Camelback Mountain
www.climbcamelback.com
Der einstündige Pfad durch die Recreation Area beginnt an der Kreuzung von Tatum Blvd. und McDonald Dr. (Nähe 44th St.). Am Anfang etwas mühsam, danach leicht: Aufstieg auf den »Kamelkopf« mit Fernblick. Wochentags empfohlen, am Wochenende überfüllt.

Civic Center Mall
3939 N. Drinkwater Blvd.
Scottsdale, AZ 85251
Sonnenaufgang bis 22.30 Uhr
Geruhsame Parkanlage, garniert mit hübschen Wasserspielen und plastischen Kunstwerken.

Arizona Mills
5000 S. Arizona Mills Circle

Desert Botanical Garden: Am prächtigsten blühen die Kakteen von März bis Mai

Arcosanti: die ökologische Stadtutopie des italienischen Architekten Paolo Soleri

Tempe, AZ 85282
✆ (480) 491-7300
www.simon.com/mall/arizona-mills
Mo–Sa 10–21, So 11–18 Uhr
Das größte Outlet Center Arizonas mit rund 180 Markenläden, dazu Restaurants und ein Imax-Kino.

Cosanti Originals
6433 E. Doubletree Ranch Rd.
Paradise Valley, AZ 85253
✆ (480) 948-6145
www.cosanti.com
Mo–Sa 9–17, So 11–17 Uhr
Hauptquartier der Soleri-Stiftung: Workshops und Gießerei der berühmten Paolo-Soleri-Windglocken (auch Verkauf).

Old Town Scottsdale
Scottsdale Rd., Main St., Indian School Rd., Scottsdale
Restaurierte Old-West-Atmosphäre mit Shops, Galerien, Bars, Restaurants. Viel Westernkunst und Indianerschmuck.

The Arrogant Butcher
2 E. Jefferson St., Suite 150
Phoenix, AZ 85004
✆ (602) 324-8502
www.thearrogantbutcher.com
Mo–Do 11–21, Fr bis 22, Sa 12–22, So 15–21 Uhr
Amerikanischer Gastro-Pub mit Upscale Comford Food, Craft Bier und bunten Cocktails, Reservierung empfehlenswert.
$–$$$

Houston's
6113 N. Scottsdale Rd.
Scottsdale, AZ 85250
✆ (480) 922-7775
Tägl. 11–22 Uhr
Edel-Grill-Kette: Typisch amerikanische Küche auf gehobenem Niveau.
$$–$$$

P.F. Chang's China Bistro
7135 E. Camelback Rd., Suite 101, Scottsdale Fashion Square
Scottsdale, AZ 85251
✆ (480) 949-2610
www.pfchangs.com
So–Do 11–22, Fr/Sa bis 23 Uhr
Ausgezeichneter Gourmet-Chinese.
$$

AZ 88
7353 E. Scottsdale Mall
Scottsdale, AZ 85251
✆ (480) 994-5576
www.az88.com, tägl. 11.30–0.30, Bar bis 1.30 Uhr
Restaurant/Bar, toll im Park gelegen, kühles Design. $–$$

Alo Cafe
6960 E. 1st St.

Scottsdale, AZ 85251
✆ (480) 878-4712
www.alocafeaz.com
Tägl. 7–14 Uhr
Verführerische Frühstücks- und Lunchangebote, herzhaft und süß. $

Feste
Zu den populären Festen in Scottsdale zählt die **Parada del Sol** im Februar und im März mit Rodeos und anderen Veranstaltungen. Sehr beliebt: die **Reiterparade** Mitte Februar, angeblich die größte der Welt.

Ausflugsziele:

Arcosanti
HC 74, Box 4136, 3 km östl. der I-17 bei Cordes Junction, Exit 263
Mayer, AZ 86333
✆ (928) 632-7135
www.arcosanti.org
Café tägl. 9–19 Uhr, 10, 11, 13, 14, 15 und 16 Uhr
geführte Tour $ 15
Eintritt Visitor Center kostenlos
Die 1970 ins Leben gerufene Stadtutopie Arcosanti des italienischen Architekten Paolo Soleri (1919–2013) knapp 70 Meilen nördlich von Phoenix gründete von Anfang an auf der Strahlkraft der Sonne und der Macht des Geldes. Der Sonnenschein sollte – anders als sonst in den USA – den städtischen Energiebedarf mitten in der Wüste decken, die Dollars den Kapitalbedarf, um den Traum ins Werk zu setzen. Aber Arcosanti ist bis heute eine Baustelle geblieben – mit ominösen Kuppeldächern und gewaltigen Betonplatten – ein bisschen Theaterkulisse, ein bisschen Sichtbeton im Bauhausstil.

Eine Handvoll Leute arbeitet und lebt hier. Es gibt eine hübsche Cafeteria, wo man gut aufgehoben ist und in die reizvolle Landschaft blickt, begleitet vom gelegentlichen Läuten der Windglocken, die hier gefertigt (und verkauft) werden und inzwischen zu einem Markenzeichen Soleris geworden sind.

Torso der ökologischen Stadtvision von Paolo Soleri: ein architektonisches Experiment als Freilichtmuseum; Bäckerei, Café, Verkauf von Windglocken.

Casa Grande Ruins National Monument
1100 W. Ruins Dr. (SR 87), 55 mi südl. von Phoenix
Coolidge, AZ 85228
✆ (520) 723-3172
www.nps.gov/cagr
Tägl. 9–16 Uhr
Eintritt $ 10, unter 16 J. frei, 7 Tage gültig
Man sieht den seltsamen Baldachin, das schützende Dach für die mysteriösen Ruinen von Casa Grande im Tal des Gila River, schon von weitem. Vor 1500 Jahren lebten Hohokam im Tal des Gila River. Viel weiß man nicht über ihre Kultur. Einfache Farmer waren sie, die in kleinen, verstreuten Dörfern lebten. Zur Bewässerung ihrer Baumwoll-, Mais- und Kürbisfelder legten sie ein kompliziertes, mehr als 1000 Kilometer langes Kanalsystem an. Außerdem betrieben sie eine ausgefeilte Töpferei und handelten mit Mexiko.

Doch warum sie um 1350 unserer Zeitrechnung hier ein mächtiges, vierstöckiges Bauwerk errichteten, ist unklar. Sollte es ein Fort sein? Wurde es für Rituale genutzt? Die neuere Forschung weist darauf hin, dass die oberen Fenster exakte astronomische Beobachtungen ermöglichen. Also eine Sternwarte? Ein Bummel zum großen Hauptbau und durch die zahlreichen umliegenden Ruinen wird meist begleitet von bunten Schmetterlingen und Kolibris.

Wie Orgelpfeifen: Organ Pipe Cacatus

Hauptbau der Casa Grande Ruins im Tal des Gila River südlich von Phoenix

Pech gehabt: Hier wurde der Falsche gehängt

Organ Pipe Cactus National Monument
10 Organ Pipe Dr.
Ajo, AZ 85321
✆ (520) 387-6849
www.nps.gov/orpi
Park 24 Std. geöffnet
Visitor Center tägl. 8–17 Uhr
Eintritt $ 12 pro Auto, 7 Tage gültig
In **Ajo**, einem Südwest-Städtchen mit 3300 Einwohnern knapp 125 mi südlich von Phoenix, wurde vor rund 100 Jahren Kupfer gefunden. Heute ist der Ort eher bekannt wegen der Nähe zu dem als National Monument geschützten Areals mit Tausenden von dekorativen Orgelpfeifenkakteen.

Oasis Café
28 N. Plaza St., Ajo, AZ 85321
✆ (520) 387-4455
Mo–Fr 8–20, Sa/So 9–15 Uhr
Kaffee, Sandwiches und gute Salate mit Blick auf die historische Plaza des Ortes. An den Wänden drinnen gibt's regionale Kunst. $–$$

---

4 TOMBSTONE

Am 26. Oktober 1881 erschoss Sheriff Wyatt Earp im O. K. Corral in Tombstone die bösen McLowrey-Brüder und Billy Clanton. Die dreißig Sekunden des *shoot out* brachten Ställe, Sattlerei und Schmiede ins Standardlexikon des Wilden Westens. Heute stehen die Akteure auf dem Schauplatz als lebensgroße Puppen herum, wie tiefgefroren in ihrer letzter Position vor dem Sprung ins Jenseits. Gleich am Ortseingang verzeichnet der **Boothill Graveyard** die genaue Todesart vieler Namenloser und legendärer Westmänner. Ob erstochen, legal oder versehentlich erhängt, von Indianern in den Hinterhalt gelockt oder sonst wie umgekommen – alle liegen einträchtig verscharrt unter der Erde, in der Nähe zirpender Zikaden und flanierend plappernder Touristen.

Hoch ging es einst her in der reichen Silberminenstadt, die sich in den 1880er Jahren durch lockeres Geld und leichtes Leben einen Namen machte. In *bordellos*, Spelunken und Opiumhöhlen vertrieben sich die damals rund 10 000 Silbermänner die Zeit – bis die Minen nichts mehr hergaben und die Schürfer abzogen. Vom wüsten Dolce Vita stehen nur noch die Kulissen: einige Bars, der **O. K. Corral** und das **Bird Cage Theatre** von 1881 mit zahlreichen Requisiten aus der Zeit, als es sich als Bühne, Bar und Spielsalon seines schlechten Rufs erfreute.

Tombstone: Und täglich rollt die Postkutsche durch das Westernstädtchen

Bird Cage Theatre – seit 1881 in Betrieb

SERVICE & TIPPS

Tombstone Visitor Center
383 E. Allen St.
Tombstone, AZ 85638
✆ (520) 457-9317 und
1-888-457-3929
www.tombstonechamber.com
Mo–Do 9–16, Fr–So bis 17 Uhr

Bird Cage Theatre
517 E. Allen & 6th Sts.
Tombstone, AZ 85638-0248
✆ (520) 457-3421 und
1-800-457-3423
www.tombstonebirdcage.com
Tägl. 9–18 Uhr
Eintritt $ 12/10 (8–18 J.) unter 8 J. frei
Seit 1881 Theater, Saloon und Honky-Tonk-Tanzlokal – einst beste Adresse zwischen New Orleans und San Francisco.

Boothill Graveyard
SR 80, nördl. von Tombstone, AZ
✆ (520) 457-3300, tägl. 8–18 Uhr
Gräber biederer Bürger, die in ihren Betten, und Desperados, die schnell und unter besonderen Umständen, starben.

O.K. Corral
326 Allen St. (zwischen 3rd & 4th Sts.)
Tombstone, AZ 85638
✆ (520) 457-3456
Tägl. 9–17 Uhr
www.ok-corral.com
Eintritt $ 6, unter 5 J. frei
Schauplatz für den Showdown von 1881, der tägl. um 14 Uhr nachgespielt wird. Einige Ausstellungsstücke und zeitgenössische Fotos des Ortes dekorieren das Ganze.

Tombstone Courthouse State Historic Park
219 E. Toughnut St.
Tombstone, AZ 85638
✆ (520) 457-3311
www.azstateparks.com/tombstone, tägl. 9–17 Uhr
Eintritt $ 7/2 (7–13 J.), unter 7 J. frei
Gerichtsgebäude mit landesgeschichtlichen Ausstellungsstücken.

Cafe Margarita
131 S. 5th & Toughnut Sts.
Tombstone, AZ 85638
✆ (520) 457-227
www.cafe-margarita.com
Do, So 11–19, Fr/Sa bis 20 Uhr, Mo–Mi geschl.
Ältestes Restaurant der Stadt. Mexikanische und italienische Gerichte, Biere und natürlich Margaritas. $–$$

Tubac Presidio, 1752 gebaut, weist den Ort als älteste europäische Siedlung in Arizona aus

❺ TUBAC

Im stillen Tubac mit heute gut 1400 Bewohnern hat sich in den letzten Jahrzehnten ein buntes Künstlervölkchen eingenistet. Ursprünglich (1752) stand hier ein spanisches Presidio zur Kontrolle der aufständischen Indianer. Damit ist Tubac die älteste europäische Siedlung in Arizona. Als kirchlicher Pionier der Spanier hatte Pater Kino zuvor versucht, die Indianer im südlichen Arizona – Apachen, Papago und Pima – zu missionieren und in der Viehzucht zu unterweisen.

In seiner Nachfolge entstand eine Reihe von Missionskirchen, darunter **San José de Tumacacori** (sprich: tume'KAkeri) im gleichnamigen National Historical Park ganz in der Nähe (5 km). Zu ihm gehören Kirche, Museum (es zeigt Spaniens Einfluss auf die Region), Garten und Friedhof. Rechts neben dem Kircheneingang steht noch das wuchtige Baptisterium, über dem sich der Ansatz des nie fertiggestellten Glockenturms erhebt. Ungewöhnlich und beeindruckend ist die (dachlose) Totenkapelle auf dem Friedhof hinter der Kirche. Noch 1860 war Tubac die größte Stadt von Arizona.

SERVICE & TIPPS

Tumacacori National Historical Park
1891 E. Frontage Rd. (I-19, Exit 29, 5 km südl. von Tubac)
Tumacacori, AZ 85640
✆ (520) 377-5060
www.nps.gov/tuma
Tägl. 9–17 Uhr
Eintritt $ 5, bis 16 J. frei, 7 Tage gültig
Ruine der massiven Adobe-Missionskirche **San José de Tumacacori** von 1691, von Franziskanern erbaut, aber nie vollendet.

Elvira's
2221 E. Frontage Rd.
Tubac, AZ 85646
✆ (520) 398-9421
www.elvirasrestaurant.com
Di–Do 11–21, Fr/Sa bis 22, So bis 15, Bar Di–Sa bis 24 Uhr
Gehobene und kreative mexikanische Küche. Gute Auswahl an Weinen und Tequila. $$–$$$

Tubac – farbenfrohes Kunsthandwerk zum Verkauf

Metropole im Süden von Arizona: Tucson

6 TUCSON

Rund eine Million Einwohner bevölkern den Großraum von Tucson, das in einem Hochwüstental liegt, geschützt von vier Bergmassiven: den Santa Catalina, Rincon, Santa Rita und Tucson Mountains. Das moderne Tucson, liberaler Gegenspieler des eher konservativen Phoenix, lebt im Wesentlichen von der Air Force und der UofA, der Universität von Arizona. Das trockene, sonnenreiche (350 Tage im Jahr Sonne!) und besonders im Winter angenehme Klima hat die Stadt außerdem zu einer beliebten Rentneradresse gemacht, die den kalten Wintern im Norden und Mittleren Westen entflohen sind und den zugezogenen Hightech-Firmen, denen ebenfalls die klare und staubfreie Wüstenluft gefällt.

Die meisten Tucsonans wissen das (universitätsbedingte) kulturelle Niveau ihrer Stadt ebenso zu schätzen wie das noch vorherrschende *grassroot feeling*: Die Stadtväter seien erstaunlicherweise für alle und vieles ansprechbar, heißt es, und dadurch stände Tucson, was die Chancen der Mitbestimmung in der kommunalen Verwaltung und Politik angehe, vergleichsweise gut da.

Die touristischen Highlights winden sich wie ein Kranz um die ausufernde und durchweg flache Stadt – wegen der happigen Entfernungen an einem fortgeschrittenen Nachmittag unerreichbar. Dennoch bieten sich zumindest zwei Alternativen zum Hotelpool an: ein Bummel durch die Altstadt (bzw. über die mit Kaffeehäusern, Boutiquen und Kunstgalerien gespickte 4th St.) oder ein Ausflug zum östlichen Teil des Saguaro National Park.

Der historische Kern von Downtown Tucson (im Karree zwischen Franklin, Court, Congress und Main St.) erschließt sich leicht zu Fuß. Bester Parkplatz und Ausgangspunkt ist das **Tucson Museum of Art** mitten im **El Presidio Historic District**, dem restaurierten spanisch-mexikanischen Stadtkern mit einer Reihe von Museen, Galerien, Kunstakademien, Restaurants mit hübschen Patios und Bars in historischen Bauten: z. B. das Edward Nye Fish House mit dicken Adobe-Wänden von 1868 (120 N. Main St.), daneben das Hiram S. Stevens House von 1856 (150 N. Main Ave.), das Leonardo Romero House von 1860 (Meyer Ave.), J. Knox Corbett House von 1906 mit Patio-Restaurant (180 N. Main Ave.) und La Casa Cordova von 1848 (175. N. Meyer Ave.).

Pater Eusebio Francisco Kino spielte hier um das Jahr 1700 für Tucson den städtischen Geburtshelfer. Der Jesuit, dessen Standbild denn auch den Eingang der örtlichen Historischen Gesellschaft ziert, gründete die erste Mission im Land der Papago. Später, während der Apachenkriege, diente das inzwischen errichtete US-Fort als Kavalleriestützpunkt. Ab 1880 brachte die Eisenbahn erste Ansätze von Zivilisation, doch so richtig bergauf ging es mit Tucson erst nach dem Zweiten Weltkrieg.

La Placida, ein farbenfroher Apartment- und Bürokomplex in Downtown Tucson

Einige Häuser in der Nachbarschaft hat der Architekt Henry C. Trost (1860–1933) um die Wende zum 20. Jahrhundert für reiche Junggesellen entworfen. Daraufhin bekam der Distrikt den Beinamen *snob hollow* bekam.

Zwischen Alameda und 6th Street steht die von Henry Trost 1901 entworfene **The Owls Club Mansion** (378 N. Main Ave.). Vom gleichen Architekten stammt auch das **Steinfeld Mansion** (300 N. Main Ave.), südlich davon der **El Presidio Park**. Auch wenn einige der Villen zur umgebenden spanischen Baulandschaft wie die Faust aufs Auge passen, können sie sich, originell und solide gebaut, durchaus sehen lassen.

Der Broadway entwickelt sich in östlicher Richtung stadtauswärts zum Old Spanish Trail, der schließlich zum **Saguaro National Park (East)** führt, wo sich Fotofans und Naturliebhaber so richtig an den Kakteen erfreuen können, besonders am Spätnachmittag, wenn das schräge Licht am schönsten ist und Kakteenschatten wirft. Bis zu 200 Jahre alt und bis zu 15 Meter hoch können diese Könige der Wüste werden. Nach einem ordentlichen Regenguss bringt es ein erwachsener Kaktus auf ein Gewicht von bis zu sieben Tonnen – und danach kommt er bis zu zwei Jahre ohne einen Tropfen Wasser aus. 50 Jahre braucht er, um seinen ersten Arm zu entwickeln. Im Frühjahr zwischen April und Anfang Juni blühen die Kolosse. Nach Sonnenuntergang öffnet sich eine der oft über hundert kleinen weißen Blütenknospen und wartet darauf, am nächsten Morgen bestäubt zu werden. Nach diesem aufregenden Erlebnis verwelkt sie noch am selben Tag.

Besucher können das weitläufige **Arizona-Sonora Desert Museum**, eine Mischung aus Zoo und botanischem Garten, bei einem Spaziergang auf insgesamt drei Kilometer langen Wegen erkunden. Mehr als 200 Tierarten leben hier, mittelamerikanische Nasenbären, Wölfe aus Mexiko, aber auch viele Dutzend Kolibris und Schmetterlinge in großen Aviarien.

SERVICE & TIPPS

ℹ Tucson Visitor Center
100 S. Church Ave.
Tucson, AZ 85701
✆ 1-800-638-8350
www.visittucson.org
Mo–Fr 9–17, im Winter Sa/So 9–16 Uhr
Im La Placita Village.

Arizona-Sonora Desert Museum
2021 N. Kinney Rd. (über Speedway nach Westen)
Tucson, AZ 85743
✆ (520) 883-2702
www.desertmuseum.org
Tägl. März–Sept. 7.30–17, Juni–Aug. Sa bis 22, Okt.–Feb. 8.30–17 Uhr
Eintritt inklusive geführter Tour, Raubvogel-Flugpräsentation und anderen Tiervorführungen
$ 22/9 (3–12 J.), unter 3 J. frei
Einzigartiges Wüstenmuseum in unmittelbarer Nähe zum Saguaro National Park West mit allen regionalen Wüstenpflanzen und -bewohnern (z. B. Black Wolf, Mexican Wolf).

Pima Air & Space Museum
6000 E. Valencia Rd., südöstl. von Downtown, nahe I-10
Tucson, AZ 85706
✆ (520) 574-0462
www.pimaair.org
Tägl. 9–17 Uhr, Eintritt $ 16.50/10 (5–12 J.), unter 5 J. frei
Riesiges Flugzeugmuseum mit zivilen und Militärmaschinen. Hier starten auch Touren zum Abstellplatz ausrangierter oder zwischengeparkter Militärflugzeuge auf dem Gelände der Davis-Monthan Air Force Base, einem sogenannten *boneyard* mit einer Geister-Armada von über 4000 Maschinen der U.S. Air Force.

Tucson Museum of Art
140 N. Main Ave.
Tucson, AZ 85701
✆ (520) 624-2333
www.tucsonmuseumofart.org
Di–So 10–17 Uhr, Mo geschl.
Eintritt $ 12/7 (13–17 J.), unter 13 J. frei und 1. Di im Monat 17–20
Sehenswert wegen seiner Western Art Collection, aber auch wegen seiner Sammlung präkolumbischer und spanischer Kolonialkunst.

Mission San Xavier del Bac
1950 W. San Xavier Rd. (I-19, Exit 92 S.), 16 km südl. von Tucson
✆ (520) 294-2624
www.sanxaviermission.org
Tägl. 7–17, Museum Mo–Fr 8–16.30 Uhr, Eintritt frei
1783–97 von Franziskanern unter Jesuitenpater Eusebio Francisco Kino im indianischen Dorf Bac (»wo das Wasser fließt«) in spanischem Kolonialbarock erbaut, im Reservat der San-Xavier (Papago) und immer noch die Gemeindekirche, als die sie gebaut wurde.

Im Innern sind vor allem die vorzüglich restaurierten Fresken und der Altar bemerkenswert. Die Gottesdienste werden von der hispanischen Gemeinde ebenso besucht wie von den Tohono-O'odham.

Old Tucson Studios
201 S. Kinney Rd.
Tucson, AZ 85735
✆ (520) 883-0100
www.oldtucson.com
Jan.–April, Ende Dez. tägl. 10–17, Mai–3. Sept., 27. Sept–Mitte Dez. Fr–So10–17 Uhr, Sept. geschl., Eintritt $ 20/11 (4–11 J.) unter 4 J. frei
Arizonas Hollywood dient seit 1939, als Columbia Pictures es für den Film »Arizona« errichtete, als Drehort für über 300 Filme und TV-Produktionen. Heute eher touristisch-nostalgisches Ausflugsziel.

Highlight des Südwestens: Mission San Xavier del Bac

Grand Palace Saloon in den Old Tucson Studios – inzwischen in Dunkelgrün gestrichen

Saguaro National Park (West)
Tucson Mountain District
2700 N. Kinney Rd.
Tucson, AZ 85713
✆ (520) 733-5158
www.nps.gov/sagu
Park von Sonnenauf- bis Sonnenuntergang
Visitor Center tägl. 9–17 Uhr
Eintritt ganzer Park $ 15 pro Auto, $ 5 pro Pers., 7 Tage gültig
Kakteenwald, Visitor Center, Rundkurs (Bajada Loop Dr.), Lehrpfade.
Desert Discovery Trail: ideal für den Sonnenuntergang.
Valley View Overlook: sehr kurz, aber gut, um schöne Saguaros zu erkunden.
King Canyon Trail: vor allem Nov.–März empfehlenswert.

Saguaro National Park (East)
Rincon Mountain District
3693 S. Old Spanish Trail
Tucson, AZ 85730
✆ (520) 733-5153
www.nps.gov/sagu
Park 7 Uhr bis Sonnenuntergang, Visitor Center tägl. 9–17 Uhr, Eintritt ganzer Park $ 15 pro Auto, $ 5 pro Pers., 7 Tage gültig
Der Saguaro-gespickte Autokorso lädt zu einer einstündigen Rundfahrt.
Freeman Homestead Trail: schöner, einfacher Trail.
Tanque Verde Ridge Trail: wunderschöner Wanderweg, aber sehr lang und mitunter anstrengend.

Downtown Kitchen
135 S. 6th Ave. & Broadway
Tucson, AZ 85701
✆ (520) 623-7700
http://downtownkitchen.com
Tägl. 16–21, Fr/Sa bis 22 Uhr
In diesem schicken Dinnerlokal in der Innenstadt kocht Janos Wilder, einer der besten Küchenchefs des Southwest, seine eklektische New World Cuisine. $$–$$$

Cafe Poca Cosa
110 E. Pennington St.
Tucson, AZ 85701
✆ (520) 622-6400
www.cafepococosatucson.com
Di–Sa 11–21 Uhr, So/Mo geschl.
Neue, sehr kreative mexikanische Küche in einem der besten Restaurants der Stadt. Ungewöhnliche und täglich wechselnde Kreationen. Auch zum draußen Sitzen. Für den Abend unbedingt reservieren. $$

Pastiche Modern Eatery
3025 N. Campbell Ave.
Tucson, AZ 85719
✆ (520) 325-3333
www.pasticheme.com
Tägl. 11–23 Uhr, Fr/Sa mit Livemusik, So Brunch
Eklektische amerikanische Küche, frisch zubereitet. $$

Prep & Pastry
3073 N. Campbell Ave.
Tucson, AZ 85719
✆ (520) 326 7737
www.prepandpastry.com
Tägl. 7–15 Uhr
Modernes, gemütliches Café mit sehr guter Frühstücksauswahl und frischen Mittagsgerichten. $–$$

Crossroads
2602 S. 4th Ave.
Tucson, AZ 85713
✆ (520) 624-0395
www.crossroadsfinemexican.com
Tägl. außer Mo 8–22, Fr/Sa bis 24 Uhr
Tacos, Enchiladas, Carne Asado – hier kommen die typischen, scharf gewürzten Gerichte aus Nordmexiko auf die einfachen Tische. Auch gutes Frühstück, und am Wochenende gibt es Mariachi-Musik. Im mexikanischen Viertel südlich der Innenstadt. $

Café im Zentrum von Tucson

Ausflugsziel:

Biosphere 2
32540 S. Biosphere Rd.
Hwy. 77 (MM 96.5)
Oracle, AZ 85623
✆ (520) 621-4800
www.biosphere2.org
Tägl. 9–16 Uhr, Touren ab 9.30 Uhr, alle 30–45 Min., Eintritt $21/14 (5–12 J.), unter 5 J. frei

Die zur University of Arizona gehörende frühere Forschungs- und Lehreinrichtung sollte beweisen, dass ein abgeschirmtes, sich selbst erhaltendes Ökosystem auch mit menschlichen Bewohnern, langfristig überlebensfähig ist. Die heutige Touristenattraktion liegt 20 Autominuten nördlich von Tucson (via Oracle Rd.).

Frühere Forschungsstation Biosphere 2

7 YUMA

Das beschauliche Nebeneinander von Zitrusplantagen und RV-Parks in Yuma beweist, dass Rentner und Apfelsinen in der südlichen Hitze gleichermaßen prächtig gedeihen. Der alte Dampfschiffhafen am Colorado River ist verschwunden, aber das **Gefängnis**, das in vielen Hollywoodstreifen mitspielt, steht noch. 1876–1909 war es die Heimat- und Postadresse für Desperados des Südwestens. Viele Häftlinge sollen damals an Lungenentzündung gestorben sein, weil die Zellen keine Wände hatten und durch die Gitterstäbe der Wind pfiff. Heute ist Yuma beliebt bei Snowbirds aus dem Norden, Rentnern, die in den Wintermonaten in die Sonne Arizonas entfliehen.

SERVICE & TIPPS

Yuma Territorial Prison State Historic Park
1 Prison Hill Rd. (4th St., Exit von I-8)
Yuma, AZ 85364
✆ (928) 783-4771
www.azstateparks.com/yuma-territorial
Tägl. 9–17 Uhr, Juni–Sept. Di/Mi geschl., Eintritt $ 8/4 (7–13 J.)
Abfahrt von der I-8 kurz in der Nähe des Colorado River (ausgeschildert).

El Charro
601 W. 8th St.
Yuma, AZ 85364
✆ (928) 783-9790
http://elcharro.publishpath.com
Tägl. außer Mo 11–21 Uhr
Authentisch Mexikanisches in Yumas etwas trister Innenstadt. $

Lutes Casino
221 S. Main St.Yuma, AZ 85364
✆ (928) 782-2192
www.lutescasino.com
Mo–Fr 10–20, Sa bis 21, So bis 18 Uhr
Ältestes Lokal für Pool- und Dominospiele (aber kein Spielkasino); gute Hamburger und Sandwiches. $

Heute eine Besucherattraktion: das ehemalige Yuma Prison

Region 13
Colorado und
New Mexico

COLORADOS SÜDEN UND NEW MEXICO

»BLICKE HUNDERT MEILEN WEIT UND TAUSEND JAHRE ZURÜCK«

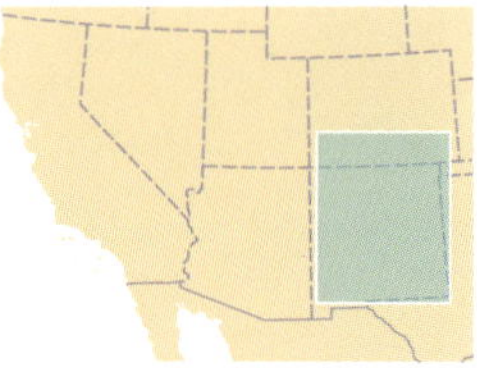

Mit natürlichen und historischen Glanzstücken sind der Süden von Colorado und New Mexico allemal gesegnet. Im Mesa Verde National Park ganz im Südwesten von Colorado verstecken sich eindrucksvolle Reste von Klippensiedlungen *(cliff dwellings)* der Anasazi. Neben dem Chaco Canyon im nördlichen New Mexico zählt Mesa Verde zu den bedeutendsten Dokumenten früher indianischer Baukunst im amerikanischen Südwesten.

Den Pueblo-Indianern von Taos und anderer Siedlungen war es 1680 bei einem Aufstand gegen die spanische Kolonialherrschaft sogar gelungen, die Spanier aus New Mexico zu vertreiben – bis diese zwölf Jahre später mit vielen Soldaten zurückkamen, um heidnische Seelen zu bekehren und die Silberminen auszubeuten.

Über das hübsche Durango, entlang dem Animas River und über die atemberaubende Gebirgsstraße (San Juan Skyway) durch die San Juan Mountains gelangt man über Silverton und Ouray (und gegebenenfalls mit einem Abstecher nach Telluride) nach Montrose und von dort zum Black Canyon of the Gunnison National Monument – einem spektakulären, 16 Kilometer langen Stück Canyon, das der Gunnison River etwas weiter im Norden geformt hat.

Neben verlassenen und mehreren noch immer bewohnten Pueblo-Bauten hat New Mexico auch Futuristisches und Erschreckendes zu bieten. Von einem (privaten) »Weltraumbahnhof« bei Truth or Consequences sollen demnächst kommerzielle Flüge in den Orbit starten und nicht allzu weit entfernt bei Los Alamos wurde gegen Ende des Zweiten Weltkriegs die erste Atombombe getestet. Auch wer auf ein scharfes Reisemitbringsel aus ist, muss nicht weiter suchen. *Ristras* heißen die sonnengetrockneten Girlanden superscharfer Chilischoten, die es in New Mexico in einem Dutzend Varianten zu kaufen gibt.

In Colorado wird das freie Leben der Cowboys bei Rodeos zelebriert

COLORADO
NEW MEXICO
N
0 25 50km
Naturita
Montrose
Uncompahgre N.F.
Powderhorn
Villa Grove
Westcliffe
Fowler
Rocky Ford
Chief Ouray S.M.
Hot Springs Pool
Ridgway
Ouray
Unkompahge Pk.
4364
Lake City
Saguache
Great Sand Dunes N.M.
Colorado City
Timpas
Dolores R.
San Miguel R.
Placerville
Red Mountain Pass 3357
Creede
Cochetopa Hills
Hooper
Sangre de Cristo Mts.
West Mts.
Gardner
Comanche Nat'l Grassland
Telluride
Silverton
South Fork
Del Norte
Center
Mosca
Walsenburg
Dove Creek
McPhee Res.
San Juan Mts.
Rio Grande N.F.
Blanca Pk. 4376
Pleasant View
San Juan National Forest
Wolf Creek Pass 3311
Monte Vista
Alamosa
San Luis Valley
La Veta
Thatcher
Anasazi Heritage Center
Animas R.
Pagosa Springs
Summitville
Fort Garland
Ludlow
Canyons of the Ancients N.M.
Dolores
Durango-Silverton N. G. Railroad
Summit Pk. 4056
Sanford
Manassa
San Luis
Trinidad
Cortez
Durango
Fort
Branson
Mancos
Mesa Verde N.P.
Ignacio
Conejos
Antonito
Aneth
Chapin Mesa Archeological Museum
Southern Ute Ind. Res.
Chromo
Arboles
Raton Pass 2398
Folsom
Four Corners N.M.
Costilla
Raton
Des Moines
Ute Mountain Ind. Res.
Aztec Ruins Nat. Mon.
Carson N.F.
Navajo Res.
Dulce
Chama
Tierra Amarilla
Tres Piedras
Questa
Carson N.F.
Shiprock
Aztec
Navajo City
Jicarilla
Wheeler Pk. 4014
Eagle Nest
Cimarron
Red Rock
Farmington
Bloomfield
San Juan R.
Taos
Taos Ind. Res.
Pueblo de Taos
Springer
Farley
Apache
Carson N.F.
Ghost Ranch Visitor Center
Taos Pueblo
Angel Fire
Abbott
Bisti/De-Na-Zin Wilderness
Echo Amphitheatre
Ocate
Newcomb
Counselors
Abiquiu
San José de Gracia
Picuris Pueblo
Wagon Mound
Sheep Springs
Nageezi
Ind. Res.
Santa Fe N.F.
Espanola
Chimayó
Trampas
Carson N.F.
Mora
Roy
Chuska Mts.
Pueblo Bonito Ruins
Pueblo Pintado
Cuba
Los Alamos
Rancho de Chimayó
La Cueva
Kiowa Nat'l Grassland
Naschitti
Chaco Culture N.H.P.
Chicoma Mt. 3524
El Santuario de Chimayó
Watrous
Mosquero
Torreon
Sulphur Springs
S. Ildefonso Pueblo Ind. Res.
Fort Union Natl. Mon.
Valmora
Fort Defiance
Seven Lakes
Hospah
Jemez S. M.
Bandelier N.M.
Santa Fe
Santa Fe N.F.
Las Vegas
Conchas Lake
Window Rock
Jemez Pueblo
Pecos
Trujillo
Crownpoint
San Ysidro
Santo Domingo Pueblo
Santo Domingo Ind. Res.
Pecos N.H.P.
Romeroville
Gallup
Cibola N.F.
Lamy
Conchas Dam
Thoreau
Hist. Route 66
San Mateo
S. Mateo Mts.
Zia Ind. Res.
Santa Ana Ind. Res.
Ribera
Coronado S. M.
Dilia
Cibola N.F.
Bluewater
Cañoncito Ind. Res.
Rio Rancho
Bernalillo
Cibola N.F.
Santa Rosa Lake
Newkirk
Cuervo
Black Rock
Ramah
Grants
Seboyeta
Petroglyph National Monument
ALBUQUERQUE
Hist. Route 66
Zuni
El Morro Natl. Mon.
Laguna
Tijeras
Clines Corners
Santa Rosa
Zuni Pueblo
Zuni Ind. Res.
Bandera Volcano & Ice Caves
Laguna Ind. Res.
Moriarty
Hawikuh Ruins
Ramah Navajo Ind. Res.
El Malpais N.M.
Enchanted Mesa
Los Padillas
Isleta Ind. Res.
Estancia
Pastura
Acoma Ind. Res.
Acoma Pueblo
Los Lunas
Tajique
Encino
Sumner Lake
Los Chavez
Belen
Vaughn
Fort Sumner
Abo at Salinas Pueblo Mission N.M.
Willard
Fort Sumner S.M.
Fence Lake
Alamo
Mountainair
Duran
Sevilleta N.R.W.
Cibola N.F.
Bernardo
Gran Quivira
Quemado
Pie Town
Corona
Ramon
Cibola N.F.
Datil
Magdalena
Polvadera
Mesa
Eagar
Gallo Mts.
Old Horse Springs
Nat'l Radio Astronomy Obser. VLA Telescope
Socorro
Old San Miguel Mission
San Antonio
Bingham
Ancho
Nutrioso
Elkins
Alpine
Luna
Apache Creek
Plains of San Augustin
Lincoln N.F.
Carrizozo
Arabela
Reserve
Cibola N.F.
Capitan
Roswell
Apache N.F.
Gila National Forest
Rio Grande
Jornada del Muerto
San Andres Mts.
Oscuro
Hondo
Monticello
Ruidoso
Sacramento Mts.
Mogollon
Elephant Butte Res.
Three Rivers
Ruidoso Downs
Hagerman
Museum
Mescalero Apache Ind. Res.
Glenwood
Whitewater Baldy 3322
Gila Cliff Dwellings Nat'l. Mon.
Engele
Mescalero
Rio Felix
Gila Hot Springs
Tularosa
Bent
Clifton
Truth or Consequences
White Sands Space Harbour
Artesia
Buckhorn
Las Palomas
Mayhill
Caballo
Alamogordo
Guthrie
Cliff
Hillsboro
Caballo Res.
Dunken
Hope
Lincoln N.F.
Silver City
Derry
White Sands N.M.
Lakewood
Lake McMilan
Duncan
Virden
San Lorenzo
Caballo Mts.
Guadalupe Mts.
Bayard
Rincon
Pinon
Carlsbad
Gila N.F.
Tyrone
Hatch
Nutt
Radium Springs
Orogrande
Lincoln N.F.
San Simon
Lordsburg
Las Cruces
Lechuguilla Cave
Carlsbad Caverns Nat'l. Park
Separ
Deming
La Mesa
Wind Mtn. 2220
Chiricahua N.M.
Chaparral
Anthony
Guadalupe Mts. Nat. Park
Salt Basin
Pine Springs

Sonnenbrille nicht vergessen: White Sands National Monument

❶ ALAMOGORDO

Seinen spanischen Namen hat der Ort mit heute 30 000 Einwohnern von »dicken Pappeln«, die hier einst im Überfluss wuchsen. Zweifelhafte Berühmtheit erlangte der Ort, weil 1945 auf der Trinity Site im heutigen Gelände der riesigen White Sands Missile Range, drei Wochen vor dem Abwurf auf Hiroshima, zum Test die erste Atombombe der Menschheitsgeschichte gezündet wurde. Das Militärgelände westlich von Alamogordo wird heute für Tests von militärischem Fluggerät, von Dronen, Radar oder Lasern auch von privaten Entwicklungsfirmen genutzt.

Mitten im Militärgebiet, am nördlichen Ende der Chihuahua-Wüste und 25 Kilometer südwestlich von Alamogordo liegt das über 700 Quadratkilometer große **White Sands National Monument** als öffentlich zugängige Enklave. Irgendwo hat man das fotogene Granulat schon einmal gesehen. Im Kino natürlich. Dort taucht es meist als bedrohliche Kulisse von Westernfilmen auf. Hier brechen Pferde, mit weißem Schaum bedeckt, zusammen und bekommen den Gnadenschuss, während sich der Held mit rissigen Lippen und rotgeflecktem Gesicht zum nächsten Wasserloch schleppt.

In Wirklichkeit ist White Sands halb so schlimm. Wie sonst könnten die Dünen ein beliebter Wochenendtrip sein, auf dem sich die Wagenkolonnen, prall gefüllt und schwer beladen, zur riesigen Gipswüste schleichen! Dort wird geparkt und ausgepackt: Klappsessel, Grill und T-Bone-Steak. Die Kids sausen auf Brettern die Dünen runter: *sand surfing*. Die Wüste lebt.

Dass sie das wirklich tut, sieht man erst, wenn die Besucherströme ihr Freizeit-Soll erfüllt haben und abgezogen sind; also wochentags oder zu ruhigeren Besuchszeiten im Frühjahr oder Herbst. Dann lockt der gewellte Puderzucker zu einzigartigen Wanderungen vor dem purpurnen Hintergrund der San Andres Mountains im Westen und der Sacramento Mountains im Osten. Wer Zeit hat und möchte, kann sich im Visitor Center für eine Sunset-Tour anmelden, die eine Stunde vor Sonnenuntergang beim

»Little Joe II« im New Mexico Museum of Space History

Visitor Center startet. Aber man kann auch einfach nur so durch den Gips laufen – barfuß und querbeet – oder sich still hinsetzen und dem fernen Gewitter zusehen.

SERVICE & TIPPS

Alamogordo Visitor Center
1301 White Sands Blvd.
Alamogordo, NM 88310
✆ (575) 437-6120 und
1-800-826-0294
www.alamogordo.com

New Mexico Museum of Space History
3198 SR 2001
Alamogordo, NM 88310
✆ (575) 437-2840
www.nmspacemuseum.org
Tägl. außer Di 10–17 Uhr
Eintritt $ 8/6 (4–12 J.), unter 4 J. frei
Ausstellung zu Weltraumtechnik und (auch deutschen) Astronauten. Im IMAX Theater werden Filme auf einer Großbildleinwand gezeigt.

White Sands National Monument
19955 Hwy. 70 W.
Alamogordo, NM 88310
✆ (575) 479-6124
www.nps.gov/whsa
Tägl. ab 7 Uhr, Schlusszeiten wechseln nach Jahreszeit zwischen 20 und 23 Uhr
Visitor Center tägl. Jan–März 9–17, März–Mai, Mitte Sept.–Nov. bis 18, Ende Mai–Sept 8–19, Nov. Uhr
Eintritt $ 20 pro Auto, $ 10 pro Person, unter 16 J. frei, Eintritt gilt für 7 Tage
Hier werden naturkundliche Führungen, Sternkundeprogramme und Einführungen in die Geologie angeboten, auch eine Camping-Erlaubnis erhält man hier.

Margo's Mexican Food
504 E. 1st St.
Alamogordo, NM 88310
www.margosmexicanfood.com
Mo–Sa 10.30–21, So bis 20Uhr
Beliebter Diner mit frisch zubereiteten mexikanischen Klassikern und großen Portionen. $–$$

2 ALBUQUERQUE

Mehr als eine halbe Million Menschen leben in der größten Stadt von New Mexico (gesprochen Al-bu-kör-ki) am Rio Grande, die 1708 einst zu Ehren von Don Francisco Fernández de la Cueva, dem 8. Herzog von Alburquerque in Spanien, so getauft wurde. Das erste »r« im Namen ging irgendwann verloren. Mitte des 19. Jahrhunderts, nach dem Sieg der USA im Mexikanisch-Amerikanischen Krieg, sicherten Soldaten einer US-Garnison nordamerikanische Siedler, 30 Jahre später stoppte hier die Atchison, Topeka und Santa Fe Railroad und sorgte für weiteren wirtschaftlichen Aufschwung. Doch noch immer sind die Bergriesen der Sandia Mountains im Osten

Restaurant Hacienda del Rio an der Plaza in Old Town Albuquerque

Sandia Peak Tramway fährt auf einer über vier Kilometer langen Strecke auf den Gipfel

und nicht die dünn gesäten Skyscrapers des Stadtzentrums der beeindruckendste Anblick.

In den Gassen von **Old Town**, dem frühere Stadtkern, sind rund um die baumbestandene Plaza mit ihrem Gazebo (regelmäßig Livemusik) viele Geschäfte mit Schmuck, Reiseandenken oder Kleidung, Galerien, Cafés und Restaurants aufgereiht, oft im Adobe-Stil erbaut. Die schlichte sandfarbene **Kirche San Felipe de Neri** ruft seit 1706 Gläubige zum Gebet.

Sehenswert ist auch das **Indian Pueblo Cultural Center**. Es zeigt Geschichte und Kultur der Pueblo-Indianer, regelmäßig mit Tanzvorführungen garniert. Das **Petroglyph National Monument** mit mehr als 15 000 Felsritzungen, die menschliche Umrisse, Tiere und geometrische Figuren früher Indianerkulturen zeigen, liegt schon jenseits des Rio Grande im Westen der Stadt.

Wer einen Blick von oben riskieren will, kann mit der **Sandia Peak Aerial Tramway** eine mehr als vier Kilometer lange Reise Richtung Sandia Peak (3163 m) unternehmen, die über tiefe Schluchten und bewaldete Berghänge des Cibola National Forest führt.

Mountainbiking ist hier neben Wandern der Sport des Sommers, im Winter wird Ski und Snowboard gefahren. Viel Regen gibt es im Tal nicht, nur etwa 23 Zentimeter pro Jahr, so zeigt sich von hier die Landschaft um Albuquerque die meiste Zeit des Jahres als eine Symphonie unterschiedlicher Brauntöne.

Noch höher hinaus geht es beim Hot Air Ballooning, das verschiedene Unternehmen anbieten. Dass Albuquerque ein Zentrum für Heißluftballonpiloten ist, zeigt sich spätestens bei der jährlichen neuntägigen **International Balloon Fiesta** (www.balloonfiesta.com) in der ersten Oktoberhälfte, wenn Hunderte knallbunter und oft skurril geformter Ballons in den blauen Himmel über der Stadt steigen, beklatscht von rund 1,5 Millionen Zuschauern.

SERVICE & TIPPS

Albuquerque Convention & Visitors Bureau
20 First Plaza NW, Suite 601
Albuquerque, NM 87102
✆ (505) 842-9918 und
1-800-284-2282
www.visitalbuquerque.org

Albuquerque Museum of Art & History
2000 Mountain Rd. NW
Albuquerque, NM 87104
✆ (505) 242-4600
www.albuquerquemuseum.org
Tägl. außer Mo 9–17 Uhr
Eintritt $ 4/3 (4–12 J.)
Kunst und Geschichte des Südwestens der letzten 400 Jahre.

Anderson-Abruzzo International Balloon Museum
9201 Balloon Museum Dr. NE
Albuquerque, NM 87113
✆ (505) 768-6020
www.balloonmuseum.com
Tägl. außer Mo 9–17 Uhr
Eintritt $ 4/2 (4–12 J.)
Geschichte der Heißluftballone, vom frühen 18. Jh. bis heute.

San Filipe de Neri in Old Town Albuquerque

Explora!
1701 Mountain Rd. NW
Albuquerque, NM 87104
✆ (505) 224-8300
www.explora.us
Mo–Sa 10–18, So ab 12 Uhr
Eintritt $ 8//4 (1–11 J.)
Modernes Technikmuseum mit vielen Experimentiermöglichkeiten, besonders für Kinder.

Indian Pueblo Cultural Center
2401 12th St. NW
Albuquerque, NM 87104
✆ (505) 843-7270
www.indianpueblo.org
Tägl. 9–17 Uhr
Eintritt $ 8.40/5.40 (5–17 J.)
unter 5 J. frei
Kulturzentrum der 19 Pueblos am oberen Rio Grande: kunsthandwerkliche Demonstrationen, Tanzvorführungen an Wochenenden (im Gegensatz zu den Pueblos ist Fotografieren hier erlaubt und kostenlos) und permanente Ausstellung. Museumsshop und Cafeteria.

Petroglyph National Monument
6510 Western Trail NW
Albuquerque, NM 87120
✆ (505) 899-0205
www.nps.gov/petr
Tägl. 8–16.30 Uhr
Eintritt frei, Parkgebühren für städtischen Parkplatz am Boca Negra Canyon pro Fahrzeug $ 1 wochentags, $ 2 am Wochenende

Chama River Brewing Co.
4939 Pan American Fwy.
Albuquerque, NM 87109
✆ (505) 342-1800
Tägl. 11–22, Fr/Sa bis 23 Uhr
Südwest-amerikanische Küche mit vielen Anleihen, wie bei den Chorizo-Muscheln oder den mit Ziegenkäse gefüllten Zucchini. Dazu diverse handgezapfte Biere.
$$–$$$

Church Street Cafe
2111 Church St. NW
Albuquerque, NM 87104
✆ (505) 247-8522

Mural im Indian Pueblo Cultural Center in Albuquerque

www.churchstreetcafe.com
Mo–Sa 8–21, So bis 16 Uhr
Frisch zubereitete Tamales, Chile Rellenos oder Burritos, dazu diverse Sandwiches, in farbenfrohem mexikanischen Ambiente. $–$$

Standard Diner
320 Central Ave. SE
Albuquerque, NM 87102
✆ (505) 243-1440
www.standarddiner.com
Tägl. 8–21 Uhr
Klassischer Diner mit originellen Zutaten wie angebratenem Tunfisch mit chilenischem Kimchi und Avocado im Retro-Stil in früherer Texaco-Tankstelle gleich östlich vom Zentrum.
$–$$

Ausflugsziele:

Acoma Pueblo
In einer guten Stunde westwärts auf der I-40 und dann entlang der SR 23 erreicht man mit dem Auto eine der am längsten besiedelten Gemeinden Nordamerikas.

Das Acoma Pueblo existierte schon mindestens 400 Jahre, als

Sky City Cultural Center und Museum – in altem Stil modern gebaut

der spanische Konquistador Coronado 1540 durch das heutige New Mexico zog.

Die Bewohner des »Himmelsstadt« genannten Pueblo kletterten damals jeden Tag aus ihren Häusern auf der gut 100 Meter hohen Mesa, um von dort auf einem schmalen Pfad den Tafelberg hinunter ins Tal zu laufen und auf den Feldern zu arbeiten.

Heute wohnen die meisten Acoma in nahe gelegenen Dörfern. Besucher können die Anlage mit einem Guide besuchen und dort hergestellte Töpferwaren erwerben.

Sky City Cultural Center and Haak'u Museum
Haaku Rd.
Acoma Pueblo, NM 87034
✆ (505) 552-7869
www.acomaskycity.org
April–Okt. tägl. 9–17 Uhr, übrige Zeit variierende Öffnungszeiten, siehe Webseite
Touren stündl. 9.30–15.30 Uhr
Tour $ 25/17 (6–17 J.), unter 6 J. frei, Fotoerlaubnis $ 13, Video- oder Smartphone-Aufnahmen sind nicht erlaubt.
Galerien mit Kunst und Kunsthandwerk der Acoma. Dazu Tourtickets für die Pueblo-Siedlung auf der Mesa. (Dress Code)

3 CARLSBAD CAVERNS NATIONAL PARK

Wer die Schönheitskönigin unter den wilden Wunderwelten der US-Parks ist, darüber wird gern gestritten. Nicht aber über die besondere Qualität der Tropfsteinhöhlen von Carlsbad, denn sie sind der einzige Nationalpark mit eingebauter Klimaanlage und damit von allen Launen des Reisewetters und der Jahreszeiten unabhängig. Konstante 13 Grad Kühle umgeben den Besucher (Jacke oder Pullover nicht vergessen) auf seinem Abstieg in die 230 Meter tiefe Märchenunterwelt.

Die gigantische Anlage von Höhlen und Gängen, die teilweise fast 500 Meter unter der Erdoberfläche liegen, sind vor rund 250 Millionen Jahren in der Perm-Zeit entstanden. Die bekannteste der über 100 Höhlen heißt Carlsbad Cavern, eine Gruppe von riesigen Hohlräumen, die nicht allein durch Niederschläge (»sauren Regen«), sondern in Kombination mit einem aggressiven Gas entstanden sind, das sich einst durch eine schwefelsäureartige Verbindung von Grundwasser mit Erdölablagerungen tief unter dem Höhlensystem gebildet hatte. Nachdem sich der Fels in den letzten 20 Millionen Jahren gehoben hat, sind die Hohlräume offenbar und zugänglich geworden.

In den zurückliegenden 500 000 Jahren haben Wassertropfen auf ihrem Weg in die Tiefe Spuren von Kalkstein gelöst und diesen im Laufe von Jahrtausenden als von oben wachsende Stalaktiten oder sich von unten bildende Stalagmiten abgelagert und damit die Höhle »dekoriert«. Eisen und verschiedene Mineralien haben darüber hinausden Felsen eine attraktive Einfärbung verpasst. 1995 wurden die Carlsbad Caverns in die UNESCO-Weltnaturerbeliste aufgenommen.

Die ersten Siedler um 1880 nannten sie *Bat Cave*, Fledermaushöhle, wegen der vielen Tausend Fledermäuse unterhalb des Höhleneingangs. Einst müssen mehrere Millionen verschiedener Arten hier gehaust haben. Aktuelle Schätzungen gehen von gegenwärtig knapp 800 000 Tieren aus. Wahrscheinlich sind vor allem Insektizide für den Rückgang der Population verantwortlich. Von Mitte Mai bis Mitte Oktober starten sie vor Anbruch der Dämmerung zum luftigen Insekten-Dinner, einem Spektakel, das allabendlich Hunderte von Schaulustigen anlockt. Parkranger informieren kurz vorher im Amphitheater beim Visitor Center über dieses ungewöhnliche Phänomen.

Der Nationalpark liegt 30 Kilometer südwestlich des Städtchens Carlsbad (26 100 Einw.), in dessen Umgebung dank künstlicher Bewässerung Gemüse, Alfalfa und sogar Baumwolle angebaut werden.

Der einzige Nationalpark mit eingebauter Klimaanlage: Carlsbad Caverns

SERVICE & TIPPS

Carlsbad Caverns National Park
727 Carlsbad Caverns Hwy.
Carlsbad, NM 88220
✆ (575) 785-2232
www.nps.gov/cave
Visitor Center tägl. im Sommer 8–19, im Winter bis 17 Uhr
Eintritt $ 12, gültig für 3 Tage, bis 15 J. frei
Höhlenöffnung tägl. 8.30 Uhr, Eingangsschließung spätestens 15.30 Uhr
Zwei Touren ohne Führung sind während der Öffnungszeiten auf ausgeschilderten Wegen stets möglich. Sechs verschiedene geführte Rangertouren (Mindestalter 4 J.) führen zwischen 8.30 und 15 Uhr an unterschiedlichen Tagen auf gut ausgebauten Wegen durch die Tiefe. Andere erfordern sportliche Konstitution. Sie müssen (48 Std. vorher) reserviert werden unter ✆ (877) 444-6777 oder www.recreation.gov.

❹ CHACO CULTURE NATIONAL HISTORICAL PARK

Im Nordwesten New Mexicos sind zwischen Albuquerque und Farmington mehrere hundert Grundmauern kleinerer und mehr als ein Dutzend größerer Wohnanlagen der *Chacoan Culture* der Anasazi erhalten. Damit ist die Anlage im Chaco Canyon neben Mesa Verde im südwestlichen Colorado die bedeutendste archäologische Fundstätte der frühen indianischen Kulturen des Westens, die 1987 in die UNESCO-Liste des Weltkulturerbes aufgenommen wurde.

In der Vierländerregion des Colorado-Plateaus (Utah, Colorado, New Mexico, Arizona) war sie vergleichsweise am weitesten entwickelt, in puncto Architektur, kulturellem Niveau und sozialer Organisation. Die Mega-Anlage der zwölf Pueblos für mehrere tausend Einwohner muss um das Jahr 1000 einem prähistorischen Los Angeles des Südwestens ähnlich gesehen haben. Dabei waren die Siedlungen im Canyon nur der Teil eines Komplexes von 400 weit verstreuten, durch ein Straßennetz miteinander verbundenen Pueblos. Chaco, nimmt man an, war so etwas wie das versorgende und beherrschende Zentrum eines wirtschaftlichen, sozialen und politischen Satellitensystems (sowie ebenso dessen religiöse Mitte angesichts der auffälligen Fülle von Kivas). Auch Aztec (vgl. S. 206) war ein Teil davon.

Zahlreiche Keramikfunde deuten darauf hin, dass die meisten Stücke gar nicht an Ort und Stelle gefertigt wurden, sondern wie andere Güter (rohe Türkise, Muscheln, Kupfer) importiert waren. Den Niedergang der Chacoan Culture schreibt man (wie oft) einer Dürreperiode zu, die das San-Juan-Becken 1130–80 heimsuchte.

Es ist völlig egal, in welcher Reihenfolge man die zahlreichen steinernen Überreste besucht. Vielleicht ist es sinnvoll, zuerst bis zum Visitor Center zu fahren, um sich mit zusätzlichen Karten und sonstigem Informationsmaterial zu versorgen und dann von dort aus, gewissermaßen rückwärts, das Tal zu erkunden. Mit Sicherheit zählen Pueblo Bonito und Pueblo del Arroyo zu den Höhepunkten von Chaco, sieht man von der höher gelegenen Casa Rinconada (etwa 1100) ab, die die größte Kiva des Südwestens zu bieten hat.

Um 1250 war die Siedlungsanlage im Chaco Canyon bereits von den Bewohnern verlassen

Pueblo del Arroyo, gegen 1075 mit fast 300 Räumen und mehr als 20 Kivas in D-Form dicht am Chaco Wash errichtet, zeigt die typischen Merkmale der *great houses*: große Maßstäbe, kunstvolles Mauerwerk und fortgeschrittene Bautechnik. Die Steine kamen, wie die aller Pueblos hier, aus den Sandsteinklippen der Canyonwände; Wasser, Sand, Ton und Schlamm aus dem Fluss, der übrigens heute erheblich breiter fließt als noch im vorigen Jahrhundert und dessen Ufer am Pueblo-Rand auch befestigt ist, um weitere Ausspülungen zu vermeiden. Die Überbeanspruchung der Weideflächen *(over-grazing)* gilt als die Hauptursache der Bodenerosion.

Zu den imposantesten Ruinen des Südwestens zählt der **Pueblo Bonito**. Seinen Namen erhielt das »schöne Dorf« von dem Indianer-Scout Carravahal aus dem San Juan Pueblo am Rio Grande, der 1849 eine Militärexpedition in diese Gegend führte. Auf einer hypothetischen Rekonstruktionszeichnung ähnelt das Riesenhaus einem gewaltigen Ufo: ein vierstöckiges Halbrund mit 600 Raumparzellen und 40 Kivas. Die zeremoniellen Bauten lassen auf astronomische Kenntnisse schließen, so liegt beispielsweise die Achse der größten Kiva genau in Nord-Süd-Richtung. Die Bewohner des Chaco Canyon orientierten ihr zeremonielles Jahr und den Anbau von Feldfrüchten nach dem Stand der Sonne und der Sonnenwende. Zwischen 900 und 1200 Menschen sollen hier einmal gelebt haben.

Allein der Pueblo Bonito zählte einst 600 Räume

SERVICE & TIPPS

Chaco Culture National Historical Park
Nageezi, NM 87037 (Zugang 3 mi südöstl. von Nageezi, dann noch 21 mi Richtung Visitor Center)
✆ (505) 786-7014 Anschl. 221
www.nps.gov/chcu
Campingplatzreservierung unter www.recreation.gov oder ✆ (877) 444-6777
Park tägl. geöffnet 7–16 Uhr
Visitor Center tägl. 8–17, im Winter bis 16 Uhr
Eintritt $ 25 per Auto bzw. $ 15 pro Pers., jeweils gültig für 7 Tage, Rangertouren April–Okt. Karten für Erkundung auf eigene Faust gibt es im Visitor Center. Der Park kann nur über Schotterstraßen erreicht werden und sollte nicht mit Campmobilen und Hängern ab einer Länge von 35 ft befahren werden.
Eine der bedeutendsten Anasazi-Ruinen der Four Corner Region: **Casa Chiquita** (1100–26), **Kin Kletso** (1100–26), **Pueblo del Arroyo** (1074–1110), **Chetro Ketl** (1005–1105) und **Pueblo Bonito** (850–1145).

❺ DURANGO

In der ansprechenden Main Street von Durango herrscht kein Mangel an kleinen Geschäften, Bars, Cafés und Restaurants – und Wandmalereien, die die mehr oder weniger glitzernde Vergangenheit der Bergbaustadt in Erinnerung rufen, die im Gold- und Silberrausch der 1880er Jahre gegründet wurde. HAVE A GNEISS DAY trägt man hier auf T-Shirts – ein Wortspiel mit dem wichtigsten Mineral der lokalen Bergwerksgeschichte.

Eisenbahnromantik vom Feinsten: mit dem Dampfzug von Durango nach Silverton

Durangos sicher größte Attraktion wartet heute am Bahnhof: die nostalgische Durango & Silverton-Eisenbahn, deren Lustfahrten gewöhnlich mit viel Rummel verbunden sind. Man muss schon einen Tag zulegen und (auch noch) rechtzeitig vorbestellt haben, um ein Ticket für die als romantisch gepriesene Dampftour durch die Berge nach Silverton zu ergattern. Das war mal sehr anders. Ursprünglich transportierte die 1882 gebaute Schmalspurbahn Minenarbeiter, Gerät und Erze zu und aus den nahen San-Juan-Bergen, die wegen ihrer Gold- und Silberschätze ausgebeutet wurden.

Das historische Minenstädtchen Silverton an der nördlichen Entstation der Railway wirkt wie ein Schaufenster für viktorianische Baukunst, die gut aus dem Kulissenfundus für einen Western stammen könnte. Die Passagiere der Eisenbahn werden es zu schätzen wissen.

Im Süden grenzt der 25 Kilometer breite Streifen des **Southern-Ute-Reservats** an Durango. Im Hauptort **Ignacio** gibt es nicht nur ein exzellentes Museum zur indianischen Kultur und ein unvermeidliches Kasinohotel (www.skyutecasino.com) mit mehreren Restaurants. Die Southern Ute haben es als einer der sehr wenigen Stämme geschafft, ihre Ökonomie und die Förderung von Bodenschätzen in eigene Hände zu nehmen und so erfolgreich zu gestalten, dass sie bei den großen Rating-Agenturen durchweg mit der AAA-Bestnote abschneiden.

SERVICE & TIPPS

ℹ **Durango Area Tourism Office**
802 Main Ave.
Durango, CO 81301
✆ (970) 247-3500 und
1-800-525-8855
www.durango.org

🏛 **Southern Ute Cultural Center & Museum**
503 Ouray Dr.
Ignacio, CO 81137
✆ (970) 563-9583
www.southernutemuseum.org
Tägl. 10–17 Uhr
Eintritt $ 7/3 (3–14 J.), unter 3 J. frei
Das moderne, interaktive Museum erzählt auf spannende Weise per Filmclips von Zeitzeugen, mit Exponaten und lebensgroßen Darstellungen vom traditionellen Leben, der

Geschichte und Glaubenswelt der Southern Ute.

Durango & Silverton Narrow Gauge Railroad Co.
479 Main Ave.
Durango, CO 81301
✆ (970) 247-2733 und 1-888-872-4607
www.durangotrain.com
Mai–Okt., Tickets $ 110–200
Der Zug dampft von Durango aus am »Fluss der Verlorenen Seelen« *(Rio de Los Animas Perdidas)* vorbei durch die Bilderbuchlandschaften des San Juan National Forest nach Silverton und zurück. Für die Strecke von je 70 km braucht die D&SNGRR etwa dreieinhalb Stunden. Rechtzeitig reservieren! Auch für Behinderte geeignet.

Mahogany Grille
699 Main Ave. (im Strater Hotel)
Durango, CO 81303
✆ (970) 247-4433
www.durango.org
Tägl. 18.30–21, Fr/Sa bis 21.30 Uhr
Eines der besten Restaurants in Durango: New American Cuisine mit internationalem Einschlag. $$–$$$

Seasons Rotisserie & Grill
764 Main Ave.
Durango, CO 81301
✆ (970) 382-9790
www.seasonsofdurango.com
Tägl. 16–21, Bar ab 16 Uhr
Angenehmes Lokal mit italienisch angehauchter, neu-amerikanischer Küche; auch zum draußen Sitzen. Lunch ($) und Dinner $$–$$$

Gazpacho New Mexican Restaurant
431 E. 2nd Ave.
Durango, CO 81301
✆ (970) 259-9494
www.restaurantsdurango.com
Tägl. 11–21 Uhr
Hübsches Lokal mit neumexikanischer Küche und Bar. $–$$

Handlebars Food & Saloon
1323 Greene St.
Silverton, CO 81433
✆ (970) 387-5395
www.handlebarssilverton.com
Mai–Okt. tägl. 10.30–21 Uhr
In Wildwest-Manier dekoriertes, recht uriges Restaurant mit Livemusik. $–$$

Olde Tymer's Cafe
1000 Main Ave.
Durango, CO 81301
✆ (970) 259-2990
www.otcdgo.com
Tägl. 11–22 Uhr
Szenekneipe im Wildwest-Look mit riesigen Hamburgern, guten Salaten und anderen Kleinigkeiten. $

Gardenswartz
780 Main Ave.
Durango, CO 81301
✆ (970) 295-6696
www.gardenswartzdurango.com
Mo–Sa 9–20, So 10–18 Uhr
Seit 1928 die Nr. 1 der lokalen Outfitter für Outdoor-Sportarten: Messer, Gewehre, Angelruten, Schlafsäcke, Töpfe und dicke Socken. Zweites Geschäft: 863 Main Ave.

Mountain Bike Specialists
949 Main Ave.
Durango, CO 81301
✆ (970) 247-4066
www.mountainbikespecialists.com
Mo–Sa 10–17 Uhr
Mountainbike-Verleih und Routenvorschläge.

Feste in Durango
True West Rodeos alljährlich von Juni bis Aug.
Durango Cowboy Poetry Gathering Ende Sep./Anfang Okt. Im Mittelpunkt des Fests stehen das freie Leben in der Natur und der beste Freund des Cowboys – sein Pferd (www.durangocowboypoetrygathering.org).

Im 1893 eröffneten Strater Hotel findet sich heute eines der besten Restaurants von Durango, das Mahogany Grille

6 FOUR CORNERS

Nur an einer Stelle in den USA stoßen die Grenzen von vier Bundesstaaten aneinander. Bei dem passenderweise »Four Corners« genannten Schnittpunkt berühren sich Arizona und Utah, Colorado und New Mexico. In den vier Bundestaaten dekorieren meist durch Eisenoxyd rot eingefärbte Sandsteinformationen viele spektakuläre Landschaften in mehreren Nationalparks. Die künstliche Touristenattraktion **Four Corners**, eine Bodenplatte mit einem Fadenkreuz aus vier Bundesstaaten, wird gerne besucht und vor allem fotografiert (»Ich war hier!«). Sie ist umgeben von Bänken und einigen von Navajo- und Ute-Indianern betriebenen Touristenshops, ansonsten gibt es nicht viel zu sehen.

Shiprock liegt rund 30 Meilen südöstlich von Four Corners, ebenfalls auf dem Reservationsgebiet der Navajo. Die rund 500 Meter aus der unwirtlichen Landschaft aufragende und entfernt an ein Schiff erinnernde Felsformation gilt ihnen als heiliger Berg. Er darf nicht bestiegen werden.

Das eigentliche gewerbliche Zentrum der Four-Corners-Region liegt in **Farmington** am San Juan River. Apfelplantagen und (inzwischen stillgelegte) Kohlenminen haben längst die Wildwest-Saloons und ihre Pokerspieler abgelöst. Die **Bisti/De-Na-Zin Wilderness** 40 Meilen weiter südöstlich überrascht mit spektakulär ausgewaschenen Sandsteinfelsen, von denen einige riesigen Pilzen und andere gigantischen aufgeschlagenen Eiern ähneln.

15 Meilen nordöstlich von Farmington liegen die **Aztec Ruins**, der spanische Missionar Escalante entdeckte sie 1776 im Tal des Animas River. Spätere Siedler schrieben sie den Azteken Mexikos zu, mit denen die steinernen Wälle natürlich nichts zu tun haben. Anasazi der Basket-Maker-Kultur hatten sich hier vor 1500 Jahren,

Die Form des Shiprock im Gebiet der Navajo erinnert an ein Schiff und gilt als heiliger Berg

Bisti Badlands, spektakulär ausgewaschene Sandsteinfelsen, eine Autostunde südlich von Farmington

ähnlich wie im Gebiet von Mesa Verde, angesiedelt und später eine hoch entwickelte Bauernkultur geschaffen. Die **Great Kiva** war Treffpunkt und oft auch Schlafplatz; bei den zahlreichen Zeremonien dröhnten die Trommeln, und die Tänzer suchten Jagdglück und fruchtbarkeitbringenden Regen zu beschwören.

Über den vor 800 Jahren in mühsamer Handarbeit behauenen Steinen liegt eine geheimnisvolle Ruhe. Etwa 500 Anasazi lebten damals hier, pflanzten Mais und Kürbisse und trieben intensiven Handel mit den über 100 Kilometer weiter südlich gelegenen Pueblos der Chaco-Kultur. Um 1200 unserer Zeitrechnung verließen sie aus bisher ungeklärten Gründen die Siedlung: Vielleicht blieb der Regen mehrere Jahre lang aus, vielleicht änderte der Animas River seinen Lauf. Doch schon wenige Jahrzehnte später, um das Jahr 1225, zogen neue Mieter ein, Anasazi der Mesa-Verde-Kultur. Sie besserten die Wände aus, bauten neue Wohn- und Zeremonienräume an und errichteten ein weiteres großes Dorf nahebei. Mit dem Untergang der Mesa-Verde-Kultur im ausgehenden 13. Jahrhundert verschwanden auch die Bewohner von Aztec aus ihrer steinernen Stadt.

SERVICE & TIPPS

ℹ Farmington Convention & Visitors Bureau
3041 E Main St.
Farmington, NM 87402
✆ (505) 326-7602
www.farmingtonnm.org
Hier gibt es auch Infomaterial zu den vielen Trading Posts der Region.

👁 Four Corners Monument
Hwy. 160, 6 mi nördl. von Teec Nos Pos, AZ
www.visitarizona.com
Tägl. im Sommer 8–20, im Winter bis 17/18 Uhr
Eintritt $ 5, bis 6 J. frei

👁 ℹ 🏛 Aztec Ruins National Monument
725 Ruins Rd.
Aztec, NM 87410
✆ (505) 334-6174
www.nps.gov/azru
Tägl. 8–18, im Winter bis 17 Uhr
Eintritt frei
Dem Visitor Center ist ein kleines Museum angeschlossen. Ein etwa 800 m langer Trail führt durch die Ruinen des Pueblos.

Eine Plakette auf dem Boden markiert Four Corners: Dort treffen Arizona, Utah, Colorado und New Mexico zusammen

Frühe Werbung für die »Indianerhauptstadt«

7 GALLUP

Früher lebten hier nur einige Cowboys, dann errichtete die Postkutschenlinie eine Station zum Wechseln der Pferde. Seit 1881 schließlich stoppten die Züge der Atchison, Topeka & Santa Fe Railroad in Gallup und um die Stadt herum wurde (bis 1950) im Untertagebau Kohle gefördert. Mitte des 20. Jahrhunderts waren die rauen Felslandschaften der Umgebung regelmäßig Kulisse für Westernfilme, u. a. mit John Wayne, Katharine Hepburn oder Kirk Douglas sehr gefragt. In der alten Bahnstation ist inzwischen ein sehenswertes Museum eingerichtet.

Heute geht es in dem Städtchen mit knapp 22 000 Einwohnern ruhiger zu. Für die Navajo ist Gallup ein wichtiger Umschlags- und Handelsplatz, gut 100 Trading Posts, Galerien und Geschäfte bieten Decken, Teppiche, Flechtwaren oder Türkisschmuck zum Verkauf. Das in den 1930er Jahren fertiggestellte **El Rancho Hotel** an der historischen Route 66 gehört zu den Attraktionen des Ortes. Hier stiegen die Hollywood-Schauspieler ab, deren Namen auch die Zimmer tragen. Es steht inzwischen unter Denkmalschutz.

Eine Attraktion in Gallup: das El Rancho Hotel an der historischen Route 66

SERVICE & TIPPS

Gallup Cultural Center
201 E. Route 66, Gallup, NM 87301
✆ (505) 863-4131
www.southwestindian.com
Mo–Fr 8–16 Uhr
Eintritt frei
Exponate zur indianischen Kultur des Südwestens im restaurierten Santa Fe Railroad Depot, auch Informationen zu den Navajo Code Talkers im Zweiten Weltkrieg.

Angela's Cafe con Leche
201 E. Route 66, Gallup, NM 87301
✆ (505) 722-7526
Guter Kaffee und nette Stimmung bei Angela Chavez im Gallup Cultural Center. $

El Rancho Hotel
1000 E. Route 66
Gallup, NM 87301
✆ (505) 863-9311
www.elranchohotel.com
Die 49er Lounge im legendären Hotel gehört zu den originellsten Bars im Südwesten. Die Margaritas sind nicht schlecht. Für den Hunger gibt es gut belegte Fajitas und andere scharfe Kleinigkeiten der mexikanischen Küche oder einen herzhaften John Wayne Burger. $

8 GREAT SAND DUNES NATIONAL PARK AND PRESERVE

Mit einer Kammhöhe von 230 Metern sind die Dünen in dem auf 2500 Metern Höhe liegenden Tal zwischen den Rücken der Sangre de Cristo und der San Juan Mountains die größte Sandkiste mit den höchsten Sandhügeln in den USA. Winde tragen seit 12 000 Jahren sandige Ablagerungen des Rio Grande und seiner Nebenflüsse hierher. Auch heute noch verändert sich die Dünenstruktur permanent. Die Dünen selbst bedecken eine Fläche von rund 80 Quadratkilometern und sind seit 2004 als Nationalpark geschützt, Erweiterungsflächen haben den geringeren Status einer *Preserve*, hier darf beispielsweise gejagt werden.

Aber auch ohne Gewehr sind den Outdoor-Aktivitäten kaum Grenzen gesetzt. Wandern, Fahrradfahren (nicht gerade inmitten der Dünen) mit extra breiten Reifen, geführte Ausritte, Fotografieren, Tierbeobachtung oder schlicht auf Bretterschlitten oder speziellen Surfboards die langen Dünen herunterschlittern. Wenn der Medano Creek direkt neben den Sandhügeln genug Wasser führt, gehört es zu den großen Familienvergnügungen in der Strömung zu plantschen.

SERVICE & TIPPS

Great Sand Dunes National Park and Preserve
11999 Hwy. 150
Mosca, CO 81146
✆ (719) 378-6395
www.nps.gov/grsa
Park tägl. 24 Std. geöffnet
Visitor Center tägl. 9–16.30 Uhr
Eintritt $ 20 pro Auto, $ 10 pro Pers., 7 Tage gültig
Sommerprogramm im Amphitheater.

Great Sand Dunes National Park im Süden von Colorado

9 9 MESA VERDE NATIONAL PARK

»Blicke hundert Meilen weit und tausend Jahre zurück«, heißt es werbeträchtig am Parkeingang. Doch erst nach etwa einer Stunde Autofahrt auf der kurvigen Hochstraße mit eindrucksvollen Aus-, Rund- und Rückblicken auf die umliegenden grün-schwarzen Bergketten gelangt man zu dessen Highlights, den vergleichsweise gut erhaltenen Ruinen von Klippensiedlungen der Anasazi, die hier während ihrer sogenannten klassischen Periode zwischen 1100 und 1300 lebten. Danach zogen sie nach Süden ab. Wegen einer Dürreperiode Ende des 13. Jahrhunderts, wegen feindlicher Attacken? Auch hier weiß man nichts Genaues.

Petroglyphen: Felszeichnungen in Mesa Verde

Verlassen und still blieben jedenfalls anschließend die pastorale Landschaft der tief eingeschnittenen Canyons, die Pueblos auf der Mesa und die Ruinenstädte in den Felsnischen und Grotten, die Klippensiedlungen, die längst zum Markenzeichen des Parks geworden sind. Neben Chaco Canyon im nördlichen New Mexico zählt Mesa Verde zu den bedeutendsten Dokumenten indianischer Baukunst im amerikanischen Westen.

An einem verschneiten Dezembertag des Jahres 1888 trauten zwei Cowboys plötzlich ihren Augen nicht. Was sie unterhalb einer Canyonwand entdeckten, mussten sie für eine Fata Morgana halten: ein Bauensemble mit einem erkennbaren Layout aus Wegen, Türmen, Plätzen und Häusern, deren Stockwerke durch Leitern verbunden waren. Wiederentdeckung, Restaurierung und touristische Aufbereitung nahmen fortan ihren Lauf.

Inzwischen ist das kunstvolle Mauerwerk des sogenannten grünen Tafelbergs wegen seiner dichten Bewaldung mit robusten Pinyonkiefern und Wacholdersträuchern (Juniper) zum Haus der offenen Tür geworden. Allerdings dürfen einige nur mit Rangerführungen betreten werden, denn besonders im Sommer wird es hier oben ganz schön wuselig. Die Hitze drückt, die vielen Menschen ebenfalls, es gibt keine Parkplätze, stattdessen babylonisches Sprachengewirr und entsprechenden Lärm in den Ruinen.

Spruce Tree House im Mesa Verde National Park

Dennoch, trotz seiner jährlich mehr als 500 000 Besucher schneidet Mesa Verde, was die Luftverschmutzung angeht, unter den Nationalparks der USA noch am besten ab. Jüngste Messungen haben sogar einen Rückgang der Schwefeldioxydbelastung der Luft bescheinigt.

Cliff Palace ist mit mehr als 200 Räumen die größte erhaltene Anlage im Mesa Verde National Park

Die besten Besuchszeiten sind, wie bei den meisten natürlichen Kathedralen des Südwestens, Mai (vor Memorial Day) und Herbst – des Laubs, der Temperaturen und der Ruhe wegen.

Im modernen **Visitor and Research Center** kann man sich erst einmal orientieren und Tickets für Touren zum Cliff Palace, Balcony und/oder Long House kaufen. Auf dem Weg zur Chapin Mesa passiert man zunächst die **Far View Ruins**, die schöne Weitblicke ins Land erlauben. Etwas später, auf der **Chapin Mesa** in der Nähe von **Cedar Tree Tower and Kiva** sind noch Reste der alten Bewässerungssysteme zu finden, terrassierte historische Felder, die ebenso wie Wasserauffangbecken und Gräben belegen, wie fortgeschritten die Landwirtschaft auf den Mesas war.

Im **Archäologischen Museum** weiter südlich gibt es eindrucksvolle Dioramen zu sehen, die die Epochen der Anasazi-Kultur im Mesa-Verde-Gebiet anschaulich rekonstruieren: Die Basket Maker oder Korbmacher, die um 750 ihre Grubenhäuser *(pit houses)* durch oberirdische Pueblo-Bauten ersetzten und diese dann später von der Mesa hinab wie Schwalbennester in die Felshöhlungen verlegten. Sie wirken heute landschaftlich und klimatisch besonders angepasst. Abgesehen von ihrer verteidigungsstrategisch günstigen Position, bot die apsisartig in den Fels verlegte Wohnanlage im Sommer Sonnenschutz und im Winter Wärme, die tagsüber in den Steinwänden gespeichert wurde und den extremen Temperaturabfall zur Nacht milderte.

Das **Spruce Tree House** (zzt. geschl.), nur ein paar Schritte unterhalb des Museums, zeigt das auf einen Blick. Die Siedlung gilt als die am besten konservierte, mit mehreren Kivas und über hundert

Einige Behausungen im Mesa-Verde-Nationalpark sind nur über Leitern zu erreichen

kleinen Räumen. Wer dem Mesarand weiter folgt, erreicht den **Sun Temple**, von dem aus man auf den gegenüberliegenden **Cliff Palace** (nur mit Führung) herunterblickt, die mit mehr als 200 gemauerten Räumen stattlichste und größte erhaltene Anlage im Park.

Auf einem zusätzlichen zweiten Rundkurs südlich vom Museum kann man sich das **Square Tower House**, diverse Grubenhäuser und das House of Many Windows ansehen. Auch die (abgelegenere) **Wetherill Mesa** hat bedeutende *cliff-dwellings* für alle, die sich noch einen Extratag Zeit nehmen, z.B. für das **Long House** (nur mit Führung) und das mehrstufige **Step House** (Auskünfte und Anmeldung für die Führungen im Visitor and Research Center).

SERVICE & TIPPS

Mesa Verde National Park
Mesa Verde, CO 81330
✆ (970) 529-4465
www.nps.gov/meve
www.visitmesaverde.com
Park 24 Std. geöffnet
Visitor Center tägl. Ende Juni–Aug. 7.30–19, Mai und Sept./Okt. 8–17, Nov.–Anfang April 8.30–16.30 Uhr, Eintritt $ 15/10 (im Winter) pro Auto, $ 10 pro Pers., 7 Tage gültig
Im Visitor Center kann man sich u.a. für eine einstündige Führung zum **Cliff Palace** (Ende Mai–Anfang Sept. 9–18 Uhr, halbstündl.), zum **Balcony** und zum **Long House** anmelden (Cliff Palace und Balcony House an einem Tag sind zu viel).

Die Führungen ($ 4) können nicht telefonisch vorbestellt werden, man muss entweder im Sommer um 7.30, Rest des Jahres um 8 Uhr da sein oder das Ticket bis zu zwei Tage im voraus im Mesa Verde Visitor Center, der Morefield Ranger Station, dem Chapin Mesa Archeological Museum oder im Colorado Welcome Center in Cortez besorgen. Im Morefield Village am Anfang der Parkstraße gibt es einen Campingplatz (Mai–Mitte Okt.).

Der Long House Loop, die knapp 20 km lange Zufahrt zur Wetherhill Mesa und ihren Klippensiedlungen, ist gewöhnlich von Mai–Okt. geöffnet. Wegen der erhöhten Feuergefahr im trockenen Südwesten kann es grundsätzlich nicht schaden, sich rechtzeitig zu erkundigen, ob auch alle Teile des Parks zugänglich sind. Wanderwege.

Chapin Mesa Archaeological Museum
20 mi vom Parkeingang auf der Chapin Mesa
Anfang April–Mitte Okt. 8–18.30, Nov.–Ende Feb. 9–16.30, März–Anfang April 9–17, Mitte–Ende Okt. 8–17 Uhr
Sehenswertes Museum mit detaillierten Modellen und zahlreichen Ausgrabungsstücken.

Stonefish Sushi & More
16 W. Main St.
Cortez, CO 81321
✆ (970) 565-9244
Di–Fr 11–14 und 16.30–21, Sa 16.30–22 Uhr
Gemütliches Sushi-Restaurant mit appetitlich angerichteten Rolls und Hauptspeisen. $–$$

The Farm Bistro
34 W. Main St.
Cortez, CO 81321
✆ (970) 565-3834
www.thefarmbistrocortez.com
Mo–Fr 11–15 und 17–20 Uhr, Sa/So geschl.
Buntes Lunchlokal und Markt mit strikter Bio-Philosophie, viele Produkte kommen von der eigenen Farm. $

⑩ OURAY

Das alpine und über 2500 Meter hoch gelegene Ouray, dessen Name von einem Häuptling der Ute-Indianer stammt, bewirbt sich als »Switzerland of America«. Tatsächlich findet hier der sportlich Orientierte eine vielseitige Palette von Angeboten, die von den schon von den Indianern hoch geschätzten heißen Mineralquellen (es gibt u. a. ein großes öffentliches Schwimmbad) über Jeep-, Mountainbike- und Skilanglaufpisten bis hin zu Wanderpfaden und spektakulären Canyons reichen. Der **Box Fall Canyon** ist ein Musterbeispiel dafür. Hier kann man von einer Hängebrücke aus Wasserfälle und die gerade mal sechs Meter enge Klamm bewundern, während zu beiden Seiten fast 100 Meter hohe, senkrechte Granitwände aufsteigen. Bei Kletterern sind die vereisten Fälle im Winter äußerst beliebt.

Als Prospektoren in den 1870er Jahren herausfanden, dass reiche Gold- und Silberfunde in den umliegenden Bergen zu erwarten seien, vertrieb man als erstes die Ute-Indianer, die hier ihr Wintercamp aufschlugen, weil große Elch- und andere Wildherden für reiche Jagdgründe sorgten.

Die Hauptstraße des 900-Seelen-Städtchens wirkt heute bunt und belebt, vor allem durch seine viktorianischen Häuschen. Wie im nahen Silverton waren Silberfunde auch für die Gründung von Ouray verantwortlich. Diese Quellen sind längst erschöpft, der Minentourismus mit dem Allrad-Jeep ist dagegen Trumpf. Den Staub der Grube kann man sich danach im **Hot Springs Pool** am Nordrand des Städtchens wieder abwaschen. Das riesige Badebecken über den heißen Mineralquellen wurde bereits 1926 angelegt und ist bis heute eine der beliebtesten Attraktionen Ourays.

Ouray: Outdoor-Paradies in den San Juan Mountains von Colorado

SERVICE & TIPPS

Ouray Chamber Resort Association
1230 Main St., Ouray, CO 81427
✆ (970) 325-4746 und 1-800-228-1876
www.ouraycolorado.com
im Sommer Mo–Sa 9–18, So 10–16, sonst Mo–Sa 10–16, So bis 15 Uhr

Bachelor-Syracuse Mine
1222 County Rd. 14
Ouray, CO 81427
✆ (970) 325-0220
www.bachelorsyracusemine.com, Mai 10–15, Ende Mai–Sept. tägl. 9–16 Uhr
Eintritt $ 16/8 (5–12 J.)
Einstündige, recht unterhaltsame Führungen in ein altes Goldbergwerk.

Switzerland of America
226 7th Ave., Ouray, CO 81427
✆ (970) 325-4484 und 1-866-990-5337, www.soajeep.com
Halb- oder ganztägige Jeeptouren in das Hinterland der Berge $ 35–125; auch Jeepverleih ab $ 179 pro Tag einschl. freier Meilen.

Bon Ton Restaurant
426 Main St., Ouray, CO 81427
✆ (970) 325-4419
www.bontonrestaurant.com
Tägl. ab 17.30 , So auch 9.30–12.30 Uhr, im Winter Mi geschl.
Gekonnte italienische Pasta- und Fleischgerichte in den Gewölben des historischen St. Elmo Hotel. $$–$$$

The Outlaw Restaurant
610 Main St., Ouray, CO 81427
✆ (970) 325-4366
www.outlawrestaurant.com
Tägl. 17–21.30 Uhr
Rustikales Steaklokal mit großer Westernbar. $$

Ouray Hot Springs Pool
1220 Main St. (US 550, Nordrand der Stadt)
Ouray, CO 81427
✆ (970) 325-7073
www.ourayhotsprings.com
Mo–Fr 12–21, Sa/So 11–21 Uhr
Eintritt $ 18/12 (4–17 J.) unter 4 J. frei
Großzügiger öffentlicher Pool mit Fitnesscenter rings um die geothermischen Quellen (26–40 °C). Ganzjährig.

Beschaulich: Main Street in Ouray

UFO-Museum in Roswell mit vielen Theorien zu außerirdischem Leben

⓫ ROSWELL

Früher war das Städtchen (fast 50 000 Einw.) als Mittelpunkt großer Farmen mit Ölförderung und etwas Gewerbe nur Eingeweihten bekannt.

Heute sind Roswell, seine fliegenden Untertassen und kleinen grünen Männchen vom Mars weltbekannt. Auch Hollywood-Filme haben sich mehrfach des »Roswell-Vorfalls« angenommen, als 1947 auf dem Gelände einer Farm angeblich die Überreste eines extraterrestrischen Raumschiffs und außerirdischer Lebenwesen gefunden wurden – inklusive der schnell folgenden Vertuschung.

In der »Alien Capital of the World« trifft jede noch so abstruse Verschwörungstheorie auf offene Ohren. Die Stadt macht das Beste daraus und ein großes Geschäft, das jeden Juli von einem mehrtägigen UFO-Festival (www.ufofestivalroswell.com) inklusive Kostümwettbewerb gekrönt wird.

Begegnung der dritten Art am Ortseingang von Roswell

SERVICE & TIPPS

🏛 **International UFO Museum & Research Center**
114 N Main St.
Roswell, NM 88203
✆ 575) 625-9495
www.roswellufomuseum.com
Tägl. 9–17 Uhr, Eintritt $ 5/2 (5–15 J.) unter 5 J. frei
Tatsachen und Gerüchte zum »Roswell Incident«.

☒ **Rib Crib BBQ and Grill**
4495 N. Main St.
Roswell, NM 88201
✆ (575) 625–1200
www.ribcrib.com
Rippchen, Rinderbrust, Schinken, Koteletts, Hähnchenschenkel und anderes saftiges Grillgut in Western-Atmosphäre. Achtung: Platz lassen für süße Desserts. Hoher Verbrauch an Servietten. $–$$

12 10 SANTA FE

Wenn eine Stadt in 2130 Metern Höhe liegt, darf sie sich High Desert City nennen. Im Jahre 1598 taufte der spanische Konquistador Juan de Oñate das für seinen König eroberte Land auf Santa Fé de Nuevo Mexico, zwölf Jahre später wurde das heutige Santa Fé Hauptstadt der spanischen Provinz nördlich des Rio Grande.

Südwest-Stil in Santa Fe – ganz chic

Was New Orleans für die Südstaaten oder San Antonio für Texas, das ist Santa Fe für den Südwesten: die ungekrönte Schönheitskönigin, der Inbegriff der Stadtkultur. Kaum eine andere Stadt verdichtet die kulturellen Merkmale der Region so sinnfällig. Sie war einst Zentrum der spanischen Kolonialmacht, stets eng mit dem Handel der Pueblo-Indianer verbunden, und ist in jüngerer Zeit geradezu ein Magnet für alle, die zum *American way of life* eine Alternative suchen. Eine komfortable, wohl bemerkt.

Die Andersartigkeit von Santa Fe fällt zunächst durch sein architektonisch weitgehend integres Stadtbild ins Auge. Von wenigen Straßenzügen abgesehen beherrschen alte oder neuere, in jedem Fall aber gepflegte Lehmziegelbauten die Innenstadt. Schon seit den 1920er Jahren wacht die Old Santa Fe Association (eine Art Bauaufsicht) streng darüber, dass baulich nichts aus der Reihe tanzt.

Viele der rund 70 000 Bewohner fallen nicht minder aus dem Rahmen des in den USA Üblichen. In den 1980er und erst recht den 1990er Jahren konnten sich zunehmend nur noch Betuchte eine jener malerischen Lehmburgen und den ihnen entsprechenden Lebensstil leisten. Kurz, Santa Fe ist nach wie vor ein faszinierendes Gegenstück zur US-Norm, aber eben ein nicht ganz billiges.

Der **Palace of the Governors**, der spanische Gouverneurspalast von 1610 beherbergt eine aufschlussreiche kleine Ausstellung zur Stadt- und Besiedlungsgeschichte. Auf der anderen Straßenseite liegt die katholische **Basilica of St. Francis of Assisi**, eines der Wahrzeichen der Stadt, nicht im Adobe-, sondern in französisch-romanischem Stil errichtet. Nur drei Blocks von der Plaza liegt am **Old Santa Fe Trail** die schöne Adobe-Kirche **San Miguel,** deren dicke Lehmwände trotz zahlreicher Umbauten und Restaurierungsarbeiten seit dem 17. Jahrhundert standhalten.

Neu sind die Straßenmusiker und die vielen Sitzbänke am rasenbedeckten Platz. Neu ist auch die unendliche Zahl von Boutiquen, Andenkenshops, Kunstgalerien oder Schmuckläden. Die Kunst spielte hier schon immer eine wichtige Rolle, Künstler, wie Georgia O'Keeffe (1887–1986) fühlten sich vom klaren Licht, der Umgebung und der Atmosphäre der Stadt angezogen; im **Georgia O'Keeffe Museum**, einem Bau des New Yorker Architekten Richard Gluckman unweit der Plaza, kann man die umfangreichste Sammlung ihrer Arbeiten bewundern.

Opernfreunde sind heute begeistert von der **Santa Fe Opera** (www.santafeopera.org), einem spektakulären Open-Air-Bau, in dem vor dem Hintergrund von Sangre de Cristo und Jemez Mountains im Sommer eine breites Repertoire von Madame Butterfly bis zu modernen Stücken zur Aufführung kommt.

SERVICE & TIPPS

ℹ Santa Fe Chamber of Commerce
1644 St. Michael's Dr.
Santa Fe, NM 87505
✆ (505) 988-3279
www.santafechamber.com
Mo–Fr 8–17 Uhr

🏛 Georgia O'Keeffe Museum
217 Johnson St.
Santa Fe, NM 87501
✆ (505) 946-1000
www.okeeffemuseum.org
Tägl. 10–17, Fr bis 19 Uhr
Eintritt $ 13, bis 18 J. frei
Reicher Fundus von Landschaften, Stilleben und Porträts aus dem Werk der ungewöhnlichen Künstlerin, die stark von den Landschaften und der Natur des Südwestens inspiriert wurde. März–Nov. Touren durch das Haus und Atelier von Georgia O'Keeffe in Abiquiú, 110 km nordwestlich von Santa Fe.

🏛 Museum of Indian Arts and Culture
708 Camino Lejo
Santa Fe, NM 87505
✆ (505) 476-1269
www.miaclab.org
Mai–Okt. tägl. 10–17 Uhr, sonst Mo geschl.
Eintritt $ 12, bis 16 J. frei
Umfangreiche Sammlung von indianischen Töpferprodukten, Schmuck, Geflochtenem und zeitgenössischer Kunst aus New Mexico und dem Südwesten der USA.

🏛 Museum of International Folk Art
706 Camino Lejo
Santa Fe, NM 87505
✆ (505) 476-1200
www.internationalfolkart.org
Mai–Okt. tägl. 10–17 Uhr, sonst Mo geschl.
Eintritt $ 12, bis 16 J. frei
Umfangreiche Sammlung mit Exponaten aus mehr als 100 Ländern. Volkskunst, Spielzeug und Miniaturszenen von Märkten und Dörfern aus verschiedenen Epochen.

🏛 Museum of Spanish Colonial Art
750 Camino Lejo

Außen Adobe, innen modern – Häuser in Santa Fe

Das Bradbury Science Museum in Los Alamos erzählt u.a. die Geschichte des Manhattan Project

Santa Fe, NM 87502
✆ (505) 982-2226
www.spanishcolonial.org
Mai–Sept. tägl. 10–17 Uhr, sonst Mo geschl.
Eintritt $ 10, bis 15 J. frei
Ausgestellt wird traditionelle spanische Kunst, die von Beginn an in den Kolonien Verwendung fand, wie Bilder von Heiligen, Decken und Teppiche, Möbel, Keramik und Bücher.

New Mexico History Museum
113 Lincoln Ave.
Santa Fe, NM 87501
✆ (505) 476-5200
www.nmhistorymuseum.org
Mai–Okt. tägl. 10–17 Uhr, sonst Mo geschl.
Eintritt $ 12, bis 16 J. frei
Zum modernen Museum gehört auch der alte Gouverneurspalast. Gezeigt werden die Geschichte des Bundesstaates von indianischen Kulturen und der spanischen Kolonialisierung über die Erschließung durch die Santa-Fe-Eisenbahn, den Zweiten Weltkrieg bis zur heutigen Zeit. Unter dem Vordach verkaufen indianische Händler Schmuck und Töpferprodukte.

San Miguel Mission Santa Fe

Basilica of St. Francis of Assisi
131 Cathedral Place
Santa Fe, NM 87501
✆ (505) 982-5619
www.cbsfa.org
Mo–Do 8.30–11.30, 12.30–16.30, Fr 8.30–12 Uhr
Eintritt frei
Der 1869 errichtete Kirchenbau gehört zu den Wahrzeichen von Santa Fe.

Geronimo
724 Canyon Rd.
Santa Fe, NM 87501
✆ (505) 982-1500
www.geronimorestaurant.com
Tägl. 17.30–21.30 Uhr
Trotz des Namens elegante französische Küche in 150 Jahre altem Adobe-Bau. $$–$$$

Maria's New Mexican Kitchen
555 W Cordova Rd.
Santa Fe, NM 87505
✆ (505) 983-7929
Tägl. 11–22 Uhr
Alteingesessenes Restaurant mit entspannter Atmosphäre und herzhafter mexikanischer Küche, gute Margaritas. $–$$

Pantry
1820 Cerrillos Rd.
Santa Fe, NM 87505
✆ (505) 986-0022
www.pantrysantafe.com
Mo–Sa 6.30–20.30, So ab 7 Uhr
Vom Frühstück bis zum Abendessen traditionelle amerikanische und Southwest-Klassiker, Enchiladas, Eintopf mit grünem Chili oder schlichte Frikadellen mit Kartoffelpüree. $

Ausflugsziele:

Bandelier National Monument
15 Entrance Rd.
Los Alamos, NM 87544
✆ (505) 672-3861
www.nps.gov/band
Mitte Mai–Mitte Okt. tägl. 9–18, sonst 9–17 Uhr
Eintritt $ 25 pro Auto oder $ 15 pro Pers., 7 Tage gültig
Man muss auf der US 285 und der SR 4 einen Bogen nach Norden fahren, um den Rio Grande

zu überqueren. Doch länger als eine Stunde benötigt man nicht zum Bandelier National Monument, einem 135 km² großen, felsigen und teilweise von Buschwald bewachsenen Naturschutzgebiet.

Das Besondere sind die mehr als 1000 Relikte von Siedlungen und Höhlenwohnungen, dazu eine Höhle mit markanten prähistorischen Petroglyphen.

Los Alamos (13 000 Einw.) liegt nur wenige Meilen weiter im Westen und ist berühmt geworden als Produktionsstätte von »Little Boy« und »Fat Man«, den beiden Atombomben, die Anfang August 1945 auf die japanischen Städte Hiroshima und Nagasaki fielen. In den 1940er Jahren arbeiteten hier rund 9000 Menschen streng geheim an der kriegsentscheidenden Waffe.

Bradbury Science Museum
1350 Central Ave.
Los Alamos, NM 87544
✆ (505) 667-4444
www.lanl.gov/museum
Di–Sa 10–17, So–Mo 13–17 Uhr
Eintritt frei
Interaktives Technikmuseum, das gleichzeitig die Geschichte des »Manhattan Project« zur Produktion der Atombomben erzählt.

⑬ TAOS

Dank seiner wunderbaren Lage im Schatten der erhabenen Sangre de Cristo Mountains gehört Taos schon lange zu den großen Anziehungspunkt im Norden von New Mexico. Indianische Siedler der athabaskischen Sprachfamilie, die späteren Navajo und Apachen ließen sich schon vor 1000 Jahren hier nieder. Der Pueblo von Taos dürfte einer der am längsten durchgehend bewohnten Bauten der Menschheit sein. Es steht als Welterbe unter dem besonderen Schutz der UNESCO. Große Teile sehen immer noch so

Unter dem Schutz der UNESCO: Taos Pueblo

Bent Street in Taos mit Geschäften und Museen

aus, wie sie sich 1540 den Spaniern darboten. Christopher »Kit« Carson, eigentlich Farmer aus Missouri, später Kundschafter, Pionier, Soldat und Rancher in Taos, ist aus vielen »Groschenromanen« als Westernheld bekannt. Als General der US-Army half er, Aufstände der Navajo zu unterdrücken. Um sein Grab wurde der Kit Carson Park angelegt. Gut 100 Jahre später kam ein gänzlich anderer Typ aus Hollywood herüber, Dennis Hopper auf der Suche nach Locations für seinen geplanten »Easy Rider«-Film von 1969. Auch er verliebte sich in Taos, kehrte später zurück und lebte hier zwölf Jahre lang. Der 2010 verstorbene Schauspieler, Regisseur und Fotograf wurde in Ranchos de Taos bestattet.

Die Schönheit der Natur hat auch viele andere Künstler inspiriert, Taos gilt seit langem als ein Gravitationspunkt für nicht selten exzentrische Kreative. Kein Wunder, dass auch Georgia O'Keeffe, D.H. Lawrence oder Ansel Adams sich von Ort und Umgebung angezogen fühlten. Die Plaza mit einem altmodischen Gazebo ist das Herz der Stadt und auch heute ein perfekter Platz zur Entspannung.

Wer Aktion und Bewegung liebt, kommt in der Umgebung auf seine Kosten. Wildwasserstrecken verlangen, zumindest zwischen Ende April und Mitte Juni, Mut und Können, auch auf dem Rio Grande. Mountainbiking, Wandern, Angeln gehören zu den beliebtesten Outdoor-Aktivitäten im Sommer, Skifahren im Taos Ski Valley dominiert im Winter.

SERVICE & TIPPS

i Taos Visitor Center
1139 Paseo Del Pueblo Sur
Taos, NM 87571
✆ (575) 758-3873
www.taos.org/visit
Tägl. 9–17 Uhr

Kit Carson Home and Museum
113 Kit Carson Rd.
Taos, NM 87571

✆ (575) 758-4945
www.kitcarsonmuseum.org
Mai–Okt tägl. 11–17.30, sonst bis 16.30 Uhr, Eintritt $ 7/5 (Schüler ab 13 J.)
Die Geschichte der Westernlegende und seiner Familie, nicht weit von der Plaza.

Taos Art Museum
227 Paseo Del Pueblo Norte
Taos, NM 87571
✆ (575) 758-2690
www.taosartmuseum.org
Di–So 10–16 Uhr
Eintritt $ 10/6 (Schüler)
Im originellen und dekorativen Haus des russischstämmigen Künstlers Nicolai Fechin mit Schwerpunkt auf regionalen Künstlern.

Taos Pueblo
120 Veterans Hwy., 3 km nördl. der Plaza
Taos, NM 87571
✆ (575) 758-1028
www.taospueblo.com
Mo–Sa 8–16, So ab 8.30 Uhr
Eintritt $ 16/14 (Schüler) bis 10 J. frei
Eins der architektonischen Highlights des Südwestens: fünfstöckige Pueblo-Anlage, gebaut ca. 1000–1450 und sehenswerte San-Geronimo-Kirche von 1813. Kleine Türen und Fenster sind die wenigen Zugeständnisse an modernere Zeiten.

Etwa 150 Taos leben in den Adobe-Bauten noch ähnlich wie ihre Vorfahren, d.h. ohne fließendes Wasser und Elektrizität.

Doc Martin's at the Historic Taos Inn
125 Paseo Del Pueblo Norte
Taos, NM 87571
✆ (575) 758-1977
www.taosinn.com/doc-martins
Mo–Fr 11–21.30, Sa/So 7.30–21.30 Uhr
Fine Dining im Südwest-Stil, z.B. mit Forelle im Pinienkernmantel und Schokomousse mit Pfannenbanane. $$–$$$

Eske's Brew Pub & Eatery
106 Des Georges Place
Taos, NM 87571
✆ (575) 758-1517
www.eskesbrewpub.com
Tägl. 11–22 Uhr
Munterer Hangout mit Sandwiches und hausgebrautem Bier. $

Michael's Kitchen
304 C N. Pueblo Rd.
Taos, NM 87571
✆ 575) 758-4178
www.michaelskitchen.com
Mo–Do 7–14.30 Uhr
Rustikale Atmosphäre, kleine Happen wie Nachos, Enchiladas oder Tamales, aber auch Burger, dazu eigene Bäckerei.
$

Far Flung Adventure Tours
✆ 1-800-359-2627
www.farflung.com
$ 65–510
Halbtages- oder mehrtägige Touren auf den Flüssen mit Gummifloß oder Kajak.

Taos Ski Resort
Taos Ski Valley, NM 87525
✆ (575) 776-2291
www.skitaos.org
Gut 10 m Schnee im Jahr und Höhen von mehr als 3000 m sorgen für beste Ski-Bedingungen. Snowboarder müssen auf andere Gebiete ausweichen.

Wintersport im Taos Ski Resort

14 TELLURIDE

Der Name? Nun, er kommt vom spröden, silbrigen Halbmetall Tellur, das oft gebunden an Schwermetalle (Nickel, Silber, Gold) hier oder auch im nahen Ouray vorkam. Und kaum war man sich im Basislager Columbia der verborgenen Schätze sicher, taufte man den Ort in Telluride um. Die Erträge zogen ein attraktives Westernstädtchen mit reichhaltiger, viktorianischer Architektur nach sich, darunter ein repräsentatives Hotel und das **Opernhaus**, ein wunderbar erhaltenes Wildwest-Theater von 1913, auf dessen Bühne heute von Revuen bis zu Rockkonzerten und dem großen Bluesfestival Ende Juni alles läuft.

Heute liegt Telluride im touristischen Trend – im Sommer wegen der vielfältigen Möglichkeiten für Mountainbiker, Wanderer oder Tennisfreunde und im Winter erst recht, denn die Hänge bieten hervorragende Skipisten.

SERVICE & TIPPS

Telluride Information Center
236 W. Colorado Ave.
Telluride, CO 81435
✆ 1-888-605-2578
www.visittelluride.com
Tägl. 10–19 Uhr

Sheridan Opera House
110 N. Oak St., Telluride, CO 81435
✆ (970) 728-6363
www.sheridanoperahouse.com
Wildwest-Theaterhaus von 1913.

221 South Oak
221 S. Oak St., Telluride, CO 81435
✆ (970) 728-9507
www.221southoak.com, tägl. ab 17.30, So auch 10–13 Uhr
Hochgelobtes Bistro mit eklektischer, neuamerikanischer Küche. Reservierung empfohlen! $$$

Floradora Saloon
103 W. Colorado Ave.
Telluride, CO 81435
✆ (970) 728-8884
www.floradorasaloon.com
Tägl. 11.30–22, Sa/So ab 10 Uhr
Alteingesessenes Lokal im Herzen der Stadt mit moderner amerikanischer Küche. $$

La Cocina de Luz
123 E. Colorado Ave.
Telluride, CO 81435
✆ (970) 728-9355
www.lacocinatelluride.com
Tägl. 8–21 Uhr
Organic meats and vegetables: beliebter Mexikaner mit Picknickterrasse. $–$$

New Sheridan Bar
231 W. Colorado Ave.
Telluride, CO 81435
✆ (970) 728-9100, www.newsheridan.com/historic-bar
Tägl. 15–2 Uhr
Urige Bar im ältesten, sehr schön renovierten Hotel der Stadt.

Wander- und Biketouren
Die Bergwelt um Telluride ist mit Trails erschlossen, mehrere Anbieter im Ort vermieten gute Mountainbikes und geben Tipps für Routen. Beliebteste Wanderstrecken sind der rund 4 km lange **Bear Creek Trail** zu den gleichnamigen sprudelnden Wasserfällen und der 3 km lange, steile Trail zu den **Bridal Veil Falls**.

Telluride Outside
121 W. Colorado Ave.
Telluride, CO 81435
✆ (970) 728-3895 und 1-800-831-6230
www.tellurideoutside.com
Breites Angebot von Bike-, Allrad- und Wildwassertouren in den Bergen.

Werbewirksames Panorama der Rocky Mountains mit Cowboys und Pferden

⓯ TRUTH OR CONSEQUENCES

»Wahrheit oder Pflicht«, ein eigenwilliger Name für eine Ortschaft. Doch ein Radiomoderator hatte 1950 versprochen, seine Quizsendung in der Stadt zu produzieren, die sich entsprechend umbenennt. Wer richtig scharfe Chilischoten mag, ist in dem früheren Hot Springs richtig, denn die wachsen auf den Feldern im Tal des Rio Grande bestens und in großer Menge.

In dem meist »T or C« genannten 6400-Seelen-Ort war lange nicht viel los, bis im Jahre 2010 knapp 50 Kilometer östlich der private **Spaceport America** eröffnete. Mehrere Unternehmen bereiten privat finanzierte Weltraumflüge vor, am bekanntesten sind Virgin Galactic des Britischen Unternehmers Richard Branson und SpaceX, die ein wiederverwendbares Raumfahrzeug namens Grashopper entwickeln wollen. Fertig ist zumindest der von Norman Foster entworfene Hangar- und Abfertigungskomplex. Der Bundesstaat New Mexico hat die Anlage mit immerhin 200 Millionen Dollar unterstützt.

SERVICE & TIPPS

Visitor Center
301 S. Foch St., Truth or Consequences, NM 87901
Tägl. 8.30–16.30 Uhr
Touren zum Spaceport ganzjährig Do–Mo 8.45 Uhr, Rückkehr 13 Uhr, Mai–Sept. auch Fr–So 13.15, Rückkehr 17.30 Uhr
Hier starten die Touren zum Spaceport.

Spaceport America
County Rd. A021
Truth or Consequences
NM 87901
✆ 1-844-727-7223
www.spaceportamerica.com
Ganzjährig Mo und Do–Fr Touren am Morgen, Mai–Sept. auch Fr–So Nachmittag
Touren können im Visitor Center gebucht werden, wo sie auch starten.

Überreste der Mogollon-Kultur: Gila Cliff Dwellings

Ausflugsziel:

Gila Cliff Dwellings National Monument
Silver City, NM 88061
575-536-9461
www.nps.gov/gicl
Visitor Center tägl. 8–16.30, Gila Cliff Trail tägl. 9–16 Uhr
Eintritt $ 10 pro Person, bis 15 J. frei
Für die etwa 160 km von Truth or Consequences entlang der SR 152/25/15 benötig man knapp drei Stunden. Vom südlichen Silver City sind die Gila Cliff Dwellings 65 km entfernt. Doch der Trip in die Einsamkeit lohnt sich.

Die Überreste von Lehmbauten der Mogollon-Kultur waren bis zu 50 m hoch in überhängende Klippen eingepasst. Mehrere hundert Mogollon lebten hier wahrscheinlich vom 1. bis 2. Jh. n. Chr. Sie ernährten sich von der Jagd und vom Sammeln, bauten aber zusätzlich Gemüse in feuchten Flusstälern an und stellten einfache Töpferwaren her. Zu Beginn des 14. Jh. verließen sie ihre Behausungen aus bislang nicht vollständig geklärten Gründen.

Das Monument ist die einzige geschützte Einrichtung der Mogollon-Kultur.

Auf einem 55 m über dem Talboden verlaufenden, 1,6 km langen Trail, der einige Kilometer entfernt vom Besucherzentrum beginnt, passiert man die Cliff Dwellings.

VISTA POINT ROUTE DURCH KALIFORNIEN UND DEN SÜDWESTEN

Unverwüstlich: die Route 66

VISTA POINT ROUTE

DURCH KALIFORNIEN UND DEN SÜDWESTEN

Einmal Wilder Westen und zurück – die große Tour von Kalifornien bis Colorado

Der amerikanische Südwesten ist weiß Gott ein sehr weites Feld, erst recht, wenn man den ganzen Bundesstaat Kalifornien noch dazurechnet. Der folgende ausgearbeitete Routenverlauf verknüpft die »klassischen« Highlights des Südwestens, also das Grundprogramm der meisten Reisen zwischen Pazifik und Colorado Plateau. Was die Entfernungen und die Reisedauer angeht, ist das kein Pappenstiel. Durch die Reihenfolge der Tagesetappen nach dem Jede-Nacht-in-einem-anderen-Bett-Prinzip bleiben gut drei Wochen auf der Strecke.

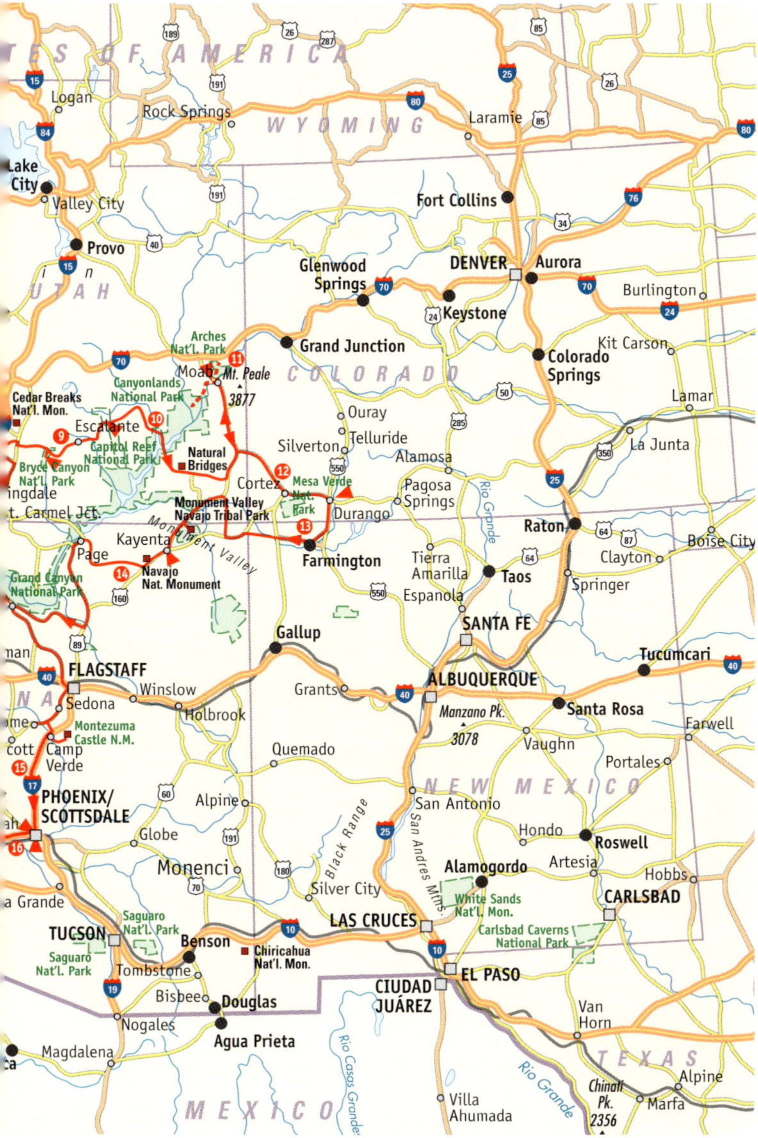

Go with the flow: California Highway

Mindestens, denn wer fühlt sich schon in einem so engen Reisekorsett wohl, kommt nachmittags in San Francisco an und fährt gleich am nächsten Morgen weiter? Wozu über die Pisten des Death Valley im Schweinsgalopp heizen, wenn man hier oder in anderen Nationalparks herrlich wandern und sitzen, im schlaflosen Las Vegas die Reisekasse aufbessern, im feinen Scottsdale auf Shoppingtour gehen kann? Und wer möchte sich nicht nach langer Wüstentour in die Pazifikwellen stürzen oder sich im verrückten Venice oder gepflegten Santa Barbara aufs Rad schwingen? Also, je länger, je lieber.

Mit Ausnahme einiger hochgelegener Parks (z. B. Cedar Breaks) sind die Straßen und Pässe entlang der Route meist ganzjährig zu befahren. Für die Wintermonate (manchmal bis in den Mai/Juni hinein) empfiehlt es sich, wegen des geschlossenen Tioga-Passes im Yosemite-Nationalpark auf diesen Park zu verzichten und die Reise nicht in San Francisco, sondern (als Gabelflug) in Los Angeles zu beginnen und von dort ins Death Valley, nach Las Vegas und weiter wie beschrieben fortzusetzen. Wer dennoch in San Francisco starten möchte, der sollte sich zwischen Anfang November und Mitte Juni vor der Abfahrt bei der Parkverwaltung erkundigen, ob der Pass frei ist. Ist er es nicht, bieten sich außer der Möglichkeit, den Park von Westen aus zu besuchen und wieder zu verlassen, zwei Umwege durch die Sierra Nevada in Richtung Death Valley an. Die schönere verläuft über Sacramento, Lake Tahoe und dann auf der US 395 nach Süden, die schnellere und nicht so schöne führt über Bakersfield, Mojave, China Lake und Trona.

April und Mai sowie September und Oktober gehören zu den besten Reisemonaten: klimatisch, landschaftlich, preislich und nicht zuletzt deshalb, weil sie vor Memorial Day bzw. nach Labor Day liegen, also außerhalb der *tourist frenzy*, der amerikanischen Reisesaison.

1 SAN FRANCISCO
AMERICA'S SWEETHEART

Programm: San Francisco

Zeit	Programm
Vormittag	Zu Fuß, per Taxi oder öffentlichen Verkehrsmitteln zum **Union Square** (Tiefgarage). **Maiden Lane**, an Grant Avenue links bis Post Street, dort rechts zur **Crocker Galleria** und weiter bis Market Street; an Montgomery Street links: durch den **Financial District**, vorbei am **Mills Building** (rechts), Bank of America Building (links), **Wells Fargo History Museum** zur **Transamerica Pyramid**. Washington Street nach **Chinatown:** Portsmouth Square, Grant Avenue, Waverly Place bis
Mittag	Ecke Stockton Street und Pacific Avenue: Dim Sum Lunch.
Nachmittag	Mit der **Cable Car** (Haltestelle Jackson & Powell Sts.) zum Hyde Street Pier. **Ghirardelli Square, Cannery, Fisherman's Wharf**, Pier 39, Battery Street, **Filbert Steps**, Aufstieg zum **Coit Tower**; abwärts zum **Washington Square** und Bummel durch **North Beach**.

Einen Stadtplan von San Francisco und weitere Informationen finden Sie S. 26 ff.

Vom Flughafen über Land nach San Francisco zu fahren heißt leider ausnahmsweise nicht über Brücken, sondern durch den wenig ansehnlichen Süden der Halbinsel. Aber es ist doch auch typisch kalifornisch: die grünen Freeway-Schilder, der üppige Bewuchs an den Straßenrändern, die silbrigen Blätter der Eukalyptusbäume und deren abblätternde Rinde an den Stämmen. Außerdem sanfte *rolling hills* unter weitem Himmel.

Nur die Müdigkeit eines Ankunftstages bremst den Drang, alles gleich auf einmal sehen zu wollen. Aber vielleicht langt es noch bis zum Union Square oder für ein paar Schritte durch North Beach. Gäbe es keine Zeitunterschiede – der Tag könnte ewig dauern.

Spitze: Transamerica Pyramid und Francis Ford Coppola Building

ALTERNATIVEN

Wanderung vom **Aquatic Park** über Fort Mason, Marina Green, **Palace of Fine Arts**, den **Presidio National Park** nach **Fort Point** unterhalb der **Golden Gate Bridge**.

Für Freunde der Stadtkultur: ein Besuch des **Mission District** mit der historischen **Mission Dolores** und/oder des ehemaligen Hippie-Zentrums **Haight/Ashbury**. Shoppingtour über **Fillmore Street** (zwischen Bush und Jackson), **Union Street** (schön zum Window Shopping).

Bootstour zur ehemaligen Gefängnisinsel **Alcatraz**. Ein Ausflug über die Golden Gate Bridge nach **Sausalito**. Ja, und am Sonntagmorgen eine Messe in der **Glide Church**!

❷ SONORA UND COLUMBIA
GOLD COUNTRY

Route: San Francisco – Oakland – Sonora – Columbia – Sonora (226 km/141 mi)

km/mi	Zeit	Route
0	10.00 Uhr	**San Francisco:** Bay Bridge (I-80) Richtung Oakland, I-580 bis Livermore, dann I-205, S 120 über Oakdale, S49 nach Norden über Jamestown nach
211/132	12.30 Uhr	**Sonora** (Hotel-Check-in). Über S 49 nach Norden und den Schildern folgend nach
219/137	13.30 Uhr	**Columbia** (Rundgang ca. 2 Std., evtl. später Lunch). Am späteren Nachmittag zurück nach
226/141		**Sonora**.

Unter den Silberbögen der Bay Bridge rollt man von San Francisco an den riesigen Hafenanlagen vorbei zur Ostseite der Bucht nach **Oakland** (s. S. 47 f.). Kaum, dass sich der Highway durch die Küstenberge windet, tauchen bei Altamont und Livermore Heerscharen von Windturbinen auf. Ansonsten haben ökologische Ziele ausgerechnet hier nichts verloren: die waffentechnischen Labors von Livermore arbeiteten einst für Reagans »Star Wars«.

Etwa ab **Oakdale** dominieren beschauliche Landschaftsbilder und erst recht beim Kontakt mit dem legendären **Highway 49** (s. S. 134) im **California Gold Country**. Unter den zahlreichen Städtchen hat sich **Columbia** (s. S. 131) am besten herausgeputzt, denn der ganze Ort ist ein State Park.

Wenn **Sonora**, die Hauptstadt von Tuolumne County (gesprochen: Tu'OLemni), sein »Rodeo Weekend« feiert, quellen im Anschluss an das staubige Pferdegaudi die Bars über und in vielen Hotels ist der (kalifornische) Bär los. Hoch her geht es dann auch auf Washington Street, der einzigen Hauptverkehrsstraße.

An der Hotelbar mixt ein bärtiger Musiker aushilfsweise die Cocktails. Er lacht viel und schallend. Nur ab und zu wird er ernst, und zwar immer dann, wenn es um sein Ding geht: die Musik. Seit Ende der 1970er Jahre, jammert er, die Discotime ausgebrochen sei, hätte die Livemusik in den Kneipen fast

überall im Gold Country ihren Geist aufgegeben. Ähnlich verheerend, meint er, sei die Wirkung der Fernseher über den Bartheken. Die öden Baseball-Übertragungen hätten allen Gesprächen und Witzen den Garaus gemacht. Und erst recht dem Geschichtenerzählen.

Der Half Dome ist das inoffizielle Wahrzeichen des Yosemite National Park

❸ YOSEMITE NATIONAL PARK
BERGE DES LICHTS

Route: Sonora – Chinese Camp – Yosemite Village (187 km/117 mi)

km/mi	Zeit	Route
0	8.00 Uhr	Von **Sonora** S 49, Chinese Camp, S 120 bis zum Eingang des
83/52	9.00 Uhr	**Yosemite National Park**. – S 41 zum
155/97	11.00 Uhr	**Glacier Point** (via Glacier Point Rd.)
187/117	13.00 Uhr	**Yosemite Village** (Lunch und Pause; einchecken: Hotel/Campingplatz)
Nachmittag		Mit dem Bus zu den **Vernal** und/oder **Nevada Falls**.

Gleich außerhalb von **Sonora** grasen Herden auf Hügeln mit goldenem Pelz, so verschwenderisch färbt die Morgensonne die Gräser. **Chinese Camp** – ja, hier lebten tatsächlich nur Chinesen. 1849 kam ein Haufen Engländer dazu, die den Chinesen die Arbeit in den Minen aufhalsten. Doch bald waren die Chinesen wieder unter sich, weil so viele ihresgleichen anrückten, die anderenorts vertrieben und verjagt wurden.

So wuchs Mitte der 1850er Jahre Chinese Camp mit 5000 Einwohnern zur größten chinesischen Siedlung außerhalb Asiens heran. Das ist vorbei. Wohl erhalten, aber verschlafen liegt das Örtchen heute

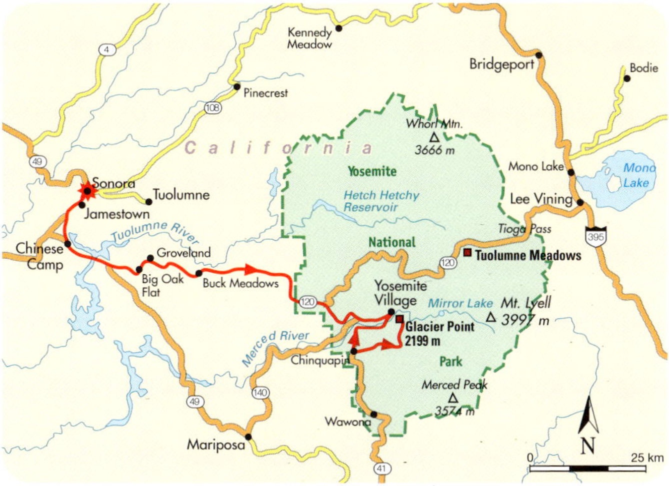

Die Wanderung zu den Vernal Falls ist die Anstrengung wert

da – halb Ghost Town, halb Hüttendorf für gerade mal 120 Yankee-Seelen.

Wenig später steigt die Straße in die Westhänge der **Sierra Nevada**. Big Oak Flat folgt und **Groveland**, ein Nest mit Gehsteigen aus Holzplanken – eine perfekte Westernkulisse. An der Tankstelle flattert ein Plakat, das ein Coyoten-Wettheulen fürs Wochenende ankündigt. Wer kann am besten einen Coyoten nachmachen? Offenbar lohnt der Versuch: 750 Dollar winken dem Superheuler.

Langsam rücken die Sierras näher – und damit der Yosemite National Park (s. S. 147 ff.). Einen ersten Eindruck von diesen gewaltigen Proportionen vermittelt der **Rim of the World Vista Point** kurz vor dem Parkeingang.

Nach Durchquerung der Talsohle geht es zunächst in südlicher Richtung weiter. Vor dem Wawona-Tunnel sollte man am allseits beliebten Aussichtspunkt halten, weil sich von ihm aus das Yosemite Valley in eine Panoramapostkarte oder – mit verwandtschaftlichem Vordergrund – in ein Bild fürs Familienalbum verwandelt.

Das nächste Highlight: **Glacier Point**. Der Rückweg führt ins **Yosemite Village**, das Standquartier für Spaziergänge am Fluss entlang oder für Wanderungen zu den nahen Wasserfällen.

Achtung! Da der Tioga Pass oft bis Ende Juni geschlossen ist, sollte man unbedingt vor der Abreise den Straßenzustand abfragen: © (209) 372-0200, dann die 1 und noch einmal die 1 wählen.

4 MONO LAKE
»LEICHENTUCH EINES VULKANS«

Route: Yosemite National Park – Tioga Pass – Bodie – Lone Pine (451 km/282 mi)

km/mi	Zeit	Route
0	9.00 Uhr	Ab **Yosemite Valley** S 120 nach Osten, **Tuolumne Meadows, Tioga Pass**
122/76		**Lee Vining** (Mono Lake), US 395 ca. 29 km nach Norden, dann Abzweig S 270 rechts ab nach Osten und ca. 10 km bis
200/124	12.00 Uhr	**Bodie** (eine Geisterstunde). – Rückfahrt zum
	14.00 Uhr	**Mono Lake**, Ausfahrt **Mono Lake Tufa State Reserve** (Pause beim Salz).
451/282	17.00 Uhr	**Lone Pine**.

Noch Ende Mai kann es passieren, dass neben der **Tioga Pass Road** im *high country* plötzlich Schneeballschlachten geschlagen werden, während in den Tälern alle unter der Hitze stöhnen. Auf fast 3000 Metern Höhe ziehen die **Tuolumne Meadows** (s. S. 149 f.) vorüber, das größte alpine Hochmoor der Sierra-Kette, gefolgt von kahl geschorenen Granitplatten und blank polierten Brocken, bis es endgültig den steilen Osthang abwärts geht.

Im Tal, nach einem kurzen Sprung nach Norden, gelangt man nach sanft-asphaltierter Anfahrt (S 270 – auch für Camper kein Problem!) nach **Bodie** (s. S. 140). »Auf Wiedersehen Gott, wir fahren nach Bodie«, schrieb ein junges Mädchen damals in ihr Tagebuch. Offenbar hatte sich

Schotterpiste: staubige Zufahrt zu South Tufa am Mono Lake

Fotogener Bretterhaufen: Bodie

der üble Ruf schon herumgesprochen. Heute kommen nur noch Touristen zu diesem einsam und hoch gelegenen (über 2600 m), aber durchaus fotogenen Bretterhaufen.

Mono Lake
»Der feierlich stille, von keinem Segel in seiner Ruhe gestörte See, dieser einsame Lehensmann Gottes auf diesem allereinsamsten Fleck … das echte Leichentuch eines Vulkans, dessen weiten Krater der See verschluckt hat«, schrieb Mark Twain.

Zurück zum **Mono Lake** (s. S. 143). Die Mono Basin National Scenic Area umschließt den See. Dort, wo man das Kleinkleckersdorf der Salzablagerungen schon vom Highway aus sehen kann, führt eine schmale Straße linker Hand zum **Mono Lake Tufa State Reserve** – eine willkommene Gelegenheit zum Laufen.

Schnurgerade zieht die Straße ihre Asphaltspur durch das Hochtal. Hinter dem **Deadman Summit** (2451 m) entfalten sich alpine, mit ausgedehnten Hochwäldern bedeckte Breitwandpanoramen. Im Sommer strahlt das Blau des **Crowley Lake** zur Straße herüber, im verschneiten Winter sucht man ihn vergebens. Er ist der größte Speicher im Wasserverbundsystem. Nach dem Sherwin Summit sinkt die Straße ins **Owens Valley**, das sich, so steht es jedenfalls auf der Plakette an der Straße, von hier aus 160 Kilometer nach Süden erstreckt, also praktisch bis zur Mojave-Wüste.

Das fruchtbare Tal war ursprünglich lange von Indianern bewohnt. 1845 benannte man See, Tal und Fluss nach Richard Owens, einem Offizier der Armee, den eine Expedition in diese Gegend brachte.

Sagebrush links und rechts der Straße deutet an, dass auch hier die Wasserdiebe aus L. A. zur Versteppung des Tals beigetragen haben.

Bishop, Big Pine, Independence, Lone Pine (s. S. 146): Wie Kandiszuckerstücke reiht die US 395 ein Nest ans andere. Die Main Streets ähneln sich ebenso wie ihr jeweiliges Umfeld – Haine, Weiden und

schmucke Holzhäuschen. Über allem thront der **Mount Whitney**, mit 4418 Metern Kaliforniens höchster Berg. Von jeher war die beeindruckende Landschaft als Kulisse für Wildwestfilme beliebt. Das Wiedersehen von Verfilmtem ist ohnehin eine typisch kalifornische Erfahrung.

Mit geschätzten 700 000 Jahren einer der ältesten Seen der Welt: Mono Lake

❺ DEATH VALLEY NATIONAL PARK
»LANDEPLATZ DER FROGS«

Route: Lone Pine – Stovepipe Wells – Furnace Creek (168 km/105 mi)

km/mi	Zeit	Route
0	9.00 Uhr	Von **Lone Pine** auf S 136, 190 nach
128/105		**Stovepipe Wells** im **Death Valley National Park**. Ein Stück weiter östlich: Wanderung durch die Dünen; anschließend bis zur nächsten Kreuzung und dort rechts nach Süden zum

		Visitor Center (kurzer Stopp).
168/105	13.00 Uhr	**Furnace Creek Ranch** (oder Inn oder Campingplatz): Check-in.
Nachmittag		Ausflüge zum **Zabriskie Point**, in den **Twenty Mule Team Canyon** und/oder **Dante's View**.

Sobald sich der Highway 136 Richtung **Death Valley** (s. S. 155 f.) auf den Weg macht und den Owens River überquert, wird alles ganz anders. Im Nu weichen die pastoralen Bilder des Owens Valley einer harschen Halbwüste. Steinfaltungen treten hervor und der Geröllsand duldet nur noch Sagebrush, ein so struppiges Gemisch, dass man befürchten muss, hier könnten am Ende die *Frogs* landen. Wieso auch nicht? E. T. setzte im San Fernando Valley, im Hinterhof von Los Angeles, auf; der Weiße Hai biss an der Pazifikküste zu. In Kalifornien muss man auf vieles gefasst sein.

Nach der fotogenen Dünenlandschaft von **Stovepipe Wells** (s. S. 155) taucht rechts und links von der Straße eine Fläche mit weißlich-witzigen Büschelhütchen auf, die sich einen passenden Namen eingehandelt haben: **Devil's Cornfield**. Das **Visitor Center** leistet logistische Schützenhilfe bei der Erkundung der Region. Und gleich darauf zerstreut die weitläufige **Furnace Creek Ranch** (s. S. 156) die letzten, möglicherweise beängstigenden Gefühle in der toten Wildnis. Ein kleiner Rundgang bringt Neuigkeiten und Bewegung, das Museum zum Beispiel. Zwischen den Geräten spielt das Thema Borax die Hauptrolle, jene weiße, kristallene Substanz, die unter anderem zur Keramik- und Glasherstellung, aber auch für Seifen, Kosmetik und Frostschutzmittel verwandt wird.

Bizarre Schönheit: Aussichtspunkt Zabriskie Point im Death Valley

West Coast Sahara: die Sanddünen von Stovepipe Wells

Vista Point Route

6 NACH LAS VEGAS
FLUCHTBURGEN DER ILLUSION

Route: Death Valley National Park – Red Rock Canyon – Las Vegas (323 km/202 mi)

km/mi	Zeit	Route
0	9.00 Uhr	Von **Furnace Creek** nach Süden zum **Artists Drive** (Rundfahrt); danach S178 zum
35/22		**Devil's Golf Course** (Pause) und
50/31		**Badwater** (Pause).
110/69	12.00 Uhr	**Shoshone** (Picknickeinkäufe). S 178 (Nevada 372) bis
181/113		**Pahrump**, dort S 160 bis
261/163	15.00 Uhr	zur Abzweigung S 159 **Richtung Red Rock Canyon** (Fahrt durch den Canyon, Picknick. Visitor Center, Loop fahren und Spaziergang). Die Straße wird in Vegas zum Charleston Boulevard, diesen bis Las Vegas Boulevard, dort rechts bis zu den Casinos/Hotels
323/202		
Spätnachmittag		**Las Vegas.**

Stadtplan und Infos zu Las Vegas finden Sie S. 164 ff.

Der **Devil's Golf Course** (s. S. 155) ist natürlich kein gepflegter Rasen, sondern eine bizarre Salzkruste mit messerscharfen Kanten – nichts für hohe Absätze. Dasselbe gilt für **Badwater**, den absoluten Tiefpunkt der USA, denn er liegt 94 Meter unterhalb des Meeresspiegels.

Ab und zu spiegelt sich der **Telescope Peak** – mit knapp dreieinhalbtausend Metern der höchste Bursche in der Panamint Range – in den Wassertümpeln, die noch nicht komplett versalzen sind. Der Name des **Jubilee-Passes**, mit dem das Death Valley endet, ist kein Grund, zu jubilieren. Bessere Laune verbreitet sich erst wenig später am **Salsberry Pass**: durch herrliche Weitblicke in eine farbig gestaffelte Berglandschaft – eine mitreißende »Kamerafahrt«!

Shoshone? Na ja. Nichts Abstoßendes, nichts Anziehendes, also plusminus Null. Dem hat **Pahrump** immerhin eins voraus: Hier, wie auch im 40 Kilometer entfernten 60-Seelen-Nest **Crystal**, hat Nevada nach dem Motto »Heiß in der Wüste« einige Bordelle lizensiert.

Die Straße folgt den Telegrafenstangen und umge-

Wer außer dem Teufel würde hier schon Golf spielen wollen?

Las Vegas, die Entertainment Capital of the World

kehrt, eine Durststrecke aus vereinzelten Yuccas, Agaven und Mobilheimhändlern. Dann kommt langsam Leben ins steinige Einerlei. Der Bewuchs wird abwechslungsreicher, Latschenkiefern, *shrubs* und Mesquite-Bäume. Die roten Streifen in den Felshängen zur Linken wirken wie blutige Wunden. **Wilson Cliffs** heißen diese Vorboten des **Red Rock Canyon** (s. S. 171).

Das Eingangstor zum **Spring Mountain Ranch State Park**, zum Picknickplatz, ist nicht zu übersehen, Gelegenheit für eine Pause. Das Besucherzentrum liegt am weiteren Weg, gut gerüstet mit Karten, die einen gemächlichen Schlenker ausmalen zu den Canyons und Creeks, an deren Flanken der graue Kalkstein mit dem schon bekannten roten Sandstein kontrastiert – Resultat einer Kollision zweier Erdkrusten vor Millionen Jahren.

Wen das Spielfieber noch nicht gepackt hat, der mag vielleicht in einem der Canyons und *washes* (z. B. Red Rock Wash) herumlaufen. So oder so aber verblasst allmählich die Röte der Berge, während die des Himmels wächst, je nach Jahres- und Tageszeit.

Die Straße neigt sich abwärts: der Versuchung **Las Vegas** steht nichts mehr im Wege (s. S. 164 ff.).

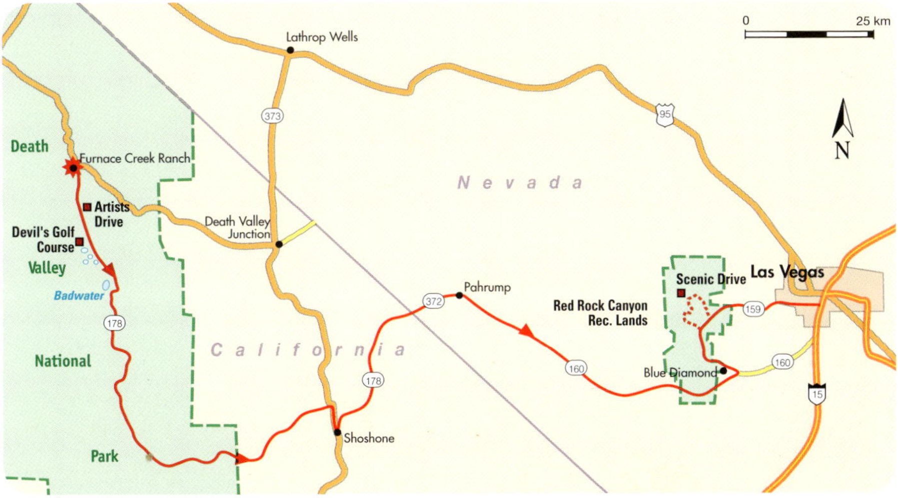

7 ZION NATIONAL PARK
HIMMLISCHES JERUSALEM

Route: Las Vegas – Valley of Fire – Springdale – Zion National Park (334 km/209 mi)

Majestätische Szenerie: Hinter dem Tunnel im Zion-Nationalpark bestimmen die Gipfel des Court of the Patriarchs das Panorama

km/mi	Zeit	Route
0	8.00 Uhr	In **Las Vegas** I-15 nach Norden
59/37		S 169 (Exit 75) rechts zum **Valley of Fire State Park**: Visitor Center, Aussichtspunkt Rainbow Vista und Wanderung im **Petroglyph Canyon** (ca. 1 Std.). – Zum Osteingang und auf S 169 (Overton) zur I-15 East über
176/110	11.00 Uhr	**Mesquite** (Zeitgrenze: 1 Std. Zeitverlust) und **St. George**
256/160		S 9 (Exit 16) Richtung Zion Natioal Park und
302/189	14.00 Uhr	**Springdale** (Hotel-Check-in, Lunch). Anschließend in den **Zion National Park** (s. S. 191 ff.). Auf dem **Zion Canyon Scenic Drive** zum **Gateway to the Narrows Trail** (Spaziergang ans Ende des Pfads, ca. 1–2 Std.). Oder: von der Lodge des Parks auf dem meist schattigen Trail zu den **Emerald Pools** (1–2 Std.). Abends zurück nach
334/209		**Springdale** (s. S. 192 f.).

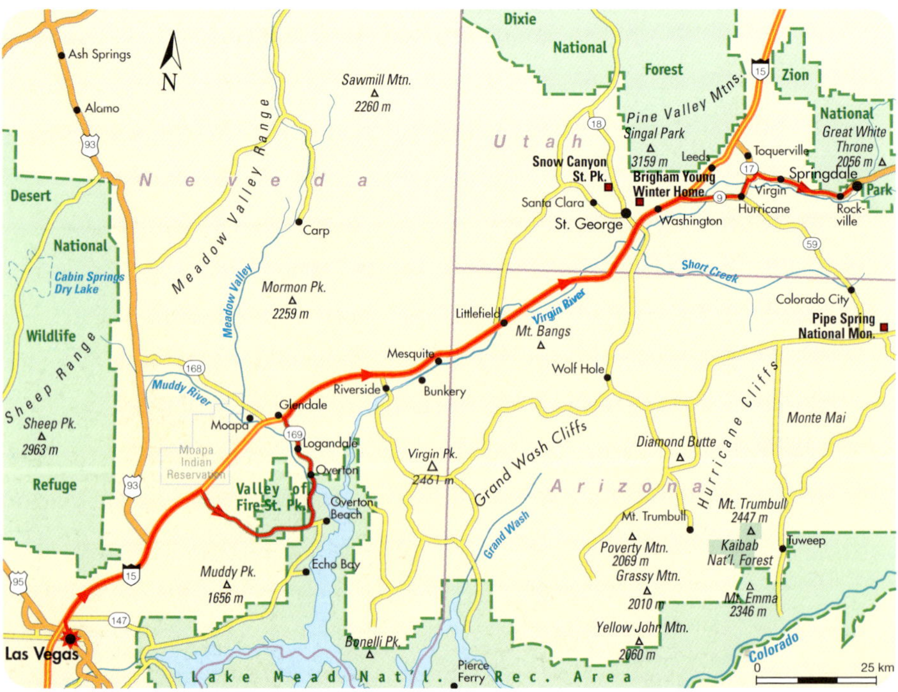

ZUSATZTAG

Im **Zion National Park** locken viele Wanderwege – unterschiedlich lang und anstrengend. Einer davon (aber etwas mühsam) ist **der Angels Landing Trail**, der in etwa vier Stunden über 450 Höhenmeter aus dem Canyon auf den Berg führt – das letzte Stück in wirklich schwindelnde Höhen – und dort beeindruckende Ausblicke bietet (Start: am Grotto-Picknickplatz).

Wer es abenteuerlich mag und sich fit genug fühlt, dringt vom Ende des **Gateway to the Narrows Trail** im Bachbett in die Schlucht vor und picknickt im Canyon. Vorher aber sollte man unbedingt im Visitor Center nach den Wetteraussichten und dem Wasserstand des Virgin River fragen und sich registrieren lassen. Regenfälle im Nordteil des Parks (z. B. durch Gewitter) können den Wasserspiegel plötzlich und drastisch ansteigen lassen. Juni und September gelten als die besten Wanderzeiten. Aufregend: **Hidden Canyon Trail** (3,2 km, ca. 3 Std., etwas mühsam, ca. 260 m Höhenunterschied) – beginnt am Weeping-Rocks-Parkplatz und führt durch eine enge Steinschlucht zu tollen Ausblicken.

Schon bei der Abfahrt von der Interstate ins **Valley of Fire** (s. S. 174) erkennt man in der Ferne die Nähe des Colorado River in Form des glitzernden Stausees Lake Mead, während an den ersten roten Felsbrocken des »Feuertals« die Sonnenstrahlen zündeln. Der Rainbow Vista schafft den ersten Überblick, der Petroglyph Canyon bietet indianische Felszeichnungen. Bei den Seven Sisters kann man eine Pause einlegen, bevor es zurück auf die Interstate geht.

Hier begrenzen karge Ausfaltungen der Berge und zahlreiche Joshua Trees das breite Tal, bis der Virgin River für landwirtschaftliche Nutzung und grüne Augenweiden sorgt. Kurz hinter **Mesquite**, nach Passieren der Grenze zu Arizona, nähert sich der Highway dem Fluss und setzt zu einer spektakulären Kurvenfahrt durch die ausgefressene Schlucht an, die kurze Zeit später den Blick auf ein massives Bergpanorama freigibt – so gestaltet Utah seinen optischen Auftritt.

Der religiöse folgt auf dem Fuß. In Höhe von **St. George** kontrastiert der schlohweiße Tempel der »Heiligen der Letzten Tage« mit den roten Felsen im Hintergrund. Dieser erste Mormonentempel in Utah wurde zwischen 1869 und 1877 gebaut.

Hinter **Hurricane**, dem Zentrum des Obstanbaus im südlichen Utah und Verpflegungsstation mit Motels, RV-Parks, Supermärkten und Restaurants, sorgt liebliches *farming* und *ranching* für eine beschauliche Wegstrecke: Pferde und Schafe auf viel Grün. Doch die rotbraunen Steinzinnen gewinnen mehr und mehr die Oberhand: Rockville, Springdale – die Nähe des Zion National Park macht sich bemerkbar.

Vor dessen Haustür liegt das gemütliche **Springdale** (s. S. 192 f.). Was für eine Umstellung! Nach dem Rasseln und Klingeln der einarmigen Banditen in den Hotelkasinos nun die zufrieden muhenden Rindviecher am Hang zu beiden Seiten des Virgin River!

Zion National Park: Wandern im Flussbett des Virgin River, aber nur bei Niedrigwasser

❽ CEDAR BREAKS UND BRYCE CANYON
HIGH COUNTRY

Route: Springdale – Cedar Breaks National Monument – Bryce Canyon National Park/Panguitch (213 km/133 mi)

km/mi	Zeit	Route
0	9.00 Uhr	Von **Springdale** S 9 East. Sofort beim Verlassen des Zion-Mount-Carmel-Tunnels rechts auf dem Parkplatz halten.
6/4		Wanderung zum **Canyon Overlook** (knappe Stunde).
19/12		**Checkerboard Mesa**.
42/26	11.00 Uhr	**Mt. Carmel Junction**, links auf die US 89 nach Norden. In Long Valley Junction links auf die S 14 West und
115/72		rechts ab auf die S 148 zum **Cedar Breaks National Monument** (in der Regel Mai–Okt. zugänglich).
		S 148 weiter zur S 143 und diese nordostwärts nach **Panguitch** (Lunch und ggf. im Hotel einchecken, s. S. 181).
	15.00 Uhr	US 89 South zur S 12, diese nach Osten und über S 63 rechts (nach Süden) zum
157/98		**Bryce Canyon National Park** (evtl. in Ruby oder Bryce im Hotel oder Campground einchecken), zum Visitor Center und **Bryce Point** im Bryce-Amphitheater des Parks, Sonnenuntergang am Sunset Point. – Rückfahrt nach
213/133		**Panguitch**.

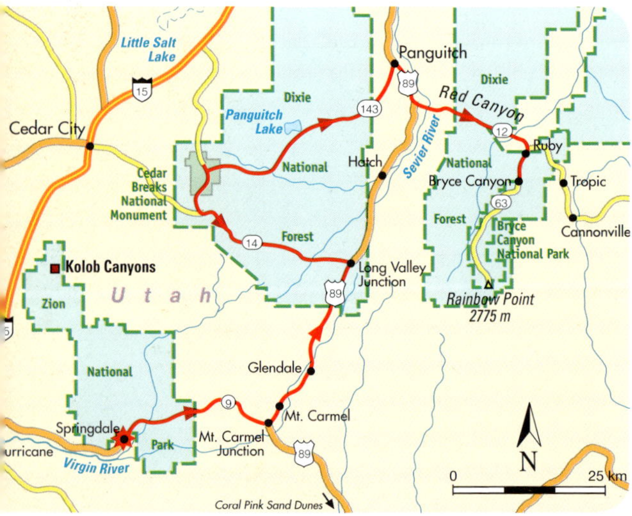

Im Frühtau zu Berge: das heißt in **Springdale**, man windet sich die Schlucht hinauf und danach durch den Tunnel, dessen dunkle Röhre 1930 so durchbrochen wurde, dass die gegenüberliegende Canyonwand hin und wieder wie ein kurzer Filmclip aufleuchtet. Gleich danach geht es zu Fuß weiter, über den kurzen Trail zum **Canyon Overlook**, der atemberaubende Blicke auf das Massiv des **West Temple** und die **Towers of Virgin** freigibt – biblische Geschichte in Stein gehauen.

Für Erosionsfreunde gibt es kurze Zeit später noch einen Leckerbissen: die aus verstei-

ALTERNATIVEN

Je näher die Motels am Bryce Canyon liegen, umso schwerer ist ein Bett zu bekommen und umso teurer wird es. Außer Übernachtungsmöglichkeiten in Hatch und Panguitch gibt es weitere Motels östlich der Kreuzung US 89/S 12. Wer die Wahl hat, sollte Prioritäten setzen. Diese lauten: 1. die **Lodge** im Park (wegen der Lage und der schönen Cabins, die nur ganze 100 m vom spektakulären Canyonrand entfernt liegen, so dass man beim Sonnenaufgang im Nachthemd zum Sunrise Point laufen kann); 2. **Ruby's Inn** vor dem Parkeingang; 3. **Panguitch** oder andere einfache Alternativen am Straßenrand. – Wenn es in der Hochsaison nirgendwo klappt, kann man auch in **Tropic** sein Übernachtungsglück versuchen.

Wandervorschläge für Bryce Canyon: Vom Sunrise Point aus den **Queen's Garden Trail** über 2,5 km und ein bis zwei Stunden oder vom Sunset Point aus den **Navajo Trail** über 3,5 km in ein bis zwei Stunden.

nerten Sanddünen entstandene **Checkerboard Mesa**, deren bemerkenswerte Maserung oder »Rinnenkultur« tatsächlich einem Schachbrett oder einem zum Trocknen ausgelegten Fischernetz gleicht.

In **Mt. Carmel Junction** geht es auf die **US 89**, einen weiteren *Scenic Byway*, der auch dann noch hält, was er verspricht, wenn das Ende des Parks erreicht ist und die Landschaft lieblichere Züge annimmt. Der Virgin River *(East Fork)* sorgt für sattes Ranchland voller Schafe, Kühe und Pferde. Grün ersetzt Rot, Weiden die Steine, und nur in der Ferne leuchten noch rötliche Kahlköpfe über den schwarzen Hängen des mit Pinyonkiefern besetzten Hochtals. An der Kreuzung in Long Valley geht es links ab Richtung Cedar Breaks, und das bedeutet Steigung. Die Baumlängen legen zu, und unter den Nadelhölzern und Espen des **Dixie National Forest** breitet sich mehr und mehr Schnee aus. Je höher der Highway steigt, desto kahler wird es ringsum im Lavagestein.

Vom **Spectra Point Trail** aus, der am Visitor Center des **Cedar Breaks Monument** (s. S. 185) beginnt, bekommt man die seltenen und knorrigen *bristlecone pines* zu Gesicht, die zu den ältesten Bäumen der Welt gehören.

Zurück zum malerischen **Long Valley**, das sich zu beiden Seiten des Sevier River mit Weiden voller Sagebrush ausbreitet, begrenzt von mal rötlich-braun, mal weiß, mal grün getupften Felshängen. Nördlich von **Hatch** (Motels, Restaurants und *Rock Shops*) bekommt man den mäandernden Fluss noch besser zu Gesicht, während rechter Hand glutrote Felsen vorbeiziehen.

Panguitch? Na ja. Etwas Viehzucht, etwas Holzwirtschaft. Meist liegt der »big fish«, wie die Paiute den Ort nannten, wie ausgestorben da. Geduld! Schon beim Anstieg des Highways, gleich nach der Überquerung des Sevier River, übernimmt der Red Canyon die Rolle der landschaftlichen Ouvertüre zu den roten Farben der ebenso märchenhaften wie kariösen Zahnsteinhälse, der sogenannten *hoodoos*, die für den **Bryce Canyon National Park** (s. S. 179 ff.) ebenso charakteristisch sind wie seine Wälder und kühlen Weiden.

Und am **Sunset Point** ist es dann soweit: Der erste Rundblick kann ungehemmt über das bizarre Amphitheater dieser grandiosen Felslandschaft schweifen. Wegen seiner Lage

Überlebenskünstler: die Bäume im Bryce Canyon

in über 2500 Metern Höhe am Canyonrand ist die Fernsicht in Bryce überdurchschnittlich gut (besonders im Winter), und die Temperaturen sind auch im Sommer angenehm.

Wenn die Zeit zu mehr reicht als zur Besichtigung des Felsentheaters, dann sollte man sich am Sunset Point zu der einen oder anderen kurzen Wanderung entschließen und entweder dem bequemen **Queen's Garden Trail** oder dem etwas anstrengenderen **Navajo Trail** folgen.

Der Name »Mormone«, so erzählt die Bedienung im Restaurant in Springdale, gilt eigentlich als Spitzname, ernst zu nehmender sei »LDS« (Latter-day Saint). Die LDS, so lautet immer noch die gängige Einschätzung, hätten meist viele Kinder und legen großen Wert auf ordentliche und saubere Kleidung. »Sie lehnen zwar alles ab, was den Körper verändert: Alkohol, Kaffee und Tee, aber Coca-Cola nicht.« – »Wieso nicht?« – »Sie besitzen viele Aktien und sind finanziell am Unternehmen beteiligt. Übrigens, auch an Coors.«

9 CAPITOL REEF NATIONAL PARK
BUTCH CASSIDY WAS HERE

Route: Bryce Canyon – Escalante – Boulder – Torrey – Capitol Reef National Park – Torrey (255 km/159 mi)

km/mi	Zeit	Route
	Vormittag	Je nach Übernachtungsort früh bis sehr früh aufstehen und zum Sonnenaufgang an den **Sunrise Point** fahren (alternativ: **Inspiration Point** oder **Bryce Point**). Nach Sonnenaufgang und Frühstück am kühlen Morgen eine Wanderung (2 ½–3 Std.) vom Sunrise Point auf dem **Queen's Garden Trail** zum **Navajo Trail** und hinauf zum Sunset Point. Unterwegs Abstecher zu **Wall Street**. Vom Sunset Point am Canyonrand zurück zum Sunrise Point.
0	12.00 Uhr	Abfahrt vom **Bryce Canyon National Park:** S 12 *(Scenic Byway)* Richtung Osten via Escalante nach
125/78	14.30 Uhr	**Boulder** zum **Anasazi State Park Museum**. Weiter auf der S 12 nach
187/117		**Torrey** (s. S. 185, oder Bicknell) und Hotel-Check-in. – Danach Fahrt zum
205/128		Visitor Center des **Capitol Reef National Park** und den
221/138		Scenic Drive bis zum Ende. Kurze Wanderung in die **Capitol Gorge**. ½–¾ Std. vor Sonnenuntergang (wegen der Lichteffekte) gemächliche Rückfahrt auf dem Scenic Drive zur S 24 und zum
255/159		Hotel in **Torrey** (oder Bicknell).

Capitol Reef, eine gigantische gekrümmte Falte in der Erdkruste

EXTRATAGE IM CAPITOL REEF

1. Kurz vor dem Ortseingang von **Caineville** an der S 24 (vor dem Hügel links) zweigt ein knapp 50 km langer Feldweg ins **Cathedral Valley** (s. S. 185) mit seinen spektakulären Felsformationen ab. Bis zu diesen Felsen ist der Weg meist mit dem Pkw befahrbar, vom Talschluss über den Berg nach Fremont oder Torrey allerdings i. d. R. nur mit »hochbeinigen« Fahrzeugen (Pick-up-Trucks, Jeeps, Anmietung in Moab möglich). Der direkte Rückweg zur S 24 ist, obwohl sehr schön, nicht zu empfehlen. Da der Fremont River am Ende des Wegs an einer Furt durchquert werden muss, bleibt die Strecke geübten Off-Road-Fahrern vorbehalten. In jedem Fall ist es ratsam, sich vorher beim Ranger im Visitor Center des Capitol Reef National Park nach dem Zustand der Wege zu erkundigen.

2. Eine sehr interessante Strecke für Geländewagenfahrer führt von der S24 via **Notom** entlang der **Waterpocket Fold** (s. S. 184) nach Süden. Von ihrem Ende gelangt man über den Burr Trail entweder westwärts nach Boulder (115 km) oder ostwärts zur S 276 (ca. 150 km). Zuvor ist es unerlässlich, bei den Parkrangern Informationen über die Befahrbarkeit einzuholen.

Japaner und andere eifrige, aber schlaftrunkene Gäste der Bryce Canyon Lodge wanken dem **Sunrise Point** zu. Kein Wunder, denn es ist noch nicht mal 6 Uhr morgens. Kurze Zeit später gesellen sich zum pfeifenden Wind blinzelnde Sonnenstrahlen, die Licht ins Gestein und die Farbskala des grandiosen Amphitheaters zum Leuchten bringen.

Nach solchen hart erkämpften Naturwundern in aller Herrgottsfrühe macht das kräftige Frühstück Sinn, aber auch angesichts der bevorstehenden Tagestour. Sie führt zunächst in Richtung Escalante. Vor und nach dem kleinen **Tropic** beherrscht Landwirtschaft auf künstlich bewässerten Feldern die Szene, in der ansonsten nur ein paar Pferde, die aus dem Paria River trinken, für Abwechslung sorgen.

Und dass einmal jede Menge Wasser da gewesen sein muss, kann man den Feldern ansehen. Auffällig kontrastreich steht kultiviertes Farmland der rauen Steinwüste auf der anderen Seite des Tals gegenüber, ein erneuter Beleg für die traditionellen Fähigkeiten der Mormonen, unfruchtbares, salzverseuchtes Land – siehe Salt Lake City – zu bewirtschaften.

Auch an den Seitenarmen des **Escalante River** sind Ausläufer dieser landwirtschaftlichen Kultur zu erkennen – bis hin zum Ort gleichen Namens, der diesen von Francisco Silvestre Vélez de Escalante übernommen hat, obwohl der spanische Priester nur in gehöriger Entfernung hier vorbeikam. Erst rund hundert Jahre später (1875) erreichten Mormonen diese Gegend und wunderten sich über die wilde Kartoffelsorte, die hier wuchs: Das *Potato Valley* war geboren.

Weiter geht es im Utah-Reise-Rhythmus von Mondland, Idylle und Mondland: Nach lieblicher Landwirtschaft beanspruchen plötzlich dramatische Abfahrten durch rote Schluchten und romantische Canyons die Aufmerksamkeit.

In der Ranching Town **Boulder** (s. S. 181) liegt der **Anasazi State Park**, der mit einem kleinen Museum und einigen Ausgrabungen aufwartet. Sie veranschaulichen zum ersten Mal auf dieser Reise den Wohnbau der Anasazi, jener »Alten«, die ursprünglich (1050) aus der »Four Corner Region« der Staaten Utah, Colorado, New Mexico und Arizona kamen und gegen 1200 wieder abzogen, ohne dass man die Gründe dafür kennt.

Danach steigt der Highway, und das bedeutet automatisch Zuwachs an Nadelwald, Zitterpappeln und (bis in den Mai hinein) Schnee. Die dicken Steinbrocken auf den kargen Weiden im Umkreis des über 3000 Meter hohen Passes von **Boulder Mountain** verbreiten einen Hauch von schottischem Hochland. Schließlich: das sandsteinerne **Capitol Reef** (s. S. 184 f.).

Die Enge der Schluchten und das labyrinthische Terrain regen unwillkürlich Wildwest-Fantasien an: von Verstecken und Fluchtwegen jener *outlaws,* die sich hier den Verfolgungen der Sheriffs entziehen konnten. Tatsächlich wimmelt es in der Gegend nur so von derlei Histörchen, allen voran die von »Butch Cassidy and the Sundance Kid«.

⑩ NATURAL BRIDGES NATIONAL MONUMENT
BRÜCKENTRIO

Route: Capitol Reef – Hanksville – Natural Bridges National Monument – Moab (424 km/265 mi)

km/mi	Zeit	Route
0	9.00 Uhr	Von **Torrey** (oder Bicknell) S 24 East über Caineville und
78/49	10.00 Uhr	**Hanksville**, dort S 95 nach Süden *(Bicentennial Scenic Byway)* über den **Colorado River** zur Abzweigung der S 275. Diese kurze Stichstraße führt links zum (6 km entfernten)
240/150	12.00 Uhr	**Natural Bridges National Monument**.
	16.00 Uhr	Zurück zur S 95, nach Osten weiter bis zur US 191, diese nach Norden bis
424/265	18.00 Uhr	**Moab** (s. S. 186 ff.).

ALTERNATIVROUTE

Die nördlichere Strecke Bryce Canyon–Moab über Green River ist zwar kürzer und ermöglicht außerdem den Besuch der kauzigen Erosionsgebilde im **Goblin Valley State Park**, ist aber insgesamt landschaftlich eher weniger beeindruckend: ab Torrey, SR 24 East bis Hanksville, links (North) Richtung I-70. Unterwegs Abstecher zum Goblin Valley State Park. Zurück zur SR 24 und diese nach Norden zur I-70 East, zum **Green River** und dem gleichnamigen Ort. Weiter auf I-70 East bis Ausfahrt 180. Die US 191 South nach **Moab** (243 km/152 mi, vgl. S. 186 ff.).

Nach der Abreise am Morgen wirkt die Szenerie am Fremont River desolat. Leblose blau-gräuliche Gesteinsmassen treiben vorbei und eine Mesa bei **Caineville**, deren öde geriffelte Seiten schon sprichwörtlich geworden sind: Sie gilt als das »wertloseste Baugrundstück der Welt« und gehört zu den Mancos Shale Hills, einem Schiefergebirge, das einst unerschrockene mormonische Pioniere offenbar nicht davon abhalten konnte, sich dieses Terrain als Bleibe auszugucken.

Für spannendere Unterhaltung sorgt dann allerdings der 1976 fertiggestellte *Bicentennial Scenic Byway*, insbesondere die Überquerung des **Colorado River** bei **Hite Crossing** zwischen Glen und Cataract Canyon. Diese kurze erste Begegnung mit dem Colorado, der unterwegs noch weitere folgen, ist schon ziemlich wassernah, denn so gewaltig der Strom, so selten bekommt man ihn nahe zu Gesicht. Vom **Lake Powell Overlook** überblickt man den nördlichen Zipfel des gleichnamigen Stausees.

Längst ist die seit Millionen Jahren andauernde und

Mondlandschaft: unterwegs in den Caineville Badlands

durch sein starkes Gefälle bedingte Prägekraft des Colorado nutznießend gebändigt worden. Staudämme, Kanäle und Kunstseen (die größten in den USA sind Lake Powell, Lake Mead, Lake Havasu) haben den wilden Fluss zum kontrollierten Lebenselixier des Südwestens umgemodelt. Gemüsefelder oder Golfplätze, *car washes* oder Swimmingpools – das Wasser aus dem Colorado begrünt und sprenkelt, säubert und erfrischt, es löscht den Durst und stillt den Energiehunger von Millionen in Los Angeles, Las Vegas, Denver, Phoenix oder Tucson.

Südlich der Brücke folgt der Highway treu dem White Canyon, dessen Seitenarm man später im **Natural Bridges National Monument** (s. S. 190 f.) wieder trifft, wenn man dort wandert.

Im Gegensatz zu allen Highways der letzten Tage entpuppt sich die US 191 als Truckerpiste. Kein Wunder, denn sie ist praktisch die einzige Nord-Süd-Achse im Osten des Landes. Nördlich von **Monticello** legt immerhin das Naturpanorama szenisch zu: Während sich an den Seiten kultiviertes Ackerland mit weiten grünen Feldern, Scheunen, Speichern und Traktoren ausbreitet, erscheint voraus das schneebedeckte Massiv der **La Sal Mountains** mit vorgelagerten rötlichen Riffen und vereinzelten rundlichen Buttes.

Wenig später, offenbar inspiriert von den vielfältigen Höhlungen der regionalen Steinarchitektur, rückt schon wieder ein Loch im Felsen ins Blickfeld, diesmal ein künstliches. **HOLE N"THE ROCK** (s. S. 188) steht an der Wand: Humor am Highway. Von hier aus ist es nur noch ein Katzensprung bis **Moab** (s. S. 186 ff.).

Steinarchitektur vor dem schneebedeckten Massiv der La Sal Mountains

⓫ WANDERN IM ARCHES NATIONAL PARK
JURASSIC PARK, UTAH

Route: Moab – Arches National Park – Moab (88 km/55 mi)

Die Route finden Sie in der Karte S. 295.

km/mi	**Zeit**	**Route**
0	Morgen	Von **Moab** zum
8/5		**Arches National Park**, Besuch im Visitor Center. Fahrt ans Ende der Parkstraße zum
42/26		**Devils Garden Trailhead**. Wanderung zum **Landscape Arch** (ca. 2 Std.) oder **Double-O Arch** (ca. 4 Std.). Danach Rückfahrt durch den Park zur
56/35		**Wolfe Ranch**. (Oder: zwei Stunden vor Sonnenuntergang Wanderung von der Wolfe Ranch zum **Delicate Arch**.) Anschließend zurück nach
88/55		**Moab**.

Vorschläge für einen Extratag in Moab finden Sie S. 301.

Ein paar Picknickvorräte sollte man zur Wanderung im **Arches Park** (s. S. 179) schon mitbringen, denn jede normale Lunchpause unterbricht den Tag, erfordert lästige Fahrerei und kostet viel Zeit; außerdem bietet der Park genügend Gelegenheiten für eine Futterpause an der frischen Luft.

Die Anfahrt von Moab sorgt durch die Überquerung des Colorado River für den vielversprechenden Auftakt. Unter den ersten Vertretern in der Palette der steinernen Skulpturen präsentiert sich unübersehbar und einprägsam der **Balanced Rock**, ein dicker Felsklops, der grazil auf einem Steinsockel balanciert. Vom Visitor Center ist es nicht weit bis zum Parkplatz des Devils Garden Trailhead, wo man das Auto loswerden kann, um sich auf den Weg durch die steinige Wüste zu machen.

Wenn irgend möglich, sollte man feste Wanderschuhe dabeihaben; Turnschuhe rutschen zu oft. Je früher am Vormittag, je besser, dann stimmen die Temperaturen und das Licht ist noch nicht so grell. Irgendwie scheint das auch den Mauerseglern, Bussarden, Hörnchen und Vögeln zu gefallen, denn sie alle sind gerade zu diesen Tageszeiten besonders munter unterwegs.

Die Wanderung zum **Landscape Arch** führt zu einem dieser grazilen roten Gräten, die über Jahrmillionen geschliffen und poliert wurden. Hin und zurück braucht man etwa eine Stunde, für den **Double-O Arch** weitere zwei, und die braucht man auch, denn je länger man auf dem Trail bleibt, umso schöner wird er: Manche rundliche Felsen sehen aus wie von Luigi Colani entworfen.

Den Nachmittag sollte man für die **Wolfe Ranch** reservieren, eine grobe Holzbohlenhütte, die ein gewisser John Wesley Wolfe um die Jahrhundertwende baute und die seither von verschiedenen Ranchern genutzt wurde. Hier beginnt der Trail über den

Steinerne Brücke im Arches National Park

Salt Wash zum bekanntesten Torbogen des Parks, dem **Delicate Arch**.

Der Weg verläuft nicht ganz so bequem wie der zu den Arches heute Morgen, sondern bisweilen steil und erbarmungslos heiß im Sommer. Deshalb eignet sich der späte Nachmittag am besten für den Weg.

In den zwei Stunden vor Sonnenuntergang herrschen die moderatesten Temperaturen und das schönste Licht. Grünliche Eidechsen und schillernde Kolibris, die die roten Wüstenblumen anzapfen, sind meist mit von der Partie.

In der Nähe vom Delicate Arch taucht rechts der **Frame Arch** auf, der sich als fotogener Rahmen für den Delicate Arch empfiehlt. Und am Horizont kommen die meist schneebedeckten La Sal Mountains als optisches Extra noch hinzu.

Lauffaule Augenmenschen können es sich einfacher machen, wenn sie von der Wolfe Ranch zum Viewpoint-Parkplatz weiterfahren, denn von dort aus sind es nur ein paar Schritte zu dem Punkt, wo sich der Delicate Arch in der Ferne zeigt. Auf der Rückfahrt macht sich jemand mit seinem Mietwagen Sorgen. Ob die Tankfüllung noch zurück bis Moab reicht? Der Ranger wirft einen kurzen Blick auf die Benzinanzeige. »You'll make it!« »Thank you. Never happened before.« »Well, life is full of firsts.«

Highlight im Mesa Verde National Park sind die Reste der Klippensiedlungen der Anasazi

⓬ MESA VERDE NATIONAL PARK
»HAVE A GNEISS DAY«

Route: Moab – Monticello – Cortez – Mesa Verde National Park – Durango (330 km/206 mi)

km/mi	Zeit	Route
0	9.00 Uhr	In **Moab:** US 191 nach Süden
62/39		Abzweigung S 211 West (rechts) zum

83/52	10.00 Uhr	**Newspaper Rock**. Zurück zur US 191 und weiter nach Süden bis
125/78	11.00 Uhr	**Monticello**. Hier US 491 nach Osten bis
221/138	12.30 Uhr	**Cortez**. Hier der US 160 nach Osten und den Schildern folgen zum
270/169	13.30 Uhr	**Mesa Verde National Park** (s. S. 258 ff.), Visitor Center am Spruce Tree House. Wanderung zum **Spruce Tree House**, Weiterfahrt und Stopps auf der Mesa, Picknick; ca. 2 Std. – Rückfahrt gegen
	15.30 Uhr	zunächst zur US 160, dort rechts über Mancos nach
330/206	17.00 Uhr	**Durango** (s. S. 252 f.).

Petroglyphen: Newspaper Rock

Am besten mit Standquartier in der **Far View Lodge** im Mesa Verde Park, um sich die zeitraubenden Anfahrten von und nach Cortez bzw. Durango zu ersparen.

Programm (in dieser Reihenfolge wegen der Lichtverhältnisse): **Balcony House, Square Tower House, Oak Tree House, Sun Temple**. Danach Besuch des Visitor Centers und des **Archäologischen Museums** auf der Chapin Mesa. Nachmittags Fahrt zur Wetherill Mesa (s. S. 260).

⓭ MONUMENT VALLEY
MARLBORO HEIGHTS

Route: Durango – Farmington – Shiprock – Goosenecks State Park – Monument Valley – Kayenta (389 km/243 mi)

km/mi	**Zeit**	**Route**
0	9.00 Uhr	In **Durango** US 550 nach Süden, den Schildern folgen zum
64/40	10.00 Uhr	**Aztec Ruins National Monument** (Rundgang). Weiter über US 550 Richtung
86/54		**Farmington,** dort US 64 nach Westen, über **Shiprock**, die Grenze zu Arizona nach **Teec Nos Pos,** dort geradeaus weiter die US 160 nach Westen, S 191 nach Norden Richtung Bluff, die US 163 nach Süden Richtung Mexican Hat, S 261 rechts nach Westen zum
296/185	13.30 Uhr	Overlook des **Goosenecks State Park**. über den San Juan River, ca. ½ Std. – Zurück zur US 163 und über
309/193		**Mexican Hat** zum

ALTERNATIVEN/EXTRATAG ZUM 11. TAG

Ein anderer Tagesablauf, dem man entweder zusätzlich oder (ganz oder teilweise) anstelle des vorgeschlagenen Programms folgen kann: **Moab–Arches National Park–Canyonlands National Park–Dead Horse Point State Park** (246 km).

Route: 8.30 Uhr ab Moab zum Parkplatz Fiery Furnace im **Arches National Park** (s. S. 179); 9.30 Uhr geführte Wanderung mit Ranger durch das Schluchtenlabyrinth des **Fiery Furnace**. 13 Uhr Picknick im Park oder zur Lunchpause zurück nach Moab. – US 191 North bis zur Abzweigung der S 313 (links) zum **Canyonlands National Park** (s. S. 182 f.): Island in the Sky Visitor Center, Weiterfahrt und Abstecher zum Green River Overlook und weiter zum Grand View Point Overlook. 17 Uhr Rückfahrt und Abstecher in den **Dead Horse Point State Park** (s. S. 183). Nach Sonnenuntergang zurück nach **Moab**.

Extratage rund um Moab (vgl. Karte S. 295)

Nachmittagstour zu den **Fisher Towers** und **La Sal Mountains**. Von Moab SR 128 am Colorado entlang zu den Fisher Towers. 5.6 mi zurück, links in die Castle Valley Road Bei Meilenstand 29.5 rechts in die La Sal Mountain Loop Road Bei Meile 61 rechts (nach Norden) und nach ca. 8 mi die Teerstraße links zur US 191 nach Norden in Richtung Moab. Gesamtlänge ca. 112 km/70 mi, Zeitbedarf etwa 4–5 Std.

Rundflug über Canyonlands und **Cathedral Valley:** Morgens früh, kurz nach Sonnenaufgang, Abflug vom Moab Airport.

Route: San Rafael Swell an der I-70, entlang San Rafael Swell zum Goblin Valley, weiter zum Cathedral Valley und den Caineville Badlands, The Maze in Canyonlands, Monument Basin, Moab Airport.

Jeeptouren im Canyonlands National Park: Mit in Moab gemietetem Fahrzeug oder geführter Tour auf den White Rim Drive. Vom Island in the Sky Visitor Center den Shafer Trail hinab zum White Rim Trail, diesen rechts vorbei an den ulkigen Walking Rocks zum Monument Basin, weiter zum Horsethief Trail und zurück zur Straße nach Moab. Gesamtstrecke ca. 250 km, Zeitbedarf mindestens ein langer Tag, aber sehr empfehlenswert.

Oder: Fahrt zum **Angel Arch** im südöstlichen Bereich von Canyonlands (The Needles). Ab Parkplatz beim **Newspaper Rock**. Zeitbedarf ab/bis Moab: ein Tag. Oder: **Schlauchboottour** auf dem Colorado.

349/218	15.30 Uhr	Visitor Center im **Monument Valley Navajo Tribal Park** (Valley Drive, Pause, Jeeptour etc. ca. 3 Std., s. S. 188). – Zurück zur US 163 nach
389/243	19.00 Uhr	**Kayenta** (s. S. 206 f.).

Goosenecks State Park – vom San Juan River geformt

⑭ ZUM GRAND CANYON
PLATEAU MIT NIVEAU

Route: Kayenta – Antelope Canyon – Page/Lake Powell – Grand Canyon National Park (374 km/234 mi)

km/mi	Zeit	Route
0	9.00 Uhr	Von **Kayenta** US 160 nach Westen, S 98 Richtung Page (kurz vor Page, gleich hinter dem Kraftwerk, taucht links von der Straße am Antelope Canyon Wash ein Parkplatz auf, von dem aus man sich von indianischen Führern zum Eingang des **Antelope Canyon** fahren lassen kann, um von dort aus durch die Schlucht zu wandern). – Weiter S 98 nach
155/97	11.30 Uhr	**Page**; Rundfahrt und Pause: **Glen Canyon Dam**, Lake Shore Dr.; evtl. Badepause am **Lake Powell** in der Nähe der Wahweap Lodge. – Weiterfahrt auf US 89 nach Süden bis
283/177	15.00 Uhr	**Cameron Trading Post**, dann S 64 zum
334/209	16.00 Uhr	**Grand Canyon**, Desert View
374/234	17.00 Uhr	**Grand Canyon Village**.

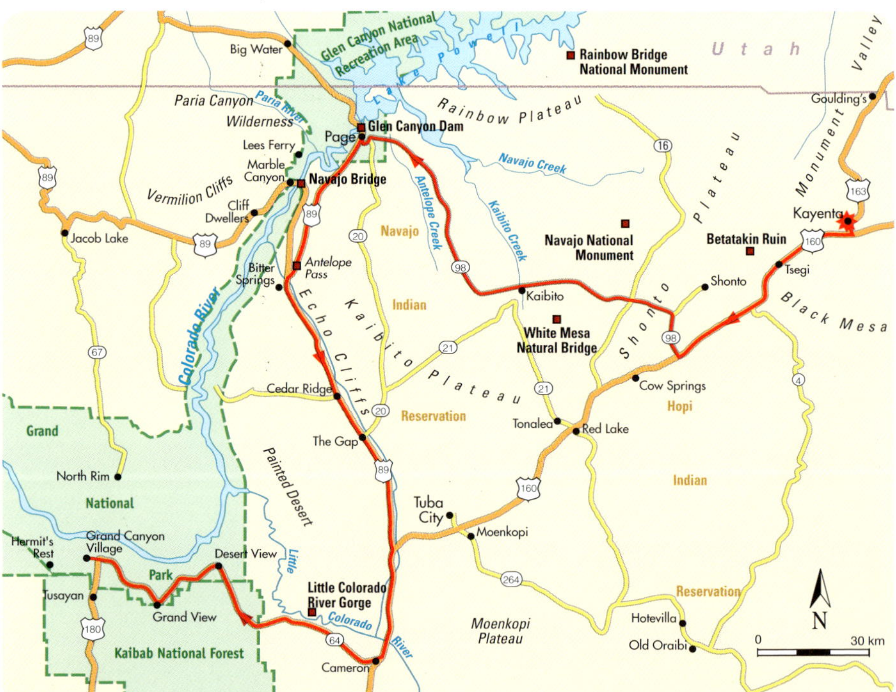

Wie wär's mit einer Navajo Taco mit lauwarmen Bohnen als Wachmacher? Morgens, beim Frühstück in Kayenta, dürfte die Bestellung dieser indianisch-mexikanischen Combo kein Problem sein.

Schafherden kreuzen den Highway: erst der Hund, dann die Lämmer, zuletzt der indianische Schäfer. Nach dem Abzweig in Richtung Page kommt stärkere Bewegung ins Landschaftsbild, vielfarbige Gesteinsschichten, tolle *scenic views* und, in der Ferne, die roten Kamine und Felswände, die den **Lake Powell** (s. S. 208 ff.) einschließen.

Gleich hinter dem dampfenden Kraftwerk in Seenähe steht links auf einem Parkplatz am *wash* des **Antelope Canyon** (s. S. 210): ANTELOPE CANYON. ACCESS INTO PREMISES WITH PERMIT ONLY. PERMIT CAN BE PURCHASED HERE. Gewöhnlich parkt hier ein Pick-up mit Indianern, die den Besucher für eine Eintrittsgebühr zum Eingang des Canyons fahren, denn der liegt im Reservatsgebiet. **Page** (s. S. 208 ff.) folgt praktisch um die Ecke: Ausgangspunkt für Bade- und Bootsfreuden in und auf dem Lake Powell.

Der **Lake Shore Drive** führt rasch aus der Stadt heraus und präsentiert den Stausee als Vordergrund für eine spektakuläre Landschaftskulisse, die von den farblich abgestuften Felsen auf der Utah-Seite ebenso profitiert wie von dem am fernen Horizont aufragenden, oft von weißen Wolken umhüllten **Navajo Mountain**. Lake Powell: auch ein Monument Valley, nur diesmal geflutet.

Südlich von Page bleiben die gewaltigen **Vermilion-Klippen** noch eine Weile in Sicht, bevor sie und jener Canyon entschwinden, der später im Nationalpark sein Comeback feiern wird. Steil stürzt der Highway am **Antelope Pass** vom Kaibito Plateau die Echo Cliffs hinab ins Tal des Little Colorado River. **Bitter Springs** hört sich zwar nicht gut an, aber die Aussichten ringsum sind umso schöner.

Es folgen Weideland und ab und zu typische versprengte Navajo-Gehöfte: ein buntes Allerlei aus *hogan*, Fertighaus oder Wohnwagen mit Reifen auf dem Dach (damit es nicht wegfliegt), *corral*, Zweit- und Drittautos plus Gerümpel.

Und während die Konturen der schneebedeckten San Francisco Mountains allmählich immer klarer zu sehen sind, wird es in der Painted Desert ringsum steiniger und farbiger.

Die meisten Verkaufsstände der Navajo, Buden aus Pappmaché und Abfallholz mit schattenspendenden *rama-*

Unfassbare Dimensionen: Grand Canyon und Colorado River

Trading Posts: neben Souvenirs findet man hier oft auch schöne indianische Keramik

das, akzeptieren inzwischen Kreditkarten. Ein Lattenverschlag gibt sich besonders exklusiv: AMERICAN EXPRESS ONLY steht auf dem Schild. Handgeschrieben und gut vom Auto aus zu lesen.

Nach Passieren der **Cameron Trading Post** beginnt der Endspurt zum Grand Canyon, bei dem die Camper kräftig zulegen müssen, denn die Straße steigt beträchtlich. Bald öffnet sich der Blick nach Osten über die Ebene und auf die ersten Ritzen eines kleinen Canyons in der Hochfläche: des **Little Colorado River**, eines Zulieferers zum großen Bruder. Der nächste *Vista Point* zeigt mehr von der Schlucht. Keine Frage, in ein paar Millionen Jahren wird aus dem »Little« sicher auch ein »Grand«.

Endlos zieht sich die Straße höher und höher durch das dichtbewaldete Plateau, bis endlich, gleich hinter dem Parkeingang, die Wälle und Zinnen, Tempel und Schluchten auftauchen. Schon der erste Eindruck vom **Grand Canyon** (s. S. 198 ff.) am Desert View Point hat es in sich. Beim nächsten, dem **Yavapai Point**, auf dem Weg zum Visitor Center, stockt so manchem der Atem.

Zwei Milliarden Jahre Erdgeschichte für einen angebrochenen Nachmittag – das ist naturgemäß etwas viel. Die wirklich faszinierenden Erfahrungen gewinnt man denn auch nur auf Ganztags- oder, besser noch, mehrtägigen Touren hinab zum Fluss und auf ihm per Schlauchboot, am besten im Frühjahr oder Herbst.

Bei knapper Zeit liegt es nahe, sich (im Sommer) dem kostenlosen Pendelbus entlang dem West Rim Drive anzuvertrauen oder alles (evtl. auch zwischendurch) zu wandern, und zwar auf dem weitgehend parallel verlaufenden **Rim Nature Trail** am Canyonrand entlang. Der Wanderweg zwischen Hermit's Rest im Westen und Yavapai Point im Osten zieht sich über rund 14 Kilometer.

ALTERNATIVEN UND EXTRAS

Von Kayenta bietet sich ein ganztägiger Ausflug zum **Canyon de Chelly** (s. S. 195) an: US 160 East, Indian 59 bis Many Farms, US 191 bis Chinle und dort den Zeichen folgen (Kayenta–Chinle: 130 km). – Eine zusätzliche Stunde im Tagesprogramm kostet ein kleiner Morgenspaziergang im **Navajo National Monument** (s. S. 207), 45 km westlich von Kayenta. Vom Visitor Center erreicht man auf einem kurzen Fußweg den Aussichtspunkt über die Anasazi-Ruine Betatakin und eine herrliche Canyonlandschaft.

Wer von Page aus mit dem Boot den **Lake Powell** erkunden und z. B. dabei die **Rainbow Bridge** (88 m hoch und damit die höchste Natursteinbrücke der Welt) oder den **Navajo Canyon** sehen möchte, benötigt dazu mindestens einen Tag und muss sich deshalb dort ein Quartier suchen.

Einen Zusatztag im **Grand Canyon** (s. S. 198 ff.) füllen zwei stramme Wanderungen/Maultierritte: der **Bright Angel Trail**, der an der gleichnamigen Lodge beginnt und 1340 m hinab zum Colorado River führt (Länge ca. 25 km, Dauer 1 Tag), oder der steile **South Kaibab Trail**, der in der Nähe vom Yaki Point beginnt. Er führt auch zum Fluss, ist 20 km lang, nur für erfahrene und fitte Bergwanderer und nicht an einem Tag zu schaffen (THIS IS NOT A ONE DAY HIKE steht auf einem Schild). Man muss am Canyongrund in der **Phantom Ranch** übernachten und diese lange im Voraus buchen (s. S. 331). Für Leute mit wenig Zeit und auf alle Fälle spannend: **IMAX Theater** am Südeingang des Parks: spektakuläre Canyon-Szenen auf einer Riesenleinwand.

⑮ VOM GRAND CANYON NACH PHOENIX
ANASAZI UND JACUZZI

Vista Point Route

Route: Grand Canyon – Flagstaff – Sedona – Tuzigoot National Monument – Jerome – Montezuma Castle – Phoenix/ Scottsdale (414 km/259 mi)

km/mi	Zeit	Route
0	8.00 Uhr	Von **Grand Canyon Village** US 180 nach Süden und
126/79	9.30 Uhr	**Flagstaff**, US 89A Richtung Sedona durch den **Oak Creek Caynon** nach
166/104	10.30 Uhr	**Sedona.** Kleine Wanderung in der Felslandschaft (Schnebly Hill Rd.) oder Lunchpause im **Tlaquepaque Village**. Weiter nach **Cottonwood** und dort dem Schild folgen zum
209/131	12.00 Uhr	**Tuzigoot National Monument** (Rundgang durch Museum und Ruinen ca. ½ Std.). Zurück nach Cottonwood und US 89A weiter nach Süden bis
232/145	13.00 Uhr	**Jerome** (Stadtbummel und Pause). Zurück nach Cottonwood, US 260 Richtung Camp Verde und I-17, diese kurz nach Norden (Richtung Flagstaff), Exit 289 zum
275/172	15.00 Uhr	**Montezuma Castle National Monument** (Rundgang). Zurück zur I-17 nach Süden, Exit 203 (Camelback Rd.)
414/259	17.00 Uhr	**Phoenix** und/oder **Scottsdale**.

Schneisen durch Kiefern, Nadelgewächs und Passagen wie in der Lüneburger Heide – so fährt man vom Grand Canyon nach Flagstaff. Den Horizont begrenzen die meist schneebedeckten konischen Vulkankegel der **San Francisco Mountains.** Das heilige Gebirge der Navajo und Hopi ist auch die Heimat der Kachinas, jener geschmückten Kerle aus mythischen Welten, die zu den zeremonialen Feiern in die Dörfer kommen, um für Regen, Fruchtbarkeit und Wohlstand zu tanzen oder, als Clowns, um den Spaßvogel zu spielen.

Der nahe **Humphreys Peak** treibt es mit 3854 Metern auf die Spitze im Staat. **Flagstaff** (s. S. 196 ff.), das sich, ähnlich wie Gallup, kilometerlang an der Eisenbahnlinie hinzieht, ist durchaus noch auf der Höhe des Plateaus, was oft bis in den Mai hinein zu

Flagstaff: Railroad Worker Monument am alten Bahndepot

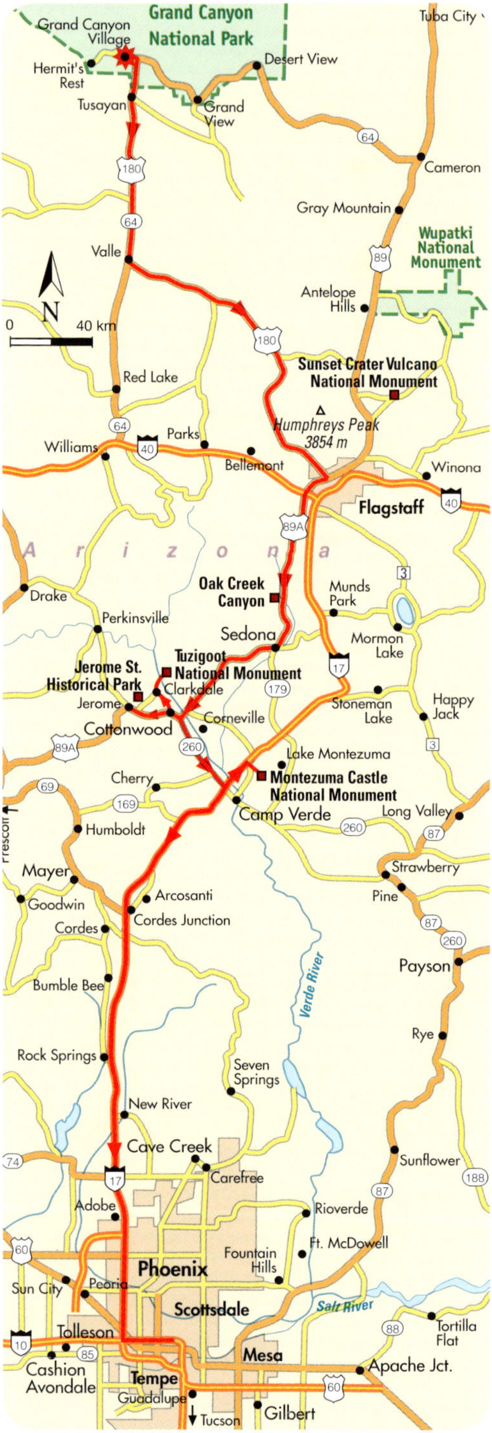

Schneefeldern und verzuckerten Weihnachtsbäumen führt, während nur ein paar Autostunden weiter südlich das Thermometer bereits 40 Grad erreicht.

Der ebenso lauschige wie rotfelsige **Oak Creek Canyon** liegt praktisch vor der Haustür. Im Sommer beherrscht die Beachparty-Szene den **Slide Rock State Park** (s. S. 215), weil er auf und zwischen den Steinen im Wasser Kühlung bietet. Besonders im Herbst, wenn die Blätter Farbe bekennen, zieht der Canyon alle Register seiner landschaftlichen Schönheit.

In der Wellnesshochburg **Sedona** (s. S. 213 ff.) eignet sich das **Tlaque paque Village** recht gut zum Bummeln und Shopping, Sitzen und Schauen. Dieses Open-Air-Shoppingcenter sieht so aus, als würde hier gleich ein mexikanischer Film gedreht: Neo-Pueblo mit Shops, Galleria, Brunnen und Innenhöfen und sogar einer Ersatz-Mission.

Wer sich ein bisschen im Gelände umsehen möchte, sollte an der ersten und einzigen Ampel links über die Brücke zur **Schnebly Hill Road** fahren und dann wiederum links, bis sich die Straße in eine schöne (weil aussichtsreiche) *dirt road* verwandelt, die in felsiges Gebiet mit Wandermöglichkeiten führt. Südlich von Sedona weicht der Canyon einem grünen weiten Tal, das auch prompt so heißt: **Valle Verde** (s. S. 217). Zwischen den kargen Hochebenen des Nordens und den öden Wüsten des Südens muss es den indianischen Siedlern einst als das Paradies auf Erden vorgekommen sein. Jedenfalls berichtet das die Siedlungsgeschichte.

Besonders anschaulich wird sie im **Tuzigoot National Monument** (s. S. 217 f.) erzählt,

Sedona: Mountainbiker auf der kurvigen Schnebly Hill Road

in seinem hübschen Museum und einem restaurierten Indianer-Pueblo.

Das alte **Cottonwood**, durch das man auf dem Weg zu den Ruinen kommt, enthüllt sich vor allem an Main Street als anmutige Westernstadt. Ein paar aufgeregte Wachteln huschen über die Straße hinauf nach **Jerome** (s. S. 202 f.), einem gemütlichen Bergdorf mit langer Geschichte. Weit besser als Tuzigoot haben sich die Mauern des **Montezuma Castle** (s. S. 205 f.), einer weiteren Klippensiedlung, in unsere Zeit gerettet, was an den haltbareren Baumaterialien liegen muss.

Auf der Weiterfahrt nach Süden steigen die Temperaturen spürbar und mit der Wärme setzt sich die Flora des südlichen Arizona vollends durch. Zaghaft kommen die ersten *prickly pears* in Sicht, werden dann aber, wie andere Kakteen, frecher und frecher und verdrängen die Gräser und Kräuter; der Bewuchs der Bergrücken nimmt ab. Kurz hinter dem **Sunset Point** tauchen sie dann endlich auf, die Vorboten der **Sonora-Wüste** (s. S. 238 f.), die Saguaros. Mit jeder Meile wachsen sie dichter zusammen, zu ganzen Wäldern, durchsetzt mit gelb blühenden Palo-Verde-Büschen und Ocotillosträuchern, aus deren staksigen Armen feuerrote Blütenflammen züngeln. Ab und zu ein Reklameschild: DO HUGS NOT DRUGS, eher Anti-Reklame, zum Beispiel.

Montezuma ist aus rätselhaften Gründen verlassen, **Arcosanti** (s. S. 233) aus verständlichen Gründen nie bezogen worden. Ansonsten aber macht der Besuch von Arcosanti im Laufe dieses Reisetages Sinn, denn was die Thermik angeht, korrespondiert die Südlage der Klippensiedlung mit Soleris Apsis und seiner Öko-Vision. Das Kompaktmodell Soleris gewinnt erst recht Profil im Vergleich mit dem schier grenzenlosen **Phoenix** (s. S. 224 ff.).

Der historische Bergbauort Jerome zieht heute vor allem Künstler und Touristen an

Vista Point Route

Phoenix: nicht nur die größte, sondern auch Hauptstadt von Arizona

⑯ PHOENIX UND SCOTTSDALE
PLATZ AN DER SONNE

Programm: Phoenix und Scottsdale

Zeit	Programm	Einen Stadtplan finden Sie S. 225.
Vormittag	**Heard Museum** in Phoenix oder Shoppingtour in Scottsdale.	
Mittag	Lunch (Arizona Center in Phoenix oder Scottsdale Mall).	
Nachmittag	**Taliesin West** (Scottsdale), Bummel in den Westernkulissen von **Old Town** oder Badefreuden am Pool.	

⑰ PALM SPRINGS
BADEN-BADEN, KALIFORNIEN

Route: Phoenix/Scottsdale – Blythe – Joshua Tree National Park – Palm Springs (523 km/327 mi)

km/mi	Zeit	Route
0	8.30 Uhr	Ab **Phoenix** I-10 West über Quartzsite, Blythe und Desert Center, danach rechts Richtung Twentynine Palms zum
378/236	12.30 Uhr	Cottonwood Springs Visitor Center im **Joshua Tree National Park**. Weiter und nach einer Weile links ab Richtung **Jumbo Rock** und **Hidden Valley**. Die Straße endet wieder auf der SR 62 beim Ort Joshua Tree. Hier links die SR 62 durchs **Yucca Valley** bis zum Abzweig Indian Avenue (Achtung: beim ersten Hinweisschild links einordnen), dort links und geradeaus an **Desert Hot Springs** vorbei ins Zentrum von
523/327	16.30 Uhr	**Palm Springs** (Indian Canyon Dr., von dort kommt man automatisch auf den Palm Canyon Dr.).

Abe Miller, ein Entrepreneur der Hotel- und Gastronomiebranche aus Nevada, setzte beim Tlaquepaque Village sein Faible für die spanische Kolonialarchitektur praktisch um, mitunter trickreich: die alten Ahornbäume (Sycamore) wurden so umbaut, dass es so aussieht, als hätten ihre Stämme erst durch die Gebäude hindurchwachsen müssen, schließlich sollte das Dorf so wirken, als sei es noch älter als die Bäume.

Wüstentag ist Picknicktag, denn Gourmet-Restaurants liegen heute nicht am Weg. Allerdings sollte man beim Einkauf von Obst und Gemüse zurückhaltend sein, denn

die dürfen die kalifornische Grenze nicht passieren. Im Klartext heißt es spätestens an dieser Stelle: aufessen oder entsorgen.

Lange säumt platte Landwirtschaft die Interstate Richtung Westen. Ein Schild warnt vor entlaufenen Häftlingen: STATE PRISON. DO NOT STOP FOR HITCHHIKERS. Erst nach einer Weile steigt der Highway an und verschafft den Saguaros neue Nachbarn: Ocotillo, Cholla und Palo Verde.

Das unscheinbare **Quartzsite** zieht vorbei – im Winter ein Königreich der Wohnwagen! An der Staatsgrenze sorgt der Colorado River für Grüntöne, und kurz hinter Ehrenberg bekrönt eine Missionsglocke den ansonsten nüchternen Kontrollposten der CALIFORNIA AGRICULTURAL INSPECTION STATION.

Hier muss, sofern die Station besetzt ist, in der Regel jeder anhalten und Fragen über eventuell mitgeführte Naturalien über sich ergehen lassen.

Und so wie womöglich von seinen Äpfeln muss man sich auch von den Saguaros verabschieden, denn ab **Blythe** treten sie das breite Tal schlagartig an andere Wüstengewächse ab, die hier naturgeschützt (in der California Desert Conservation Area) gedeihen. Die goldgelben Blüten der Palo-Verde-Bäume und die näher rückenden Berge bringen Abwechslung ins Bild, besonders die in der Ferne bis in den Sommer hinein schneebedeckte Kuppe des Mount San Jacinto. Keine Frage, Kalifornien gibt sich von Anfang an alle Mühe, seine Schokoladenseiten zu zeigen, erst recht im **Joshua Tree National Park** (s. S. 157).

Beim Visitor Center von **Cottonwood Springs** beginnt die Anfahrt zunächst durch das **Pinto Basin**, einem artenreichen Wüstengarten. Im **Ocotillo Patch** drängeln sich die roten Blüten des Christusdorns und die **Cholla Gardens** entpuppen sich als ein Wald jener borstigen Teddybären, deren scharfe Stacheln den Pflanzenfressern gnadenlos den Appetit verderben. Empfehlenswerte Stopps sind am **Jumbo Rock** und im **Hidden Valley** (beide ausgeschildert).

Die rasante Abfahrt ins **Coachella Valley** geht in Richtung Desert Hot Springs, dann über den Freeway, die Bahngleise und vorbei an einem Heer von Windturbinen ins renommierte **Palm Springs** (s. S. 159 ff.). Meist wirft der **Mount San Jacinto** um die Tageszeit schon Schatten. Er herrscht über ein gewaltiges Bergmassiv, das für überwiegend sonniges Wetter im Coachella Valley sorgt, weil es ihm die Wolken vom Pazifik vom Hals hält.

Vorsicht spitze Stacheln: Cholla Gardens im Joshua Tree National Park

Vista Point Route

⑱ DURCH DIE ANZA-BORREGO-WÜSTE NACH SAN DIEGO

WÜSTE, WALD UND MEERESWELLEN

Palm Canyon bei Palm Springs

Route: Palm Springs – Anza-Borrego Desert State Park – Julian – San Diego (358 km/224 mi)

km/mi	Zeit	Route
0	8.30 Uhr	In **Palm Springs** S 111 nach Südosten bis Palm Desert, dort bis Abzweig zur **Anza-Borrego-Wüste** (wegen der Kurven und Steigungen sollte man mit dem Camper besser über Salton Sea fahren).
168/105	11.30 Uhr	**Borrego Springs**, Visitor Center; kurze Fahrt zum **Palm Canyon** (Wanderung/Rundkurs ca. 5 km mit Picknickmöglichkeit).
		Ab Christmas Circle in Borrego Springs bis
222/139	15.00 Uhr	**Julian** (evtl. Pause), dann S 79 South, S 1 (Sunrise Hwy.) und I-8 bis
358/224	17.00 Uhr	**San Diego** (zum Strand auf Coronado Island oder in Pacific bzw. Mission Beach).

Einen Stadtplan von San Diego finden Sie S. 118.

Das Coachella Valley entschwindet nur langsam dem Blick, weil sich die Straße umständlich die Berge hinaufwindet. Auf der Höhe hocken kleine Dörfer: Anza, Aguanga, Ranchita – heftige Landwirtschaft und Ranchos lösen einander ab. Das ändert sich rasch, wenn hinter Ranchita die dramatische Talfahrt zur Steinwelt des **Anza-Borrego State Park** (s. S. 152 ff.) beginnt, eines Teils der Colorado-Wüste und ein typisches *Low-desert*-Gebiet. Im Nu dominieren die filigranen Ocotillo-Sträucher, an denen man so gut erkennen kann, ob und wie stark es geregnet hat. Die kleinen Blättchen an ihren spindeldürren Ruten sind mal grün, mal braun. Zwischen Februar und April leuchten ihre roten Blütenspitzen. Dann breiten sich überall Farbteppiche aus mit kleinen Sonnenblumen, Wüstenlilien, Löwenzahn und blühenden Kakteen.

Die Wüste lebt: Anza-Borrego Desert im Frühling

Das mit viel Verständnis für die umgebende Landschaft gebaute **Visitor Center** liegt bei **Borrego Springs**. Seine Informationsfülle wirkt wie ein Appetizer für die Schätze des Parks, seine Entstehungsgeschichte, Flora und Fauna.

Eine Wanderung durch den nahen **Palm Canyon** vermittelt Wüstenpraxis.

So wie die Einfahrt ins Borrego-Tal erweist sich auch der Highway nach **Julian** (s. S. 116) als eine wunderschöne Canyonroute. Nach dem Stadtbummel wählt man am besten einen kleinen Umweg nach San Diego, und zwar den Sunrise Highway, eine herrliche Wald- und Bergstrecke mit prächtigen *Mountain Vistas* rund um **Mount Laguna**, ein beliebtes Erholungsgebiet mit lauschigen Picknickplätzen.

Stimmen Tageszeit und Wetter, erreicht man in **San Diego** (s. S. 118 ff.) den Ozean zum Sonnenuntergang, eine erfrischende Abwechslung nach Tagen voller Wüstenstaub. Es ist auch höchste Zeit für ein Wiedersehen mit dem Pazifik, egal, an welcher Stelle. Vielleicht am **Mission** oder **Pacific Beach**?

An den Sommerwochenenden, wenn die Jugend regelrecht ins Meer quillt, ist besonders hier der Teufel los. Da sponsert eine Schnapsfirma ein Volleyball-Match – sofort ein Menschenauflauf! Auch Skateboard-Artisten sind im Rudel unterwegs.

Die Küste bei **La Jolla** weiter nördlich ist da zurückhaltender und geradezu friedlich, und auch auf der Halbinsel **Coronado** im Süden der Stadt hat gut Ding eher Weile.

La Jolla: schöne Badebuchten in San Diegos nördlichem Ortsteil

San Diego, eine entspannte Großstadt direkt am Pazifischen Ozean

⓳ SAN DIEGO
LEICHTES LEBEN AM MEER

Programm: San Diego

Zeit	Programm
Vormittag	**Horton Plaza** (Downtown, Block zwischen 1st und 4th Ave., Broadway und G St.), **Gaslamp Quarter**.
Mittag	Lunch und Pause im **Balboa Park** (von Downtown über 12th St. Richtung Norden).
Nachmittag	Entweder **Sea World, Seaport Village** und **Embarcadero, Strände** (La Jolla, Mission, Pacific, Coronado Beach) oder Ausflug zur **Mission Basilica San Diego de Alcalá** bzw. nach **Tijuana**, Mexiko.

Einen Stadtplan von San Diego und weitere Informationen finden Sie S. 118 ff.

⓴ LANGSAM NACH L.A.
MEHR MEER

Route: San Diego – Los Angeles (232 km/145 mi)

km/mi	Zeit	Route
0	8.00 Uhr	Von **San Diego** (Downtown) I-5, Mission Bay, Mission und Pacific Beach Boulevard nach
22/14		**La Jolla**. Ravine Street links hinunter zum Coast Boulevard, Parken und Rundgang (ca. 1 Std.). Weiterfahrt über Prospect und Torrey Pines Road, La Jolla Shores Drive (SR 21) bis

37/23	10.30 Uhr	**Torrey Pines State Reserve**. Wanderung, Picknick, Baden. Für den Strand gibt es einen unteren Parkplatz. Ein Blinklicht beim Kiosk zeigt an, wenn der South Beach Parkplatz voll ist.
64/40	15.00 Uhr	**Carlsbad** (kurzer Stopp bei Alt-Karlsbad). Hinter Oceanside auf die I-5
232/145	17.00 Uhr	**West Los Angeles:** Kreuzung San Diego (I-405) und Santa Monica Fwy. (I-10). Von hier, je nach Hotellage, am besten nach **Santa Monica**.

Stadtpläne von Los Angeles und weitere Informationen finden Sie S. 86 ff.

Der **La Jolla Shores Drive** und seine Verlängerung, die **Torrey Pines Road,** ziehen eine lichte Schneise durch die wissenschaftlichen Gefilde im Norden von San Diego. An keiner anderen Stelle der Stadt sind Forschung und Lehre stärker konzentriert als hier. Zunächst das Institut für Ozeanographie, dann der San Diego Campus der Universität von Kalifornien (UCSD), an der einst Herbert Marcuse lehrte, das Salk Institute für Biologie mit seiner avantgardistischen Architektur von Louis Kahn (1901–74) und jede Menge anderer Forschungsstätten – vollendete oder solche im Bau. Jonas Salk, der Entdecker des Impfstoffs gegen die Kinderlähmung, starb 1995.

An der ersten Lagune – Los Penasquitos Lagoon and Salt Marsh – geht es links ab, zurück und hinauf zum **Torrey Pines State Reserve** (s. S. 115), in eine landschaftlich ungewöhnliche Enklave, die viele aus Unkenntnis links liegen lassen. Zu Unrecht, denn der Park bietet nicht nur reizvolle Wanderwege durch eine reiche Flora mit tollen Ausblicken auf den Pazifik, sondern auch den Zugang zu fast menschenleeren Stränden am Fuß der Klippen. Ihre Breite hängt von der Tide ab, denn bei Flut spült das Wasser fast bis an die Steilküste.

Im Adobe-Bau der Rangerstation erläutern Ausstellungen die heimische Pflanzenwelt – in erster Linie jenen Baum, der dem Park den Namen gibt, die Torrey-Kiefer *(Pinus torreyana)* mit ihren superdicken Zapfen. Auf dem Beach Trail, dem Höhenweg, der sich durch duftendes Coastal Sagebrush windet, gelangt man an Kakteen und Agaven vorbei zum Meer bis **Flat Rock**.

Der Highway hält sich weiterhin eng an der Küste, trennt dabei die Salzmarschen vom Ozean und reiht die Badeorte auf wie eine Perlenschnur, verziert durch hübsche Creeks und leuchtendgelbe Sukkulenten. **Carlsbad** (s. S. 113 ff.) klingt nach böhmi-

Torrey Pines: wilde Steilküste mit schönen Wanderwegen

schen Dörfern, und das nicht ohne Grund. Ende des 19. Jahrhunderts fand man, dass zwei hiesige Mineralquellen denen im (damals) berühmten Karlsbad in Böhmen glichen. An Alt-Karlsbad erinnert heute ein romantisches Pfefferkuchenhaus am Carlsbad Boulevard.

Nach der Auffahrt auf die Interstate 5 folgt ein noch nicht abgebautes Riesen-Ei des nach dem ägyptischen Eremiten Onofre benannten ehemaligen Atommeilers, einen Surferstrand hat **San Onofre Beach** auch. Gänzlich unumstritten dagegen behauptet die **Mission San Juan Capistrano** (s. S. 126 f.) ihren idyllischen Platz. Sie ragt wegen der Ruinenromantik ihrer Klosteranlage heraus im Kranz der 21 Kirchen, die in der spanischen Ära entlang dem Camino Real, der heute US 101 heißt, entstanden.

Long Beach blättert in Höhe der Ausfahrt Signal Hill ein anderes Kapitel kalifornischer Geschichte auf. Hier lag das erste riesige Ölfeld, das Anfang des 20. Jahrhunderts den Boom auslöste, der seither die wirtschaftliche Entwicklung des Landes wesentlich bestimmen sollte. Upton Sinclair hat davon erzählt. In seinem Roman »Öl« tobt der Kampf ums flüssige Gold. Den Stoff guckte er den Praktiken ab, die sich damals vor seinen Augen in Long Beach abspielten. Signal Hill ist der Ort der Handlung und die Quelle aller tragenden Motive, die sich um Öl und Big Business, Bestechung und Korruption drehen. Der Geist eines kalifornischen »Dallas« wehte bereits durch die 1927 erschienenen Seiten des sozialkritischen Werks.

Was heute hier weht, erfährt man nahezu übergangslos innerhalb weniger Minuten, wenn die Petrochemie von Carson Oil Refinery ihre Duftwolken in den Himmel pustet. Sieht so die Stadt der Engel aus? Nein, aber eine gehörige Portion Realitätssinn kann beim Kennenlernen von **Los Angeles** (s. S. 86 ff.) nicht schaden, einer Stadt, die in Ausmaß und Tempo alle europäischen Maßstäbe sprengt: 13 Millionen Menschen aus Kulturen weltweit und Autos auf einer Gesamtfläche, die größer ist als das Ruhrgebiet.

Carlsbad: die hiesige Mineralquelle ähnelt denen im tschechischen Karlsbad in der chemischen Zusammensetzung, deshalb die Namensgleichheit

Ist das dieselbe Stadt, die seit der Entstehung ihrer Film-Enklave Hollywood kräftig daran arbeitet, in Film und Fotos, Songs und Sprüchen traumhaft auszusehen? Warten wir's ab.

Fest steht, L. A. hat nicht nur seine Stadtgrenzen sichtbar aufgelöst. Seine Innovationsfähigkeit, Energie und Kreativität lösen Tag für Tag auch anderes auf: Althergebrachtes, Erwartungen und Vorurteile ... »Los Angeles ... man kann sich hier amüsieren wie mit einem Kaleidoskop: ein kleiner Stoß mit der Hand – und schon geben die bunten Glasstückchen die Illusion einer neuen Rosette«, schrieb einst Simone de Beauvoir. Morgen wird sich das zeigen.

Mit dem Glanz von gestern: Hollywood Boulevard in L. A.

㉑ EIN TAG IN DEN BEACH COMMUNITIES UND GETTY CENTER
EIN STÜCK VON BIG ORANGE

Programm Los Angeles

Zeit	Programm
	Stadtpläne von Los Angeles finden Sie S. 88 und S. 104.
Vormittag	Zu Fuß oder mit dem Fahrrad: Start vom **Santa Monica Pier** in südlicher Richtung am Ozean entlang auf dem **Santa Monica Bike Path** bis **Venice**. Dort zum People Watching den **Ocean Front Boardwalk** entlangschlendern (z. B. nach Muscle Beach). Danach über Washington Boulevard auf Grand Canal zu den **Venice Canals**, dem stilleren Teil von Venice. Nur ein paar Blocks entfernt gelangt man über Venice Boulevard auf **Abbot Kinney Boulevard** Im Abschnitt zwischen Venice Boulevard und Brooks Avenue erwartet den Besucher der Gegenentwurf zur amerikanischen Kettenkultur: Ausgefallene Boutiquen, Galerien, Lofts, Cafés und Restaurants reihen sich Tür an Tür.
Mittag	Nach dem Lunch (z. B. im Rose Café) über den Santa Monica (I-10 East) und dann den San Diego Fwy. (I-405 North) nach Brentwood zum **Getty Center**, dem kulturellen Highlight von L.A. Für Richard Meiers Trutzburg der schönen Künste sollte man zwei bis drei Stunden für ein erstes Kennenlernen einplanen.

Santa Monica Pier aus der Vogelperspektive

Baywatch Santa Monica

Nachmittag Am Nachmittag geht es zurück zum Pazifik, zunächst in westlicher Richtung über den Sunset Boulevard nach **Pacific Palisades** und nach einem eventuellen Stopp im **Adamson House** weiter nach **Malibu**. Am besten an die Strände , Zuma State bzw. Leo Carillo State Beach oder zur Paradise Cove.

Über den **Pacific Coast Highway** zurück nach Süden erreicht man wieder **Santa Monica**. Dort Spaziergang im **Palisades Park**. Danach, falls die Zeit noch reicht, zum Einkaufsbummel auf Montana Avenue oder ein paar Blocks weiter in Höhe von Wilshire Boulevard rechts zur **Third Street Promenade** abbiegen, eine der belebtesten Straßen der West Side. Am deren Ende trifft man auf die Open-Air-Mall **Santa Monica Place**.

Abend Ein Cocktail in einer der vielen Bars zwischen der Third Street Promenade der Ocean Avenue, wie in der **Craftsman Bar and Kitchen** (119 Broadway), häufig mit Livemusik, oder ein Glas Wein in romantischer Atmosphäre, z.B. in der **Bodega Wine Bar** (814 Broadway).

EXTRAS IN L.A.

1. Hollywood und die Studios; 2. Museen & Shopping in **Mid-Wilshire** – vormittags **LA County Museum of Art** (LACMA), **La Brea Tar Pits** und **Page Museum** und das **Craft and Folk Art Museum**, nachmittags Besuch des **Farmers Market** und der Shopping Mall **The Grove**; **3. Disneyland**, denn ein Besuch bei den Mickymäusen gehört nun mal zum Standard jedes Kalifornien-Programms.

Detaillierte Informationen zu Los Angeles finden Sie S. 86–111.

㉒ SANTA BARBARA
ARKADIEN IN KALIFORNIEN

Route: Los Angeles/Santa Monica – Malibu – Santa Barbara (138 km/86 mi)

km/mi	Zeit	Route
0	9.00 Uhr	In **Santa Monica** S 1 (Pacific Coast Hwy.) nach Norden bis
21/13		**Malibu**, kurzer Stopp; weiter auf der S 1
138/86	11.00 Uhr	**Santa Barbara,** Exit Cabrillo Blvd. West, Cabrillo Boulevard bis Ecke Garden Street, beim **Information Center** parken (hinter dem Haus oder gegenüber am Strand). Spaziergang Richtung Wharf. – Fahrt zum **County Court House** (Rundgang und Lunchmöglichkeit). **State Street** (Shopping, z. B. El Paseo, La Arcada, Paseo Nuevo bzw. Santa Barbara Museum of Art). **East Beach, Butterfly Beach** (Montecito) oder **Hafen**.

Malibu, der Wohnort vieler Filmstars mit berühmtem Pazifikstrand

Santa Barbara: Stearns Wharf, eine lange Fishing Pier mit diversen Geschäften und Snackbars

Kurz vor seinem Ende verschwindet der Santa Monica Freeway im Tunnel und kommt dort als Pacific Coast Highway wieder heraus – und zwar als Nummer eins, als der berühmte **Highway One**, der nun auch gleich, eingekeilt zwischen Steilufer und Strandhäusern, zügig nach Norden strebt.

Hinter Topanga State Beach entzieht sich der Ozean dem Blick, denn zwischen Straße und Meer quetscht sich fast lückenlos Bungalow an Bungalow. In **Malibu** (s. S. 93) geben sie sich besonders extravagant. Wen die Badelust packt, der kann hier natürlich parken und loslegen und nach den berühmten Lebensrettern von »Baywatch« Ausschau halten, aber vielleicht sollte er sich das lieber bis zum **Zuma Beach** aufsparen, denn dort wartet ein schöner Strand mit allem Drum und Dran – zum Laufen, Baden, Surfen und Frisbeespielen.

Bei **Oxnard** dominieren die hispanischen Landarbeiter in den Gemüsefeldern; fast die gesamte Broccoli-Ernte der USA kommt aus dieser Ecke. Die Fahrt durch den Ort, Ampel für Ampel, bleibt niemandem erspart, ebenso wenig wie die nickenden Ölpumpen bei **Seacliff** und die rührend durch Palmen getarnten Bohrinseln im Meer vor Ventura und Santa Barbara *(offshore drilling)*.

Ventura ist das Gateway zum **Channel Islands National Park** vor der Küste. Vom Hafen legen regelmäßig Ausflugsboote zu der nahezu unbewohnten Inselgruppe ab, auf der sich eine ursprüngliche Fauna und Flora erhalten hat.

Wer einen Besuch der Inseln oder ihrer reichen Unterwasserwelt vorhat, muss zumindest einen zusätzlichen Reisetag einplanen.

Bei **Montecito** beginnt eine eukalyptusbestandene Parklandschaft – eine würdige Ouvertüre für das in Selbstinszenierungen erfahrene **Santa Barbara** (s. S. 76 ff.).

Vista Point Route

㉓ MISSIONS UND BIG SUR

HIGHWAY ONE HIGHLIGHTS

Route: Santa Barbara – San Luis Obispo – Big Sur – Carmel – Monterey (429 km/268 mi)

km/mi	Zeit	Route
0	9.00 Uhr	In **Santa Barbara** State Street stadtauswärts bis Mission Street, dort rechts dem Schild folgen zur **Mission Santa Barbara**. Von der Kirche zurück zur Mission Street und diese bis zur Auffahrt US 101 North und nach
178/111	11.00 Uhr	**San Luis Obispo**, dort auf die S 1 (Ausfahrt Morro), nach Nordwesten über Morro Bay, Cambria, San Simeon nach
344/215	13.00 Uhr	**Big Sur** (Lunch im »Nepenthe«), weiter nach
399/249		**Carmel**, dem Schild (Rio Rd.) zur **Carmel Mission** folgen (Kirche und Gärten). In Fahrtrichtung weiter geradeaus durch den Ort (Junipero Ave.) bis Ocean Avenue, dort links bis zum Ende: **Strand von Carmel**. Zurück und gleich die erste Straße links zur Einfahrt des **17-Mile Drive** nach
429/268	17.00 Uhr	**Monterey**.

Die **Mission Santa Barbara** (s. S. 78) überragt nicht nur die Stadt, sondern als »Queen of the Missions« ihre 20 Mitbewerberinnen unter den Bauernkirchen, die Pater Junipero Serra, der Apostel Kaliforniens, einst im Schutz der spanischen Soldaten im damaligen *Alta California* ins Leben rief. Jede von ihnen zwischen San Diego im Süden

Big Sur – einsame Küstenstraße durch eine Bilderbuchlandschaft

und Sonoma im Norden war von der nächsten rund einen Tagesritt entfernt.

Nördlich von Santa Barbara hält sich der Highway für eine Weile noch dicht am Ozean parallel zur Eisenbahn, bis er sich zum **Gaviota Pass** hinauf landeinwärts schwingt und in der Deckung der Küstenberge nach Norden strebt, begleitet von lieblichen Berghängen voller Rebstöcke.

Früher hatte Kalifornien *ein* Wine Country (die Region nördlich von San Francisco), heute ist praktisch der ganze Staat zu einem solchen geworden, denn es gibt kaum noch Flecken, wo keine Trauben angebaut werden – von der North Coast bis nach Temecula im Süden, sogar Bakersfield eingeschlossen.

In der Höhe von **Santa Maria** bemächtigt sich die Landwirtschaft dann auch anderer Erzeugnisse. Hier und da stehen Klumpen geparkter Autos und mobile Toilettencontainer am Straßenrand – untrügliche Zeichen für die Präsenz mexikanischer Erntehelfer, die entsprechend der Witterung gekleidet sind. Wenn es schüttet und die Pick-ups auf den vermatschten Straßen jedes entgegenkommende Fahrzeug versauen, tun sie auf den Feldern im Gelb ostfriesischer Nerze Dienst, um die Früchte aus dem Füllhorn Kaliforniens in Pappkartons zu verpacken.

Was die armen Teufel hier auf den Äckern treiben – das arbeitende, nicht das glamouröse Kalifornien – versorgt nicht nur dieses Land, sondern fast die halbe Welt mit Obst und Gemüse. So kommt es, dass Kalifornien in Bezug auf sein Bruttosozialprodukt weltweit unter den Top 10 der größten Wirtschaftsmächte rangiert.

Wer kurz vor San Luis Obispo einen Kaffee trinken oder tanken möchte, für den kommt die Ausfahrt zum **Madonna Inn** gerade recht. Auf jeden Fall ist diese Ikone kalifornischer Geschmackskultur einen Stopp wert.

Das gefällige Ranchland bei **San Luis Obispo** (s. S. 73) hat immer schon die Träume von einem Kalifornien ohne Rush Hour, *urban sprawl* und *billboards* geweckt. An den Küsten im Süden sind sie nicht mehr wegzudenken, denn über 80 Prozent aller Kalifornier leben nur wenige Kilometer vom Pazifik entfernt.

Wer sich auf dem Weg das Hearst Castle ansehen möchte, sollte dort nicht nur rechtzeitig reservieren (✆ 1-800-444-4445), sondern auch einen Zusatztag einlegen (in San Simeon kann man übernachten und Camper sind am San Simeon State Beach gut aufgehoben. Die fünf verschiedenen Touren durch das Traumschloss dauern jeweils knapp zwei Stunden, s. S. 75.

Bei **Morro Bay**, dem immer noch aktiven Fischereihafen, in den der wuchtige Morro Rock wie von Riesenhand geworfen und ins Meer geplumpst zu sein scheint, taucht hinter den Dünen kurz der tiefblaue Ozean auf. Aber er verschwindet gleich wieder bei jenen achtzehn (18) Einwohnern, die in **Harmony** zusammenleben, einem winzigen Flecken, dem man wohl seinen Namen glauben muss. Viele heiraten deswegen auch hier.

Wie ein ferner Märchenpalast thront wenig später auf den Bergen **Hearst Castle** (s. S. 75), ein pompöses Unikum, das amerikanische Touristen geradezu magisch anzieht, denn alle haben den Film »Citizen Kane« gesehen und von Patty Hearst gehört, der Enkeltochter des ehemaligen Pressezaren William Randolph Hearst, die einst unter mysteriösen Umständen entführt wurde. Der Großvater setzte sich in den 1930er Jahren mit seinem Zauberbergschloss ein Denkmal – ein durch und durch eklektisches, denn alle möglichen Baustile der Menschheitsgeschichte sind dort wieder auferstanden. Geschmack hin, Geschmack her – die Aussicht von hier oben ist hinreißend und der Superpool traumhaft!

Den Highway kümmert das wenig, er hält sich bei **Ragged Point** lieber an den Ozean, und zwar von nun an sehr eng in Richtung **Big Sur** (s. S. 75 f.). Streckenweise wirkt er wie eine in die Horizontale verlegte Achterbahn. Statt deren Rauf und Runter erzeugt er durch quietschende Reifen und Absturzängste die psychosomatische Begleitmusik für die ohnehin schon atemberaubenden *vistas* und Perspektiven auf den Pazifik.

Für deren Genuss in Ruhe gibt es kaum einen himmlischeren Ort als die Terrasse von **Nepenthe** (s. S. 66), hoch auf der felsigen Steilküste. Wenn die Kolibris in den Bäumen zirpen und die Windglocken läuten, dann ist die Zeit für den Ambrosiaburger gekommen, um die Stimmung der höheren Sphären auch kulinarisch zu untermauern.

Schließlich folgen die wildwürzigen Felslandschaften von **Point Lobos** (s. S. 69), das mondäne **Carmel** (s. S. 68 f.) und das reizvolle **Monterey** (s. S. 71 ff.).

Badefreuden am Lover's Point Beach bei Monterey

Feuerrote Kerzen Aloe vera in der Bucht von Pacific Grove

24 ZURÜCK NACH SAN FRANCISCO
FINALE

Route: Monterey – Santa Cruz – San Francisco (203 km/127 mi)

km/mi	Zeit	Route
	Vormittag	In **Monterey** entweder Adobe-Tour durch die **Altstadt, Monterey Bay Aquarium** oder Spaziergang an der Felsenküste in oder in Richtung **Pacific Grove**.
0	12.00 Uhr	Abfahrt von **Monterey:** Del Monte Avenue, die zur SR 1 wird, nach
72/ 45		**Santa Cruz** (Bummel, Lunch, zum Strand). Vom Strand dem Schild ALL HIGHWAYS folgen, dann SR 17, I-880 über Oakland, I-80 über die Bay Bridge nach
203/127	18.00 Uhr	**San Francisco.**

Einen Stadtplan von San Francisco finden Sie auf S. 26 ff.

MISSIONSSTATIONEN

65 Jahre lang (1769–1834) funktionierte dieses System kolonialer Kontrollposten, dann verkaufte Mexiko die zugehörigen Ländereien im Zuge der Säkularisierung, Kirchen und Bauten verfielen oder dienten als Geschäfte und Bars. Doch genügend Maler, Schriftsteller und Touristen des ausgehenden 19. Jahrhunderts feierten die verrottenden Ruinen als romantisch und schafften damit die Voraussetzung für ihren Wiederaufbau aus Mitteln privater Spender und Vereine.

Del Monte Avenue bildet das Ausfalltor von **Monterey** nach Norden, und wieder einmal versteckt sich dahinter der Highway One. Links, jenseits der Dünen, schimmert die Bucht – die »blaue Schüssel«, wie Steinbeck sie nannte –, über die Wildblumen ihren *magic carpet* ausrollen, ein natürliches Patchwork von Sukkulenten, die die ganze Farbskala ausschöpfen: Violett, Rot, Orange, Gelb und Grün.

Danach folgen schier endlose Artischocken- und Fenchelfelder mit emsigen *farmhands*, Trucks, Landmaschinen, Scheunen und Schuppen. Die Artischocken, ursprünglich aus Italien eingeführt, machten in Kalifornien Furore; der Westküstenstaat wurde zum Hauptlieferanten für die USA. Wir sind im **Salinas-Tal**, in Steinbeck Country, das neben biografischen auch literarische Meriten als Schauplatz seines 1952 erschienenen Romans »East of Eden« vorzuweisen hat.

Dicht am Rand des Wattenmeers erhebt sich das klotzige Kraftwerk von **Moss Landing**, einer Abschussrampe für Raketen nicht unähnlich, jedenfalls ein Klotz in der maritimen Idylle zwischen Dünen und Marina.

In **Santa Cruz** (s. S. 80 f.) verabschiedet sich die Reiseroute vom Highway One und folgt den rasanten Straßenwindungen landeinwärts durch das Scott's Valley und die Küstenberge in den verstädterten und verkehrsreichen Südzipfel der San Francisco Bay, nach San Jose und weiter nach **Oakland** (s. S. 47 f.), der Großstadt, in der mehrheitlich Afroamerikaner wohnen. Sie siedelten seit Mitte des 19. Jahrhunderts zunächst nur spärlich in Kalifornien. Erst mit Ausbruch des Zweiten Weltkriegs steigerte sich ihr Zuzug, weil die Kriegsindustrie Arbeitskräfte brauchte.

Bei der Zufahrt über die Bay Bridge rückt **San Francisco** ins Bild. An drei Seiten von Pazifik und Bay umspült erhebt sich die Hügelstadt wie ein prächtiges Schiff, das in der besten aller möglichen Welten vor Anker zu liegen scheint. Selten hat eine amerikanische Stadt topographisch so viel Glück gehabt, selten unterhalten Wasser und Architektur, Stadtbild und Landschaft eine harmonische Ehe.

Seit 1873 rattern Cable Cars über die Hügel von San Francisco

ALTERNATIVEN

Wer den Morgen nicht in Monterey verbringen möchte, hat Gelegenheit, zwei attraktive Museen und eine mysteriöse Villa ohne große Umwege kennenzulernen. Zunächst das **National Steinbeck Center** in Salinas. (Anfahrt von Monterey: Hwy. 68 nach Salinas.)

Im Silicon Valley, in San Jose liegt das **Tech Museum of Innovation**. (Anfahrt von Salinas: US 101 North, Wechsel auf CA 85 N. Richtung Cupertino, Wechsel auf CA 87 North Richtung Downtown San Jose, Exit W. San Carlos St., links auf WozWay, rechts auf W. San Carlos St., links auf S. Almaden Blvd., rechts auf Park Ave.)

Winchester Mystery House, die viktorianische Megavilla und die Gärten der exzentrischen Erbin des Winchester-Waffen-Vermögens (525 S. Winchester Blvd., San Jose, CA 59128, ✆ 408-247-2101, www.winchestermysteryhouse.com, Tour $ 36/26).

Wigwam Motel in Holbrook, Arizona, direkt an der Route 66

UNTERKÜNFTE

HOTELS, MOTELS, BED & BREAKFASTS, RESORTS, JUGENDHOTELS, CAMPINGPLÄTZE

Die bei den Unterkünften angegebenen $-Kategorien beziehen sich auf den Preis für ein Doppelzimmer pro Nacht. In der Praxis schwanken diese aber erheblich, manchmal gewinnt man den Eindruck, die Hotels ändern ihre Preise beinah stündlich. Auf jeden Fall aber reagieren die Raten flexibel auf Feiertage, lokale Events, Wochentage, Wochenenden, Saison. In den Städten sinken die Preise meist am Wochenende, in Ausflugsgebieten steigen sie entsprechend. Häufig sorgen spektakuläre Discounts für erfreuliche Überraschungen.

Wegen der seit Jahren anhaltenden Dürre gibt es bei einigen Campingplätzen und Hotels Einschränkungen, was den extensiven Verbrauch von Wasser angeht, beispielsweise bei zusätzlichen Außenduschen oder -spülen.

$	– bis 100 Dollar
$$	– 100 bis 180 Dollar
$$$	– 180 bis 300 Dollar
$$$$	– über 300 Dollar

ARIZONA

Ajo

Guest House Inn
700 Guest House Rd., Ajo, AZ 85321
✆ (520) 387-6133
www.guesthouseinn.biz
B & B mit vier Zimmern im historischen Gästehaus der Minengesellschaft. $$

Siesta Motel & RV Resort
2561 N. Ajo Gila Bend Hwy.
Ajo, AZ 85321
✆ (602) 975-0106, www.ajolasiesta.com
Kleiner Campingplatz mit Pool, dazu ein Motel mit Aircondition, falls es doch zu heiß wird. $–$$

Marine Motel
1966 N. Ajo Gila Bend Hwy., Ajo, AZ 85321
✆ (916) 622-8058
www.ajomarinemotel.com
Bescheiden und abseits gelegen (knapp 2 km auf SR 85 nach Norden). $

Bisbee

Copper Queen Hotel
11 Howell Ave., Bisbee, AZ 85603
✆ (520) 432-2216, www.copperqueen.com
Legendäres Hotel von 1902 mit schönem Speiseraum, Bar und Straßencafé. $$–$$$$

Eldorado Suites Hotel
55 OK St., Bisbee, AZ 85603
✆ (520) 432-6679
www.eldoradosuitesbisbee.com
Etwas höher im Ort gelegen, dadurch tolle Blicke auf die Stadt. Großzügige Suiten. $$$

Shady Dell RV Park
1 Douglas Rd., Bisbee, AZ 85603
✆ (520) 432-3567, www.theshadydell.com
Origineller Campingplatz (9 Plätze) und Open-Air-Park für Vintage Trailers, in denen man auch übernachten kann ($$), knapp 3 km außerhalb des Historic District. Die Trailer sind mit viel Liebe (und Kenntnis) möbliert: Eisschränke, Radios, TVs und Möbel der 1950er Jahre, historische Zeitschriften, 45er-Scheiben und Video-Kassetten mit zeitgenössischen Fernsehsendungen. Kleinere Container sind als Liebesnest bei Flitterwöchnern beliebt. $

Postkarte von einem immer noch hochaktuellem Campingplatz

Flagstaff

England House Bed and Breakfast
614 West Santa Fe Ave.
Flagstaff, AZ 86001
✆ (928) 214-7350
www.englandhousebandb.com
Vier schöne Zimmer in einem historischen Gebäude von 1902. Vier Blocks von der Innenstadt entfernt. Tolles Frühstück. $$$–$$$$

Inn at 410 Bed and Breakfast
410 Leroux St., Flagstaff, AZ 86001
✆ (928) 774-0088, www.inn410.com
Historischer, gut erhaltener B&B von 1894 mit neun individuell eingerichteten Räumen (einige mit Kamin oder Jacuzzi). Nur zwei Blocks von der historischen Innenstadt entfernt. Mit Frühstück. $$$–$$$$

Little America Hotel
2515 E. Butler Ave. (I-40, Exit 198)
Flagstaff, AZ 86004
✆ (928) 779-7900 und 1-800-352-4386
https://flagstaff.littleamerica.com
Resort im Ponderosa-Wald, Wander- und Joggingpfade, Pool, Fitnessräume, Restaurants/Coffee Shop (u.a. **Western Gold Steakhouse Room**), Lunch ($) und Dinner ($$). $$–$$$

Motel DuBeau Travelers Inn and Hostel
19 W. Phoenix Ave., Flagstaff, AZ 86001
✆ (928) 774-6731, www.modubeau.com
Das erste Motel in Flagstaff, 1929 direkt an der original Route 66 errichtet. Hier gibt es alles von Schlafsälen für junge Leute bis hin zu klassischen Motelzimmern. Sehr hilfsbereite Innkeeper. Einfache, aber sehr gute Atmosphäre. $

Grand Canyon National Park
Siehe auch Williams.

Grand Canyon National Park Lodges
Xanterra South Rim
10 Albright St., Grand Canyon, AZ 86023
✆ (303) 297-2757 und 1-888-297-2757
www.grandcanyonlodges.com
Zentralverwaltung diverser Hotels und Lodges, reserviert werden u.a. das historische **El Tovar** (siehe rechts), die moderne **Maswik Lodge** ($$$–$$$$), die rustikalen **Bright Angel Lodge & Cabins** ($$–$$$), die **Thunderbird & Kachina Lodge** mit Canyonblick ($$$$) und die **Phantom Ranch** (siehe rechts). Mehrere Monate im Voraus reservieren.

Bright Angel Lodge am South Rim des Grand Canyon National Park

El Tovar
Grand Canyon National Park
Grand Canyon, AZ 86023
✆ (928) 638-2631
www.grandcanyonlodges.com
Jan.–April 2017 wegen Renovierung geschl. Die 78-Zimmer-Lodge am südlichen Canyonrand (von 1905) zählt zu den prächtigsten Herbergen in der Wildnis, ein düsterer Stilmix aus Schweizer Jagdhütte und viktorianisch geprägtem Blockhaus. Lange galt sie als das eleganteste Hotel westlich des Mississippi. Gutes Restaurant, ergiebiger Gift Shop! $$$$

Best Western Grand Canyon Squire Inn
74 Hwy. 64 (14 km südl. des Grand Canyon)
Tusayan, AZ 86023
✆ (928) 638-2681
www.grandcanyonsquire.com
Pool, Sauna, Fitnessräume, Tennisplätze, Restaurants, Bar. $$$–$$$$

The Grand Hotel
149 Hwy. 64 (südl. des Parkeingangs)
Grand Canyon, AZ 86023
✆ (928) 638-3333
www.grandcanyongrandhotel.com
Die neorustikale Lodge ist nicht nur günstig gelegen, sie verfügt auch über Restaurant, Pool. Fitnessstudio; bietet Entertainment und vermittelt Jeep-, Flug-, und Schlauchboottouren, Ausritte und Wanderungen. $$$–$$$$

Canyon Plaza Resort
406 Canyon Plaza Lane (1 mi südl. des Parkeingangs)
Grand Canyon, AZ 86023
✆ (928) 638-2673 und (303) 265-7000
www.grandcanyonplaza.com
In Tusayan hinter dem IMAX-Theater: Restaurant, Pool und Wintergarten-Lounge. $$–$$$$

Phantom Ranch
Grand Canyon National Park
Grand Canyon, AZ 86023
✆ (888) 297-2757
www.grandcanyonlodges.com
Historisch, 1922 von Fred Harvey im Westernstil errichtet. Ideale Einkehrmöglichkeit für Wanderbegeisterte. Schlafräume mit vier bis sechs Betten oder ein privates Häuschen. Frühstück, Lunch, Dinner.

Schwimmen im Bright Angel Creek, Wandern, Angeln. Lange vorher reservieren! $–$$$

Mather Campground & Grand Canyon Village
Grand Canyon Village, AZ 86023
✆ 1-877-444-6777
www.recreation.gov
Zwei große staatliche Campingplätze nahe dem Südrand; weitere private in Tusayan außerhalb des Parks. Buchung über den National Park Reservation Service. Im Winter nur direkt vor Ort buchbar.

Holbrook

Best Western Arizonian Inn
2508 Navajo Blvd., Holbrook, AZ 86025
✆ (928) 524-2611
www.bestwestern.com
72 Zimmer, Pool, kleines Frühstück inkl. $–$$

Wigwam Motel
811 W. Hopi Dr., Holbrook, AZ 86025
✆ (928) 524-3048
www.sleepinawigwam.com
Beton-Indianerzelte (Baujahr 1950). Die Alternative zum rechten Winkel: simple, runde, klimatisierte und TV-bestückte Zimmer mit Bad für Route-66-Romantiker. $

Holbrook/Petrified Forest KOA
102 Hermosa Dr. (I-40, Exit 289, 2,5 km westl. von Holbrook via Navajo Blvd.)
Holbrook, AZ 86025
✆ (928) 524-6689 Reservierung
✆ 1-800-562-3389
www.koa.com/campgrounds/holbrook
132 Plätze für RVs und Zelte. Cabins, Kiosk, Waschsalon, Pool, Spielplatz und Sportangebote. $

Jerome

The Surgeon's House
101 N. Hill St., Jerome, AZ 86331
✆ (928) 639-1452
www.surgeonshouse.com
Feine Pension (1916) mit schönen Aussichten, Gärten, Frühstück und Selbstgebackenem. $$$–$$$$

Ghost City Inn
541 Main St. (Hwy. 89A), Jerome, AZ 86331
✆ 1-888-634-4678, www.ghostcityinn.com
Historischer B&B im Ortszentrum. Vermietet auch Harley-Davidsons. Mit Frühstück. $$–$$$

Mile High Inn & Grill
309 Main St., Jerome, AZ 86331
✆ (928) 634-5094
www.milehighgrillandinn.com
Viktorianische Zimmer mit eigenem Bad. Restaurant (Lunch/Dinner). Frühstück inkl. $$–$$$

Kayenta/Monument Valley

Kayenta Monument Valley Inn
Kreuzung US 160 & 163
Kayenta, AZ 86033
✆ (928) 697-3221 und 1-866-306-5458
www.kayentamonumentvalleyinn.com
Komfortable Bleibe am Rand des Tals: Restaurant, Pool, Fitnesscenter. $$$–$$$$

Kingman, Arizona, liegt direkt an der historischen Route 66

Hampton Inn Kayenta
US 160, Kayenta, AZ 86033
✆ (928) 697-3170
https://hamptoninn3.hilton.com
Solide: 73 Zimmer, Restaurant. $$$

Kingman

Best Western A Wayfarer's Inn & Suites
2815 E. Andy Devine Ave.
Kingman, AZ 86401
✆ (928) 753-6271 und (800) 562-3991
www.bestwestern.com
Zimmer mit Mikroherd und Kühlschrank, Fitnessraum, Pool, *hot tub*, Waschsalon und – weit weg vom Geheul der Santa-Fe-Loks. Kleines Frühstück inkl. $$

Kingman KOA
3820 N. Roosevelt St., Kingman, AZ 86409
✆ (928) 757-4397
www.koa.com/campgrounds/kingman
Typischer KOA-Campingplatz. Familienfreundlich: 90 Plätze (RVs und Zelte), Cabins, Propangas, Kiosk, Waschsalon, Pool, Spiel- und Minigolfplatz.

Zusätzlich: De-luxe-Lodges für Reisende ohne Zelt oder RV, die einmal KOA-Luft schnuppern wollen. Geschmackvoll eingerichtet mit separatem Wohnzimmer und Küche. $$–$$$

Page (Lake Powell)

Lake Powell Resort
100 Lakeshore Dr., Page, AZ 86040
✆ 1-888-896-3829
www.lakepowell.com
Schön gelegen: 350 Zimmer, Restaurant mit Seeblick, Pool, Jacuzzi, Marina. Bootsfahrten kann man buchen, zum Badestrand zu Fuß gehen. Liegt auf der Grenze zu Utah. $$$–$$$$

Courtyard Page at Lake Powell
600 Clubhouse Dr. (Hwy. 89/N. Lake Powell Blvd.)
Page, AZ 86040
✆ (928) 645-5000, www.marriott.com
Ansehnlich im Pueblo-Stil, Pool, Fitnesseinrichtung, gutes Restaurant **Pepper's**. $$–$$$$

Für 1001 Nacht: Pool des Arizona Biltmore Resort & Spa in Phoenix

Best Western at Lake Powell
208 N. Lake Powell Blvd., Page, AZ 86040
✆ (928) 645-5988, www.bestwestern.com
Solide – mit Fitnessraum, Pool und Whirlpool. Kleines Frühstück inkl. $–$$$

Wahweap RV Park & Campground
100 Lakeshore Dr., Page, AZ 86040
✆ 1-888-896-3829
www.lakepowell.com
Ganzjährig; privat mit 139 Plätzen, *full hookups*. $

Phoenix/Scottsdale

Arizona Biltmore Resort & Spa
2400 E. Missouri Ave., Phoenix, AZ 85016
✆ (602) 955-6600
www.arizonabiltmore.com
Dieser vom Frank-Lloyd-Wright-Schüler Albert Chase McArthur unter der beratenden Einflussnahme des Meisters gestaltete Bau zählt zu den architektonisch bemerkenswertesten Resorts in den USA (seit 1929): hinreißende Lobby, schöne Gärten, tolle Pool-Inszenierung, Tennis- und Golfplätze, Fitnessstudio und der angeblich größte Weinkeller des Südwestens. $$$$

Hyatt Regency Scottsdale Resort
7500 E. Doubletree Ranch Rd.
Scottsdale, AZ 85258
✆ (480) 444-1234
www.scottsdale.hyatt.com
Dieses erste Fantasy-Resort (1986) in der Region Scottsdale gilt hier immer noch als eine der besten Adressen. Restaurants, Golf- und Tennisplätze, Fitnessprogramme, Spa, Jogging- und Radwege. Wasserlandschaft mit diversen Pools und einem 250-Tonnen-Sandstrand aus Kalifornien – das einzig »Natürliche« weit und breit! $$$$

The Phoenician
6000 E. Camelback Rd.
Scottsdale, AZ 85251
✆ (480) 941-8200 und 1-800-888-8234
www.thephoenician.com
Beeindruckendes Megaresort am Fuß des Camelback Mountain. Üppige Pools, Spa, Golfplatz. Spitzenrestaurants: **Il Terrazzo** (preisgekrönte italienische Küche) und **J&G Steakhouse**, das trotz des Namens nicht nur hervorragende Porterhouse- und Ribeye-Steaks serviert, sondern auch exzellenten Fisch – und einen schönen Blick über die City. $$$$

Royal Palms Resort & Spa
5200 E. Camelback Rd., Phoenix, AZ 85018
✆ (602) 283-1234
www.royalpalmshotel.com
Tropischer Garten mit 116 Zimmern und Casitas; Spitzenrestaurant **T. Cook's**. Pools, Fitnessanlage, Golf- und Tennisplätze. Fahrradverleih. $$$$

Hotel Valley Ho
6850 E. Main St., Scottsdale, AZ 85251
✆ (480) 376-2600, www.hotelvalleyho.com
Sehr schickes Boutiquehotel im Retrolook der Fifties. Beliebte Bar und Restaurant. Downtown Scottsdale ist zu Fuß erreichbar. $$$–$$$$

Prescott

Hassayampa Inn
122 E. Gurley St. (Downtown)
Prescott, AZ 86301
✆ (928) 778-9434,1-800-322-1927
www.hassayampainn.com
Charmantes Grandhotel von 1927. Fusion aus Pueblo- und Art-déco-Stil. Gemütliches Restaurant **Peacock Dining Room** für Frühstück, Lunch und Dinner ($$–$$$). $$–$$$$

Point of Rocks RV Campground
3025 N. Hwy. 89, Prescott, AZ 86301
✆ (928) 445-9018
www.pointofrocksrvcampground.com
Schönes hügeliges Gelände: 96 Plätze, einiger Schatten, Kiosk, Waschsalon, Wanderwege.

Sedona

L'Auberge de Sedona
301 L'Auberge Lane, Sedona, AZ 86336
✆ 1-855 905-5745, www.lauberge.com
Edler Country Inn: 58 Zimmer, Cottages und Suiten. Abgeschieden am Oak Creek mit gepflegter Gartenarchitektur und vorzüglichem Restaurant ($$$), Pool, Jacuzzi. $$$$

Hilton Sedona Golf Resort & Spa
90 Ridge Trail Dr.
Sedona, AZ 86351
✆ (928) 284-4040
www.hiltonsedonaresort.com
Luxusresort im High-Desert-Stil. Großartige Lage mitten im Red Rock Country. Golf, Spa, Fitness. Wunderschöne Wanderwege in der näheren Umgebung. $$$–$$$$

Star Motel
295 Jordan Rd., Sedona, AZ 86336
✆ (928) 282-3641
www.starmotelsedona.com
Einfaches, aber angenehmes Hotel in guter Lage. $$

Lo Lo Mai Springs Outdoor Resort
11505 Lolomai Rd.
Sedona, AZ 86325
✆ (928) 634-4700, www.lolomai.com
Privat und gut ausgestattet: 110 Plätze für RVs und Zelte, viel Schatten am Oak Creek, Cabins, Propangas, Pool, Whirlpool, Spielplatz. Man kann picknicken, schwimmen, angeln, Basket- und Volleyball spielen. $–$$

Tombstone

Tombstone Monument Ranch
895 W. Monument Rd.
Tombstone, AZ 85638
✆ (520) 457-7299
www.tombstonemonumentranch.com
Resort-Ranch in den Kulissenbauten eines Wildweststädtchens, alle 17 Zimmer individuell möbliert als Bordell oder Sheriff-Büro. Restaurant, Ausritte und Ausflüge auch mit Apachen. Auch pro Nacht buchbar. $$$–$$$$

Larian Motel Tombstone
410 Fremont St. (Hwy. 80)
Tombstone, AZ 85638
✆ (520) 457-2272
www.tombstonemotels.com
Preisgünstiges, zuverlässiges Motel. $$

Tombstone RV & Horse Park
1475 N. Hwy. 80, Tombstone, AZ 85638
✆ (520) 457-3829
www.tombstonervparkandcampground.com
Privater Campground (RV und Zelte, Cabins) mit Pool und Kiosk – und für Ihr Pferd wird auch gesorgt.

Tucson

Arizona Inn
2200 E. Elm St.
Tucson, AZ 85719
✆ (520) 325-1541 und 1-800-933-1093
www.arizonainn.com
Wunderschöner, historischer Country Inn von 1930 mit 95 Zimmern und Suiten

Arizona Inn in Tucson mit Zimmern im rustikalen Casita Style

mit historischer Möblierung, malerischen Gärten und manikürtem Rasen in Uninähe. Vorzügliches Restaurant, Terrassencafé, Cocktail-Lounge, Bibliothek, reizvoller Pool, Tennisplätze, Fitness. $$$–$$$$

Westward Look Resort
245 E. Ina Rd.
Tucson, AZ 85704
✆ (520) 297-1151 und 1-800-722-2500
www.westwardlook.com
Komfortable Oase (Hazienda seit 1912) in den Ausläufern der Catalina Mountains oberhalb von Tucson. Zimmer und Suiten, Restaurant (Südwestküche), Pools, Spa, Tennisplätze, Reiten, Mountainbiking, Fitnesseinrichtungen, Joggingpfade. $$$–$$$$

Lodge on the Desert
306 N. Alvernon Way
Tucson, AZ 85711-2855
✆ (833) 257-8800
www.lodgeonthedesert.com
Boutiquehotel im Hazienda-Stil mit 103 Zimmern. Pool, Spa. Eigenes Restaurant (Nouvelle American Cuisine). $$–$$$$

Hotel Congress
311 E. Congress St. (Downtown)
Tucson, AZ 85701
✆ (520) 622-8848 und 1-800-722-8848
www.hotelcongress.com
Ehemaliges Hotel für die Passagiere der Southern Pacific Railroad im Art-déco-Stil und mit dem Motto »… Wo der Sommer seit 1919 den Winter verbringt«. Heute ein einfaches Hotel in zentraler Lage im Arts District mit Nachtclub und gemütlichem Café für das Künstlervolk (Frühstück, Lunch, Dinner). $$–$$$

Gilbert Ray Campground
8451 W. McCain Loop Rd., Rt. 13 (13 km westl. Tucson), Tucson, AZ 85713
✆ (520) 724-5000
Minimum sieben Übernachtungen. Groß und einfach inmitten stolzer Kakteen im Tucson Mountain Park an der Kinney Road.

Williams/Grand Canyon

The Red Garter Bed & Bakery
137 W. Railroad Ave.
Williams, AZ 86046
✆ 1-800-328-1484
www.redgarter.com
Ehemals Combo aus Saloon und Bordell, heute gastliches kleines Hotel (4 Zimmer) und Café mit frischen Backwaren. Frühstück inkl. $$$

Grand Canyon Railway Hotel
233 N. Grand Canyon Blvd.
Williams, AZ 86046
✆ (928) 635-4010, www.thetrain.com
Morgens kann man gleich nebenan den historischen Zug nehmen und zum South Rim fahren. Zwei Blocks nördlich von Downtown bzw. der historischen Route 66 gelegen. 297 Zimmer, Pool, Restaurant. $$–$$$

Williams/Exit 167/Circle Pines KOA
1000 Circle Pines Rd., Williams, AZ 86046
✆ (928) 635-2626 und 1-800-562-9379
www.koa.com/campgrounds/williams
Nov.–März geschl.
RVs, Zelte, Cabins, Pool, Sauna, Snackbar, Fahrradverleih.

Winslow

La Posada Hotel
303 E. 2nd St. (Route 66)
Winslow, AZ 86047
✆ (928) 289-4366
www.laposada.org
Das 1929 im Hazienda-Stil erbaute Bahnhofshotel der Santa Fe Railroad galt lange als elegante Residenz in der Einöde des Westens und als Ausgangspunkt für automobile Landpartien zu den Naturwundern der Umgebung. Als es mit der Eisenbahn abwärts ging, verblasste auch der Glanz. Heute vorbildlich restauriert mit gutem Restaurant und eigenem Kunstmuseum. $$$

Yuma

Radisson Hotel Yuma
1501 S. Redondo Center Dr.
Yuma, AZ 85365
✆ (928) 783-8000
www.radisson.com
Gut geführtes Haus mit 154 Zimmern, Restaurant, Fitnesscenter, Indoor-Pool. $$$

Yuma Cabana Motel
2151 S. 4th Ave., Yuma, AZ 85364
✆ (928) 783-8311
Angenehm: 63 Zimmer (einige mit Küche), Palmen und netter Pool. Waschsalon und Frühstück inkl. $–$$

KALIFORNIEN

Anza-Borrego Desert State Park

Siehe Borrego Springs.

Auburn

Best Western Golden Key Motel
13450 Lincoln Way, Auburn, CA 95603
✆ (530) 885-8611 und 1-800-201-0121
www.bestwesterncalifornia.com
Guter Standard: 68 Zimmer, Pool, Whirlpool, Waschsalon. Kleines Frühstück inkl. $$

Auburn Gold Country RV Park
3550 KOA Way, Auburn, CA 95602
✆ (530) 885-0990
www.auburnrvpark.com
80 Plätze: Camper, Zelte, Cabins. Vorher reservieren! Propangas, Kiosk, Waschsalon, Pool, Whirlpool, Spielplatz, Fahrradverleih, Gelegenheit zum Angeln. (Von Auburn 3,5 mi nach Norden auf SR 49 bis Rock Creek Rd.) $

Bakersfield

Four Points by Sheraton Bakersfield
5101 California Ave.
Bakersfield, CA 93309
✆ (661) 325-9700 und 1-866-716-8133
www.fourpointsbakersfield.com
Gediegen mit schönem Innenhof: 200 Zimmer, gutes Restaurant **The Bistro**, großer Pool, Whirlpool, Fitnessraum. Frühstück inkl. $$$–$$$$

Orange Grove RV Park
1452 S. Edison Rd.
Bakersfield, CA 93307
✆ (661) 366-4662
www.orangegrovervpark.com
Privat, 151 Plätze auf einer ehemaligen Orangenplantage. *Full hookups*, Propangas, Kiosk, Waschsalon, Pool, Spielplatz.

Bass Lake

Siehe Oakhurst.

Berkeley

The Claremont Club & Spa
41 Tunnel Rd.
Berkeley, CA 94705
✆ (510) 843-3000 und 1- 888-560-4455
www.fairmont.com/claremont-berkeley
Viktorianischer Palast von 1915 (zwischen Oakland und Berkeley gelegen) mit vorzüglichen Tennis-, Wellness-, Fitnessanlagen und drei Restaurants, Pool. Traumblicke auf die Bay. $$$$

Hotel Durant
2600 Durant Ave., Berkeley, CA 94704
✆ (510) 845-8981
www.graduatehotels.com/berkeley
Originell, wie ein akademischer Campus gestyltes Hotel mit 143 Zimmern gleich bei der Uni, grün zertifiziert, dabei beste Ausstattung. $$–$$$

Beverly Hills

Siehe Los Angeles.

Big Sur

Glen Oaks Big Sur
47080 Hwy. 1, Big Sur, CA 93920
✆ (831) 667-2105
www.glenoaksbigsur.com
Tolle Lage, schöne Cabins in stilsicherem Design. $$$$

Ventana Inn & Spa
48123 Hwy. 1, Big Sur, CA 93920
✆ (831) 667-2331 und 1-800-628-6500
www.ventanainn.com
Versteck vieler Stars in der Wildnis. Mit Toprestaurant (Lunch ($$), Dinner ($$$) und Cocktail-Lounge, Pool, Sauna, Fitnessstudio. Vorher reservieren! $$$$

Big Sur Lodge
47225 Hwy. 1, Julia Pfeiffer Burns State Park, Big Sur, CA 93920
✆ (855) 238-6950, www.bigsurlodge.com
61 Zimmer, einige mit Kamin und Küche, in waldiger Umgebung. Kalifornische Küche, Lunch ($) und Dinner ($$), Pool. $$$–$$$$

Deetjen's Big Sur Inn
48865 Hwy. 1 (südl. von Nepenthe)
Big Sur, CA 93920
✆ (831) 667-2377, www.deetjens.com
Urgemütliches Hänsel-und-Gretel-Haus im Wald, Originalhütte des norwegischen Immigranten Helmuth Deetjen aus den 1930er Jahren: kein Telefon, kein Mobilfunk, kein TV oder Internet. Vier kleine Stübchen bilden das Restaurant für Frühstück und Abendessen. An Wochenenden zwei Nächte Minimum. $$$–$$$$

Pfeiffer Big Sur State Park Campground
Big Sur Station # 1, Hwy. 1
Big Sur, CA 93920
✆ (831) 667-2315 und 1-800-444-7275 (Camping-Reservierung), www.parks.ca.gov
Östl. vom Highway in den Hügeln, schöne Badeplätze am Fluss (3 mi bis zum Strand): 218 Plätze, Duschen. Reservierung. $

Bolinas

Smiley's Schooner Saloon & Hotel
41 Wharf Rd., Bolinas, CA 94924
✆ (415) 881-1851, www.smileyssaloon.com
Sechs Zimmer, einfach, aber komfortabel, regelmäßig Livemusik im Saloon. $$–$$$

Olema Campground
10155 Hwy. 1, Olema, CA 94950
✆ 1-800-655-2267
www.olemacampground.net
Gleich um die Ecke bei der Point Reyes National Seashore. 187 Stellplätze für RVs und Zelte, Reservierung erforderlich. $

McWay-Wasserfall im Julia Pfeiffer Burns State Park

Borrego Springs

Borrego Valley Inn
405 Palm Canyon Dr.
Borrego Springs, CA 92004
✆ (760) 767-0311
www.borregovalleyinn.com
Neueres Haus mit viel Südwest-Charme und 14 hübschen Zimmern, die meisten mit Küche. Pool, Fahrradverleih. Preise schwanken, wie alles im Park, nach Wochentag und Jahreszeit. $$$–$$$$

Ocotillo Wells State Vehicular Recreation Area
5172 Hwy. 78 (Anza-Borrego Desert State Park, von Borrego Springs 1 mi westl. via SR 78)
Borrego Springs, CA 92004
✆ (760) 767-5391
www.ohv.parks.ca.gov/?page_id=1217
Kostenlos, einfach, ganzjährig: 500 Plätze für RVs und Zelte, Toiletten, kein Trinkwasser.

Calistoga

Indian Springs Resort
1712 Lincoln Ave.
Calistoga, CA 94515
✆ (707) 709-8139
www.indianspringscalistoga.com
Schon Robert Louis Stevenson äußerte sich angetan über diese Oase in seinen »Silverado Squatters«.

Ruhige Lage am Ortsrand, 38 Grad warmes Mineralschwimmbad mit olympischen Ausmaßen, stilsicher eingerichtete Bungalows und eine 24-Zimmer-Lodge. Wellness zur Wahl: Schlammbäder, Massagen, kosmetische Packungen. Im Sommer an Wochenenden zwei Übernachtungen Minimum. $$$$

Mount View Hotel & Spa
1457 Lincoln Ave.
Calistoga, CA 94515
✆ (707) 942-6877 und 1-800-816-6877
www.mountviewhotel.com
Angenehmes Art-déco-Hotel von 1917. Zentral gelegen, hübscher Pool, Jacuzzi, Bäder, Massagen, Restaurant. $$$$

Cambria

Cambria Pines Lodge
2905 Burton Dr., Cambria, CA 93430
✆ (800) 966-6490
www.cambriapineslodge.com
Friedlich im Wald oberhalb von Cambria (seit 1927): 125 Zimmer – von der simplen Hütte bis zur Suite mit Kamin. Restaurant, rustikale Lounge, großer Indoor-Pool, Sauna, gepflegte Gärten. Frühstück inkl.

Zum Ort führt ein Waldweg hinunter. Anfahrt von Downtown Cambria über Burton Rd.; vom Hwy. 1 über die Ausfahrt Burton Rd. $$$–$$$$

Fireside Inn on Moonstone Beach
6700 Moonstone Beach Dr.
Cambria, CA 93428
✆ (805) 927-8661
www.pacificahotels.com/firesideinn
Traumhafte Lage direkt am Moonstone Beach, dem wunderschönen Hausstrand von Cambria. $$–$$$$

Carlsbad

Ocean Palms Beach Resort
2950 Ocean St., Carlsbad, CA 92008
✆ (760) 729-2493 und 1-888-802-3224
www.oceanpalms.com
Tolle Lage, nur ein paar Schritte vom Strand entfernt. Fitnesscenter, Golfplatz. $$$–$$$$

South Carlsbad State Beach
7201 Carlsbad Blvd. (3 mi südl. der Palomar Airport Rd.)
Carlsbad, CA 92008
✆ (760) 438-3143 und 1-800-444-7275 (Reservierung)
www.parks.ca.gov
März–Nov.
Minimum sieben Übernachtungen.
Staatlicher Campingplatz für 221 RVs und Zelte, Duschen, Brennholz, Strandzugang, Schwimmen und Angeln. Reservierung erforderlich.

Carmel

The Hideaway
Junipero St. 8th Ave., Carmel, CA 93923
✆ (831) 625-5222
http://hideawaycarmel.com
24 Zimmer in der 2016 renovierten B & B-Herberge, Buffet-Breakfast, Wein und Käse am späten Nachmittag. $$$$

Carmel Mission Inn
3665 Rio Rd., Carmel, CA 93923
✆ (831) 624-1841 und 1-800-348-9090
www.carmelmissioninn.com
165 Zimmer, Restaurant, Bar, Pool, Whirlpools, Fitnessraum. $$$–$$$$

Carmel By the River RV Park
27680 Schulte Rd.
7 km östl. von Carmel, CA 93923
✆ (831) 624-9329, www.carmelrv.com
Im Carmel Valley: 35 Plätze, einige am Fluss, *full hookups*, Reservierung empfehlenswert. $–$$

Columbia

City Hotel
22768 Main St., Columbia, CA 95310
✆ (209) 532-1479
www.parks.ca.gov/?page_id=28004
Schmuckstück von 1856 mit hübschen Räumen. $$$

Harlan House B&B
22890 School House St.
Columbia, CA 95310
✆ (209) 533-4862, www.harlan-house.com
Kleiner, charmanter B&B, vier Zimmer, ein Cottage. $$–$$$

Death Valley National Park

The Inn at Furnace Creek und The Ranch at Furnace Creek
SR 190, Death Valley, CA 92328
✆ 1-800-236-7916
www.furnacecreekresort.com
The Inn: Komforthotel von 1927, 66 Zimmer, quellengespeister Pool, Tennisplätze. In Restaurant ($$$) und Bar wird auf korrekte Kleidung wert gelegt. $$$$
Ranch: rustikal mit Blockhütten; Motel, Stellplätze für Camper, Waschsalon, Cafeteria, Restaurant ($$–$$$), quellengespeister Pool, Dattelpalmenhain, Golf- und Tennisplätze, Pferdeverleih. An Wochenenden im Winter Reservierung empfohlen. $$$–$$$$

Stovepipe Wells Village Hotel
51880 SR 190, Death Valley National Park
Stovepipe Wells, CA 92328
✆ (760) 786-2387
www.deathvalleyhotels.com
Hotel (83 Zimmer, $$–$$$) sowie Stellplätze für RVs (14 *full hookups*). Saloon und Restaurant.

Death Valley: Furnace Creek General Store

Eureka

Carter House Inns
301 L St., Eureka, CA 95501
✆ (800) 404-1390
www.carterhouse.com
Gepflegter Country Inn in mehreren viktorianischen Villen, dazu exzellentes Restaurant, Bar. $$$–$$$$

Best Western Plus Humboldt Bay Inn
232 W. 5th St, Eureka, CA 95501
✆ (707) 443-2234
www.humboldtbayinn.com
Gepflegte Anlage direkt an der nicht übermäßig pittoresken US 101, mit Pool, Fitness, Wi-Fi. Frühstück inkl. $$–$$$

Fish Camp

Tenaya Lodge at Yosemite
1122 Hwy. 41, Fish Camp, CA 93623
✆ (559) 683-6555 und 1-888-514-2167
www.tenayalodge.com
Zwar außerhalb des Nationalparks, aber trotzdem gut gelegen. Erholsames, gut geführtes Sporthotel: 244 Zimmer und Suiten, Restaurants, Bar, Pools, Spa, Whirlpool, Sauna, Fitnesscenter, Waschsalon. Wandern, Radfahren, Reiten, Skifahren. Kleines Frühstück inkl. $$$–$$$$

Fort Bragg

Beachcomber Motel
1111 N Main St.
Fort Bragg, CA 95437
✆ (707) 964-2402
www.thebeachcombermotel.com
72 Zimmer, einige mit Kochnische, in toller Lage gleich bei der Pazifikküste, Wi-Fi und kleines Frühstück inkl. $$–$$$

Cleone Campground
24400 CA-1
Fort Bragg, CA 95437
✆ (707) 964-4589
www.cleonecampground.com
Baumbestandener Campingplatz nördlich von Fort Bragg für RVs und Zelte mit 40 Plätzen, Wi-Fi. $

Fresno

DoubleTree by Hilton Fresno Convention Center
2233 Ventura St., Fresno, CA 93721
✆ (559) 268-1000
www.doubletreefresno.com
Gepflegtes Haus (321 Zimmer) – im Atrium rauscht ein Wasserfall. Sauna, Pool, Fitnessraum, Restaurant und Coffee Shop, Bar. $$$–$$$$

Im Joshua Tree National Park gibt es neun Campingplätze

Visalia/Fresno South KOA
7480 Ave. 308, Visalia, CA 93291
✆ (559) 651-0544 und 1-800-562-0540
www.koa.com/campgrounds/visalia
Privat, ländlich, ganzjährig: 115 zum Teil schattige Stellplätze für RVs und Camper, Propangas, Lebensmittel, Waschsalon, Pool, Kinderspielplatz. **$**

Hollywood
Siehe Los Angeles.

Jamestown

National Hotel
18183 Main St., Jamestown, CA 95327
✆ (209) 984-3446 und 1-800-894-3446
www.national-hotel.com
Klassiker unter den Hotels im Gold Country (1859): neun Zimmer, solide amerikanische Küche (Lunch und Dinner $–$$), Garten, historischer Saloon. Kleines Frühstück inkl. $$$

Joshua Tree National Park
Siehe auch Twentynine Palms.

Cottonwood Springs Campground
74485 National Park Dr., Cottonwood Springs (25 mi östl. von Indio auf I-10, dann 7 mi nach Cottonwood Springs)
Joshua Tree National Park, CA 92277
✆ 1-877-444-6777, www.recreation.gov
62 Plätze für RVs und Zelte, keine Duschen.

Indian Cove Campground
74485 National Park Drive
Twentynine Palms, CA 92277
✆ (760) 367-5500, www.recreation.gov
91 einfache RV Plätze ohne *hookups*, kein Trinkwasser. Campground zwischen eindrucksvollen Gesteinsformationen mit vielen Wanderrouten. $

Julian

Orchard Hill Country Inn
2502 Washington St.
Julian, CA 92036
✆ (760) 765-1700 und 1-800-716-7242
www.orchardhill.com
Etwas außerhalb von Julian auf einem kleinen Hügel gelegener, romantischer B&B. Exklusive Einrichtung. Umfangreiches Frühstück. $$$$

Julian Gold Rush Hotel
2032 Main St., Julian, CA 92036
✆ (760) 765-0201, www.julianhotel.com
Historischer Inn (1897), geschmackvoll bestückt mit Kaminen, Büchern und Antiquitäten. Lange vorher reservieren! $$–$$$$

Pinezanita Trailer RV Park & Campgrounds
4446 SR 79, 4 mi südl. SR 79, 5 mi nördl. vom Lake Cuyamaca
Julian, CA 92036
✆ (760) 765-0429, www.pinezanita.com
242 z.T. schattige Plätze mit Picknicktisch und Feuerstelle für RVs und Zelte in ca. 1600 m Höhe. Propangas, Kiosk, Waschsalon. Auch Cottages. Reservierung erforderlich. $–$$$

Laguna Beach

Surf & Sand Resort
1555 S. Coast Hwy.
Laguna Beach, CA 92651
✆ (949) 497-4477 und 1-877-741-5908
www.surfandsandresort.com
Luxus am Meer: alle Zimmer (167) und Suiten (13) mit Balkon und Blick aufs Wasser. Restaurant Splashes, Bar, Pool, Whirlpool, Spa und Fitnessraum. $$$$

Hotel Laguna
425 S. Coast Hwy.
Laguna Beach, CA 92651
✆ (949) 494-1151, www.hotellaguna.com
Strandhotel (65 Zimmer) mit Restaurant. Kleines Frühstück inkl. $$$–$$$$

La Jolla
Siehe San Diego.

Lake Tahoe
Siehe auch Stateline, NV.

968 Park Hotel
968 Park Ave.
South Lake Tahoe, CA 96150
✆ (530) 544-0968
www.jdvhotels.com
In Fußnähe zum Zentrum von South Lake Tahoe. Nachhaltiges Hotel (LEED-zertifiziert). $$$–$$$$

Basecamp South Lake Tahoe
4143 Cedar Ave.
South Lake Tahoe, CA 96150
✆ (530) 208-0180
www.basecamptahoesouth.com
Eine gelungene Verwandlung eines ehemaligen Motels in ein stylisches Boutiquehotel. Gerade neu renoviert und trotzdem bezahlbar. Witzig sind auch die Familienzimmer mit den orangen Hochbetten oder das Indoor-Zelt. Idealer Ausgangspunkt für die sportliche Erkundung der Region. $$–$$$

7 Seas Inn
4145 Manzanita Ave.
South Lake Tahoe, CA 96150
✆ (530) 544-7031
www.7seasinn.com
Kleine, komfortable Zimmer in nettem Haus nahe dem See. Whirlpool. $$–$$$

Tahoe Valley RV Resort
1175 Melba Dr., US 50, Exit C St.
South Lake Tahoe, CA 96150
✆ 1-877-570-2267
www.rvonthego.com
Privat, schattig und ganzjährig: 413 Plätze für RVs und Zelte in gut 2000 m Höhe, Propangas, Kiosk, Spielplatz, Waschsalon, Pool. Man kann angeln, wandern, klettern oder Tennis spielen. Swimmingpool. $

Lassen Volcanic National Park

Drakesbad Guest Ranch
14423 Chester Warner Valley Rd.
Chester, CA 96020
✆ (866) 999-0914
www.drakesbad.com
Rustikale Herberge im Nationalpark. Nicht von der Durchgangsstraße, sondern vom südlichen Chester zu erreichen. Geöffnet ab Juni; Pool mit warmem Quellwasser. $$–$$$

Lee Vining

Tioga Pass Resort
85 Hwy. 120 W., 20 km westl. von Lee Vining, CA 93541
www.tiogapassresort.com
Nur im Sommer geöffnet
Hohe Hütte und Lodge: Cabins, Motelzimmer und Restaurant (herzhaft) in über 3000 m Höhe im Yosemite Park. $$$–$$$$

Lone Pine

Dow Villa Motel
310 S. Main St., Lone Pine, CA 93545
✆ (760) 876-5521
www.dowvillamotel.com
Solides Motel mitten in Lone Pine. $$–$$$

Best Western Plus Frontier Motel
1008 S. Main St. (US 395, Südende des Ortes), Lone Pine, CA 93545
✆ (760) 876-5571 und 1-800-231-1071
www.bestwestern.com
Ordentliche Zimmer. Pool, Waschsalon. Kleines Frühstück inkl. $$

Boulder Creek RV Resort
2550 Hwy. 395, 4 mi südl. von Lone Pine
✆ (760) 876-4243
www.bouldercreekrvresort.com

Georgian Hotel, Art déco in Santa Monica

Privat, beliebt und komfortabel: RVs und Zelte für 65 Stellplätze, BBQ- und Picknicktische, Propangas, Kiosk, Waschsalon, Pool, Whirlpool, Spielplatz.

Los Angeles (Großraum)

Achtung: Im Raum Los Angeles muss beim Telefonieren auch innerhalb eines Ortes der Area Code mitgewählt werden.

Los Angeles: Hollywood & West Hollywood

Hollywood Roosevelt Hotel
7000 Hollywood Blvd.
Los Angeles, CA 90028
✆ 323-856-1970
www.thehollywoodroosevelt.com
1927 eröffnetes Luxushotel, 1929 Platz der ersten Oscar-Verleihung. Schauspieler von Rang und Namen haben hier übernachtet. $$$$

The Mondrian Hotel
8440 Sunset Blvd. (Höhe La Cienega Blvd.)
West Hollywood, CA 90069
✆ 323-650-8999, www.mondrianhotel.com
The Quintessence of Cool: mondän bis schräg. In der schicken Sky Bar auf dem Dach genießt man tolle Blicke auf die Stadt. Pool und Fitnessräume. $$$$

Hollywood Orchid Suites
1753 Orchid Ave., Hollywood, CA 90028
✆ 323-874-9678 und 1-800-537-3052
www.orchidsuites.com
Ordentlich und preiswert: 40 Zimmer mit Küche; Pool, Waschsalon, Dachgarten. Nah beim Grauman's Chinese und Dolby (ehem. Kodak) Theatre. $$$

Los Angeles: Malibu, Brentwood & Pacific Palisades

Leo Carrillo State Park
35000 W. Pacific Coast Hwy., 15 km nördl. von Malibu
Malibu, CA 90265
✆ 310) 457-8143 und 1-800-444-7275
www.parks.ca.gov
Camping am Strand, Reservierung erforderlich: 139 Stellplätze (RVs eingeschränkt und Zelte), keine *hookups*. Duschen, Propangas, Brennholz, Volleyball und Basketball. Schwimmen, Windsurfen, Tauchen und Angeln.

Hotel Angeleno
170 N. Church Lane, Los Angeles, CA 90049
✆ 310-476-6411, www.hotelangeleno.com
Designhotel in einem ehemaligen Holiday-Inn-Rundbau aus den 1960er Jahren an der Kreuzung von San Diego Fwy. (I-405) und Sunset Blvd. Nicht gerade ein ruhiger Platz, aber ideale Lage für den Besuch des Getty Museum. Im Penthouse-Restaurant **West** toller Blick über die Stadt. Pool. $$$

Los Angeles: Santa Monica

Santa Monica ist der ideale Hotelstandort für einen Besuch in L. A. Wer hier Quartier bezieht, ist direkt am Strand und kommt doch schnell nach Hollywood und Downtown (15–20 mi östl.).

Casa del Mar
1910 Ocean Way
Santa Monica, CA 90402
✆ 310-581-5533, www.hotelcasadelmar.com
Eine der feinsten Hoteladressen von Santa Monica. Traumhafter Blick aufs Meer. Sehr teuer. $$$$

The Huntley Hotel
1111 2nd St., Santa Monica, CA 90403
✆ (855) 998-5323
www.thehuntleyhotel.com
Elegantes Hotel mit Stil, 204 Zimmer, ein Block vom Ozean; im 18. Stock Dachrestaurant **The Penthouse** und Bar mit Blick auf den Pazifik. Fitnessraum. $$$$

Palihouse
1001 Third St., Santa Monica, CA 90403
✆ 310-394-1279 und 323-327-9702
www.palihousesantamonica.com
Eleganter Charme der 1920er Jahre, schöner Garten und geschmackvoll eingerichtete Zimmer. $$$$

Channel Road Inn
219 W. Channel Rd., Santa Monica, CA 90402
✆ 310-459-1920
www.channelroadinn.com
Charmanter B & B im Santa Monica Canyon, teilweise mit Kamin und Spa. Nachmittags Wein und Horsd'œvres. $$$–$$$$

Georgian Hotel
1415 Ocean Ave., Santa Monica, CA 90401
✆ 1-800-538-8147
www.georgianhotel.com
Art-déco-Hotel in Toplage an Ocean Avenue. $$$–$$$$

Sea Shore Motel & Apartments
2637 Main St., Santa Monica, CA 90405
✆ 310-392-2787, www.seashoremotel.com
Solides, familiengeführtes Motel (24 Zimmer), prima Lage in Strandnähe. $$$

Seaview Hotel
1760 Ocean Ave., Santa Monica, CA 90401
✆ 310-393-6711, www.seaviewhotel.com
Kleines Hotel mit eleganten Zimmern, eine Straße vom Strand entfernt. $$$

Travelodge Santa Monica
3102 Pico Blvd., Santa Monica, CA 90405
✆ 310-450-5766 und 1-800-231-7679
www.travelodgesantamonica.com
Gepflegtes Hotel. $$–$$$

HI (Hostelling International) Santa Monica
1436 2nd St., Santa Monica, CA 90401
✆ 310-393-9913, www.hilosangeles.org
Sehr preiswerte Übernachtung, Mehrbettzimmer ($) und Einzel- und Doppelzimmer ($–$$).

Los Angeles: Venice

The Venice Beach House
15 30th Ave., Venice, CA 90291
✆ 310-823-1966
www.venicebeachhouse.com
Nur einen Block vom Trubel entfernt, eine ruhige Oase in einem alten B & B mit viktorianischen Details. $$$–$$$$

Hotel Erwin
1697 Pacific Ave., Venice, CA 90291
✆ 310-452-1111 und 1-800 786-7789
www.hotelerwin.com
Hippes Hotel in Strandnähe am Südende des Venice Boardwalk. $$$

Mariposa

Mariposa Lodge
5052 Hwy. 140, Mariposa, CA 95338
✆ (209)-966-3607 und 1-800-966-8819
www.mariposalodge.com
Motel mit einfachen, geräumigen Zimmern und netter Atmosphäre. $–$$

Mendocino

Stanford Inn by the Sea
10051 S. Big River Rd.
Mendocino, CA 95460
✆ (707) 937-5615, www.stanfordinn.com
Entspannte Anlage mit Blick auf den Pazifik und Mendocino, Spa, Restaurant, Pool, alles Öko. $$$–$$$$

Headlands Inn
10453 Howard St., Mendocino, CA 95460
✆ (800) 354-4431, www.headlandsinn.com
Gepflegtes B & B in viktorianischer Villa im Neuengland-Stil, Frühstück gibt's im Zimmer. $$–$$$

Merced

Serenity Gardens Bed and Breakfast
2649 Reggio Court
Merced, CA 95340
✆ (209) 500-4372
www.serenitygardensbandb.com
Zwei Zimmer in einem landschaftlich schönen Umfeld. Frühstück inkl. $$

Midpines

Yosemite/Mariposa KOA
6323 Hwy. 140, 7 mi nordöstl. von Mariposa, ca. 45 Min. vom Yosemite Valley
Midpines, CA 95345
✆ (209) 966-2201 und 1-800-562-9391
www.koa.com/campgrounds/yosemite-west
Im Winter geschl.
Plätze für RVs und Zelte, außerdem Cabins, Spielplatz, Propangas, Lebensmittel, Waschsalon, Pool. Man kann Paddelboote leihen, angeln und wandern. Haltestelle für Shuttlebus in den Park. Offenes Feuer verboten.

Modesto

Holiday Inn Express & Suites Modesto-Salida
4300 Bangs Ave., Modesto, CA 95356
✆ (209) 543-9009
www.hiesmodesto.com
Guter Standard: 95 Zimmer, Pool, Fitnessraum, kleines Frühstück inkl. $$–$$$

Monterey/Pacific Grove

Andril Cottages in Pacific Grove
569 Asilomar Blvd.
Pacific Grove, CA 93950
✆ (831) 375-0994
www.andrilcottages.com
Idyll im Wald: gemütliche Hütten (Cottages mit Küche und offenem Kamin) an der Südspitze der Halbinsel. Jacuzzi. Abends grasen die Rehe in Reichweite. $$$–$$$$

Monterey Hotel
406 Alvarado St., Monterey, CA 93940
✆ (831) 375-3184, www.montereyhotel.com
Elegant und angenehm, Nähe Altstadt und Fisherman's Wharf. Kleines Frühstück inkl. $$$–$$$$

Sunset Inn
133 Asilomar Blvd., Pacific Grove, CA 93950
✆ (831) 375-3529, www.gosunsetinn.com
Einladendes Hotel mit neu renovierten Zimmern in Strandnähe. $$–$$$

Mt. Shasta

Best Western Plus Tree House
111 Morgan Way, Mt. Shasta, CA 96067
✆ (530) 926-3101
www.bestwesterncalifornia.com
Komfortable Anlage nicht weit von I-5 mit **Tree House Restaurant**, Whirlpool, Fitnessraum, Pool und kostenlosem Frühstück. $$–$$$

Cold Creek Inn
724 N. Mt. Shasta Blvd.
Mt. Shasta, CA 96067
✆ (530) 926-9851, www.coldcreekinn.com
Ordentliche Herberge mit 19 Zimmern, einige mit Kochecke, Bergblick inkl. $–$$

Oakhurst

Chateau du Sureau
48688 Victoria Lane, Oakhurst, CA 93644
✆ (559) 683-6860
www.chateaudusureau.com
Feudales Schlösschen (10 Räume) mit feinem französischen Restaurant **Erna's Elderberry House** ($$$), Gärten und Pool. $$$$

The Pines Resort
54432 Rd. 432
Bass Lake, CA 93604
✆ (559) 642-3121
www.basslake.com
Suitehotel am See: Angeln, Reiten, Radfahren, Wandern, Wasserski und Tennis. Restaurant, Pool, Whirlpool, Kinderspielplatz, Bootsrampe. Frühstück inkl. $$$$

High Sierra RV Park
40389 Hwy. 41, Oakhurst, CA 93644
✆ (559) 683-7662
www.highsierrarv.com
Hübscher Platz mit *full hookups* am Fresno River. Ganzjährig. $

Nelder Grove Campground
Sky Ranch Rd. (von Oakhurst via SR 41 nach Norden bis Forest Rd. 10, diese 5 mi nach Norden bis Forest Rd. 6890, diese 1 mi nach Norden)
✆ (559) 297-0706
www.fs.usda.gov, Mai–Okt.
Mit Sequoias in ruppig-wilder Landschaft. Keine Reservierung möglich. $

Oceanside

Best Western Oceanside Inn
1680 Oceanside Blvd. (I-15, Exit Oceanside Blvd.), Oceanside, CA 92054
✆ (760) 722-1821, www.bestwestern.com
Ordentlich: 80 Zimmer, Pool, Sauna, Whirlpool, Fitnessraum. Kleines Frühstück inkl. $–$$

Oceanside RV Park
1510 S. Coast Hwy. (I-15, Exit Oceanside Blvd., knapp 1 mi nach Westen und kurz nach Süden), Oceanside, CA 92054
✆ (760) 722-4404
www.oceansidervpark.com
Privat, ganzjährig: 139 Stellplätze, Lebensmittel, Waschsalon, Pool.

Orick

Elk Meadow Cabins
7 Valley Green Camp Rd., Orick, CA 95555
✆ (866) 733-9637
www.redwoodparklodge.com
Geräumige Häuschen, auch für mehrere Personen geeignet, abseits der Straße von Wald umgeben und nahe dem Redwood National Park. Regelmäßiger Besuch von Rotwild vor dem Fenster. $$$–$$$$

Palm Springs

Korakia Pensione
257 S. Patencio Rd.
Palm Springs, CA 92262
✆ (760) 864-6411, www.korakia.com
Eklektischer Bau (maurisch, griechisch und 1001 Nacht) von 1924 für meist illustre Gäste *(bohemian retreat)*. Reichhaltiges Frühstück. $$$$

Orbit Inn
562 W. Arenas, Palm Springs, CA 92262
✆ (760) 323-3585 und 1-877-996-7248
www.orbitin.com
Der Inbegriff von Retro-Architektur der 1950er Jahre in Palm Springs. $$$–$$$$

V Palm Springs
333 E. Palm Canyon Dr.
Palm Springs, CA 92264
✆ (877) 544-4446, www.vpalmsprings.com
2016 neu eröffnetes Resort mit 140 Zimmern: Moderne Oase mit entspannter Atmosphäre. Großartiger Pool in V-Form. $$$–$$$$

Casa Cody Inn
175 S. Cahuilla Rd., Palm Springs, CA 92262
✆ (760) 320-9346, www.casacody.com
Das älteste Hotel von Palm Springs. Hüb-

Einladend: Casa Cody in Palm Springs

sche Oase, ruhig und zentral, 1920 von der Cousine Buffalo Bills im Stil einer kalifornischen Hazienda gegründet. Pool, Whirlpool und Zitronenbäume. Einige Zimmer und Studios mit Kamin, Sonnenterrasse und Küche. Mit kleinem Frühstück. In der wunderschön restaurierten Adobe-Villa (1910) ist schon Charlie Chaplin aufgetreten. $$–$$$$

The Chase Hotel at Palm Springs
200 W. Arenas Rd., Palm Springs, CA 92262
✆ (760) 320-8866 und 1-877-532-4273
Großzügig gestaltetes, typisches Motel aus den 1950er Jahren. 26 Zimmer. Sehr geschmackvolle Einrichtung. $$$

Pasadena

The Langham Huntington
1401 S. Oak Knoll Ave.
Pasadena CA 91106
✆ (626) 568-3900
www.langhamhotels.com
1906 als Huntington Hotel eröffnet. Heute Resort der Luxusklasse (310 Zimmer) in einem imposanten, 9 ha großen Parkgelände. Alles was das Herz begehrt: Wunderschöne Gärten, Swimmingpool und Spa, verschiedene Restaurants, Tennisplätze, exzellenter Service. $$$–$$$$

Courtyard by Marriott – Old Pasadena
180 N. Fair Oaks Ave., Pasadena, CA 91103
✆ (626) 403-7600, www.marriott.com
Modernes Hotel zwei Blocks vom Memorial Park und dem Colorado Boulevard. Mit Pool und Fitnesscenter, kostenloses Wi-Fi, Restaurant im Haus. $$–$$$$

Placerville

Cary House Hotel
300 Main St., Placerville, CA 95667
✆ (530) 622-4271, www.caryhouse.com
Gemütliches, zentral gelegenes (historisches) Hotel. Opulente Lobby und Treppenaufgang: Tiffany-Glasfenster und polierte schwarze Mahagoni-Treppengeländer, die einst von Afrika ums Kap Hoorn geschifft wurden. Kleines Frühstück inkl. $$–$$$

El Dorado County Fairgrounds
100 Placerville Dr., Placerville, CA 95667
✆ (530) 621-5860
www.eldoradocountyfair.org
Juni, Nov./Dez. geschl.
Sauberer und ordentlicher Campingplatz, Wasser- und Stromanschluss.

Redding

Baymont Inn & Suites Redding
2600 Larkspur Lane, Redding, CA 96002
✆ (530) 722-9100
www.baymontinns.com
Gut geführte Anlage nicht weit der I-5-Abfahrt. Fitnessraum, Pool, Wi-Fi und kleines Frühstück inkl. $–$$$

Fawndale Lodge & RV Resort
15215 Fawndale Rd., Redding, CA 96003
✆ (530) 275-8000, www.fawndale.com
Ordentliche kleine Herberge mit sieben Zimmern, dazu Campingplatz für RVs und Zelte eine Meile südlich vom Lake Shasta. $–$$

Sacramento

Amber House Bed and Breakfast Inn
1315 22nd St. (zwischen Capitol Ave. & N St.), Sacramento, CA 95816
✆ (916) 444-8085, www.amberhouse.com
Sehr gut geführter historischer Inn. Gourmetfrühstück. $$$–$$$$

Delta King Hotel
1000 Front St. (Old Town)
Sacramento, CA 95814
✆ (916) 444-5464 und 1-800-825-5464
www.deltaking.com
Schickes Hotelschiff auf dem Sacramento River. Die Einzelteile des Schaufelraddampfers wurden in Schottland gefertigt und in Stockton zusammengebaut. Schiffstaufe war 1927, zusammen mit dem Vorbild, der »Delta Queen«. 42 Zimmer, zwei Theater und Restaurants. $$$–$$$$

The Greens Hotel
1700 Del Paso Blvd., Sacramento, CA, 95815
✆ (916) 921-1736, www.thegreenshotel.com
Ökologisch geführtes Hotel und Restaurant mit charmanten, grünen Zimmern. $$–$$$$

HI Sacramento International Hostel
925 H St., Sacramento, CA 95814
✆ (916) 443-1691, www.hihostels.com

Schöne viktorianische Villa, zentral. Am besten telefonisch mit Kreditkarte reservieren. $

SacWest RV Park & Campground
3951 Lake Rd. (I-80, Exit W. Capitol Ave., 4.5 mi nach Westen), Sacramento, CA 95691
✆ (916) 371-6771, www.sacwestrvpark.com
Privat, ganzjährig, Nähe Old Town, Plätze für RVs und Zelte, Cabins, Propangas, Lebensmittel, Waschautomaten, Pool.

San Diego/La Jolla

Hotel Del Coronado
1500 Orange Ave., Coronado, CA 92118
✆ (619) 435-6611 und 1-800-468-3533
www.hoteldel.com
Wie eine leuchtende Hochzeitstorte steht dieses alte Prachthotel direkt am Strand – einst Drehort von Billy Wilders »Manche mögen's heiß«. Pool, Sonnenterrasse, Tennisplätze, Restaurants, Shops und Bars. $$$$

Grande Colonial Hotel La Jolla
910 Prospect St., La Jolla, CA 92037
✆ (858) 454-2181 und 1-888-828-5498
www.thegrandecolonial.com
Elegantes Boutiquehotel mit 100-jähriger Tradition in bester Lage mit Ozeanblick: 93 Zimmer und Suiten, Pool. Renommiertes Restaurant **NINE-TEN** mit französisch inspirierter Küche und frischesten Zutaten, Bar und Terrasse. $$$$

Hotel Indigo
509 9th Ave., San Diego, CA 92101
✆ (619) 727-4000
www.hotelinsd.com
2009 eröffnet und in der Nähe vom Gaslamp Quarter gelegen. San Diegos erstes als nachhaltig zertifiziertes Hotel (LEED). $$$$

The US Grant Hotel
326 Broadway, San Diego, CA 92101
✆ (619) 232-3121
www.usgrant.net
1910 ursprünglich als extravagantes, städtisches Gegenstück zum Hotel Del erbaut. Heute *das* Nobelhotel von Downtown San Diego. $$$$

La Valencia Hotel
1132 Prospect St.
La Jolla, CA 92037
✆ (855) 476-6870
www.lavalencia.com
Traumhotel in Pink mit Ozeanblick. Verschachtelt und am Steilhang gebaut. Die Lobby befindet sich auf der 7. Etage (vom Meer aus gesehen). Stilvolles historisches Ambiente, hübsche Zimmer, schöne Ocean Villas (mit Butler-Service!), gutes Restaurant, einladende Terrasse (Lunch), Whirlpool, Pool, Sauna. $$$$

La Valencia Hotel in La Jolla

1906 Lodge
1060 Adella Ave., Coronado, CA 92118
✆ (866) 435-1906
www.1906lodge.com
Exklusives Hotel. Sehr geschmackvolles Interieur. Zwei Blocks vom Strand entfernt und ruhig gelegen. $$$$

Catamaran Resort Hotel
3999 Mission Blvd., San Diego, CA 92109
✆ (858) 488-1081
www.catamaranresort.com
Südseetouch: direkt an der Mission Bay und nur Schritte bis zum Pazifik. In der **Moray's Lounge** oft Livemusik. Pool, Fitnessräume, Bootsverleih und andere sportliche Angebote. $$$–$$$$

El Cordova Hotel
1351 Orange Ave., Coronado, CA, 92118
✆ (619) 435-4131
www.elcordovahotel.com
Mitten in Coronado Island, einen Block vom Strand entfernt. $$$

The Sofia Hotel
150 West Broadway, San Diego, CA 92101
✆ (619)234-9200 und 1-800-826-0009
www.thesofiahotel.com
Historisches Hotel im Gaslamp Quarter. Guter Standort für Sightseeing. $$$

Silver Strand State Beach
5000 Silver Strand Blvd./Hwy. 75
Coronado, CA 92118
✆ 1-800-444-7275
www.reserveamerica.com
Zwischen Imperial Beach und Coronado: Paradies für Campingfreunde mit (bewachtem) Superstrand zum Schwimmen und Laufen, Toiletten, Duschen, Picknickplatz, Feuerstellen. Geheimtipp für gestandene Brandungsfischer und kernige Muscheltaucher.

San Francisco

Hotel Adagio
550 Geary St., San Francisco, CA 94102
✆ (415) 775-5000
www.hoteladagiosf.com
Gediegen renovierter Oldtimer von 1929, Nähe Union Square: 171 geschmackvolle Zimmer bzw. Suiten, Restaurant und muntere Bar **Mortimer**. $$$$

Villa Florence
225 Powell St.
San Francisco, CA 94102-2205
✆ (415) 397-7700 und 1-888-838-8701
www.villaflorence.com
Komfortables Jahrhundertwende-Hotel: 182 Zimmer. Nebenan italienisches Restaurant **Kuleto's** und Weinbar. $$$$

Hotel Vitale
8 Mission St. (Embarcadero)
San Francisco, CA 94105
✆ (415) 278-3700, www.jdvhotels.com
Elegantes Hotel an der Bay (gegenüber dem Ferry Building mit Markt und Fähren), 200 Zimmer und Suiten, Restaurant (das **Americano** serviert leichte California Cuisine), Spa-Angebote und Fitnesseinrichtungen. Bester Blick von der Dachterrasse! $$$$

The White Swan Inn
845 Bush St.
San Francisco, CA 94108
✆ (415) 775-1755
www.whiteswaninnsf.com
Das kleine Hotel kombiniert den Charme eines englischen County Home mit dem hippen Look der 1960er Jahre. Fußläufig zum Union Square. Üppiges Frühstück inkl. $$$$

Hotel Triton
342 Grant Ave. (Nähe Union Sq.)
San Francisco, CA 94108
✆ (415) 394-0500
www.hoteltriton.com
Pfiffiges Design, frech und unterhaltsam. 140 Zimmer, Bar, Restaurant. $$$–$$$$

The Good Hotel
112 7th St., San Francisco, CA 94103
✆ (415) 621-7001 und 1-800-444-5819
www.haiyi-hotels.com/thegoodhotel
Grünes Hotel im SoMa-District (South of Market). $$$

The Petite Auberge
863 Bush St.
San Francisco, CA 94108
✆ (415) 928-6000
www.petiteaubergesf.com
Romantisches Boutiquehotel im französischen Landhausstil. Fußläufig zum Union Square. $$$

San Juan Capistrano

Laguna Cliffs Marriott Resort & Spa
25135 Park Lantern
Dana Point, CA 92629
✆ (949) 661-5000
www.lagunacliffs.com
Hoch über dem Meer: 378 Zimmer und 14 Suiten, Restaurant, Bar und Entertainment, zwei Pools, Sauna, Whirlpool, Tennisplätze, Fitnessraum, Fahrradverleih. $$$$

Best Western Capistrano Inn
27174 Ortega Hwy.
San Juan Capistrano, CA 92675
✆ (949) 493-5661
www.bestwestern.com
Typischer Best-Western-Standard, Pool, vier Blocks von der Mission entfernt. Kleines Frühstück inkl. $$–$$$

San Luis Obispo

Sycamore Mineral Springs
1215 Avila Beach Dr. (1 mi von US 101 entfernt)
San Luis Obispo, CA 93405
✆ (805) 595-7302
www.sycamoresprings.com
Enjoy & relax: intime Wellness-Oase zwischen San Luis Obispo und Strand. Jedes Zimmer mit eigenem Mineralbad. *Hot tubs*, Massagen, schöne Gärten, empfehlenswertes Restaurant **Gardens of Avila**. Frühstück inkl. $$$$

Inn at San Luis Obispo
1895 Monterey St.
San Luis Obispo, CA 93401
✆ (866) 597-0601
www.innatsanluisobispo.com
Angenehm – mit Pool. Kleines Frühstück inkl. $$–$$$

HI San Luis Obispo Hostel
1617 Santa Rosa St.
San Luis Obispo, CA 93401
✆ (805) 544-4678
www.hostelobispo.com
Gemütliches Hostel in schönem viktorianischen Haus. $

El Chorro Regional Park
Dairy Creek Rd. (5 mi auf SR 1 nördl. von San Luis Obispo)
✆ (805) 781-5930
www.slocountyparks.com
63 Plätze (ganzjährig) für RVs und Zelte, Brennholz, Wanderwege, Kinderspielplatz.

San Simeon

Best Western Plus Cavalier Oceanfront Resort
9415 Hearst Dr.
San Simeon, CA 93452
✆ (805) 927-4688 und 1-800-826-8168
www.cavalierresort.com
Beste Wahl weit und breit wegen der hervorragenden Lage – mit dem Ozean vor der Nase. Viele Zimmer mit Meerblick. Restaurant, Pools, Spa, Fitnessstudio, Waschsalon. $$$–$$$$

Ragged Point Inn
19019 Hwy. 1
Ragged Point, CA 93452
✆ (805) 927-4502 und 1-888-584-6374
www.raggedpointinn.com
Dramatisch nah am Abgrund mit spektakulärem Ausblick. Gute kalifornische Küche, Frühstück, Lunch und Dinner ($$–$$$). Bei gutem Wetter kann man draußen sitzen. Der hübsche Garten lädt zum Spaziergang. $$$–$$$$

San Simeon State Park Campground
500 San Simeon Creek Rd., SR 1 (5 mi südl. von Hearst Castle)
Cambria, CA 93428
✆ (805) 927-2070
www.parks.ca.gov
Einfach, ganzjährig: 115 Plätze für RVs und Zelte, Duschen, Toiletten, Brennholz, Strandzugang, Schwimmen und Angeln. $

Santa Barbara

Canary Hotel
31 W. Carrillo St.
Santa Barbara, CA 93101
✆ (805) 884-0300
www.canarysantabarbara.com
Luxuriöses Boutiquehotel, zentral gelegen in unmittelbarer Nähe zur State Street. Lounge auf dem Dach mit tollen Blicken über die Stadt. Restaurant **Finch & Fork**, Rooftop-Pool, Spa und Fitness. $$$$

Four Seasons Biltmore Hotel, Santa Barbara

Four Seasons Biltmore
1260 Channel Dr.
Santa Barbara, CA 93108
✆ (805) 969-2261
www.fourseasons.com/santabarbara
Eine der besten Hoteladressen Kaliforniens: schöne Gärten, kolonialspanische Architektur, traumhafte Lage am Meer. Gegenüber, direkt am Pazifik: der Coral Casino Club, der neben Sauna und anderen Wellnessangeboten einen Superpool *(Olympic size)* bietet. $$$$

The Upham Hotel
1404 De la Vina & Sola Sts.
Santa Barbara, CA 93101
✆ (805) 962-0058, www.uphamhotel.com
Geschmackvoller Viktorianer von 1871 inmitten blühender Gärten. 50 Zimmer und Suiten. Gutes kalifornisches Bistro **Louie's**. Frühstück. $$$$

Beach House Inn & Apartments
320 W. Yanonali St.
Santa Barbara, CA 93101
✆ (805) 966-1126
www.thebeachhouseinn.com
Familiär und sehr angenehm in ruhiger Lage: zwölf Zimmer, Studios und Apartments (mit Küche), zentraler Garten – in Strand- und Hafennähe. Kleines Frühstück inkl. $$$–$$$$

Hotel Milo
202 W. Cabrillo Blvd.
Santa Barbara, CA 93101
✆ (800) 965-9776
www.hotelmilosantabarbara.com
Boutiquehotel mit schönem Garten: 122 freundliche Zimmer direkt am Strand in Piernähe, Fitnessraum, Pool und Fahrradverleih. Frühstück inkl. $$$–$$$$

Marina Beach Motel
21 Bath St.
Santa Barbara, CA 93101
✆ 1-855-384-6321
https://marinabeachmotel.com
Ruhig gelegenes, geschmackvolles Motel, nur ein paar Schritte vom Strand. $$$

Carpinteria State Beach
205 Palm Ave.
Carpinteria, CA 93103
✆ (805) 968-1033 und 1-800-444-7275
Direkt am Meer: 85 Plätze, Duschen, bewachter Badestrand. **$**

Santa Cruz

Babbling Brook Inn
1025 Laurel St.
Santa Cruz, CA 95060
✆ (831) 427-2437
www.babblingbrookinn.com
Idyllisch gelegener, hübscher B&B von 1909 mit 13 Zimmern. Frühstück und Wein am Nachmittag inkl. $$$$

Dream Inn
175 W. Cliff Dr., Santa Cruz, CA 95060
✆ (844) 510-1746
www.dreaminnsantacruz.com
Designhotel in Strandlage (Cowell's Beach). Strandblick von jedem Zimmer. Pool, Restaurant **Aquarius**. $$$$

Carousel Beach Inn
110 Riverside Ave., Santa Cruz, CA 95060
✆ (831) 425-7090
www.carousel-beach-inn.com
Helle, freundliche Zimmer in Strandnähe. $$–$$$

Seacliff State Beach
201 State Park Dr. (5.5 mi südl. von Santa Cruz; SR 1, Exit State Park Ave.)
Aptos, CA 95003
✆ (831) 685-6500 und (831) 685-6444
www.parks.ca.gov
Staatlich, ganzjährig: 49 Plätze für RVs, Duschen, Brennholz, Maximum sieben Nächte. Am Strand kann man schwimmen, vom Pier aus angeln.

KOA Santa Cruz/Monterey Bay
1186 San Andreas Rd.
Watsonville, CA 95076
✆ (831) 722-0551 und 1-800-562-7701
www.koa.com/campgrounds/santa-cruz
50 Blockhütten und 230 Plätze in Strandnähe, gute Lage und Ausstattung, teils schattig, großer Pool. Möglichkeit zur Beobachtung von Walen und Seelöwen. $

Santa Maria

Historic Santa Maria Inn
801 S. Broadway, Santa Maria, CA 93454
✆ (805) 928-7777
www.santamariainn.com
Haus von 1917 und moderner Annex mit Pool und Fitnesscenter; beliebtes Restaurant **Garden Room** ($$) und Cocktail-Lounge. $$–$$$$

Santa Monica

Siehe Los Angeles.

Santa Rosa

The Gables Wine Country Inn
4257 Petaluma Hill Rd.
Santa Rosa, CA 95404
✆ (707) 585-7777
www.thegablesinn.com
Telefon gibt es nicht, aber ein wunderbares Frühstück. Das Bed & Breakfast mit acht Zimmern in einer restaurierten viktorianischen Villa gleich südlich von Santa Rosa liegt in der Nähe von mehr als 100 Weingütern. $$$–$$$$

Courtyard Santa Rosa
175 Railroad St., Santa Rosa, CA 95401
✆ (707) 573-9000
www.marriott.de
Gepflegte Anlage zentral in einer ruhigen Seitenstraße mit 138 Zimmern. Pool und Fitnessraum. $–$$$

Sea Ranch

Sea Ranch Lodge
60 Sea Walk Dr., Sea Ranch, CA 95497
✆ (707) 785-2371
www.searanchlodge.com
Ruhige Resortanlage in exklusiver privater Wohnsiedlung direkt am Pazifik mit Restaurant und Spa. $$$$

Sequoia and Kings Canyon National Park

Siehe auch Three Rivers, Fresno, Visalia.

Wuksachi Village & Lodge
64740 Wuksachi Way
Sequoia National Park, CA 93262
✆ 1-866-807-3598
www.visitsequoia.com
Nähe Südeingang des Parks und Lodgepole: schön gelegen (2200 m) mit Ausblicken auf die Berge, 102 Zimmer, Restaurant, Lounge. $$$–$$$$

John Muir Lodge
Grant Grove Village
Sequoia National Park, CA 93262
✆ (866) 807-3598
www.visitsequoia.com
Rustikale Herberge im Wald mit 36 Zimmern. $$–$$$

Sentinel Campground
Hwy. 180 (400 m vom Cedar Grove Village)
Cedar Grove, CA 93628
✆ (559) 565-3341
www.visitsequoia.com
April–Okt. geöffnet
Im Kings Canyon liegen verschiedene Campingplätze, von denen der Sentinel (82 Plätze) besonders schön ist. Abgesehen von der Lage unter den Bäumen mit Blick auf die sich verengende Schlucht. Fußläufig zum Visitor Center und zur Lodge; vom Parkplatz vor der Lodge gibt es einen direkten Zugang zum Kings River mit einer herrlichen Badestelle. Keine Reservierungen. *First come, first served.* $

Sausalito

Hotel Sausalito
16 El Portal (Bridgeway)
Sausalito, CA 94965
✆ (415) 332-0700
www.hotelsausalito.com
Boutiquehotel: angenehm, geschmackvoll, gleich beim Schiffsanleger. $$$–$$$$

HI Marin Headlands Hostel
Fort Barry Building 941

Sausalito, CA 94965
✆ (415) 331-2777, www.norcalhostels.org
Zimmer für Einzelpersonen, Familien und Gruppen. Selbstbedienungsküche, Waschsalon. $

Solvang

The Landsby
1576 Mission Dr., Solvang, CA 93463
✆ (805) 688-3121, www.thelandsby.com
Boutiquehotel mit eleganten Zimmern in skandinavischem Design und gutem Restaurant. $$$–$$$$

Sonoma

El Dorado Hotel
405 First St. W., Sonoma, CA 95476
✆ (707) 996-3030
www.eldoradosonoma.com
Historische Herberge an der Plaza, geschmackvoll eingerichtet. Zimmer mit Balkon und Frühstück unterm Feigenbaum. Beachtliches Restaurant **El Dorado Kitchen**. Pool. $$$$

Sonoma Hotel
110 W. Spain St., Sonoma, CA 95476
✆ (707) 996-2996, www.sonomahotel.com
Komfort und Geschichte (Baujahr 1872) vereint der historische Adobe-Bau an der Plaza mit 17 Zimmern, handgeschnitzter Bar, Kamin und vielen Antiquitäten. Französisch inspirierte Küche im **The Girl and the Fig**. Kleines Frühstück. $$$–$$$$

Dänische Folklore in Solvang

Sonora/Arnold

Gunn House Hotel
286 S. Washington St., Sonora, CA 95370
✆ (209) 532-3421
www.gunnhousehotel.com
Gut geführter historischer Inn. $$–$$$

Mother Lode Fair
220 Southgate Dr., zwei Blocks südl. von Downtown, Nähe SR 49
Sonora, CA 95370
✆ (209) 532-7428
www.motherlodefair.org
Gute Ausstattung, ganzjährig geöffnet; RV und Zelte.

Three Rivers

Western Holiday Lodge
40105 Sierra Dr. (Hwy. 198, am Ortsrand)
Three Rivers, CA 93271
✆ (559) 561-4119 und 1-888-523-9291
www.westernholidaylodge.net
Simples Motel am Kaweah River. Pool. $–$$$

Twentynine Palms

Siehe auch Joshua Tree National Park.

29 Palms Inn
73950 Inn Ave., Twntynine Palms, CA 92277
✆ (760) 367-3505
www.29PalmsInn.com
Wunderbare Oase mit Adobe-Bungalows in der Nähe zum nordöstlichen Eingang des Joshua-Tree-Nationalparks. Außerdem sehr nettes Restaurant (Lunch, Dinner). Pool. $$–$$$

Ventura

Best Western Plus Inn of Ventura
708 E. Thompson Blvd., Ventura, CA 93001
✆ (805) 648-3101
Zentral gelegen. Guter Best-Western-Standard. $$–$$$

Victorian Rose B&B
896 E. Main St., Ventura, CA 93001
✆ (805) 641-1888
www.victorianroseventura.com
Die ehemalige, mehr als 120 Jahre alte Kirche dient heute als B&B. Frühstück inkl. $$–$$$

Emma Wood State Beach
W. Pacific Coast Hwy. (4 mi von Ventura, westl. auf Pacific Coast Hwy., Exit State Beach; von Santa Barbara aus kommend, Exit Seacliff)
Ventura, CA 93003
✆ (805) 968-1033
www.parks.ca.gov, Reservierung nur Mitte Mai–Sept.
Bewachter Badestrand, Schwimmen, Surfen, Angeln. Radwege. 90 Plätze, keine Zelte, sehr einfache Ausstattung (chemische Toiletten, keine Duschen, kein Trinkwasser.

Visalia

The Spalding House Bed & Breakfast Inn
631 N. Encina St. (Downtown)
Visalia, CA 93291
✆ (559) 739-7877
www.thespaldinghouse.com
Ehemals Traumhaus eines Holzbarons (1901), heute B&B mit drei geschmackvollen Gästezimmern und schöner Veranda. $$

Yosemite National Park

Siehe auch Fish Camp, Lee Vining, Mariposa und Midpines.

Generelle Info zu Unterkunft für die nachfolgenden Hotels:
✆ (801) 559-4884, www.yosemitepark.com
Zur Reservierung weiterer **Campingplätze** im Park (z.B. Tuolumne Meadows): ✆ (518) 885-3639 und 1-877-444-6777.

Ahwahnee Hotel
1 km östl. vom Village
Yosemite Valley, CA 95389
Chalet-Eleganz (von 1927) am Granitfelsen mit 123 Zimmern und 24 Cottages. Besonders eindrucksvoll: der Speisesaal des Restaurants ($$$) und die opulente Lobby. Bar, Pool, Tennisplätze, Reservierung ratsam. Wer einen Zusatztag im Park einlegt, kann hier eventuell frühstücken. Ideale Bleibe auch an Wintertagen, wenn es im Tal ruhiger ist – Gourmettreffs, Weinabende und klassische Musikprogramme. $$$$

Ahwahnee Hotel im Yosemite Valley

Wawona Hotel
S 41, 43 km südl. vom Yosemite Valley
Yosemite National Park, CA 95389
Zwischen Thanksgiving und Mitte Dez. geschl.; Jan.–März nur an Wochenenden geöffnet; bis 2017 wegen Restaurierung geschl.
Weiß und grün getüncht, geruhsam, schattige Veranden – seit 1859. Restaurant ($$), Pool, Golf- und Tennisplatz. Kein Telefon. Shuttle zur nahen Mariposa Grove, im Sommer Bus zum Yosemite Village. Beliebt: von der Terrasse aus dem Sonnenuntergang zusehen. $$$–$$$$

Yosemite Lodge at the Falls
9004 Yosemite Lodge Dr.
Yosemite Valley, CA 95389
Am Fuß der Yosemite Falls. Urige Cabins im Motelstil, Cafeteria, Pool, Radverleih. $$$

Curry Village
Yosemite Valley
Yosemite National Park, CA 95389

18 Motelzimmer, 56 Cabins mit und 14 Cabins ohne privates Bad. Außerdem Zelte, Cafeteria und ein Pool. Lagerfeuer sind nicht erlaubt. $$–$$$

Wawona Campground
S 41, 43 km südl. von Yosemite Valley
Yosemite National Park, CA 95389
✆ 1-877-444-6777, www.nps.gov/yose
Ganzjährig – im Sommer nach dem Prinzip *first come, first served.* $

COLORADO

Cortez

Baymont Inn & Suites
2321 E. Main St., Cortez, CO 81321
✆ (970) 565-3400 und 1-866-348-6112
www.baymontinns.com
140 Zimmer, Pool, Whirlpool, Waschsalon. Kleines Frühstück inkl. $–$$

Retro Inn at Mesa Verde
2040 E. Main St.
Cortez, CO 81321
✆ (970) 565-3738
www.retroinnmesaverde.com
Kleines, freundliches Motel (40 Zimmer) am Ostausgang der Stadt im Retro-Design. Geräumige einfache Zimmer, meist mit Microwelle, Kühlschrank und Kaffeemaschine ausgestattet. Mesa Verde ist gleich um die Ecke, Four Corners ist eine Autostunde entfernt. $–$$

Cortez/Mesa Verde KOA
27432 E. Hwy. 160, 3 km östl. von Cortez und 12 km westl. des Mesa Verde National Park
✆ (970) 565-9301 und 1-800-562-3901
www.koa.com/campgrounds/cortez
1. April–15. Okt. geöffnet
Groß und privat, 78 Plätze, 28 *full hookups,* beheizter Pool.

Denver

The Brown Palace Hotel
321 17th St., Denver, CO 80202
✆ (303) 297-3111
www.brownpalace.com
Nobles Downtown-Hotel mit prachtvoller Lobby von 1892. 241 Zimmer und Suiten, Edelrestaurant **Palace Arms**, Fitnessraum. $$$$

Courtyard Marriott Denver Downtown
934 16th St.
Denver, CO 80202
✆ (303) 571-1114
www.marriott.com
Angenehm und zentral: 177 Zimmer und Suiten, Restaurant, Cocktailbar, Pool, Whirlpool, Fitnessraum, Waschsalon. $$$–$$$$

Hotel Monaco
1717 Champa St.
Denver, CO 80202
✆ (303) 296-1717 und 1-800-990-1303
www.monaco-denver.com
Neu erbautes Downtown-Hotel mit eleganter Atmosphäre und freundlichen 178 Zimmern und 11 Suiten. Italienisches Restaurant **Panzano** ($$), Fitnessraum. $$$–$$$$

Denver East/Strasburg KOA
1312 Monroe St. (I-70, Exit 310)
Strasburg, CO 80136
✆ (303) 622-9274 und 1-800-562-6538
www.koa.com/campgrounds/denver-east
Ganzjährig Stellplätze für RVs und Zelte; Cabins. Snackbar, Pool, Sauna, Kabel-TV, Fahrradverleih. $

Durango

Historic Strater Hotel
699 Main Ave. & 7th St.
Durango, CO 81301
✆ (970) 247-4431 und 1-800-247-4431
www.strater.com
Seit 1887: viktorianischer Prachtbau mit 93 gemütlichen Zimmern, zünftigem **Diamond Belle Saloon** (Honky-Tonk-Männer spielen Ragtime am Klavier), gediegenem Restaurant **Mahogany Grille** und kleinem Vaudeville-Theater. $$$–$$$$

Iron Horse Inn
5800 N. Main Ave., Durango, CO 81301
✆ (970) 259-1010 und 1-800-748-2990
www.ironhorseinndurango.com
141 Suiten mit Restaurant, Pool, Sauna, Whirlpool, Fitnessraum, Waschsalon. Kleines Frühstück inkl. $–$$

Durango KOA
30090 S. Hwy. 160 E. (7 mi östl. von Durango)
✆ (970) 247-0783 und 1-800-562-0793
www.koa.com/campgrounds/durango
1. Mai–15. Okt. geöffnet
Privater Campground für RVs und Zelte. Cabins, Snackbar, Pool. $

Ignacio

Sky Ute Casino Resort
14324 CO-172, Ignacio, CO 81137
✆ (970) 563-7777, www.skyutecasino.com
Modernes Kasinohotel im kleinen Hauptort der Southern Ute Reservation. $–$$

Mancos

Sundance Bear Lodge
11555 Rd. 39, Ecke Hwy. 184
Mancos, CO 81328
✆ (970) 533-1504
www.sundancebear.com
Sympathischer B&B in günstiger Lage zu Mesa Verde, Durango und Silverton. Heißer Pool und viel frische Luft. $$$–$$$$

Mesa Verde National Park

Siehe auch Cortez, Mancos.

Far View Lodge
MM 15
Mesa Verde National Park, CO 81328
✆ (970) 564-4300 und 1-800-449-2288
www.visitmesaverde.com
Mitte April–Mitte Okt.
Im Nationalpark: einfache Zimmer (mit Balkon und Blick, kein TV, kein Telefon), gutes Restaurant **Metate Room**. $$–$$$

Ouray

Best Western Twin Peaks Lodge & Hot Springs
125 3rd Ave. (an der Straße zu den Box Canyon Falls)
Ouray, CO 81427-0320
✆ (970) 239-4715 und 1-800-207-2700
www.twinpeakslodging.com
April–Okt. und Jan./Feb. geöffnet
49 Räume, großes Grundstück. Heiße Mineralquellen speisen die Warmwasserpools. Waschsalon. $$–$$$

Saint Elmo Hotel
426 Main St.
Ouray, CO 81427
✆ (970) 325-4951
Neun Zimmer, Restaurant, Sauna, Whirlpool. $$–$$$

Silverton

The Wyman Hotel & Inn
1371 Green & 14th Sts.
Silverton, CO 81433
✆ (877) 504-5272
www.thewyman.com
Altmodischer Bed & Breakfast Inn, in dem die Zeit stehen geblieben scheint. Gutes Frühstück, nachmittags Tee und Gebäck, *social hour* am frühen Abend mit Käse und Wein. $$–$$$

Telluride

New Sheridan Hotel
231 W. Colorado Ave.
Telluride, CO 81435
✆ (970) 728-4351 und 1-800-200-1891
www.newsheridan.com
Charmanter roter Bau mit 26 eleganten Zimmern und Suiten mitten in der Stadt. Restaurant, urige Bar, Jacuzzi, Fitnessraum, Waschsalon. Frühstück inkl. $$$$

Victorian Inn
401 W. Pacific Ave.
Telluride, CO 81435
✆ (970) 728-6601 und 1-800-611-9893
www.victorianinntelluride.com
Zentral gelegenes Hotel mit kürzlich renovierten, schönen Zimmern. Sauna im Winter. $$–$$$

NEW MEXICO

Alamogordo

White Sands Motel
1101 S. White Sands Blvd.
Alamogordo, NM 88310
✆ (575) 437-2922

www.whitesandsmotel.biz
Kleines, unabhängiges Hotel mit 25 Zimmern. Vier Meilen vom Space Museum und zwölf Meilen vom White Sands National Monument entfernt. Kleines Frühstück und Wi-Fi inkl. $–$$

Albuquerque

Hyatt Regency Tamaya Resort and Spa
1300 Tuyuna Trail
Albuquerque, NM 87004
✆ (505) 867-1234
www.tamaya.regency.hyatt.com
Wunderbare Resortanlage auf dem Areal des Santa Ana Pueblo, nicht weit vom Rio Grande und 30 Autominuten nördlich von Albuquerque. Pool, Spa, Fitness, tolle Restaurants, Ausritte. $$$–$$$$

Best Western Plus Rio Grande Inn
1015 Rio Grande Blvd. NW
Albuquerque, NM 87104
✆ (505) 843-9500
www.riograndeinn.com
Gut geführtes modernes Kettenhotel nicht weit von Old Town. Bar, Grill, Pool, Wi-Fi. $$–$$$

Albuquerque KOA
12400 Skyline Rd. NE
Albuquerque, NM 87123
✆ (505) 296-2729
www.koa.com/campgrounds/albuquerque
Gut ausgestatteter Campingplatz für riesige RVs oder Zelte östlich von Albuquerque und nahe der I-40. Minigolfanlage, Pool, Wi-Fi. $

Carlsbad

The Trinity Hotel & Restaurant
201 S. Canal St.
Carlsbad, NM 88220
✆ (575) 234-9891
www.thetrinityhotel.com
Kleines Boutiquehotel mit neun Zimmern in altem Gebäude, aber mit Wi-Fi, dazu schickes Restaurant mit amerikanischer Küche. $$–$$$

Farmington

Courtyard Farmington
560 Scott Ave., Farmington, NM 87401
✆ (505) 325-5111, www.marriott.com
Modernes Kettenhotel mit gutem Standard, Pool, Wi-Fi inkl. $–$$$

Gallup

El Rancho Hotel
1000 E. Route 66, Gallup, NM 87301
✆ (505) 863-9311
www.route66hotels.org
Hotelklassiker an der Route 66 mit Südwest-Atmosphäre. Gleiches gilt für das Restaurant, das auch einen John Wayne Burger serviert. $–$$

Roswell

Fairfield Inn & Suites Roswell
1201 N. Main St., Roswell, NM 88201
✆ (575) 624-1300
www.marriott.de
Modernes Kettenhotel mit gut ausgestatteten Räumen, Pool, Wi-Fi und Frühstück inkl. $$–$$$

Santa Fe

The Inn of the Five Graces
150 E. De Vargas St.
Santa Fe, NM 87501
✆ (505) 992-0957
www.fivegraces.com
Adobe-Unterkunft vom Feinsten. Luxuriös, aber ohne zu protzen. Fitnessraum, Spa, **315 Restaurant & Wine Bar** gleich gegenüber. $$$$

Inn on the Alameda
303 E. Alameda St. (am Santa Fe River, Nähe Canyon Rd.)
Santa Fe, NM 87501
✆ (505) 984-2121 und 1-888-984-2121
www.innonthealameda.com
Sehr »Santa Fe-isch«: intimer Inn im Pueblo-Stil. Geschmackvolle Zimmer, viele mit Kamin, Balkon oder Patio. Fitnessräume, Massage, Jacuzzi und Spa. Buntes (uname-rikanisches) Frühstücksbuffet, nachmittags

El Santuario de Chimayo südlich von Santa Fe

Wein und Käse. $$$–$$$$

La Fonda
100 E. San Francisco St.
Santa Fe, NM 87501
✆ (505) 982-5511und 1-800-523-5002
www.lafondasantafe.com
Historische Herberge am Ende des Santa Fe Trail gegenüber der Plaza: hübsche Zimmer, malerischer Speisesaal, **Fiesta Lounge** (oft mit Livemusik), Pool, Garage. $$$–$$$$

Hotel Santa Fe, The Hacienda & Spa
1501 Paseo de Peralta
Santa Fe, NM 87501
✆ (855) 825-9876
www.hotelsantafe.com
Das einzige Hotel der Stadt in indianischer Hand. Im Santa Fe Railyard Distrikt gelegen und ca. 10 Gehminuten von der Plaza entfernt. 128 Zimmer und 35 weitere Suiten in der Hazienda. Großer Spa-Bereich. Restaurants. $$$–$$$$

El Rey Inn
1862 Cerrillos Rd.
Santa Fe, NM 87505
✆ (505) 982-1931
www.elreyinnsantafe.com
Motel mit Pool und Frühstücksraum, schöne Gartenanlagen und Frühstück. $$–$$$

Viele kleinere und preiswertere Motels findet man entlang von Cerrillos Rd. ($$).

Los Suenos De Santa Fe RV Resort & Campground
3574 Cerrillos Rd., 5 mi südwestl. des Zentrums, Santa Fe, NM 87507
✆ (505) 473-1949
www.lossuenosrv.com
Baumbestandener Platz. 95 Plätze, Grillplatz, Pool. $

Taos

American Artists Gallery House Bed & Breakfast
132 Frontier Rd., Taos, NM 87571
✆ (800) 532-2041
www.taosbedandbreakfast.com
Stilvolle Unterkunft mit Bergblick und neun Zimmern. An den Wänden hängt Kunst aus Taos und Umgebung. Einige Zimmer mit Whirlpool und Kamin. Frühstück und Wi-Fi inkl. $$–$$$

Dreamcatcher Bed and Breakfast
416 La Lomita Rd., Taos, NM 87571
✆ (575) 758-0613, www.dreambb.com
Romantische Herberge etwa einen Kilometer westlich der Plaza. Romantische Zimmer, einige mit Kamin, üppiges Frühstück und Morgenzeitung inkl. $$–$$$

Truth or Consequences

Sierra Grande Lodge & Spa
501 McAdoo St.
Truth or Consequences, NM 87901
✆ (877) 288-7637
www.tedturnerexpeditions.com
Elegantes Western-Flair in neo-rustikalem Chic. Spa mit ganzheitlichem Ansatz. Gehört zur Firmengruppe Ted Turner Expeditions des Milliardärs und CNN Gründers. $$–$$$$

NEVADA

Las Vegas

Aria
3730 Las Vegas Blvd. S.
Las Vegas, NV 89109
✆ (702) 590-7111 und 1-866-359-7757
www.aria.com
Elegant, technisch perfekt und ökobewusst: ein schickes Kasinohotel der neuesten Generation. $$$–$$$$

Cosmopolitan
3708 Las Vegas Blvd. S.
Las Vegas, NV 89109
✆ (702) 698-7000 und 1-877-551-7778
www.caesars.com/flamingo-las-vegas
Ultrachic und ganz zentral am Strip. 3000 Zimmer, teils mit Blick auf die Wassershow im Bellagio nebenan. Hervorragende Restaurants, Pool und Spa. $$$–$$$$

Caesars Palace
3570 Las Vegas Blvd. S.
Las Vegas, NV 89109
✆ 1-866-227-5938, www.caesarspalace.com
Das 1966 als erstes Themenhotel in Las Vegas eröffnete Haus umfasst Kasinos, Pools, Tennisplätze, Wellness- und Fitnessangebote, diverse Restaurants und eine aufwendige Shopping Mall. $$–$$$$

Rio All-Suite Hotel & Casino
3700 W. Flamingo Rd.
Las Vegas, NV 89103
✆ 1-866-746-7671
www.caesars.com/rio-las-vegas
Romantische Bleibe für Flitterwöchner: 2500 luxuriöse Suiten, Pool mit echtem Sandstrand, Kasino, Restaurants. Die Cocktail-Serviererinnen könnten glatt als Showgirls auftreten. Und: angeblich das beste All-you-can-eat-Buffet in Las Vegas. $$–$$$$

Kasinohotel Flamingo Las Vegas

Westgate Las Vegas Resort & Casino
3000 Paradise Rd.
Las Vegas, NV 89109
✆ (702) 732-5111 und 1-888-732-7117
www.westgatedestinations.com
3174 Zimmer, Superpool und ein Dutzend Restaurants. Abseits des Strip, aber gut für Kongressbesucher. $$–$$$$

Flamingo Las Vegas
3555 Las Vegas Blvd. S., Las Vegas, NV 89109
✆ (702) 733-3111
www.flamingolasvegas.com
Kasinohotel mit 3565 Zimmern. Alle Spuren des berüchtigten Gründervaters »Bugsy« Siegel sind getilgt. Fitnessräume, klasse Pool, Restaurants. $$–$$$

The LINQ Hotel & Casino
3535 Las Vegas Blvd. S.
Las Vegas, NV 89109
✆ 1-800-634-6441, www.caesars.com/linq
Aufwendig modernisierte Hotelanlage mit frischem Design, eigener Shoppingmeile und Riesenrad. $$–$$$

Circus Circus Las Vegas Hotel, Resort and Casino
2880 Las Vegas Blvd. S.
Las Vegas, NV 89109
✆ (702) 734-0410 und 1-800-634-3450
www.circuscircus.com
Grell, aber preiswert und familienorientiert (3770 Zimmer). Heiratskapelle. $–$$

El Cortez Hotel & Casino
600 E. Fremont St. (6th St.)
Las Vegas, NV 89101
✆ (702) 385-5200 und 1-800-634-6703
www.elcortezhotelcasino.com
1940er-Jahre-Hotel mit 308 Zimmern und Suiten. Ordentlich. $–$$

Circus Circus RV Park
500 Circus Circus Dr., Las Vegas, NV 89109
✆ 1-800-444-2472, www.circuscircus.com
170 Plätze mit *full hookups*, Pool, Jacuzzi, Kiosk, Waschsalon beim Circus-Circus-Kasino. $

Stateline
Siehe auch Lake Tahoe.

Harrah's Lake Tahoe
15 US 50 (Staatsgrenze)
Stateline, NV 89449
✆ (775) 588-6611 und 1-800-427-7247
www.caesars.com/harrahs-tahoe
Nummer eins der Hotel- und Kasinobranche vor Ort. 24-Stunden-Betrieb mit acht Restaurants/Coffee Shops. $$$–$$$$

Harvey's Casino & Resort
US 50 & Stateline Ave., Stateline, NV 89449
✆ (775) 588-6611
www.caesars.com/harveys-tahoe
Kasinohotel (740 Zimmer), Restaurants und Coffee Shop – rund um die Uhr. Pool, Whirlpool, Fitnessraum, Waschsalon. $$$–$$$$

UTAH

Arches National Park
Siehe Moab.

Bicknell

Aquarius Inn
292 W. Main St., Bicknell, UT 84715-0304
✆ (435) 425-3835 und 1-800-833-5379
www.aquariusinn.com
Motel, Restaurant, Campingplatz, Waschsalon. $

Sunglow Motel & Restaurant
91 E. Main St., Bicknell, UT 84715
✆ (435) 425-3821
Einfach und sehr preiswert. $

Bryce Canyon National Park
Siehe auch Panguitch, Hatch und Tropic.

Bryce Canyon Lodge
Hwy. 63
Bryce Canyon National Park, UT 84764
✆ 1-877-386-4383
www.brycecanyonforever.com
April–Mitte Okt. geöffnet
Lodge (Baujahr 1924) im Nationalpark mit 114 Motelzimmern, rustikalen Cabins und Suiten; großer Speisesaal in schwerer Holz- und Steinarchitektur, Souvenirshop, Tourangebote, Ausritte (zweistündig zum Canyongrund oder Halbtagsritt durch den Canyon einschließlich **Peek-a-Boo-**Wanderweg, ✆ 435-679-8665). Waschsalon. $$$–$$$$

Best Western Ruby's Inn
26 S. Main St. (2 km vor dem Parkeingang)
Bryce Canyon, UT 84764
✆ (435) 834-5341 und 1-866-866-6616
www.rubysinn.com
Ganzjähriges Ferienmotel mit Restaurant, Pool, Campingplatz (*hookups*, Duschen und Waschsalon, April–Okt.). Preise je nach Saison. $$$

Bryce Canyon Pines Motel & RV Park/Campground
Hwy. 12, MM 10, Bryce Canyon, UT 84764
✆ 1-800-892-7923
www.brycecanyonmotel.com
Solides Motel einige Minuten nördlich des Parkeingangs. Restaurant, Kiosk, Waschsalon, Pferdeverleih. Campground. $–$$$

Ruby's Inn RV Park & Campground
300 S. Main Hwy. 63, Bryce Canyon, UT 84764
✆ 1-866-878-9373
www.brycecanyoncampgrounds.com
April–Okt. geöffnet
Großer Privatplatz am Parkeingang.

Canyonlands National Park
Siehe Moab, Monticello.

Capitol Reef National Park
Siehe Bicknell, Torrey.

Cedar Breaks National Monument
Siehe Hatch.

Hatch

Riverside Resort
594 Hwy. 89, 1,5 km nördl. von Hatch
Hatch, UT 84735
✆ (435) 735-4223 und 1-800-824-5651
Einfaches Motel mit Campingplatz am Fluss. Gut ausgestattet mit Badegelegenheit, Spielplatz, Waschautomaten, Shop. $–$$

Mexican Hat/Natural Bridges N.M.

Valley Of The Gods B&B
Valley of the Gods Rd., 0.5 mi von SR 261
Mexican Hat, UT 84531
✆ (970) 749-1164
Hübscher Inn in altem Ranchhaus. Mit Frühstück. Picknick für Touren erhältlich. $$$

San Juan Inn & Trading Post
US 163, Mexican Hat, UT 84531
✆ (435) 683-2220 und 1-800-447-2022
www.sanjuaninn.net
Ordentliche 37 Zimmer am gleichnamigen Fluss an der Brücke. Restaurant, Cocktails, Fitnessraum, Waschsalon. $$

Moab/Arches/Canyonlands N.P.

Castle Valley Inn
424 Amber Lane, Moab, UT 84532
✆ (435) 259-6012 und 1-888-466-6012
www.castlevalleyinn.com
Landschaftlich reizvoll und ruhig gelegener B&B. Rasen und Obstgärten vor spektakulärer Bergszenerie. Acht Zimmer, einige mit Küche. Whirlpool. Frühstück inkl. $$$–$$$$

Sunflower Hill
185 N. 300 East, Moab, UT 84532
✆ (435) 259-2974 und 1-800-662-2786
www.sunflowerhill.com
Gefälliges historisches Landhaus mit Garten. Whirlpool. Kein Telefon. Mit Frühstück. $$$–$$$$

Best Western Greenwell Inn
105 S. Main St., Moab, UT 84532
✆ (435) 259-6151, www.bestwestern.com
Zentral: 72 Zimmer, Pool, Spa, Waschsalon und Fitnessraum. $$–$$$

Kokopelli Lodge
72 S. 100 E. (Downtown), Moab, UT 84532
✆ (435) 259-7615 und 1-888-530-3134
www.kokopellilodge.com
Einfach: acht Zimmer, Whirlpool. $–$$

Lazy Lizard International Hostel
1213 S. Hwy. 191, Moab, UT 84532
✆ (435) 259-6057
www.lazylizardhostel.com
18 Räume, Duschen, Gemeinschaftsküche, Waschautomaten. Auch Einzelzimmer. $

Canyonlands National Park
2282 S.W. Resource Blvd., Moab, UT 84532
✆ (435) 719-2313 und 1-877-444-6777
www.nps.gov/cany
Campgrounds im nördlichen Teil (Island In The Sky) Willow Flat, im südlichen Teil Squaw Flat.

Fisher Towers Recreation Site
SR 128, zwischen Cisco und Moab
✆ (801) 539-4133
Gut angelegter Campground am Ende einer Stichstraße, Wasseranschluss, Startplatz für Wander- und Klettertouren.

Moab KOA
3225 S. Hwy. 191 (südl. der Stadt)
Moab, UT 84532
✆ 1-800-562-0372, www.koa.com/campgrounds/moab
Mitte März–Okt. geöffnet
Schattig und friedlich, Pool.

Monticello/Canyonlands N.P.

Rodeway Inn
649 N. Main St., Monticello, UT 84535
✆ (877) 424-6423, www.choicehotels.com
Modernes Kettenmotel am Nordende der Stadt, mit Pool. $$–$$$

The Grist Mill Inn
64 S. 3rd East, Monticello, UT 84535
✆ (435) 587-2597
www.oldgristmillinn.com
Ehemalige Getreidemühle aus der vorletzten Jahrhundertwende – fein hergerichtet: sieben Zimmer, Whirlpool, großes Frühstück. $–$$

Monument Valley

Siehe auch Kayenta, AZ.

Goulding's Trading Post & Lodge
1000 Main St. (2 mi westl. von US 163, nahe der Grenze zu Arizona)
Monument Valley, UT 84536
✆ (435) 727-3231, www.gouldings.com
Mit Monument-Valley-Panorama. 73 Zimmer, Pool, Waschsalon, Restaurant, Museum. Auch Campingplatz: **Goulding's Monument Valley RV Park**, ✆ (435) 727-3235. $$$–$$$$

The View Hotel
Monument Valley Tribal Park, UT 84536
✆ (435) 727-5555
www.monumentvalleyview.com
Modernes Hotel mitten im Monument Valley, im Besitz der Navajo. Grandioser Panoramablick auf die Mitten-Tafelberge. Möglichst einige Monate vorab reservieren. $$$

The View Campground
Monument Valley, UT 84536
✆ (435) 727-5802
www.monumentvalleyview.com
Etwas staubiger Reservatscampingplatz mit grandiosen Ausblicken, direkt neben dem Visitor Center. Im Sommer Wochen vorher reservieren.

Natural Bridges National Monument

Siehe Mexican Hat.

Panguitch

Color Country Motel
526 N. Main St. (Hwy. 89)
Panguitch, UT 84759
✆ (435) 676-2386 und 1-800-225-6518
panguitch.com
Sauber, einfach und preiswert: 26 Zimmer, Pool (Juni–Okt.), Whirlpool. $–$$

Marianna Inn
699 North Main St., Panguitch, UT 84759
✆ (435) 676-8844
www.mariannainn.com
Individuell geführtes Motel an der Hauptstraße, einige Zimmer im Blockhausstil. Dazu für alle Gäste ein Gemeinschaftsgrill fürs selbstgebrutzelte Steak. $–$$

Springdale/Zion N.P.

Cliffrose Lodge & Gardens
281 Zion Park Blvd., Springdale, UT 84767
✆ (435) 772-3234 und 1-800-243-8824
www.cliffroselodge.com
Schöner Garten und Wiese, 40 Zimmer, Pool, Whirlpool, Waschsalon. Kurzer Fußweg zum Eingang des Zion-Nationalparks und Shuttlebus. $$$$

Desert Pearl Inn
707 Zion Park Blvd.
Springdale, UT 84767

Monument Valley – Navajo-Land in Arizona und Utah

✆ (435) 772-8888 und 1-888-828-0898
www.desertpearl.com
61 schicke Zimmer mit Kitchenette. $$–$$$$

Flanigan's Inn & Spotted Dog Cafe
450 Zion Park Blvd.
Springdale, UT 84767
✆ (435) 772-3244 und 1-800-765-7787
www.flanigans.com
Ruhig, 33 Zimmer und Suiten, Pool, Whirlpool und Restaurant ($$). Fahrradverleih. Kleines Frühstück inkl. $$–$$$$

Driftwood Lodge
1515 Zion Park Blvd.
Springdale, UT 84767
✆ (435) 772-3262
www.driftwoodlodge.net
Still und angenehm in Flussnähe: 47 geräumige Zimmer, Pool, Whirlpool. Kleines Frühstück inkl. $$$

Under The Eaves
980 Zion Park Blvd., Springdale, UT 84767
✆ (435) 772-3457
www.undertheeaves.com
Einfach, aber gemütlich. Kleiner Garten, großes Frühstück. $$–$$$

Zion Canyon Campground
479 Zion Park Blvd.
Springdale, UT 84767
✆ (435) 772-3237

www.zioncamp.com
Schön gelegener privater RV Park und Zeltplatz mit Duschen, Pool, Waschautomaten, Spielplatz und Pizzarestaurant. Motelzimmer, Cabins (Quality Inn, $$–$$$).

Zion River Resort RV Park & Campground
551 E. Hwy. 9, Virgin, UT 84779
✆ (435) 635-8594 und 1-888-822-8594
www.zionriverresort.com
Gepflegt und sauber am Highway und Fluss zwischen Virgin und Zion: *full hookups*, Pool, Spielplatz, Waschautomaten, 84 RV-Plätze, Zelte, Cabins.

Torrey/Capitol Reef N.P.

Rim Rock Inn
2523 Hwy. 24 E., Torrey, UT 84775
✆ (435) 425-3398 und 1-888-447-4676
www.therimrock.net
Schon älteres, aber renoviertes Motel in grandioser Lage mit 360-Grad-Rundblick über die Westseite des Capitol Reef. Restaurant und Terrasse. $$

Capitol Reef Inn & Cafe
360 W. Main St.
Torrey, UT 84775
✆ (435) 425-3271, www.capitolreefinn.com
Kleines, angenehmes Motel mit Restaurant und Buchhandlung. $–$$

Schattige Parkherberge: Zion Lodge

Tropic/Bryce Canyon N.P.

Stone Canyon Inn
1380 W. Stone Canyon Lane
Tropic, Utah 84776
✆ (435) 679-8611 und 1-866-489-4680
www.stonecanyoninn.com
Gepflegter Country-Inn mit nur sechs Zimmern am Fuß der Klippen von Bryce Canyon. $$$–$$$$

Bullberry Inn B&B
412 S. Hwy. 12, Tropic, Utah 84776
✆ (435) 669-6405, bullberryinn.com
Idyllisch gelegenes Bed & Breakfast mit gemütlichen Zimmern und gutem Frühstück. $$$

Bryce Canyon Inn
21 N. Main St., Tropic, UT 84776
✆ (435) 679-8502 und 1-800-592-1468
www.brycecanyoninn.com
Gemütliche Blockhütten und Motelzimmer. Restaurant und Ausritte mit Pferd oder Maultier. $$–$$$

America's Best Value Inn
199 N. Main St., Tropic, UT 84776
✆ (435) 679-8813 und 1-888-315-2378
www.americasbestvalueinn.com
Einfaches Kettenmotel, sauber und gut geführt. $$

Bryce Pioneer Village
80 S. Main St., Tropic, UT 84776
✆ (435) 679-8546
www.brycepioneervillage.com, April–Okt.
Mehrere Western-Cabins im rustikalen Blockhüttenstil, die auf einem schön begrünten Gelände verteilt sind. Restaurant mit abendlicher Wildwest-Show im Sommer. $$

Zion National Park
Siehe auch Springdale.

Zion Lodge
Zion National Park, UT 84767
✆ (435) 772-7700 und 1-888-297-2757 (Reservierung), www.zionlodge.com
Begehrte schattige Parkherberge (ganzjährig), rustikale Hütten, geräumige Zimmer, Restaurant (Frühstück, Lunch und Dinner), Pferdeverleih. In der Hauptreisezeit Reservierung der Lodge vier bis sechs Monate im Voraus empfohlen. Gäste dürfen auch in der Hochsaison mit dem eigenen Auto anreisen. $$–$$$$

SERVICE VON A BIS Z

Anreise, Einreise

Zur Einreise in die USA benötigen Besucher aus Deutschland, Österreich und der Schweiz **(auch Babys und Kinder)** einen **maschinenlesbaren Pass**, der mindestens bis zum Ende der geplanten Reise gültig sein muss. Für deutsche Staatsangehörige ist nur der rote Europapass zulässig. Vorläufige Reisepässe, Kinderausweise, -pässe oder Einträge in den Reisepässen der Eltern werden nicht mehr akzeptiert. Das gilt jedoch nicht für Reisende, die ein US-Visum besitzen.

USA-Reisende ohne Visum müssen mindestens 72 Stunden vor Reiseantritt online eine **ESTA-Genehmigung** *(Electronic System for Travel Authorization)* beantragen, auch für Kinder, am besten über https://esta.cbp.dhs.gov/esta. Dafür ist ein Fragebogen mit persönlichen und anderen Daten im Internet auszufüllen. Die daraufhin erteilte ESTA-Genehmigung ist bis zu zwei Jahre oder bis zum Ablauf des Passes für mehrere Reisen gültig. Die Registrierung kostet $ 14 und muss per Kreditkarte bezahlt werden.

Es wird empfohlen, einen Ausdruck der Genehmigung bei der Einreise mitzuführen.

Die Details der Einreisebestimmung können sich kurzfristig ändern, deshalb sollte man sich vor Reiseantritt auf der Homepage der US-Botschaft (https://de.usembassy.gov/de) oder des Auswärtigen Amtes (www.auswaertiges-amt.de) über die aktuellen Bestimmungen informieren.

An den meisten größeren Flughäfen wird die Feststellung der Identität mit Foto und Fingerabdruck an Computerterminals erledigt, damit verkürzt sich die bisher lange Wartezeit erheblich. Der Beamte der Einwanderungsbehörde (immigration officer) checkt nur noch kurz den Kontroll-Ausdruck und stellt eventuell ein paar kurze Fragen nach Aufenthaltsdauer, Zweck der Reise und ob man ausreichend Finanzen hat. Danach holt man seinen Koffer (bei Aufgabe nicht verschließen!) und passiert die Zollkontrolle, die das Formblatt der Customs declaration in Empfang nimmt.

Direktflüge nach Kalifornien und in den Südwesten können mehrere Zielflughäfen ansteuern: San Francisco, Los Angeles, Las Vegas, aber auch Denver oder Phoenix. Am Flughafen von **San Francisco** (SFO, ✆ 650-821-8211, www.flysfo.com) fährt der **Air-Train** zu den Autovermietstationen und das lokale Metro-System **BART** (Bay Area Rapid Transit) transportiert Passagiere in 28 Minuten in die Innenstadt.

In **Las Vegas** liegt der **McCarran International Airport** (✆ 702-261-5211, www.mccarran.com) nur wenige Autominuten von Strip und Downtown Las Vegas entfernt. Busse fahren in die Innenstadt. Taxis vom Flughafen zum Strip kosten $ 12–15, nach Downtown Las Vegas $ 15–25.

Am **Los Angeles International Airport** (LAX, ✆ 310-646-5252, www.airport-la.com) stehen, wie an den anderen Airports auch, die Shuttle-Vans der Flughafenhotels bereit. Taxis und Limousinen fahren in die ca. 25 km entfernte Innenstadt. Der Taxifahrpreis beträgt ca. $ 55–75. Kostenlos verbindet ein Shuttlebus den Flughafen mit der **Metro Green Line**, der **LAX FlyAway-Bus** fährt nonstop zur Union Station in Downtown oder nach Westwood/UCLA. Und schließlich befördern auch die Busse des öffentlichen Verkehrsunternehmens **MTA** (Metropolitan Transportation Authority) die Passagiere in alle Himmelsrichtungen.

Wer sich ein Mietauto bestellt hat, wird die Hinweise auf die Autoverleihfirmen *(car rentals)* nicht übersehen. Deren Vans (Car Rental Shuttle) bringen Sie zu den Verleihstationen der Anbieter.

Auskunft

Über die Websites der **Deutschlandvertretungen** einzelner Staaten und Städte kann man kostenlose Vorabinformationen wie Unterkunftsverzeichnisse, Stadtpläne etc. bestellen:

ℹ **Arizona Office of Tourism**
www.arizonareise.de

ℹ **Colorado Tourism Office**
c/o Get It Across
Neumarkt 33, D-50667 Köln
✆ (02 21) 233 64 07
www.colorado.com

ℹ **Las Vegas Convention & Visitors Authority**
c/o Aviareps Tourism GmbH
Josephspitalstr. 15, D-80331 München
✆ (877) 847-4858
www.visitlasvegas.de

ℹ **Touristische USA-Informationen**
www.magazinusa.com
www.usatourist.com/deutsch
Touristische Daten: US National und State Parks: www.nps.gov und www.parks.ca.gov
Nationalparks und Campingreservierung: www.recreation.gov

Arizona: www.visitarizona.com
Colorado: www.colorado.com
Kalifornien: www.visitcalifornia.de
Los Angeles: www.discoverlosangeles.com
Nevada: www.travelnevada.de
New Mexico: www.newmexico.org
San Diego: www.sandiego.org
San Francisco: www.sanfrancisco.travel
Santa Monica: www.santamonica.com
Utah: www.visitutah.com

Auskunft vor Ort
Fast alle Orte haben ein **Visitor Center, Visitor Bureau** oder ein **Chamber of Commerce**, das kostenlose Informationen und Broschüren bietet, aber auch bei Buchungen hilft. Die Adressen finden sich unter Service & Tipps bei den jeweiligen Orten.

Erstklassig sind auch die jährlich aktualisierten **TourBooks** des Automobilclubs AAA (*triple A* genannt), die (ebenso wie sehr gute Straßenkarten) für ADAC-Mitglieder (Mitgliedsausweis vorzeigen) kostenlos in allen AAA-Büros ausliegen (AAA-Adressen siehe »Autofahren«).

Autofahren

Europäische Autofahrer können sich auf den US-Highways entspannt zurücklehnen. Man fährt dort vergleichsweise rücksichtsvoll und vor allem – langsamer. Meistens jedenfalls. Landkarten und Stadtpläne bekommt man an vielen Tankstellen, in Drugstores, Buchhandlungen und z. B. bei Best Western Hotels gratis an der Hotelrezeption.

Einige **Verkehrsregeln** und Verhaltensweisen unterscheiden sich von denen in Europa:

Als **Höchstgeschwindigkeit** gilt auf den meisten Interstate Highways 65–75 m.p.h., innerorts 25–30 m.p.h.; wer dieses Limit überschreitet, wird mit $ 75–100 Strafe zur Kasse gebeten.
– **Anschnallen** ist in allen Staaten Pflicht, Kinder unter vier Jahren brauchen einen speziellen Kindersitz (bei der Wagenmiete mitbestellen).
– Auf den Schnellstraßen und Highways der meisten Staaten **darf auch rechts überholt werden**, also immer Vorsicht beim Ausscheren und Einfädeln.
– An **Schulbussen** mit blinkender Warnanlage, die Kinder ein- und aussteigen lassen, darf man unter keinen Umständen und auch nicht ganz langsam vorbeifahren. Das gilt auch für Fahrzeuge aus der Gegenrichtung! Man muss komplett stoppen, bis der Bus wieder anfährt.
– **Fußgänger**, besonders Kinder, haben immer Vorfahrt!
– An **Kreuzungen** kann es vier Stoppschilder geben (4Way oder All Way), dort fährt der zuerst, der zuerst angekommen ist. Bei Unklarheit verständigt man sich.
– **Rechtsabbiegen an roten Ampeln** ist erlaubt, nachdem man vollständig angehalten und sich vergewissert hat, dass weder ein Fußgänger noch ein anderes Fahrzeug behindert wird.
– Beim **Parken** sollte man unbedingt die Beschilderung beachten und – falls nötig – die Parkuhr füttern. Falls ein Strafzettel an der Scheibe klebt: Immer bezahlen (auf der Post gibt es die dazu nötige *money order*), sonst kommt die Mahnung über die Vermietfirma oder – noch schlimmer – man bekommt Probleme bei der nächsten Einreise.
– Nie an **Bushaltestellen** und vor **Hydranten** parken, der Wagen wird in kürzester Zeit abgeschleppt.
– Außerhalb von Ortschaften muss man zum Parken oder Anhalten mit dem Fahrzeug **vollständig von der Straße herunter**.
– **Ampeln** sind nicht wie bei uns vor, sondern an Seilen über der Kreuzung oder hinter der Kreuzung montiert.

Die **Farben an den Bordsteinkanten** bedeuten:
Rot: Halteverbot
Gelb: Ladezone für Lieferwagen
Gelb und Schwarz: Lkw-Ladezone
Blau: Parkplatz für Behinderte
Grün: Parkdauer max. zehn Minuten während der Geschäftszeiten
Weiß: Parkdauer fünf Minuten während der Geschäftszeiten
Wenn keine Farbe aufgemalt ist, darf man

ungestraft und unbegrenzt parken, aber nie an Bushaltestellen oder vor Hydranten.

An **Tankstellen** muss man meist im Voraus bezahlen *(pay first)*. An vielen Tankstellen steckt man nur die Kreditkarte in den Computer an der Zapfsäule, tippt die PIN-Nummer oder manchmal auch die heimische Postleitzahl (ZIP-Code) ein, tankt und bekommt automatisch einen Beleg. Mietwagen fahren alle bleifrei *(unleaded)*.

Bei **Pannen** oder bei einem **Unfall** sofort das **Vermietbüro** anrufen, um weitere Schritte abzusprechen, ggf. kommt Hilfe von dort. Ansonsten informiert man die örtliche Polizei oder – auf Autobahnen – die Highway Patrol. Diese informiert dann Abschleppdienste, Notarzt usw.

Als Mitglied eines europäischen Automobilclubs (Mitgliedsausweis nicht vergessen) kann man in den Büros des amerikanischen **Automobilclub AAA** Landkarten und anderes Material und sogar Pannenhilfe bekommen. Die Notfallnummer lautet ✆ **1-800-222-4357**. Die AAA-Büros sind gewöhnlich Mo–Fr 8.30–17.30 Uhr geöffnet.

Polizei, Feuerwehr und Notarzt ruft man über ✆ 911.

Auto- und Wohnmobilmiete

Am einfachsten und billigsten ist es, das Auto oder den Camper **vor dem Abflug** hierzulande zu buchen, online oder im Reisebüro. Dabei bekommt man eine Buchungsnummer, unter der am Zielort der Wagen bereitsteht. Vor Ort sind die Urlaubertarife nicht zu haben. Preisbeispiel: Ein Mittelklasse-Pkw (4 Türen, 4 Pers.) mit Klimaanlage und Auto-

Beliebt bei vielen USA-Reisenden: die Landschaften des Südwestens ohne Hotelstress entspannt mit dem Campmobil erkunden

matik kostet mit allen Extras, Versicherung und unbeschränkten Meilen in der Hochsaison für eine Woche je nach Modell ab € 300.

Für etwa $ 10 pro Tag kann man beim Vermieter ein Navigationsgerät leihen, wenn man nicht gleich ein besseres von zu Hause mitbringt (US-Straßenkarte aufspielen) oder das GPS im Handy benutzt.

Um das gebuchte Auto abzuholen, muss man den **nationalen Führerschein** und eine **Kreditkarte** vorlegen. Wer keine Kreditkarte besitzt, ist nach amerikanischer Denkungsart nicht kreditwürdig und muss deshalb (wenn er keinen Gutschein, sprich Voucher hat), im Voraus bezahlen und eine Kaution hinterlegen.

Achtung: Die Autovermieter versuchen regelmäßig dem Kunden beim Ausfüllen des Mietvertrags weitere **Versicherungen** zu verkaufen, die absolut unnötig sind. Auf den deutschen Gutscheinen ist eine genaue Leistungsbeschreibung aufgeführt, wenn da zu lesen ist »Rückerstattung der Selbstbeteiligung bei Schäden an Reifen, Glas, Dach und Unterboden«, brauchen Sie keinerlei Zusatzversicherung. Im Schadensfall wird der lokale Vermieter die Selbstbeteiligung von der hinterlegten Kaution (Kreditkarte) einbehalten; diese Kosten werden sämtlich vom hiesigen Mietwagenunternehmen zurückerstattet.

Bei Übernahme sollte man den Wagen prüfen (Reserverad, Automatikschaltung) und sich, besonders beim Camper, alles genau erklären lassen.

In den Großstädten sind Parkplätze selten und teuer, den Mietwagen oder Camper sollte man erst für den Tag reservieren, an dem die Reise beginnt. Es gibt in den Innenstädten immer mehrere Vermietbüros, als Rückgabestation wählt man den Abflughafen.

Diplomatische Vertretungen

i Botschaft der Vereinigten Staaten von Amerika in Deutschland
Clayallee 170, D-14191 Berlin
✆ (030) 830 50, https://de.usembassy.gov

i Botschaft der Vereinigten Staaten von Amerika in Österreich
Bolzmanngasse 16, A-1090 Wien
✆ (01) 313 39-0
https://at.usembassy.gov

i Botschaft der Vereinigten Staaten von Amerika in der Schweiz
Sulgeneckstr. 19, CH-3007 Bern
✆ (031) 357 70 11, https://ch.usembassy.gov

Generalkonsulate der Bundesrepublik Deutschland
– 6222 Wilshire Blvd., Suite No. 500
Los Angeles, CA 90048-5193
✆ 323-930-2703
– 1960 Jackson St., San Francisco, CA 94109
✆ (415) 775-1061
www.germany.info

Honorarkonsulate der Bundesrepublik Deutschland
– c/o Morris Law Group
300 South 4th St., Suite 900
Las Vegas, NV 89101
✆ (702) 759-8303
– Phoenix-Tempe Gateway
4600 E. Washington St., Suite 300
Phoenix, AZ 85034
✆ (602) 772-3986

Österreichisches Generalkonsulat
11859 Wilshire Blvd., Suite 501
Los Angeles, CA 90025
✆ (310) 444-9310
www.austria-la.org
los-angeles-gk@bmeia.gv.at

Schweizer Generalkonsulat
Pier 17, Suite 600
Los Angeles, CA 90025
✆ (415) 788-22-72
www.eda.admin.ch/la

Einkaufen

Der Einkauf von Lebensmitteln ist in manchen **Supermärkten** rund um die Uhr möglich. Lustiger geht es allemal auf einem Farmers Market oder an einem *roadside stand* zu. Mit einer Kühlbox im Wagen macht man sich von der kommerziellen Gastronomie unabhängig und kann kleine Mahlzeiten an schönen Plätzen genießen. So viel zur eigenen Versorgung vor Ort.

Kleine Boutiquen, aber auch gigantische Malls und Factory-Outlets, die wie Kleinstädte mit vielen einzelnen Läden aufgebaut sind, bieten alles von Designerklamotten über originelle Kunst bis zu ungewöhnlichen Souvenirs und Mitbringseln. Großer Nachteil all dieser perfekt durchdachten und durchgestylten Shoppingwelten ist die Tatsache, dass hier im Nu ein Urlaubstag vorbei ist, an dem man vielleicht ganz etwas anderes erleben wollte als den Endlosbummel durch musikdurchwehte Shoppingarkaden, die genauso perfekt klimatisiert wie austauschbar sind.

Eintrittspreise

Die Eintrittspreise für Museen, Rundfahrten, Auffahrten (zu Aussichtsplattformen) usw. können beträchtlich sein. Bedenken Sie bei hohen Preisen, dass diese Einrichtungen oft privat und ohne staatliche Zuschüsse betrieben werden. Die in diesem Buch angegebenen Preise beziehen sich – wenn nicht anders angegeben – auf Erwachsene sowie Kinder und Jugendliche, für die es oft je nach Alter Ermäßigungen gibt, auch Senioren und Studenten zahlen oft weniger.

Essen und Trinken

Die kulinarische Vielfalt der USA gart in ihren ethnischen Töpfen und Küchen. Die Empfehlungen in diesem Buch versuchen, einige dieser Deckel zu heben und Türen zu öffnen. Leckerbissen findet man vor allem in den individuell geführten Restaurants der Großstädte, in San Francisco, Las Vegas, Phoenix/Scottsdale, Tucson, San Diego und Los Angeles.

Die Southwest Cuisine zählt zu den prägnantesten Regionalküchen in den USA. Schärfe, dekorativer Look und Bodenständigkeit sind ihre Merkmale. Siedlungsgeschichte, Klima und lokale Zutaten wirken geschmacksbildend. An den Rezepten haben vor allem indianische und spanisch-mexikanische Köche mitgeschrieben. Der Beitrag der Anglos fällt bescheidener aus: allenfalls die Mehl-Tortilla (statt Mais) geht

Wenn der kleine Hunger nagt: Snackbar in San Francisco

Cafés und Diner finden sich flächendeckend in den USA

auf ihr Konto. Und natürlich die Angewohnheit, einfach alles zu grillen.

Essen im Südwesten: Da denkt man zuerst an die Standards. Schon bei der ersten Bestellung gibt's meist *chips and salsa*, d.h. Knuspriges mit einer köstlichen Allerweltssoße aus frischen Zwiebeln, Tomatenstückchen, Koriander, Limonensaft und Chile-Schoten.

Beliebt als **Vorspeise** *(entrada)* sind *quesadillas*, kleine gefaltete Tortillas, meist mit Käse oder einer anderen pikanten Füllung gespickt und kurz angebraten. In den verschiedensten Spielarten begegnet man den *enchiladas*. Besonders raffiniert sind die (im Unterschied zu frittierten *tacos*) weich gebackenen *blue corn enchiladas* aus blauem Maismehl. Sie werden in zahlreichen Varianten angeboten, mal mit Hühnerklein, gehacktem Rindfleisch oder einfach mit Käse gefüllt, roter oder grüner Chile-Soße und reichlich Käse überbacken. Wird man vor die Wahl gestellt (»red or green chile«), sollten sich empfindliche Gaumen erst einmal an den milderen roten Chile halten.

Lecker: grüne Chile-Schoten, gefüllt und gebacken

Ganz im Zeichen des Chile stehen *chile rellenos*: große, mittelscharfe, grüne Chile-Schoten, die mit Käse gefüllt, in Eigelb getunkt und in heißem Fett gebacken werden. Bohnen sind unvermeidlich, und zwar in jeder Form; am liebsten *refried*, also vorgekochte und wieder aufgewärmte Pinto-Bohnen (die südwestliche Spielart der auch in Europa beliebten *Kidney Beans*) in Form eines graubraunen Breis oder rotgescheckte Anasazi-Bohnen. Dazu gibt es meist klein geschnittenen grünen Salat, Sauerrahm und Riesenberge *guacamole*, ein Potpourri aus Avocadostückchen, geschälten Tomaten, grünem Chile, Salatöl, Salz und Knoblauch.

Zum **Nachtisch** sind *sopapillas* gefragt, kleine, fett gebackene Teigtaschen, die man je nach Geschmack mit Zimt bestreut oder mit Honig beträufelt. Sie sollen die Schärfe der Chile-Samen mildern und den Magen beruhigen. Diese frittierten Spezialitäten gelten als mexikanische Fortschreibung des indianischen *fry bread*, Brotfladen, die seit Jahrtausenden, auf heißen Steinen gebacken, *piki bread* (oder *paper bread*) hießen – bis die Spanier die bienenkorbförmigen Backöfen, die *hornos*, ins Land brachten, die in den diversen Pueblos auf dem Colorado Plateau noch heute zum Backen benutzt werden.

Unter dem jüngsten Einfluss kalifornischer Finessen und organisch-biologischer Einsichten erfahren viele Südwesten-Standards ein kulinarisches Upgrading in Richtung New Southwest Cuisine – vor allem in den Gourmettreffs von Sedona oder Scottsdale. Die Verfeinerung äußert sich in der ästhetischen Präsentation und in kleineren Portionen. Auch geschmacklich sind Läuterungen en vogue: pikanter Kaktussprossensalat, Designer-Enchiladas oder Shrimps-Fajitas.

Vom Küchendunst entfernt, gleichwohl nicht minder appetitanregend findet man viele südwestliche Ingredienzen allenthalben auch als ästhetisches Dekomaterial wieder: feurige rote Chile-Schoten *(ristras)*, die an den Häusern zum Trocknen baumeln, bunte Maiskolben an Lehmwänden und Holztüren, stilisierte Kürbisse als Motiv für Keramik und Schmuck – Southwest Cuisine als Augenschmaus.

Die neue amerikanische **Kaffeehauskultur** und ihre süßen Theken erstrecken sich inzwischen von Küste zu Küste, oft in

San Francisco: Der Broadway war früher der Red Light District der Bay City

Kombination mit Buchhandlungen oder Zeitungsständen. Diese Läden sind meist gemütlich, bunt und anheimelnd eingerichtet – ganz im Gegensatz zum Sanitärdekor vieler neudeutscher Bäckerei-Ketten.

Im Vergleich zu Europa essen die meisten Amerikaner früh zu Abend; in kleineren Städten heißt das: vor 21 Uhr. Selbst in den Großstädten fällt es mitunter schwer, nach 22 Uhr noch ein offenes Restaurant zu finden.

Fürs Picknick oder auch für die Abend-Vesper im Hotelzimmer empfiehlt es sich, gleich zu Beginn der Reise einen ausreichend geräumigen (ab 20 l) **Cooler** bzw. eine (billigere) **Styropor-Eiskiste** für den Kofferraum zu kaufen. Eis gibt's reichlich in Supermärkten, kleinen Läden und Tankstellen. Picknickfreunde und Selbstversorger sollten überdies wissen, dass man sich in den Restaurants grundsätzlich alles, was man einmal bezahlt hat, zum Mitnehmen einpacken lassen kann.

Für Kleinigkeiten und Zwischenmahlzeiten sind amerikanische **Supermärkte** meist wahre Fundgruben, weil sie Gemüse, Obst, Sandwiches, Gebäck usw. frisch und preiswert anbieten, und das oft zu jeder Tages- und Nachtzeit. Auch die Shops der Tankstellen sind als Versorgungsstationen nicht zu verachten.

Thema Lunch: Mittags sind die Gerichte in den Restaurants durchweg originell und angemessen portioniert und vor allem preisgünstig – im Gegensatz zu vielen Dinner-Angeboten, bei denen man nicht immer weiß, was einen erwartet, und die oft zu vollgepackt und inzwischen richtig teuer geworden sind. Nirgends ist es übrigens ein Problem, sich Hauptgerichte zu teilen!

Die in diesem Buch unter »Service & Tipps« empfohlenen **Restaurants** sind nach folgenden **Preiskategorien** für ein Hauptgericht (ohne Getränke, Steuer und Trinkgeld) gestaffelt:

$	–	bis 20 Dollar
$$	–	20 bis 35 Dollar
$$$	–	über 35 Dollar

Feiertage und Feste

An den offiziellen Feiertagen quellen die Strände an der Küste über – besonders im Sommer. Weil viele *holidays* auf einen Montag fallen, entstehen lange Wochenenden und dann oft Staus.

Das *Superbowl Weekend* im Januar z. B. ist stets besonders fest in amerikanischer Hand: Das gilt erst recht für die Wochenenden von

Tanz und Gesang bei den jährlichen Pow Wows indianischer Nationen

Memorial Day (Beginn der Reisesaison) und **Labor Day** (Ende der Reisezeit). Banken, öffentliche Gebäude und viele Sehenswürdigkeiten sind feiertags geschlossen.

Offizielle Feiertage sind:

New Year's Day: 1. Januar
Martin Luther King Jr. Day: 3. Montag im Januar
Presidents' Day: 3. Montag im Februar
Memorial Day: letzter Montag im Mai, Beginn der Hauptsaison
Independence Day: 4. Juli
Labor Day: 1. Montag im September
Columbus Day: 2. Montag im Oktober
Veterans Day: 11. November
Thanksgiving: 4. Donnerstag im November
Christmas Day (Weihnachten): 25. Dezember

Für den touristischen Zaungast sind die inoffiziellen, lokalen (und ethnischen) Feste meist viel ergiebiger, denn auf den Fiestas, Rodeos und Festivals geht es bunt her. Es gibt immer was zu essen und trinken, viel zu sehen und oft gute Musik zu hören, und jeder findet schnell Anschluss, weil Kind und Kegel mit von der Partie sind. Am ersten Weihnachtstag sind in den USA fast alle Restaurants dicht.

Geld, Kreditkarten, Reisekosten

Eigentlich braucht man Bares nur fürs Trinkgeld (bei der heimischen Bank Dollars in kleiner Stückelung vorbestellen), weil man ansonsten alles, wirklich alles mit der Kreditkarte zahlen kann.
Wer lieber mit Scheinen reist: Bargeld darf bis zu $ 10 000 eingeführt werden. Weil manche Läden manche Kreditkarten nicht gerne nehmen, ist es gut, wenn man mehrere zur Auswahl hat wie Eurocard/Mastercard, Visa oder Barclay.

Generell sind **Kreditkarten** ein Muss und gelten nicht nur faktisch als Zahlungsmittel, sondern auch als Nachweis, dass man kreditwürdig ist. Mit dem Plastikgeld kann man fast überall bezahlen (Ausnahme: Manche B & B-Villen bevorzugen Bares) und jede

Reservierung bargeldlos abwickeln, auch bei der Automiete ist die Karte obligatorisch.

Mit Kreditkarte und PIN-Nummer kann man dann an Geldautomaten Bargeld abheben. PIN-Nummer nicht vergessen bzw. einige Wochen vor der Abreise beantragen! Mittlerweile kann auch mit der Maestro-EC-Karte an ATM-Automaten Geld gezogen werden.

Der US-Dollar ist in 100 Cents unterteilt. Die **Dollar-Scheine** *(bills, notes)*, die es im Wert von $ 1, 2, 5, 10, 20, 50 und 100 gibt, sind alle gleich groß. Weil $-50- und $-100-Noten nicht gern angenommen werden, sollte man bei seiner Bank eine möglichst kleine Stückelung verlangen.

Münzen gibt es als 1 Cent *(penny)*, 5 Cents *(nickel)*, 10 Cents *(dime)*, 25 Cents *(quarter)*, 50 Cents *(half dollar)* und – selten – als 1 Dollar. ($ 1 = € 0,88, € 1 = $ 1,14, Stand 2019).

In den USA ist es üblich, Preise ohne Umsatzsteuer anzugeben, d.h. man zahlt grundsätzlich mehr, als ausgewiesen ist. Zu allen ausgezeichneten Beträgen kommen, je nach Bundesstaat, Region und Kommune bis **10 % *sales tax*** hinzu! Bei den meisten Hotels in den Großstädten fallen zusätzliche Parkgebühren an, die z. T. mehr als $ 20 pro 24 Stunden betragen können.

Sperrnummern für Maestro- und Kreditkarten finden Sie unter »Notfälle, wichtige Rufnummern«.

Hinweise für Menschen mit Handicap

Einrichtungen für Rollstuhlfahrer sind in den USA erheblich häufiger anzutreffen und besser ausgestattet als z.B. in Deutschland. Allgemein kann man sich darauf verlassen, dass alle öffentlichen Gebäude wie Rathäuser oder Postämter mit Rampen versehen sind. Das gilt auch für die meisten Supermärkte, Museen, Sehenswürdigkeiten und Vergnügungsparks.
Durchweg sind Bordsteine an den Fußgängerüberwegen abgesenkt. In vielen Hotels und Hotelketten gibt es spezielle Rollstuhlzimmer. Die Firma AVIS z. B. vermietet Autos mit Handbedienung.

Alle **Amtrak-Züge** sind behinderten- und rollstuhlgerecht ausgestattet. Fahrten sind für Behinderte preisermäßigt: Erwachsene reisen 25 % billiger, Kinder (2–12 J.) reisen mit 50 % Rabatt auf den Kinderfahrpreis. Details dazu: www.amtrak.com, wahlweise auch in deutscher Sprache.

Internet

Internet-Zugang gehört zum Alltag, von der Orientierung im Gelände bis zur Tischreservierung fürs Dinner. Wireless- und High-Speed-Internet ist in vielen Hotels und Motels Standard und in der Regel *complimentary*, also gratis.

Im öffentlichen Bereich gibt es überall HotSpots, in Cafés, Kneipen, Büchereien und Waschsalons. Die WLAN-Hotspots an den Flughäfen sind meist kostenpflichtig, die verkabelten Zugänge gratis, aber fast immer besetzt. Die meisten Notebooks und Smartphones können **110-Volt-Input** vertragen, das ist auf der Rückseite des Geräts vermerkt. Den passenden Adapter bzw. Stecker für die amerikanischen Steckdosen bringt man am besten von zu Hause mit, zur Not ist er vor dem Start an allen deutschen Flughäfen zu kaufen. In den USA gibt es die Stecker bei Häusern der Kette Radio Shack. (Siehe auch »Strom«).

Klima, Kleidung, Reisezeit

Der amerikanische Südwesten ist zum weitaus größten Teil ganzjährig befahrbar – ausgenommen Ziele rund um den Tioga Pass im Yosemite National Park, weil dieser lange Zeit im Jahr geschlossen ist, Cedar Breaks in Utah und einige hoch gelegene Zufahrtsstraßen, die verschneit sein können (wie z. B. die Straße nach Bodie).

Im **Frühjahr**, wenn die Temperaturen und das Touristenaufkommen in der Regel noch erträglich sind, stehen die Kakteen in den Wüsten in Blüte. Im **Sommer** locken zwar die Bademöglichkeiten im Pazifik ebenso wie die Seen und Hotelpools, aber die extreme Hitze im Inland stellt bisweilen hohe Anforderungen an den mitteleuropäisch konditionierten Kreislauf.

Der ruhigere **Herbst** beginnt mit dem Labor Day Anfang September, wenn sich die

meisten Touristen verzogen haben, Licht und Sicht klarer werden und das Herbstlaub seine Farbenpracht entfaltet. Der **Winter** deckt die Höhenlagen der Rocky Mountains stets mit Regen und Schnee ein, den Süden allerdings mit milden Temperaturen, die Rockys und die Westküste oft mit dem besten Licht. Den Nachteil der kürzeren Tage und eingeschränkten Öffnungszeiten von Museen, Sehenswürdigkeiten und Naturparks kompensieren eine Fülle von Festivals, Festen und Fiestas.

Übrigens: »Sommer« bedeutet im touristischen Jahr der USA: zwischen Memorial Day (letzter Montag im Mai) und Labor Day (erster Montag im September); »Winter« heißt: Rest des Jahres.

Wer in den Großstädten schick ausgehen will, braucht formale Garderobe. Insgesamt aber passt man sich am besten mit lockerer Freizeitkleidung (Jeans, T-Shirts und Turnschuhe) dem amerikanischen Alltag an.

Für Frühjahr und Herbst (erst recht für den Winter) sind warme Pullover und Jacken gefragt, besonders in den Höhenlagen und in den trockenen Wüstenzonen, die nachts stark abkühlen. Je heißer es draußen ist, umso eisiger wirken viele Klimaanlagen, was für Europäer immer noch ungewohnt ist und Probleme schaffen kann. Deshalb sollte man darauf mit zusätzlicher Kleidung vorbereitet sein. Besonders im Sommer muss man im unmittelbaren Küstenbereich Kaliforniens häufig auf Nebel gefasst sein.

Maße und Gewichte

Es bleibt in den USA bei *inch* und *mile, gallon* und *pound*. Man muss sich also wohl oder übel umstellen. Die Aufstellungen rechts sollen dabei helfen:

Medizinische Versorgung

In den USA ist man automatisch Privatpatient, d.h. die Arzt- bzw. Krankenhauskosten sind horrend. Man sollte also tunlichst vorsorgen und sich zunächst bei seiner Krankenkasse nach einer Kostenerstattung im Ausland erkundigen. Falls nicht alle in den USA erbrachten Leistungen übernommen werden, ist dringend eine **Auslandskrankenversicherung** anzuraten, die für Urlaubsreisen äußerst preiswert zu haben ist. Aber Achtung: auch wenn Sie versichert sind, muss beim Arzt oder im Krankenhaus in den USA oft sofort bezahlt werden.

Dafür erweist sich wiederum eine Kreditkarte als nützlich. Erkundigen Sie sich deshalb, welche Leistungen Ihre (oder eine) Kreditkarte im Krankheitsfall im Ausland einschließt.

Apotheken *(pharmacy)* findet man meist in Drugstores, die auch Toilettenartikel und Kosmetika führen. Ständig benötigte Medikamente sollte man schon von zu Hause mitbringen (und möglichst ein Attest bei sich haben für den Fall, dass der Zoll Fragen stellt). Viele Medikamente, die in Europa rezeptfrei zu haben sind, können in den USA nur vom Arzt verschrieben werden.

Mit Kindern in Kalifornien und dem Südwesten

Amerikaner sind kinderfreundlich. Kindermenüs, eigene Sitzkissen und Kindertische in den Restaurants, preiswerte, wenn nicht gar kostenlose Unterbringung in Hotels und Motels sind selbstverständlich. Besonders mit dem Camper macht den Kindern die Rundfahrt Spaß: Grillen oder auch kleine Wanderungen lassen keine Langeweile aufkommen. Auch die Amerikaner reisen häufig mit Kind, so dass Kontaktmöglichkeiten nicht ausbleiben.

Bei etlichen Attraktionen wird der Preis *per car* berechnet, so dass eine Familie dasselbe zahlt wie ein Solobesucher. Bei den Eintrittsgebühren für Museen und Freizeitparks gibt es oft einen ermäßigten *Family plan*-Preis. In Restaurants und an öffentlichen Plätzen können sich Kinder viel ungehemmter (und lauter) benehmen als hierzulande, ohne dass die Eltern kritische Blicke einfangen.

Notfälle, wichtige Rufnummern

Die zentrale **Notrufnummer** ✆ **911** gilt in den gesamten USA und alarmiert Polizei, Ambulanz oder Feuerwehr. In Notfällen kann man sich auch telefonisch an den

Operator (0) wenden. Man nennt Namen, Adresse oder Standort und die Sachlage. Der Operator informiert dann Polizei, Rettungsdienst oder Feuerwehr.

Bei Autopannen erweist es sich als Vorteil, Mitglied eines Automobilclubs zu sein. Der amerikanische Club AAA hilft auch den Mitgliedern europäischer Clubs (Ausweis mitbringen!). In den Nationalparks wird die Polizeigewalt von den Rangern ausgeübt, die auch für Notfälle zuständig sind.

Falls **EC- oder Kreditkarte** verloren gehen, sollten Sie diese umgehend sperren lassen. Dafür brauchen Sie Ihre Kontonummer und Bankleitzahl sowie die Kartennummer (am besten vorher notieren oder eine Kopie an anderer Stelle mitführen). Erkundigen Sie sich, ob Ihre Karte über die **zentrale Sperrnummer** für Deutschland ✆ **011 49 116 116**, zusätzlich ✆ **011 49 30 4050 4050**, gesperrt werden kann. Ansonsten wählt man folgende Nummern:

ec-/Maestro- und Bankkarten:
Deutschland ✆ 011 49 1805-021 021
Österreich ✆ 011 43 1 204 88 00

Längenmaße:	1 inch (in.)	= 2,54 cm
	1 foot (ft.)	= 30,48 cm
	1 yard (yd.)	= 0,9 m
	1 mile	= 1,6 km
Flächenmaße:	1 square foot	= 930 cm2
	1 acre	= 0,4 Hektar (= 4047 m^2)
	1 square mile	= 259 Hektar (=2,59 km^2)
Hohlmaße:	1 pint	= 0,47 l
	1 quart	= 0,95 l
	1 gallon	= 3,79 l
Gewichte:	1 ounce (oz.)	= 28,35 g
	1 pound (lb.)	= 453,6 g
	1 ton	= 907 kg

Temperaturen:

Fahrenheit (°F)	104	100	90	86	80	70	68	50	40	32
Celsius (°C)	40	37,8	32,2	30	26,7	21,1	20	10	4,4	0

Bekleidungsmaße:

Herrenkonfektion

Deutsch	46	48	50	52	54	56	58
Amerikanisch	36	38	40	42	44	46	48

Damenkonfektion

Deutsch	38	40	42	44	46	48
Amerikanisch	10	12	14	16	18	20

Kinderbekleidung

Deutsch	98	104	110	116	122
Amerikanisch	3	4	5	6	6x

Kragen/*collars*

Deutsch	35–36	37	38	39	40–41	42	43
Amerikanisch	14	14½	15	15½	16	16½	17

Strümpfe/*stockings*

Deutsch	35	36	37	38	39	40	41
Amerikanisch	8	8½	9	9½	10	10 ½	11

Schuhe/*shoes*

Deutsch	36	37	38	39	40	41	42	43	44	45	46	47
Amerikanisch	5	5¾	6½	7¼	8	8¾	9½	10¼	11	11¾	12½	13¼

Schweiz ✆ 011 41 1 271 22 30
UBS ✆ 011 41 848 88 86 01
Crédit Suisse ✆ 011 41 800 800 488
Mastercard ✆ +1-800-627-8372
Visa ✆ +1-800-627-8372 **(**R-Gespräch nur vom Festnetz**)**
American Express ✆ 011 49 69 97 97 20 00
Diners Club ✆ 011 49 69 90 01 50-135/136

Landesvorwahl USA ✆ +1
Landesvorwahl Deutschland ✆ 011 49, **Österreich** ✆ 011 43, **Schweiz** ✆ 011 41

Öffnungszeiten

In den USA gibt es kein Ladenschlussgesetz und damit auch keine gesetzlich geregelten Öffnungszeiten. In den Städten haben Geschäfte überwiegend von 9.30 Uhr bis mindestens 18 Uhr geöffnet. Für Getränke, Obst und andere Kleinigkeiten halten die zahlreichen Eckläden in den Städten ihre Türen aber meist von 7–22 Uhr und noch länger offen. Ebenso gibt es große **Supermärkte** und **Drugstores**, die bis Mitternacht oder gleich rund um die Uhr offen sind. Die **Shopping Malls** sind meist Mo–Mi 10–19, Do–Sa 10–21 und So 11–18 Uhr geöffnet. Kleine Läden, besonders sogenannte **Liquor Stores**, die alkoholische Getränke verkaufen, haben oft eigenwillige Öffnungszeiten, die zwischen wenigen Stunden täglich bis rund um die Uhr variieren können. **Fast-Food-Restaurants** sind in der Regel zwischen 24 und 6 Uhr geschlossen.

Tankstellen haben ihre Zapfsäulen meist durchgehend in Betrieb. **Banken** öffnen meist um 9 Uhr, sperren aber meist ihre Bürotüren schon um 15 oder 16 Uhr zu. **Museen** haben vielfach montags geschlossen und sind sonst 10–17 Uhr, donnerstags oft bis 20 oder 21 Uhr und an Feiertagen wie sonntags offen.

Post, Briefmarken

Postämter gibt es sogar in den winzigsten Orten. Je kleiner das Nest, umso kürzer die Wartezeiten für die Aufgabe eines Päckchens oder den Briefmarkenkauf. Die Beförderung einer Postkarte nach Europa dauert oft länger als eine Woche. Briefe und Postkarten nach Europa kosten $ 1.20.

In den USA hat das Telefonsystem mit der Post nichts zu tun, daher findet man in Postämtern auch keine Telefonzellen.

Rauchen, Alkohol

Die USA sind ein raucherfeindliches Land. Rauchverbot gilt in den allermeisten Restaurants und Coffee Shops, auch in öffentlichen Gebäuden, Verkehrsmitteln, Shopping Malls etc.

Noch ein Wort zum Thema *booze*, den **alkoholischen Getränken**. In **Utah** fallen zwei Ungereimtheiten besonders ins Auge: Nur wenige Meter abseits der touristischen Pfade (die neuerdings in den Genuss der Liberalisierung der strengen Verbote gekommen sind) wird es tatsächlich staubtrocken. Aber, ausgerechnet in Utah ist Alkoholisches besonders preiswert – weil der Staat die Preise verbindlich festlegt! Ansonsten gelten in diesem Bundesstaat im großen und ganzen folgende Regeln:
– Alles über 3,2-Prozentige gibt es nur in State Liquor Stores zu kaufen, Bier (3,2 %) ist in Supermärkten zu haben.
– In lizenzierten Bars, Restaurants, Golfclubs oder *bowling alleys* wird Bier oder mehr ausgeschenkt.
– Einige Restaurants haben auch Lizenzen für *mixed drinks* und Wein (Glas) im Zusammenhang mit dem Essen. Dasselbe gilt für Privatclubs und deren Mitglieder.
– Promillegrenze in Utah: 0,8, für unter 21-Jährige: 0,0.
P.S.: Moab besitzt als einzige Stadt eine legale Weinproduktion mit Weinkeller und eine von insgesamt vier legalen Brauereien im Staat.

Reservierungen

Aufgrund der Klischees vom »typischen Amerikaner« denken viele, das tägliche Leben dort sei eine jederzeit jedermann zugängliche *drop-in culture*, in die man mir nichts, dir nichts reinplatzen kann, weil es schon irgendwie klappen wird. Tatsächlich sieht die Praxis anders aus. Ob Campingplatz oder Nobelrestaurant, Hotel oder Kanutrip – die bohrende Standardfrage lautet immer wieder »Haben Sie reserviert?«. Amerikaner sind geradezu besessen von Reservierungen; das gehört zu ihren Spielregeln.

Sicherheit

Trotz teilweise deprimierender Kriminalstatistik mancher US-Metropolen sind die USA insgesamt ein sicheres Reiseland. Tagsüber auf jeden Fall, aber auch abends.

Prekäre Wohnviertel und solche mit aktiven Straßengangs bergen die meisten Gefahren, für den Fußgänger auf jeden Fall, aber auch mit dem Auto kann es böse Überraschungen geben. In Städten wie Los Angeles, San Francisco, San Diego oder Phoenix sollte man sich deshalb im Wesentlichen in jenen Stadtbezirken aufhalten, die im Buch erwähnt sind. Nach dem Abendessen oder Barbesuch muss man nicht unbedingt noch einmal »um den Block« spazieren oder zu Fuß zum Hotel zurücklaufen. Nehmen Sie ein Taxi!

Für einem Ausflug nach **Tijuana, Mexiko**, benötigen Sie Ihren Reisepass, sofern sich der Aufenthalt auf die Grenzstadt beschränkt. Im Unterschied zu den Border Towns in Arizona gilt Tijuana weithin als sicher. Der Krieg zwischen kriminellen Organisationen um die Kontrolle des Drogenhandels in Mexiko hat die Gewalt in den Grenzregionen verschärft.

Man sollte aber am besten mit dem Trolleybus bis zur Grenze fahren und dann zu Fuß nach Mexiko gehen. Bei der Rückkehr muss man wegen der umfangreichen Sicherheitschecks mindestens 1 Stunde an der Grenze einplanen.

Bei **Erdbeben** in der Stadt sollte man sich von allen Fenstern und Glastüren fernhalten, unter einem Türrahmen oder in einer Ecke stehen, auf keinen Fall auf den Balkon gehen oder das Haus verlassen, weil die größte Gefahr während und nach einem Erdbeben herumfliegendes Glas, abfallendes Mauerwerk und abstürzende Hochspannungsleitungen sind. Wegen der Gasexplosionsgefahr dürfen keine Streichhölzer oder Feuerzeuge benutzt werden. Wenn die Erschütterungen aufhören, daran denken, dass weitere folgen können. Keine Aufzüge benutzen.

Auch die sogenannte **freie Natur** birgt Risiken, die viele der an Parks und Stadtwälder gewöhnten Mitteleuropäer unterschätzen. Die Wildnisregionen in den USA eignen sich nur bedingt zur Kaffeefahrt oder zum unbekümmerten Spaziergang!

Skorpione, Klapperschlangen, Schwarze Witwen oder Moskitos können den Urlaub ebenso vermiesen wie unvorhergesehene Regengüsse und die in den Wüsten gefürchteten *washes* – plötzlich durch Regenfälle entstandene Sturzbäche, die alles mit sich reißen.

Wenige wissen, dass in der Wüste mehr Menschen ertrinken als verdursten!

Informieren Sie sich bei den Rangern der Nationalparks über die potentiellen Gefahren und wie man ihnen vorbeugt! Achten Sie auch darauf, dass Sie im heißen Südwesten der USA stets genügend **Trinkwasser** mit sich führen. Festes Schuhwerk ist unumgänglich.

In einigen Nationalparks hat man für Menschen lebensbedrohliche Viren bei verschiedenen Nagetieren (Springmäusen, Eichhörnchen und Backenhörnchen) entdeckt. Generell wird vor ansteckenden Berührungen gewarnt; Campingfreunde sollten grundsätzlich in geschlossenen Zelten schlafen. Weitere Auskünfte erteilen die Parkranger.

Sport und Erholung

Eine Reise in den Südwesten der USA ist in der Regel verbunden mit dem Gedanken an Meer, Strände, weite Natur, an Aktivitäten wie Surfen, Wildwasser- und Kanutouren, Ausritte, Wandertouren, Mountainbiking, Angeln und vieles mehr. Halbtages- und Tagesausflüge lassen sich meist kurzfristig vor Ort buchen, Mehrtagestouren, etwa Reitausflüge, Bergwanderungen oder Klettertouren müssen geplant und reserviert werden. Hinweise dazu finden Sie bei den jeweiligen Orten unter Service & Tipps.

Picknicken und Baden an einem See, am Meer oder in heißen Quellen sind vielerorts problemlos möglich. Angellizenzen und -ausrüstungen kann man vor Ort kaufen oder mieten.

Sprachhilfen für den Südwesten

Einige der folgenden Wörter und Ausdrücke wird man in Kalifornien und dem Südwesten häufiger als sonst in den USA hören oder lesen, z.B.:

adobe – spanisch für luftgetrocknete Ziegel aus Lehm, Wasser und Stroh (Baustoff)
arroyo (spanisch) Wasserlauf
basin – Tal
barrio – spanisch für Stadtteil; Distrikt mit überwiegend spanisch sprechender Bevölkerung
Bay Area – Region rund um die Bay mit den städtischen Ballungszentren San Francisco, Richmond, Berkeley, Oakland und San Jose
bonanza – reiche Erzader, Glücksquelle, Goldgrube, glücklicher Griff
butte – Tafelberg (spanisch: *mesa*)
chaparral – (spanisch: *chaparro*) dickes Gestrüpp aus niedrigen Eichen; heute Bezeichnung für alle *shrubs*, die die Hügel undurchdringlich bewachsen
chile – (manchmal auch *chili*) scharfe Schote, die in keiner Soße der Südwestküche fehlt. Grüner und roter Chile sind übrigens ein und dieselbe Frucht – nur mit unterschiedlichem Reifegrad.
coyote – Präriewolf
dim sum – chinesische Appetizer
dope – jede Form von Rauschmittel
dot-commer – Unternehmer in der Internet-Branche
El Dorado – *(the gilded one)* zuerst im 16. Jh. spanische Bezeichnung für einen mythischen Indianer, der sich vor den Zeremonien mit Goldstaub bedeckte; später Name für ein goldenes Utopia (u.a. die Goldregion in Kalifornien)
flash flood – plötzliche Wassermassen, die nach starken Regenfällen aus den Bergen abfallen und mit Gewalt über die Wüstenpisten zischen *(wash)*
foodie – eine/r, die/der gern viel isst
gazebo – Gartenlaube, kleiner Pavillon
hangout – beliebter Treffpunkt, Bar etc.
hoodoo – durch Erosion geformte Steinhälse (z.B. Bryce Canyon); manchmal auch *fins*, *pinnacles* oder *spires* genannt
jacuzzi – Whirlpool, heißer (Mineral-) Pool
junk food – Essen ohne Nährwert
mesa – spanisch für Tafelberg, (englisch: *butte*)
mother lode – goldführende Quarzschicht entlang dem American River zwischen Mariposa und Georgetown im »Gold Country«
pico de gallo – Scharfe Soße aus klein geschnittenen Zwiebeln, *chile* und Tomaten, die gerade so groß sind, dass die Hühner sie aufpicken können.
pick up place/singles bar – Bar, Disco, in der schnell (erotische) Kontakte geknüpft sind
placer – Goldansammlung im Flussbett, hinter Felsen oder *riffles*, wo sich Gold wegen seines Gewichts konzentriert und liegen bleibt, während die Strömung »normale« Kiesel weitertreibt.
rancho – kalifornischer Ausdruck für Hazienda, eine Farm mit Viehzucht, die sich auf einem *land grant* entwickelte; 666 spanische bzw. mexikanische Domänen machen heute Kalifornien aus.
range – Bergrücken, Gebirgszug (auch: nicht durch Zäune begrenztes, offenes Weideland)

Strom

Die **Netzspannung** beträgt in den USA 110 Volt, dabei kommt unser Fön ebenso wenig auf Touren wie herkömmliche Batterie- oder Akkuladegeräte. Besonders Ladegeräte von Handys oder Digitalkameras sind aber heute bereits mit Transformatoren ausgerüstet und stellen sich auf die vorhandene Spannung ein. Das sollte man vor der Reise prüfen und wenn dies nicht der

Fall ist, evtl. ein entsprechendes Ladegerät kaufen.

Aber selbst wenn man ein auf 110 Volt umstellbares oder mit Transformator ausgestattetes Gerät hat, benötigt man noch einen **Adapter** für amerikanische Steckdosen, den man schon von zu Hause mitbringen sollte. Vor Ort muss man lange danach suchen.

Telefonieren

Das Telefonieren von öffentlichen Telefonen, sog. *payphones*, ist im Zeitalter von Mobiltelefonen aus der Mode gekommen und vielfach aus dem öffentlichen Leben verschwunden. Hilfreich ist zu allen Zeiten der **Operator** (»0«), der Rufnummern vermittelt, Vorwahlnummern *(area codes)* und Preiseinheiten für Ferngespräche angibt.

Europäische **Mobiltelefone/Handys** (*cell phone* oder *mobile phone)* funktionieren in den USA wie gewohnt, wenn es sich um Mehrband-Mobiltelefone handelt (siehe Bedienungsanleitung oder beim Provider direkt erfragen). Allerdings zahlt man bei Benutzung in den USA einen recht hohen Roaming-Zuschlag.

Alternativ kann man auch eine **Prepaid-SIM Karte** eines US-amerikanischen Mobilfunkdienstleisters erwerben. Im Voraus sollte man sich bei seinem Provider erkundigen, ob man in den USA 1-800er Nummern kostenlos anwählen kann, denn dann hat man über die Kombination Telefonkarte mit eigenem Handy eine kostengünstige Möglichkeit, in den USA zu telefonieren.

Eine preiswerteste Art zu telefonieren sind **Calling Cards/Prepaid Phone Cards**. Man kann sie schon zu Hause im Internet bestellen oder in den USA in fast jedem Supermarkt, *Drugstore* (z. B. bei Walgreens) oder Tankstelle eine solche Karte mit unterschiedlichen Kapazitäten (für $ 5–20) erwerben.

Tarifbedingungen (z. B. *maintenance fee* und *rounding*) und Preise (ab 1c/Min.) variieren je Anbieter (bei einigen sind diese auf der Rückseite der Karte aufgedruckt), wobei Karten für *international calls* für Anrufe nach Europa meist die beste Alternative sind.

Gebührenfreie Nummern: 800er-, 866-, 877-Rufnummern sind innerhalb der USA kostenlos, in der Regel sind das kundenfreundliche Servicenummern von Firmen wie Hotels. Ruft man sie vom Festnetz aus an, muss man eine 1 vorweg wählen, also z. B. 1-800, vom Handy ist das nicht notwendig. In manchen Hotels werden auch diese Nummern mit einer Gebühr abgerechnet, die dann das Hotel kassiert, deswegen im Hotelzimmer am besten zuerst die Gebühren studieren.

Sehr rustikal: die Rezeption des Pioneertown Motel

Vor dem Anwählen von amerikanischen 800er-Nummern von Europa aus sollte man prüfen, ob die Telefongesellschaft dies unterstützt und wie teuer das werden kann. Oft funktioniert die Anwahl von gebührenfreien US-Nummern von Deutschland aus gar nicht. Auskünfte über die gebührenfreien »1-800«-Nummern gibt es unter 1-800-555-1212.

Landesvorwahl USA ✆ +1

Landesvorwahl *(country code):* **Deutschland** ✆ 011 49, **Österreich** ✆ 011 43, **Schweiz** ✆ 011 41 – und danach die Ortsvorwahl ohne 0.

Trinkgeld

Man gibt, man gibt: den *bellboys*, den Kofferträgern, je nach Hotelklasse etwa $ 1–2 pro großem Gepäckstück, Taxifahrern und Frisören etwa 15–20 % vom Rechnungsbetrag, in den Bars etwa $ 1 je Drink und dem Zimmermädchen $ 2 pro Tag.

Restaurants sind ein Kapitel für sich. Hier lässt man rund 15 % des Rechnungsbetrags als *tip* auf dem Tisch liegen. Das ist allerdings kein hohes Trinkgeld, weil dieses in den USA nicht im Preis enthalten ist und die Bedienung im Wesentlichen davon lebt und nicht vom Gehalt. Im Klartext: 15 % sind die Untergrenze!

Unterkunft

Hat man nicht vorgebucht, sollte man grundsätzlich erst einmal nach der ***lowest possible rate*** fragen – und nicht einfach nur danach, was ein Zimmer kostet. Hotelpreise in den USA erweisen sich nämlich als äußerst verhandelbar.

Hotels und Motels sind in der Regel einwandfrei und zuverlässig. Als besonders preisgünstig, sauber und dazu noch meist verkehrsgünstig gelegen gelten die Motels der Kette **Motel 6**. Der Preis liegt zzt. um die $ 30–40 für eine Person; die zweite zahlt rund $ 6 extra. Außerdem: Für $ 1.50 kann man sich ein Zimmer im nächsten Zielort reservieren lassen, so dass man nicht zittern und sich beeilen muss.

Die weitaus meisten der hier empfohlenen Hotels oder Motels können von Europa aus reserviert werden. **In den USA selbst sollten Sie dazu die gebührenfreien Nummern nutzen (800-, 866-, 877- u.a.)** oder Online-Reservierungsmöglichkeiten über das Internet nutzen. Besonders in der Hauptreisezeit Juni, Juli, August, an Wochenenden und Feiertagen und für gewöhnlich überlaufene Gebiete: Zion, Bryce Canyon, Capitol Reef, Moab, Monument Valley (Kayenta), Grand Canyon (South Rim), Santa Monica (Los Angeles), Carmel und San Francisco. Zumindest aber sollte man an diesen Orten während der Hauptsaison einige Tage zuvor Zimmer bestellen. Auch bei der Hotelreservierung gilt: Ohne Kreditkartennummer läuft kaum etwas, an Wochenenden/Feiertagen gar nichts. Haben Sie eine, wird das Zimmer garantiert aufgehoben. Wird eine Reservierung ohne Kreditkarte akzeptiert, muss man bis **spätestens 18 Uhr** einchecken. Bei der kurzfristigen Zimmersuche sind die örtlichen Visitors Bureaus behilflich.

Die angegebenen Preise gelten jeweils für einen Double Room. Einzelzimmer kosten nur unwesentlich weniger, während man für ein zusätzliches Bett etwa $ 5–10 zuzahlt. Kinder, die im Zimmer der Eltern schlafen, kosten meist nichts. In den Motels/Hotels kann man zwischen Raucher- und Nichtraucherzimmern wählen. Allerdings überwiegt inzwischen bei weitem die Zahl der Räume für Nichtraucher.

Bed & Breakfast heißt Zimmer mit Frühstück, und zwar meist in umgebauten historischen Villen, z.B. der viktorianischen Epoche. In den USA stehen sie hoch im Kurs. Das im Preis eingeschlossene Frühstück ist meist außerordentlich üppig und wird frisch zubereitet. Deshalb schmücken sich neuerdings sogar Motelketten mit dem Zusatz »Inn« und servieren ein kostenloses *(complimentary)* Minifrühstück. Europäischen Besuchern bieten B&Bs den Vorteil, dass Gespräche und Kontakte gefördert werden.

Camping wird außerhalb der Städte allenthalben großgeschrieben. Die meist Plätze liegen ausgezeichnet und haben direkten Anschluss an Wanderwege, Strände und sportliche Aktivitäten. Der Wohnwagen befreit von den Hotel- und Restaurantritualen und bringt Abwechslung in die Speisekarte, weil man die preiswerten und hervorragenden Obst- und Gemüseangebote der Supermärkte nutzen kann. Außerdem fördert Camping die Bekanntschaft mit Gleichgesinnten.

Die staatlichen Campingplätze liegen meist in State Parks, haben Feuerstellen, Holzbänke und -tische sowie sanitäre Anlagen. Vorbestellung ist oft nicht möglich, daher sollte man daran denken, früh einzuchecken. Die privaten Plätze sind meist vorzüglich ausgestattet, mit sauberen Duschen, Grillplätzen und oft mit kleinem Laden. Die Übernachtungspreise schwanken zwischen $ 15 und 45 für zwei Personen pro Nacht. Wildcampen für mehrere Tage wird nicht gern gesehen, doch kann man u.U. über Nacht sein Motorhome auf einem Parkplatz oder – nach Rücksprache am *front desk* – im Einzelfall auch auf Hotel- und Motelparkplätzen, hinter Tankstellen und auf Supermarktparkplätzen abstellen, vorzugsweise auf solchen, die 24 Stunden geöffnet sind. Ansonsten kloppt irgendwann nachts der Sheriff an die Scheibe. Beim **US National Park Service** gibt es eine zentrale und kostenlose Reservierungsnummer, unter der man für jeweils einen Tag im Voraus einen Campingplatz in einem der Nationalparks reservieren kann: ✆ 1-877-444-6777. Von Europa aus kann man einen bzw. mehrere der **KOA**-Campingplätze online reservieren: http://koa.com.

Verkehrsmittel

Taxi-Rufnummern in den Städten entnehmen Sie den gelben Telefonbuchseiten bzw. dem Wissensstand der Hotelportiers. Nur in San Francisco und Las Vegas kann man Taxis durch Heranwinken an der Straße bekommen; andernorts geht das nur, wenn überhaupt, vor den Hoteleingängen oder per Telefon.

Wirklich effiziente **U- und Straßenbahnen** verkehren in Kalifornien und dem Südwesten nur in **San Francisco** (die Metro BART und MUNI-Municipal Railway –, das sind Busse, Cable Cars, Straßenbahnen und Shuttles) und allenfalls noch in Santa Monica (Busse); ansonsten gibt es nur mehr oder weniger umständliche Buslinien.

Das **Metro-System** in **Los Angeles** hat zwar erstaunliche und jahrzehntelang nicht für möglich gehaltene Verbindungen geschaffen, bringt aber für den touristischen Alltag nur begrenzt Vorteile. Im Großraum **Phoenix** betreibt Valley Metro die öffentlichen Verkehrsmittel. Die 32 Kilometer lange Schnellbahnlinie METRO Light Rail verbindet diverse Sehenswürdigkeiten in der Region.

Zeitzonen

Kalifornien und der Südwesten umfassen zwei Zeitzonen: *Mountain Time* und *Pacific Time* – MEZ minus 8 bzw. 9 Stunden. Zwischen Ende April und November herrscht Sommerzeit (*daylight saving time*, DST). Dann wird die Uhr um eine Stunde vorgestellt – allerdings nicht in allen Bundesstaaten: Arizona praktiziert keine DST, auch Nevada und Kalifornien denken über eine Abschaffung nach.

Zoll

Zollfrei in die USA mitbringen dürfen über 21 Jahre alte Erwachsene außer der persönlichen Reiseausrüstung:
- 200 Zigaretten und 100 Zigarren (möglichst nicht aus Kuba).
- 1 Liter Alkohol
- Geschenke im Wert von bis zu $ 100.

Tierische und pflanzliche Frischprodukte (Obst, Wurst, Gemüse) dürfen nicht eingeführt werden. Die Zollbeamten sind da unerbittlich; Wurststulle und Orange werden konfisziert. Dagegen sind Gebäck, Käse und Süßigkeiten (keine Schnapspralinen!) erlaubt.

Den eigenen Wagen darf man (bis zu einem Jahr) mitbringen, was sich aber nur bei einer Aufenthaltsdauer von mindestens zwei Monaten lohnt. Bleibt man länger als zwölf Monate, muss das Fahrzeug nach den amerikanischen Sicherheitsbestimmungen umgerüstet werden. Wenn man seinen Wagen nach einer Reise in den USA verkaufen möchte, heißt es ebenfalls umrüsten und zusätzlich Zoll bezahlen. Bei speziellen Fragen zu den amerikanischen Zollbestimmungen setzt man sich am besten mit dem nächsten US-Konsulat in Verbindung bzw. mit www.cbp.gov/travel.

Bei der Rückreise in die EU dürfen Sie pro Person Waren im Gesamtwert von € 430 (Jugendliche unter 15 Jahren € 175) einführen, in die Schweiz Waren im Wert von sFr 300. Achtung: Paare oder Familien können ihre Freigrenzen nicht bündeln, also zum Beispiel einen Laptop für € 700 gemeinsam kaufen. Jeder Freibetrag gilt jeweils für eine einzelne Person. Zollfrei sind ab 17 Jahren zusätzlich 200 Zigaretten oder 100 Zigarillos, 50 Zigarren, 250 g Tabak sowie 1 Liter Alkohol über 22 % und 4 Liter Wein.

Wenn die Reisemitbringsel diese Freimengen überschreiten, fallen Einfuhrabgaben an und die Mehrwertsteuer muss abgeführt werden. Am besten bewahren Sie die Kaufbelege auf, ansonsten wird der Wert geschätzt. Bis zu einem Wert von € 700 werden pauschal 17,5 % Zoll erhoben, bei allem, was darüber liegt, wird genauer gerechnet. Auskünfte erhält man unter # (03 51) 448 34-510, www.zoll.de.

Route 66: »Lonesome traveller, far away from home«

Fett hervorgehobene Seitenzahlen verweisen auf ausführliche Erwähnungen, die *kursiv* gesetzten Begriffe und Seitenzahlen beziehen sich auf den Service am Ende des Buches.

Für die US-amerikanischen Bundesstaaten werden die geläufigen Abkürzungen verwendet:

AZ	–	Arizona
CA	–	California
CO	–	Colorado
NM	–	New Mexico
NV	–	Nevada
UT	–	Utah

Orts- und Sachregister

Namenregister

Namenregister

NORDAMERIKA bei VISTA POINT
USA der Westen
Road Atlas
Road Atlas
United States • Canada • Mexico
Go Vista City/Info Guides
FLORIDA
KALIFORNIEN & SÜDWESTEN USA
NEW YORK
VISTA POINT Reiseführer
Alaska & Kanadas Yukon
Campmobil Guide West-Kanada
Florida
Great Lakes
Hawai'i
Kalifornien Südwesten USA
Neuengland
Nordwesten USA
Ost-Kanada
Ostküste USA
Rocky Mountains
Route 66
Ski Guide Nordamerika
Südstaaten USA
Texas
West-Kanada
www.vistapoint.de
© Fotolia/gzfz

DIE WELT
ERFAHREN
J.Latka Verlag GmbH, Heilsbachstr. 17-19, 53123 Bonn. Foto: Christian Heeb
Seit über
25
Jahren
AMERICA
SPECIAL
GOING SOUTH
Beachtowns am Atlantik
SKI KANADA
SPECIAL
WILDE ROCKIES
UNTERWEGS VON DENVER NACH IDAHO
TEXAS COWGIRL
SAINT LUCIA
AMERICA
JOURNAL
SPECIAL
ARKTIS & ALASKA
SCHIFFSREISE HUNDESCHLITTENRENNEN
FLORIDA PARADIESKÜSTE
HIGHLIGHTS GREAT LAKES
Wine and Dine
INDIAN HEART LANDS
DIE DAKOTAS
GRAND TOUR IN DIE MITTE AMERIKAS
Neuengland ★ Xmas Shopping ★ Small Towns

Bildnachweis

Arizona Biltmore Hotel, Phoenix: S. 333
Arizona Inn, Tucson: S. 335
Arizona Office of Tourism, Phoenix: S. 211, 224
BTA, Stuttgart/Babs Steinbock: S. 281
BTA, Stuttgart/Mike Kärcher: S. 31 u., 138, 146, 151, 158, 175, 181, 208/209, 216 o., 216 u., 219 u., 284/285, 288, 291, 295, 300/301, 367, 377
California Travel and Tourism Commission, Sacramento: S. 130 u., 132 o., 132 u., 137 o.; Christian Heeb: S. 142 o.
Carl A. Smith, Atlanta: S. 149, 205, 299
Casa Cody, Palm Springs: S. 345
Christian Heeb, Bend (Oregon): S. 8 u., 27 o., 30, 36, 38, 44, 48, 57, 74 u., 75 o., 106, 124, 126, 168, 214, 219 o., 273
Conrad Piepenburg/laif, Köln: S. 52 u., 62 o., 73 u., 143, 145
Desert Botanical Garden, Phoenix/Adam Rodriguez: S. 231
El Paso Convention & Visitors Bureau: S. 239 o.
Fotolia/Albo: S. 303 o.; Andy: S. 87 o., 101 o.; bcfotos: S. 67 u.; Blue Moon: S. 147 o.; Can Balcioglu: S. 26/27; Cphoto: S. 32 o., 375; Crin: S. 43; dfikar: S. 264; DGrazG: S. 94 o.; eunikas: S. 260; f11photo: S. 119 o.; gzfz: S. 189; Hackemann: S. 155; Jens Hilberger: S. 319; Jim Vallee: S. 244 o.; Jjava: S. 79; L. Savinelli: S. 156 o.; motionshooter: S. 83 u.; oscity: S. 197; rabbit75_fot: S. 167 o.; Rafael Ramirez: S. 39; Rainer Schmittchen: S. 279; randyandy101: S. 69; Rudolf Heinrich: S. 157 u.; Scott McLean: S. 156 u.; Sourav Chowdhury: S. 210; Trekandphoto: S. 137 u.; U Gemhoefer: S. 255 o.; Venemama: S. 136; Vladislav Gajc: S. 255 u., 265 o.; volgariver: S. 152 u.; Zack Frank: S. 266 u.
Four Seasons Biltmore, Santa Barbara: S. 350
Fridmar Damm, Köln: S. 280, 285
Grand Canyon Skywalk Development, Las Vegas: S. 199
Heike Wagner, Bernd Wagner, Duisburg: S. 252
Horst Schmidt-Brümmer, Köln (Archiv): S. 1, 7 o., 7 u., 12, 13 o., 13 u., 14, 15, 16 o., 16 u., 17 o., 17 u., 18 o., 18 u., 19 o., 19 u., 20 o., 21 u., 64, 111 o.,121 u.,129 o., 144 o., 144 u., 152 o., 165 o., 165 u., 176, 198 o., 201 o., 202, 226 u., 229 o., 235 u., 274, 278, 294, 297, 300, 303 u., 329 u., 329 o., 363, 371, 372, 379
Horst-Schmidt-Brümmer, Köln: S. 8 o., 45 o., 46, 66, 71, 115 o., 129 u., 157 o., 162, 169 u., 188, 217, 223, 276, 277, 312 o., 325
Hotel Del Coronado, San Diego: S. 121 o.
Hyatt Regency Hotel, Scottsdale: S. 227
Island Packers, Inc., Ventura: S. 84
iStockphoto/4FR: S. 76 u.; adamkaz: S. 221 o., 221 u.; AG ChapelHill: S. 122; Aimin Tang: S. 58 o.; aimintang: S. 105 u.; alancrosthwaite: S. 314; Andrea Prandini: S. 190 u.; Anna Bryukhanova: S. 34, 40; Anthony Baggett: S. 26 o.; ArtWager: S. 115 u.; beklaus: S. 296; Ben Blankenburg: S. 185 o., 187 u., 298 o.; bpperry: S. 45 u.; Brian Raisbeck: S. 318; Byron Motley: S. 22 o.; centrill: S. 242 u.; chapin31: S. 256 u.; Chris Reed: S. 332; cmcderm1: S. 316; coleong: S. 33; compassandcamera: S. 110; constantgardener: S. 159, 340; CrackerClips: S. 234 u., 235 o.; Cristie Guevara: S. 49; csfotoimages: S. 9 o., 77, 78, 81, 82, 369; Dan Cooper: S. 174; Dan Moore: S. 374; Danab: S. 103 o.; Danny Warren: S. 191; Davel 5957: S. 101 u., 265 u.; David Parsons: S. 207, 251, 258 o.; David Sucsy: S. 108, 237; Davidf9: S. 7 o., 7 u.; David Sucsy: S. 310; DCorn: S. 206; Don Schimmel: S. 236 o.; Dongfan Wang: S. 195; donvictorio: S. 328; dossyl: S. 116; DOUGBERRY: S. 271; Ed Stock: S. 22 u.; Eddie Hernandez Photography: S. 62 u.; Egdigita: S. 98 o., 98 u.; EHStock: S. 90 o.; ekash: S. 24/25; EldonGriffin: S. 200; Eric Foltz: S. 184; Eunika Sopotnicka: S. 261; eyfoto: S. 287; Fab photos: S. 368 o.; FamkeBackx: S. 91 u.; fdastudillo: S. 6, 55; frontpoint: S. 286; Gim42: S. 307; Gimletup: S. 119 u.; ginton: S. 170; gregobagel: S. 34; Gregory Olsen: S. 68 o.; Holger Mette: S. 35 o.; ImagineGolf: S. 309 u.; intst: S. 190 o.; iShootPhotos LLC: S. 160; ivanastar: S. 123, 245, 248 o.; JacobH: S. 267; Jeff Grabert: S. 68 u.; Jeremy Edwards: S. 258 u.; Jerry Moorman: S. 23 u., 31 o., 37 u., 41 o., 80, 130 o., 135, 204, 321; jjwithers: S. 357; Joe Breuer: S. 352; Joe I Gibbs: S. 182; Joel Carillet: S. 114; Jörg Hackemann: S. 218 u.; jveal1977: S. 322; Karen Massier: S. 282/283; katsgraphicslv: S. 192 o.; kaupok: S. 282; Kazmaniac: S. 95, 120; Ken Brown: S. 4; King Wu: S. 23 o., 366; Kipp Schoen: S. 183; Kit Leong: S. 111 u.; kjschoen: S. 250; kobbydagan: S. 358; Lee Pettet: S. 96; Left Coast Photographer: S. 51; Len Jellicoe: S. 154; liangpv: S. 242 o.; Lisa Tannenbaum: S. 246 o.; Lisay: S. 203, 218 o., 233 o., 234 o., 362; littleny: S. 102, 339; llevin1: S. 127; Lokibaho: S. 309 o.; Lpettet: S. 109; LPETTET: S. 320; Luca Moi: S. 147 u.; LUNAMARINA: S. 65; Manley099: S. 378; Marcelo Piotti: S. 58 u.; Marcu Lindstrom: S. 54; Marilyn Haddrill: S. 263 o., 272 o.; Marko Heuver: S. 185 u.; Medium: S. 35 u.; Michael Turner: S. 9 u.; Mike Brown: S. 10; MizC: S. 257; MoMorad: S. 92 u.; Nancy Nehring: S. 56 o., 56 u., 75 u.; Neta Degany: S. 324; Nick Tzolov: S. 90 u.; nickrlake: S. 60; Niels Vos: S. 5 o.; Nikolay Tzolov: S. 86 o.; Pastorscott: S. 87 u., 99 u.; Patricia Pix: S. 113 o.; Paul Lemke: S. 150; Paul McKinnon: S. 228; Pavliha: S. 180, 304/305; pchoui: S. 249; pedrosala: S. 330; Peter Burnett: S. 50 u.; pikappa: S. 317 o.; powerofforever: S. 173 o., 298 u.; Rafael RamirezLee: S. 37 o.; rafalkrakow: S. 192 u.; Ray Roper: S. 128, 248 u., 290; Rick Hyman: S. 353; River North Photography: S. 193, 292; Robert Mayne: S. 11 o., 140; Roberto A. Sanchez: S. 50 o.; Roc8jas: S. 93 u.; Ron and Patty Thomas Photography: S. 85, 107; ronpaulk: S. 368 u.; S Greg Panosian: S. 61 u., 86 u., 94 u., 131 o., 131 u.; Sam Antonio Photography: S. 125; Sam Camp: S. 32 u., 196; sborisov: S. 327; Scott Leigh: S. 134 u.; Sean Pavone: S. 100, 317 u.; seBastien Burel: S. 113 u.; Sergey_Borisov: S. 76 o.; sierrarat: S. 11 u.; Silvrshootr: S. 5 u., 186, 311; Solange Z: S. 201 u.; Spondylolithesis: S. 41 u., 63 o.; Stellalevi: S. 93 o., 178; stellgp: S. 370; Steve Christensen: S. 289; Steve Cole: S. 91 o.; SumikoPhoto: S. 380; Tim McCaig: S. 52 o., 142 u.; Tim MCCAIG: S. 161; tirc83: S. 241 u.; tobiasjo: S. 72, 103 u.; Tobyfraley: S. 163; Todd Keith: S. 337; tonda: S. 312 u.; traveler1116: S. 246 u.; Trekandshoot: S. 99 o.; wellesenterprises: S. 105 o.; William Sherman: S. 83 o.; Woodkern: S. 2/3; wsfurlan: S. 171, 361; YinYang: S. 259; Youssphoto: S. 313; zrf-

photo: S. 233 u., 254, 272 u.
Jochen Rothmann, Darmstadt: S. 177 u., 179
La Valencia Hotel, La Jolla: S. 347
Las Vegas News Bureau: S. 167 u., 169 o.
Mara K. Fuhrmann, Monreal: S. 177 o.
Mark Müller, Volketswil, Schweiz: S. 179
mauritius images: S. 269; age/Walter Bibikow: S. 61 o.; America /Alamy: S. 268; Blaine Harrington III/ Alamy: S. 63 u., 247; Chad Ehlers/Alamy: S. 117 o.; Charles Mann/Alamy: S. 266 o.; Chuck Place/ Alamy: S. 67 o., 73 o.; Dave G. Houser/Alamy: S. 215; Firstlight/Emily Riddell: S. 241 o.; Ian Dagnall/ Alamy: S. 173 u.; imageBROKER/Horst Mahr: S. 262; imageBROKER/Marc Rasmus: S. 222, 239 u.; Larry Geddis/Alamy: S. 236 u.; Lee Foster/Alamy: S. 59; Luciano Leon/Alamy: S. 117 u.; M L Pearson/ Alamy: S. 263 u.; McPHOTO/Craig Lovell: S. 226 o., 230; N J Gargasz/Alamy: S. 240; Niebrugge Images/ Alamy: S. 213; North River Images/Alamy: S. 229 u.; Prisma Bildagentur AG/Alamy: S. 212; Richard Broadwell/Alamy: S. 253; Russ Bishop/Alamy: S. 244 u.; Universal Images Group North America LLC (Lake County Discovery Museum)/Alamy: S. 256 o.; Universal Images Group North America LLC/Alamy: S. 70; Wladimir Bulgar/Alamy: S. 238
National Steinbeck Center, Salinas: S. 74 o.
North Lake Tahoe/Jeff Dow: S. 141
Oakland Convention & Visitors Bureau: S. 47
VISTA POINT Verlag (Archiv), Rheinbreitbach: S. 92 o., 187 o., 364
Wikipedia: S. 20 u.; BryanCostales: S. 21 o.; Jan Pauw: S. 232; Mark Miller: S. 133
Wolfgang R. Weber, Darmstadt: S. 134 o., 172, 198 u.
Yannis Argyropoulos, Brüssel: S. 365

Titelbild: Reflexion des Half Dome im Merced River (Yosemite-Nationalpark), Foto: Shutterstock/Mavenvision
Vordere Umschlagklappe (innen): Übersichtskarte von Kalifornien und Südwesten USA mit den eingezeichneten Regionen
Schmutztitel (S. 1): Chili-Schoten – das Salz des Südwestens, Foto: Peter Ginter, Köln
Haupttitel (S. 2/3): Steinformation im Monument Valley, Foto: iStockphoto/Woodkern
Hintere Umschlagklappe (außen): Golden Gate Bridge in San Francisco, Foto: Fotolia/Frédéric Prochasson
Umschlagrückseite: Big Sur, Foto: iStockphoto/Lunamarina; Antelope Canyon, Foto: iStockphoto/Pavliha

13., redaktionell korrigierte Auflage 2019

Reihenkonzeption: Horst Schmidt-Brümmer, Andreas Schulz
Lektorat: Kristina Linke
Bildredaktion: Eszter Kalmár
Layout und Herstellung: Sandra Penno-Vesper
Kartographie: Kartographie Huber, München
Reproduktionen: Noch & Noch, Datteln
Druckerei: Florjančič tisk d.o.o., Slowenien

ISBN 978-3-96141-398-0

An unsere Leser!
Die Informationen dieses Buches wurden gewissenhaft recherchiert und von der Verlagsredaktion sorgfältig überprüft. Nichtsdestoweniger sind inhaltliche Fehler nicht immer zu vermeiden. Der Verlag übernimmt keine Haftung für die Richtigkeit von Informationen. Für Ihre Korrekturen und Ergänzungsvorschläge sind wir dankbar.

VISTA POINT Verlag
Rolandsecker Weg 30 · 53619 Rheinbreitbach · Telefon: +49 (0) 2224/7795-0 · Fax: +49 (0) 2224/7795-100
www.vistapoint.de · info@vistapoint.de · www.facebook.de/vistapoint